Agile Short Stories

Miriam Sasse und Joachim Pfeffer (Hrsg.)

Agile Short Stories

mit Geschichten von

Judith Andresen, Petra Berleb, Kathinka Best, Hendrik Bornholdt, Thomas van der Burg, Susanne Bretfeld, Conny Dethloff, Jean Michel Diaz, Philipp Diebold, Sabrina Dittrich, Alexander Dobry, Julia Dorenkamp, Jutta Eckstein, Frank Edelkraut, Claudia Eisinger, Heinz Erretkamps, Masud Fazal-Baqaie, Peter Gfader, Monika Grosser, Philipp Hammerer, Christian Heidemeyer, Chereen Heinrich-Cibis, Philipp Hohl, Marion Janotta, Siegfried Kaltenecker, Jan Köster, Dina Kohler, Veronika Kotrba, Sabina Lammert, Cosima Laube, Alexa Lorenz, Dominik Maximini, Daniel Mezick, Ralph Miarka, Joachim Pfeffer, Janna Philipp, Juliane Pilster, Carolin Salz, Miriam Sasse, Frank Sazama, Alisa Stolze, Veronika Unterrainer, Gerhard Wohland und Klaus Wybranietz

Bibliografische Information der deutschen Nationalbibliothek
Die Deutsche Nationalbibliothek verzeichnet diese Publikation in der Deutschen Nationalbibliografie. Detaillierte bibliografische Daten sind im Internet über http://dnb.d-nb.de abrufbar.

3., erweiterte Auflage

Oberweiler 2, 88239 Wangen im Allgäu, info@agile-short-stories.de

Lektorat:	Dolores Omann, Wien
Cover:	Björn von Schlippe, Hamburg
Illustrationen:	Miriam Sasse, Paderborn
Satz:	Joachim Pfeffer, Wangen im Allgäu
Herstellung:	BoD – Books on Demand, Norderstedt

ISBN Printausgabe:	978-3-947487-12-7
ISBN eBook:	978-3-947487-14-1

Inhalt

Vorgeschichte

Schön, dass du dieses Buch gekauft oder geschenkt bekommen hast! Wir haben für dich 49 Geschichten gesammelt: über Veränderungen in der Arbeitswelt, agile Teams und persönliche Wege. Alle Geschichten sind in sich abgeschlossen – du kannst also an jeder beliebigen Stelle zu lesen beginnen, Geschichten überspringen oder ganz klassisch eine nach der anderen genießen.

Natürlich hätten wir einfach ein Vorwort schreiben können. Doch dieses Geschichtenbuch hat selbstverständlich eine Vor-Geschichte. Wenn du hier weiterliest, erfährst du, wie wir – Joachim und Miriam – überhaupt auf die Idee gekommen sind, gemeinsam mit 45 anderen Autorinnen und Autoren ein Buch herauszubringen, und wie aus einer Idee Schritt für Schritt – mit allen Höhen und Tiefen – Realität geworden ist.

Wir wünschen dir viel Freude mit 49 persönlichen Erkenntnissen und Erlebnissen aus der agilen Arbeitswelt!

Miriam & Joachim

PS: Weitere Informationen zum Buch und ein Glossar findest du unter agile-short-stories.de

2017, Juni – Miriam

»Magst du deine Geschichten nicht mal aufschreiben, Joachim?«

Mit 60 km/h rollt mein Wagen hinter dem LKW her. Der Feierabendverkehr ist kaum auszuhalten. Daher nutzen Joachim und ich diese tägliche Stunde im Auto meistens, um uns über unsere Erlebnisse des Tages auszutauschen.

»Aufschreiben? Was soll das denn bringen? Meinst du, das will irgendjemand lesen?«

Diese rhetorische Frage muss ich eigentlich nicht beantworten.

Vor zwei Monaten hat uns der Zufall zum zweiten Mal unabhängig voneinander an den gleichen Arbeitsplatz geführt. Reiner Zufall, dass unsere Schreibtische sogar im gleichen Raum einander gegenüberstanden. Wieder ging es um die Einführung von Agile – nur bei einem anderen Arbeitgeber, 43 Kilometer entfernt vom vorherigen. Seit zwei Monaten tauschen wir uns regelmäßig über unsere Erlebnisse im Rahmen agiler Transformationen aus. Joachim erzählt mir viele Geschichten, die er in unterschiedlichen Branchen als Berater erlebt hat.

»Ich höre deine Geschichten immer gerne. Dadurch lerne ich mehr über agile Transformationen als durch irgendwelche Theorien. Deine Geschichten vermitteln mir ein besseres Gefühl dafür, was wirklich wichtig ist.«

Joachim geht nicht weiter darauf ein und erzählt stattdessen die nächste Geschichte.

2018, Juni – Joachim

Da sitzen wir, am Check-in-Counter des Scrum Days in Stuttgart, und verschenken unsere Bücher. Jeder, der es haben möchte, bekommt »Open Space Agility kompakt«. »Warum? Was ist das? Wie führt man damit agile Transformationen durch?«, fragen uns die Teilnehmer. Wir erzählen unsere Geschichte: Wie ich durch Zufall auf Daniel Mezick aufmerksam wurde. Warum OpenSpace Agility die Antwort auf unsere damaligen Probleme war. Was ich damit in meiner eigenen Beratung erlebt habe.

»Finde ich die Geschichten in diesem kleinen Büchlein?«, fragt eine der Scrum-Day-Teilnehmerinnen.

»Nein, hier haben wir das Konzept beschrieben. Die Geschichten aus unserem Arbeitsleben haben wir nicht aufgeschrieben.« Sie sieht mich sichtlich enttäuscht an.

»Und wo höre ich mehr von deinen Geschichten?«

»In unseren Vorträgen und Trainings. Oder wir treffen uns nach der Pause und ich erzähle dir mehr.«

2018, September – Miriam

Wie kann ich mich verbessern, über meine eigene Erfahrung hinaus? Kann ich von den Erfahrungen anderer lernen? Oder muss ich erst alles selbst erlebt haben, um es zu können? Wie kann ich trotz der Widrigkeiten im Unternehmen etwas völlig Neues und Anderes erschaffen? Wenn Agile hier im Unternehmen unmöglich ist, wie kann ich das Unmögliche in das einzig Mögliche verwandeln? Mit den Zahlen, Daten und Fakten zu Agile komme ich nicht weiter. Immer wieder stoße ich an die Grenzen: Wir haben keine Zeit, kein Geld oder keine Leute. Es ist unmöglich – es sei denn, wir verzerren die Realität zu unseren Gunsten.

»Miriam, wir werden in den nächsten Monaten kaum agile Projekte haben und auch die neue Geschäftsführung wird ihren Schwerpunkt auf etwas anderes legen. Am besten suchst du dir externe Projekte, in denen du Scrum und Kanban anwenden kannst«, sagt ein Kollege zu mir. Wie sehr wünsche ich mir eine gute Fee oder einen überraschenden Kundenauftrag, der alles möglich macht. In Märchen passiert so etwas, im wahren Leben nicht unbedingt. Wenn ich jetzt eine mitreißende Geschichte erzählen könnte, könnte ich vielleicht mehr Kollegen vom agilen Arbeiten begeistern.

Immer wieder heißt es: »Erzählt die Geschichte dahinter.« Aber für mich fühlt sich das falsch an. Schließlich bin ich im Herzen Wissenschaftlerin, habe lange an der Uni gelernt und gelehrt. Da wird jeder Text auf das Wesentliche reduziert: Zahlen, Daten und Fakten.

2018, Dezember – Joachim

Unter uns stapfen die Weihnachtseinkäufer mit ihren riesigen Tüten durch den matschigen Schnee. Die Züricher Straßenbahnen biegen gemütlich um die Ecke, in einer lustigen Choreografie. Wir sitzen im ersten Stock eines Kaffeehauses. Mein Laptop steht auf einem kleinen runden Tisch aus dunklem Holz, daneben haben wir unsere zwei riesigen, weißen Kaffeetassen abgestellt. Der Kaffee ist mittlerweile kalt, weil wir uns so sehr auf das Lesen und Schreiben konzentrieren. Es ist das zweite Buch, das Miriam und ich gemeinsam schreiben, und es wird nicht mein letztes sein. Mein Buch »Produktentwicklung: Lean & Agile« schreibe ich parallel dazu. Darin und im »OpenSpace Agility Handbuch« haben wir eine Menge Praxisbeispiele ergänzt. Sachlich und fachlich präzise.

Hinter jeder Erkenntnis aus den Praxisbeispielen steckt eigentlich eine Geschichte:

Die Geschichte des Chefs, der kein Motto für den Open Space findet. Die Geschichte vom Open Space, bei dem niemand am vorgegebenen Motto arbeitet. Die Geschichte vom Open Space, bei dem wir nicht genügend Stühle hatten. Die Geschichte eines Experiments mit Scrum in einem Geschäftsführungsteam. Die Geschichte von OpenSpace Agility in einem Unternehmen mit 120.000 Mitarbeitern.

Statt die Geschichten zu erzählen, schreiben wir:

»Sie müssen genug Zeit einplanen, um ein Motto für den Open Space auszuarbeiten. Seien Sie nicht enttäuscht, wenn die Mitarbeiter im Open Space nicht direkt am Motto arbeiten, sondern Randthemen wählen. Auch Führungskräfte können teilnehmen und Experimente planen.

Sie können selbst in großen Konzernen einen Open Space ausrichten, denn es werden nicht alle Mitarbeiter erscheinen, sondern nur die, die es interessiert. Und falls doch mehr Personen kommen, können Sie den Open Space-Stuhlkreis zu einem Stehkreis umfunktionieren. Es passiert das Einzige, was passieren kann. (Prinzip 1 von Open Space Technology)«

Als wir in unserer Konzentration wieder einmal abschweifen, erzähle ich Miri lustige Erlebnisse von meinen Beratungseinsätzen. Naja, sagen wir: Erlebnisse, die ich lustig finde. Manchmal wirft sich Miri weg vor Lachen, manchmal schaut sie mich nur groß an. Ich weiß, dass meine Späße mitunter blöd sind. Aber genau dieser hier, der war echt gut. Glaube ich.

»Hast du das mal aufgeschrieben?« Diese Frage stellt Miri mir immer wieder. Da ich wie jedes Mal mit »Nein« antworte, bietet Miri wieder an, meine Geschichten aufzuschreiben. Das übt auf mich aber keinen Reiz aus. Ich kenne ja meine Geschichten und vergesse sie nicht. Ich weiß ungefähr, welche Geschichte bei welchem Publikum gut ankommt. Meine Geschichten und die (anonymisierten) Protagonisten werden bei meinen Kunden teilweise in den Organisationswortschatz übernommen: »Wir haben hier einen Rolf-Effekt, kannst du mal vorbeikommen?« Aber weshalb soll ich die aufschreiben? Ich will nicht mal darüber nachdenken, über das Aufschreiben nachzudenken.

»Vielleicht sollten wir lieber Geschichten aufschreiben, statt 130 Seiten FAQs zu formulieren?«, bringt Miri den Fokus zurück.

»Vielleicht …«

Wir stecken wieder die Köpfe zusammen und schreiben an den FAQ.

2019, März – Miriam

Ich weiß nicht, was ich tun könnte. Gibt es irgendeine Methode in irgendeinem Fachbuch oder einen Prozess, an dem ich mich orientieren kann? Ich rufe Joachim an und frage ihn um Rat.

»Das agile Team, das ich coache, wird scheitern, Joachim. Das Management kümmert sich nicht genug. Niemand im Team hat Erfahrung mit agilen Ansätzen. In keinem Sprint haben sie bisher irgendetwas Nützliches fertiggestellt. Was mach ich denn nur? Kennst du eine passende Methode?«

»Ich kenne das Problem, aber eine Methode habe ich nicht parat.«

Enttäuschung breitet sich aus. Ich suche eine Methode, Fachtexte, Fakten, die mich zu einer Lösung inspirieren. Vielleicht sollten wir es mit Kanban versuchen? Vielleicht eine andere agile Methode, die besser zum Team passt? Ich suche das Allheilmittel. Doch alles, was ich finde, wird dem Team wahrscheinlich mehr schaden als helfen.

»Miri, du wirst keine Methode finden, die das Team erfolgreich macht. Teams machen Methoden erfolgreich. Nicht umgekehrt.«

»Aber du benutzt eine Methode nach der anderen. Und es ist immer grandios!«

Joachim lacht. »Weil ich schon seit zehn Jahren mit agilen Teams arbeite. Das hat nichts mit der Methode zu tun. Menschliche Abgründe finden keinen Platz in Methoden.«

»Dann zeigt es nur die Qualität des Profis, was?«

»Na, ich erzähle dir mal von meinem letzten Team, das mit Scrum nicht zurechtkam. Trotz Coaching von deinem sogenannten Profi.«

Eine bewegende Geschichte. Ich höre gespannt zu und versuche die Geschichte auf meine Situation zu übertragen. Wahnsinn, welches Wissen Joachim hat und was für ein Gefühl für die Einsetzbarkeit von Scrum. In einem konservativen Unternehmen mit autoritärem Führungsstil, vielen Kontrollinstanzen und sehr introvertierten Mitarbeitern sollen selbstorganisierte Teams eingeführt werden. Ich bin gespannt darauf, wie er die Situation löst, die meiner recht ähnlich zu sein scheint. Ich erwarte ein Wunder. Aber es kommt keins.

»Was hast du denn nun gemacht, Joachim?«

»Nichts, Miri. Das kann nicht funktionieren.«

»Aber ich kann doch jetzt nicht aufgeben! Es muss doch irgendeinen Weg geben! Irgendeine Methode!«

»Erinnerst du dich noch an die Mail, die ich an die Ansprechpartner der Projektmanagement-Konferenz gesendet habe? Sie wollten von mir eine Methode oder einen 5-Schritte-Plan, den ich nicht liefern wollte.« Ja, ich erinnere mich an die Mail:

> *»[…] In meinem Job geht es um Umdenken, Zusammenhänge, nicht um Methoden. In meiner täglichen Welt gibt es keine Best Practice und keine Good Practice, jede Lösung ist anders, in jedem Umfeld führen andere Ansätze zum Ziel. Kochrezepte gelten als maximales Risiko.*
> *Habe lange darüber nachgedacht, warum ich immer so ein Bauchzwicken habe mit den Kochrezepten. Mein Ergebnis: Eure Kundschaft ist im klassischen Projektmanagement unterwegs, die Welt der Analysen, Pläne und Good Practices, PMOs usw.*
> *Ich bin in der agilen Welt zuhause, wo es keine Good oder Best Practices gibt, keine Projektleiter, keine PMOs und wo man eh denkt, dass Projekte ein maximal ungünstiges Konstrukt sind, um im Markt zu bestehen (hoffe, ihr könnt jetzt noch gut schlafen). […]«*

Das ist ganz schön konfrontativ. Auch ich komme aus dem klassischen Projekt- und Qualitätsmanagement und mir fiel das Umdenken schwer. Und dann hatte ich in meinem Kopf die klassischen Methoden gegen die agilen ausgetauscht. Voller Stolz, etwas Neues verstanden zu haben, berichtete ich einem befreundeten Professor der Softwareentwicklung davon. In einer Eisdiele im Hochsommer 2018, bei einem großen Eisbecher. Ich schwärmte damals davon, wie toll das Arbeiten in agilen Teams sei, wieviel Freude es mir bereitete, während er mir zuhörte und sein Eis genoss. Dann legte er seinen Löffel zur Seite und riss mich aus meiner Schwärmerei:

»Meiner Meinung nach können Methoden wie Scrum, Kanban oder auch klassische Projektmanagement-Methoden nicht die Lösung für Hindernisse im Projekt sein. Die Planungsart hat keinen direkten Einfluss auf die erfolgreiche Durchführung von Projekten. Erst wenn das Mindset hinter Ansätzen wie dem agilen Management betrachtet wird, kommen wir zu förderlichen Strukturen und selbstorganisierten Teams. Wichtig ist, dass das Team eine gewisse Experimentierfreudigkeit behält und diese auch vom Management unterstützt und gefördert wird. Standards in Prozessen, Methoden und Templates können helfen, wenn sie klar verständlich und leicht zugänglich sind. In den meisten Fällen jedoch bremsen sie das Team aus und sorgen dafür, dass das Team seine Selbstorganisation aufgibt. Es will dann seine Arbeitsweise in eine Form bringen, die vom Management gefordert wird. Egal, ob hilfreich oder nicht. Extrawünsche und Sonderlösungen nicht ausgeschlossen. Eins ist klar: Methoden fördern das Schubladendenken. Schublade auf, Methode raus – das gilt auch für Scrum.«

Jetzt habe ich es! Joachims Geschichte, seine Mail und das Gespräch mit dem Prof – alles hatte für mich eine Kernaussage: Ich suche nach einer Methode als Absicherung, um alles richtig zu machen. Sicherheit kann mir aber niemand geben. Sicherheit wird es nie geben. Ich muss mit

Neuem experimentieren. Ob ich wirklich ein Talent dafür habe, solche Situationen zu lösen, wird sich zeigen. Die Geschichten haben mir Kraft gegeben, auf meine Intuition zu vertrauen. Vielleicht kann auch ich den Teammitgliedern eine Geschichte mit auf den Weg geben, die ihnen Kraft und Wertschätzung vermittelt? Methoden weg, Geschichten her? Ich muss vielleicht doch mehr Geschichten erzählen.

»Joachim, ich möchte ein Buch über unsere Geschichten aus dem agilen Arbeitsalltag schreiben.«

2019, Mai – Joachim

»That's a really great idea! I love that! Yeah, it's all about storytelling!« Daniel ist begeistert. Unser erster Autor, den wir ansprechen, ist begeistert. Was für eine Erleichterung!

Miriams Schnapsidee ist mittlerweile gereift und um die halbe Welt geflogen. Die Situation hat etwas Episches: Ein Restaurant in New York, in der Nähe der Central Station in Manhattan. Wir sitzen zu dritt an einem kleinen quadratischen Tisch in der Mitte des Raumes. Unsere Weißweingläser stehen neben einer kleinen Blechdose mit Karamell-Toffees, die wir Daniel Mezick mitgebracht haben.

»Thanks for telling me your idea first! I would love to join. I have a story that I could write down for your book. Would you like to hear it?«

Selbstverständlich wollen wir sie hören. Daniel beginnt zu erzählen und wir tauchen in seine Erzählung ein.

Daniel ist dabei – das Abenteuer kann beginnen.

(Seine Geschichte ist in diesem Buch der krönende Abschluss.)

Die Zeit in New York vergeht rasend schnell. Wir besuchen den Scrum Day und erkunden die Stadt, sind gedanklich aber immer wieder bei dem Buchprojekt. Mittlerweile hat es einen Namen: **Agile Short Stories**.

Kern der Idee ist, nicht nur unsere eigenen Geschichten aufzuschreiben – das würde lediglich eine einzige Sichtweise widerspiegeln. Wir wollen Vielfalt im Buch: Geschichten von Autorinnen und Autoren, die unterschiedlich viel Erfahrung mit Agile haben, aus unterschiedlichen Branchen kommen und verschiedene Ansichten einbringen. Und es sind ganz tolle, herzliche Menschen, die wir kennen und schätzen gelernt haben.

Noch von New York aus kontaktieren wir Dolores, unsere Lieblingslektorin, die bereits unsere letzten Bücher bearbeitet hat. Fachbücher. Wir sind unsicher, ob sie überhaupt ein Geschichtenbuch lektorieren würde und erwarten gespannt ihre Antwort.

»Hallo ihr zwei, na da habt ihr ja eine schöne Idee gehabt. Das ist aber eine ganz schöne Mammutaufgabe! Und zeitlich viel zu knapp. Die Autoren werden alle keine Experten im Geschichtenschreiben sein. Wollt ihr nicht stärker selektieren und mehr Zeit einplanen?«

Es folgt ein kurzer Austausch per E-Mail, in dessen Rahmen Dolores aus einem einzelnen großen Bedenken einen Blumenstrauß vieler großer Bedenken macht. Die Bedenken zu ignorieren, fällt uns leicht, haben wir doch in diesem Moment keine Ahnung, worauf wir uns einlassen. Wir versuchen lediglich abzuschätzen, wie hoch das Risiko ist, dass Dolores das Handtuch wirft. Miriam schreibt ihr eine Mail zurück: »Ach, wir schaffen das schon. Lass uns mal machen – das wird ein ganz tolles Buch!«

2019, Juni – Miriam

Vor einem Jahr noch haben wir hier auf dem Scrum Day in Stuttgart die Büchlein zu OpenSpace Agility verteilt. Heute verteilen wir Flyer zu den Agile Short Stories. Selektiv sprechen wir Bekannte und Freunde aus der agilen Community an und erzählen die Geschichte und Idee hinter Agile Short Stories.

»Das Buch soll Menschen Mut machen, die sich mit agilen Themen beschäftigen, obwohl oder gerade weil es ein wichtiges, aber auch schweres Thema ist. Mit unseren Geschichten sollen sie das Gefühl bekommen, dass sie auf ihrem Weg nicht alleine sind und es viele Gleichgesinnte gibt. Gleichzeitig gibt es viele, die Agile nicht für wichtig halten oder noch keinen Zugang zum Thema gefunden haben. Ihnen wollen wir zeigen, warum wir Autoren dem Ganzen so viel Zeit widmen oder sogar einen Lebenssinn darin gefunden haben.«

Bei den ersten Gesprächen ist mir noch ganz mulmig zumute. Was werden die Kollegen antworten? Aber die ersten sagen völlig begeistert: »Was für eine schöne Idee! Der Hammer! Ja, da muss ich einfach mitmachen! Ich bin natürlich dabei!« Also fassen wir Mut. Wir könnten wohl wirklich mehrere Autorinnen und Autoren zusammenbekommen.

Gleich in den nächsten Tagen versenden Joachim und ich Einladungsmails an Freunde und Bekannte aus der agilen Szene.

2019, Juli – Joachim

Damit wir beide über eine zentrale Adresse erreichbar sind, habe ich in irgendeiner Mittagspause die Domain agile-short-stories.de reserviert. Auf dem Flyer und der Homepage haben wir den Autoren einen ersten Rahmen für die Sprint-Ziele vorgegeben:

1.7.: Einige wenige Sätze zu deiner Agile Short Story, damit wir einen Eindruck gewinnen können.

20.7.: Kurzgeschichte als Rohtext

1.8.: Erstes Feedback von Miriam und mir

Danach überarbeiten die Autorinnen und Autoren ihre Geschichten und ab Oktober starten wir mit dem professionellen Lektorat. Anfang November müssen wir das Buch setzen, damit wir es im Dezember veröffentlichen können. So der Plan.

Am 1.7. trudeln 15 ausgefeilte Geschichten ein. Zehn Personen haben nur wenige Stichworte gesendet. 24 Personen hatten angekündigt, mitmachen zu wollen, haben sich aber nicht gemeldet. Einige Experten und »Prominente« sagen ab – manche aus Zeitmangel, andere weil ihr persönlicher Fokus aus ihrer Sicht nicht ins Buch passt. Verständlich. Ein Autor schreibt zurück:

»Habt ihr euch in der Adresse vertan? Ich halte das für ungeeignete Ansätze.«

Wir schreiben eine Mail des Bedauerns und erklären, dass uns die unterschiedlichen Perspektiven wichtig sind. Manche, die zunächst abgesagt haben, sagen jetzt wieder zu.

Wir müssen abwarten und senden eine Erinnerungsmail an alle, in der wir auf den 20. Juli verweisen. Aber wird das helfen? Viele haben sich gar nicht zurückgemeldet.

2019, Juli – Miriam

Wieder steht ein Laptop vor uns, Joachim und ich kleben mit den Köpfen vor dem Bildschirm. Wir haben einen neuen Arbeitsmodus gefunden: Einer liest die Geschichte vor, der andere hört zu und verfolgt die Wörter auf dem Bildschirm.

Nach jeder Geschichte schreiben wir ein umfangreiches Feedback für jeden einzelnen Autor und jede einzelne Autorin. Seite um Seite entstehen Anregungen für Verbesserungen. Eine Autorin antwortet uns: »Was für eine Mail! Das ist die längste Mail, die ich je bekommen habe! So viele Tipps und Anregungen. Die muss ich erstmal in Ruhe durcharbeiten.« Unsere Lektorin freut sich, dass wir ihr auf diese Weise die Arbeit erleichtern.

»Da habt ihr euch aber sehr viel Arbeit gemacht! Wollt ihr zukünftig unter die Lektoren gehen? Ich habe die Bedenken, dass einige Autoren nicht gewusst haben, dass noch viel Arbeit auf sie zukommt, als sie euch die Geschichte gesendet haben. Wahrscheinlich werden einige ihre Geschichte nicht überarbeiten.«

Das ist hart, aber da hat sie wahrscheinlich recht. Wir klappen den Laptop zu und fahren an den Strand. Wie gut, dass Joachim und ich uns für eine Woche an die Nordsee in unser »flexible Office« zurückgezogen haben, um fokussiert die Geschichten lesen zu können. Der frische Meereswind hilft, die Bedenken zu verdauen. Wir sammeln neue Kraft und setzen uns wieder an die Geschichten.

Als wir gerade wieder mittendrin sind, meldet sich ein Kollege von mir. Er möchte ebenfalls eine Geschichte beitragen und bittet mich, ihm eine Beispielgeschichte zu schicken. Ich zögere lange, fasse dann aber doch den Mut und sende ihm meine unlektorierte eigene Geschichte. Nach kurzer Zeit ruft er mich an und ich verlasse den Raum, um zu telefonieren.

Als ich nach dem Telefonat zurückkehre, schaut Joachim mich an und fragt, ob alles in Ordnung ist. Ich berichte ihm von der Auseinandersetzung mit meinem Kollegen. Er hält die Form der Kurzgeschichte für zu emotional und selbstoffenbarend für den Business-Kontext und ist so irritiert, dass er doch nicht mitmachen möchte. Das ist nicht das erste Mal, dass wir energiegeladene Diskussionen zu dem Thema »Was ist eine Geschichte und was ist ein Bericht?« führen. Der Geschichtenerzähler hat Mut, vertritt einen Standpunkt, bezieht Stellung, zeigt sich kühn oder verletzlich. Eine Geschichte ist eine individuelle Wahrnehmung der Realität – also eine subjektive Wahrheit. In Geschichten wird man persönlich und geht eine authentische Verbindung mit dem

Leser ein. Diese Verbindung war schon mehreren, mit denen wir bisher gesprochen haben, zu persönlich.

Wir nehmen uns die Zeit, um ausgiebig über den Stil der Geschichten zu diskutieren. Auch Joachim und ich sind beim Durcharbeiten der Geschichten immer wieder betroffen, manchmal sogar irritiert. Aber Geschichtenerzählen ist eine Kunst. Nicht jedes Bild, nicht jede Skulptur gefällt jedem Betrachter. Wichtig ist, dass es in dir etwas bewegt.

Genauso wie meine Geschichte den Kollegen bewegt, vielleicht sogar wie ein Schlag mit der Faust ins Gesicht. Aber mit meiner Geschichte will ich dem Leser keinen Honig um den Mund schmieren. Faust oder Honig ist hier die Frage.

Eine Geschichte, die Annahmen herausfordert, Paradigmen wechselt, ist wie eine Faust.

Geschichten, die sich gut anfühlen und ein Zustimmen erzeugen, sind wie Honig. In unserem Buch soll man beides finden.

Wenn wir unsere Gedanken zur Agilität verbreiten möchten, wollen wir, dass sich andere intensiv mit dem Thema befassen. Das bedeutet auch, dass sie den Status quo in Frage stellen und aufzeigen, wo es den Menschen schlecht geht und wo die Dinge falsch laufen. Mit unseren Geschichten wollen wir nicht belehren. Wir wollen, dass der Leser sich eine eigene Meinung bildet.

Joachim und ich sind uns einig: Wir wollen Facetten im Buch haben.

Und so lesen wir weiter und versuchen, mit unseren Anmerkungen jeden einzelnen Autor zu noch mehr Tiefe und Aussagekraft in der eigenen Geschichte zu inspirieren.

2019, August – Joachim

Wir orchestrieren 50 Autoren und Autorinnen. Damals im März hätten wir nie gedacht, dass so viele Menschen mitmachen würden. Eine Community ist erwacht. Miriam und ich sitzen gerade in Düsseldorf am Flughafen zusammen und schreiben den nächsten Newsletter an alle. Einige Autoren haben uns schon angeschrieben, weil sie auf ihre Mails nicht schnell genug eine Rückmeldung erhalten haben. Alles ist viel mehr Arbeit als gedacht. Fast alle Autorinnen und Autoren haben Rückfragen zu ihrer Geschichte, wollen mit uns chatten, telefonieren oder sich mit uns treffen. Im nächsten Newsletter wollen wir den rechtlichen und finanziellen Rahmen beschreiben. Tatsächlich sind die ersten Geschichten bereit fürs Lektorat und wir benötigen noch die Freigabe, um diese weiterleiten zu können. Seit einer Stunde sitzen wir zusammen und schreiben an dem Text für den Newsletter.

»Joachim?« Miriam spricht mich mit Namen an? Von einer Sekunde auf die andere ist sie plötzlich ganz aufgeregt. Sie will etwas Wichtiges. »Ja?«

»Ich fühle mich nicht wohl mit unserem Text. Die Art und Weise, in der wir rechtliche und finanzielle Dinge beschreiben, klingt so steril und distanziert. Das passt doch eigentlich gar nicht zu uns.«

»Wie meinst du das?«

»Die Autoren sind Freunde und gute Bekannte mit dem Herz am richtigen Fleck. Wir wissen, dass sie nur nach bestem Wissen und Gewissen handeln werden, und genauso tun wir es auch. Wir möchten, dass sie alle ihre Rechte am Text behalten. Wir möchten uns nicht dadurch bereichern. Die Nachricht, die wir mit dem Buch verbreiten möchten, ist uns wichtig, nicht die Verpackung.«

»Du möchtest es umschreiben?«

»Ja. Ich möchte es so schreiben, wie ich diese Dinge zum Beispiel mit dir klären würde. Offen und vertrauensvoll. Die Werte, die wir mit den Geschichten laut und deutlich mitteilen möchten, sollten sich in unserer Zusammenarbeit mit den Autoren wiederfinden.«

Ich stimme ihr zu und wir schreiben den gesamten Text noch einmal um, bis …

»Joachim?« Ah, da ist es wieder.

»Ja?«

»Was machen wir, wenn dieses Buch irgendwann Gewinn erzielt? Wenn wir die Kosten für das Lektorat gedeckt haben? Wollen wir dann jeden Erlös mit 50 Autoren und Autorinnen teilen?«

Ich muss lachen und kann es mir schon bildhaft vorstellen.

»Dann schreiben wir monatliche Newsletter: Liebe Autorin, hier kommt deine Abrechnung über 43 Cent.« Wir lachen beide.

»Nee, Miri. Wir sollten den Erlös spenden.«

»Ja. Vielleicht an eine kleinere Organisation, die wir gut kennen und die keinen großen Verwaltungs-Wasserkopf hat. Flying Hope zum Beispiel. Mit denen fliegst du doch häufiger schwerkranke Kinder durch die Welt?«

»Das ist eine schöne Idee. Unser Autor Klaus ist auch als Pilot für Flying Hope geflogen.«

»Dann machen wir das so.«

Flying Hope

Das Pilotennetzwerk für kranke Kinder

Wir schreiben direkt in unseren Newsletter, was wir soeben beschlossen haben. Die Mail ist nicht perfekt, aber sie kommt von Herzen. Rechtlich nicht einwandfrei formuliert, aber für jeden verständlich.

Vertrauen und eine gute Beziehung zu unseren Autorinnen und Autoren sind uns wichtiger.

Dieses große Vakuum im Business wollen wir durch unser Buch mit Emotionen füllen.

Wir haben genügend Geschichten für ein Buch gesammelt. Nun fängt die Arbeit erst an. Jeder Autor sitzt an einem anderen Standort in Deutschland, in der Schweiz, in Österreich und Daniel in New York. Das Gefühl von Gemeinschaft zu erzeugen ist schwer, und wir vereinbaren, regelmäßig Newsletter zu schreiben. Wir wollen auch bald den ersten Video-Call machen. Miriam schreibt in die Mail noch rein:

»PS: Wir haben eine WhatsApp-Gruppe eröffnet. Unter diesem Link könnt ihr beitreten …«

Es dauert keine Stunde, dann sind 23 Autorinnen und Autoren in der Gruppe, begrüßen sich und stellen sich gegenseitig vor. Eine Community erwacht.

2019, September – Miriam

Draußen stürmt es. Der Regen peitscht gegen die großen Fensterscheiben des Konferenzhauses. Nur schemenhaft erkenne ich den Hamburger Hafen neben der großen Leinwand, vor der eben noch die Vortragenden standen. Eigentlich wäre jetzt »Walk & Talk« angesagt – mit anderen spazieren gehen und ins Gespräch kommen. Eine wundervolle Idee für eine Konferenz, nur bei diesem Wetter bleiben wir lieber alle im Gebäude.

Eine unserer bekannteren Autorinnen von Agile Short Stories erzählt mir gerade von ihrer Idee für eine Geschichte, und dass sie uns ihre abschließende Version bald zusenden wird.

»Ich war total begeistert von eurer Idee. Ich erzähle selber auch gerne Geschichten, deshalb habe ich direkt zugesagt. Danach ist mir erst eingefallen, dass eine Kurzgeschichte ja ein literarisches Format ist. Damit muss ich mich erst einmal beschäftigen.«

Ich muss grinsen. Da ging es nicht nur ihr so. Viele wussten am Anfang nicht, worauf sie sich einlassen und haben den Aufwand unterschätzt. Ein paar wenige sind aus dem Projekt ausgestiegen. Auch ich habe den Aufwand unterschätzt. Zwei Autoren und eine Autorin haben mich sogar gefragt, ob ich an ihrer Geschichte mitschreiben könnte. Da wollte ich natürlich mein Allerbestes geben und fühlte mich nicht gut genug, anderen Ratschläge zu erteilen.

In den vergangenen Monaten habe ich mir immer wieder Kurzgeschichten gekauft: eine Sammlung von Kurzgeschichten von Alice Munro, der kanadischen Literaturnobelpreisträgerin 2013, und die »49 stories« von Ernest Hemingway. Er hat in den 1930er-Jahren, unmittelbar nach dem Krieg, mit seinen »49 stories« die »Lost Generation« und die junge deutsche Dichtergeneration nachhaltig geprägt. Nicht dass unsere oder gar meine Kurzgeschichten damit irgendwie vergleichbar wären. Es hat mich demütig werden lassen, aber mein Gefühl für das Format ist auf jeden Fall gewachsen. Aber das erzähle ich der Autorin besser nicht, sonst denkt sie noch, wir hätten überhöhte Erwartungen. Stattdessen antworte ich:

»Da bist du nicht allein. Uns geht es allen so. Wir nehmen nicht nur Kurzgeschichten, sondern auch kurze

Geschichten unterschiedlicher Art ins Buch auf. Bist du schon in unserer WhatsApp-Gruppe und auf dem Austausch-Ordner in der Cloud unterwegs?«

»Noch nicht. Schickst du mir bitte die Links?«

»Ich möchte mir gerne die Option offenhalten mitzumachen«, sagt der Teilnehmer neben uns. Wir hatten ihn im Juni angeschrieben, wie 150 andere auch, er hatte sich aber nicht zurückgemeldet.

Ich muss ihm schweren Herzens absagen. Unsere Deadline für Ersteinreichungen war vor zwei Monaten. Die Hälfte der Geschichten ist bereits lektoriert und neue Geschichten würden es nicht mehr rechtzeitig bis zum Setzen des Buchs schaffen. Er ist nicht der Einzige. Noch vier andere Interessenten haben sich im September, zwei weitere im Oktober gemeldet – leider zu spät. Wenn wir unsere Deadline halten wollen, dürfen wir keine weiteren Geschichten aufnehmen. Da viele das Buch zu Weihnachten verschenken wollen, steht das Datum der Veröffentlichung fest.

Die Konsequenz, die wir in diesen Tagen walten lassen müssen, verursacht bei Joachim und vor allem bei mir viel Stress. Immer wieder quält mich die Angst, das Buch könnte nicht gut genug werden oder die Autoren könnten sich nicht gut genug begleitet fühlen. Joachim und ich führen hitzige Diskussionen über verlorene Dokumente, ungleiche Ansprüche an die Qualität der Geschichten, den fehlenden Überblick und zu früh bestellte Probedrucke.

Aber all dies wird belohnt durch atemberaubende überarbeitete Geschichten, wundervolle Ideen zu Illustrationen, Cover und Buchsatz. Joachim und ich sind immer wieder begeistert von Dingen, die wir »einfach mal so machen«.

Am nächsten Tag fliege ich von Hamburg nach Zürich, um unsere Schweizer Autorinnen und Autoren zu treffen. Ihre Begeisterung für unser Buchprojekt steckt an und gibt viel Kraft für die weitere Arbeit. Joachim kommt nach, wir arbeiten uns zu zweit durch die überarbeiteten Geschichten und beantworten Mails von Autorinnen und Autoren. Wir sitzen wieder im Café mit Blick auf die Straßenbahnen. Sprachlos genießen wir unseren Kuchen und schauen wie in Trance auf den Rechner, der eine Übersicht der Geschichten anzeigt. In diesem Augenblick der Ruhe nehmen wir wahr, wie groß unsere Idee mittlerweile geworden ist, wie viele Menschen mitmachen. Es ist Ende September und einige Autorinnen und Autoren warten bereits auf das Lektorat.

2019, Oktober – Joachim

In einem gigantischen Kraftakt lektoriert Dolores die Geschichten. Jede Geschichte ist inhaltlich und sprachlich ein Unikat, ebenso wie die jeweiligen Autoren. Mit jeder und jedem der Autorinnen und Autoren nimmt Dolores individuell Kontakt auf, um die Geschichten rund zu bekommen – um sie gut zu machen und dennoch den Geist des Autors oder der Autorin beizubehalten. Das geschieht für Miri und mich im Verborgenen, wir bekommen nur die freigegebenen Geschichten von Dolores überreicht. Wie viel Kraft das von Lektorin und Autoren verlangt, können wir nur erahnen. Und dabei hat Dolores andere Projekte und muss sich die Zeit für unsere Schnapsidee aus den Rippen schneiden. Am Ende werden es knapp 100 Stunden sein, die sie für die agilen Kurzgeschichten aufgewendet hat.

Wir arbeiten im Lektorat nach dem Pull-Prinzip: Dolores sagt Bescheid, wenn wir ihr den nächsten Fünferpack an Geschichten zusenden können. Anfang Oktober ist bereits die Hälfte der Geschichten lektoriert und ich bringe sie mit Adobe InDesign ins Buchlayout. Es ist wunderbar zu sehen, wie sich die Seiten füllen. In unseren Video-Calls berichten die Autorinnen und Autoren, wie zufrieden sie mit dem Ergebnis sind und wie toll sie sich begleitet gefühlt haben – durch unsere Lektorin und durch uns. Wir freuen uns sehr.

Miri und ich treffen uns auf dem Oktoberfest in München mit einer Autorin, deren Geschichte schon komplett fertig ist. Gemeinsam schwärmen wir vom Buch und überlegen, welche Marketing-Aktivitäten wir planen sollten. Kurz vor Ende des Abends haben wir noch eine Idee: Wir lassen ein Lebkuchenherz mit der Aufschrift »Agile Short Stories« anfertigen.

Am nächsten Tag sitzen wir an meinem Esstisch und versuchen, die nun 49 Geschichten in eine Struktur zu bringen. Es entstehen fünf Kapitel: »Agiler Anfang«, »Agile Menschen«, »Agile Leadership«, »Agile Transformation« und »Agile Werte«.

Die eigentliche Buchproduktion, an der ich arbeite, gerät immer mehr zu einer Nebensache. Die Betreuung der Autorinnen und Autoren und aller damit zusammenhängenden Aspekte, wie das Informieren aller Beteiligten, die Organisation von Treffen, die Gestaltung des Covers und nicht zuletzt das Erstellen von über hundert Illustrationen macht den Großteil des – für die anderen unsichtbaren – Aufwands aus. Das alles wird überwiegend von Miri gestemmt.

Ich wollte ursprünglich drei Geschichten einbringen. Eine davon, meine Herzensgeschichte, handelt von der Auflösung eines Teams durch Management-Intrigen und Machtspiele. Da die Zeit für mich im Schreibprozess knapp wird, beschließe ich, diese und eine andere Geschichte wegzulassen. Die Herzensgeschichte wäre zu umfangreich und zu komplex, um sie in das Format einer Kurzgeschichte zu packen, das ist mir inzwischen klar geworden. Im Gegensatz zu mir liefert Miri eine Geschichte nach der anderen – aus meiner Sicht in maximaler Qualität. Doch mir ist im Laufe des Sommers klar geworden, dass es mir keine Freude bereitet, Geschichten zu schreiben und Details akribisch auszuschmücken. Es ist eine harte, aber wichtige Erkenntnis für mich. Denn ich habe Jahrzehnte von einer Zweitkarriere als Kinderbuchautor geträumt.

2019, November – Miriam

Mit dem zweiten Probedruck, den ersten Flyern, dem Lebkuchenherz und unseren Rechnern machen wir uns auf den Weg ins Hotelrestaurant. Die Musik der Konferenz »Manage Agile«, die im gleichen Hotel stattfindet, schallt bis hierher. Wir sind früh dran und nutzen die Zeit, um die letzten fünf Geschichten an unsere Lektorin zu versenden.

Sechs Autorinnen und Autoren kommen zum gemeinsamen Abendessen. Nach der Begrüßung wollen wir uns alle kurz vorstellen und von unseren Geschichten erzählen. Joachim beginnt die Runde und bringt direkt die Schlagwörter ein, zu denen noch Fragen offen sind oder Ideen im Raum stehen. Alle sind sofort in Gespräche über ihre Geschichten vertieft, den anstehenden Buchverkauf und die Frage, wie wir den Gewinn schnellstmöglich erhöhen können, damit wir bald größere Summen an Flying Hope spenden können. Da das Gespräch so schnell Geschwindigkeit aufnimmt, müssen wir uns gegenseitig daran erinnern, die Vorstellungsrunde fortzusetzen. Es geht weiter:

»Hallo, mein Name ist Susanne und ich habe eine Geschichte geschrieben.«

»Hallo Susanne!«, klingt es im Chor. Man könnte glauben, wir wären die Selbsthilfegruppe »Anonyme Autoren«.

Zwischen chorischen Begrüßungen jedes Einzelnen verfallen wir immer wieder in Gespräche, und so dauert die Vorstellungsrunde zwei Stunden – bei acht Personen. Irgendwann beginnt die eine oder andere zu drängen, weil die Klimaanlage den Raum zum Eiskasten herunterkühlt. Wir beenden die Restaurantrunde und gehen zum Tanzen und Aufwärmen hinüber zur Konferenz.

Wir sind alle gespannt, ob das Buch den gewünschten Erfolg haben wird, ob es unsere Leser genauso bewegen wird wie uns. Es ist schön zu beobachten, wie sehr unser Buchprojekt die Autorinnen und Autoren anregt, ihre Geschichten nun häufiger zu erzählen. Viele haben die Geschichten zusätzlich in ihren Blog gestellt. Einige präsentieren ihre Geschichte sogar hier auf der Manage Agile als Vortrag. Zwei Autorinnen haben den Mut geschöpft, sich zukünftig stärker auf das auszurichten, was ihre Geschichten ihnen seit Jahren zuflüstern.

Der Abend endet mit herzlichen Verabschiedungen und einer Aussage, die ein großes Fragezeichen im Raum zurücklässt:

»Wenn ihr einen Band 2 macht, bin ich auf jeden Fall wieder dabei!«

2019, Dezember – Joachim

»Push the button« – im Dezember ist es so weit. Alle sitzen gespannt vor ihren Rechnern. Mehr als 30 Autorinnen und Autoren wollen live dabei sein, wenn wir das Buch veröffentlichen. Wir alle haben den großen Wunsch, andere zu inspirieren und gleichzeitig haben wir Bedenken, welche Fragen und Rückmeldungen wir wohl zu unseren Geschichten bekommen werden.

Geschichten zu erzählen bedeutet, seine eigene Wahrnehmung der Realität in Worte und Buchstaben zu bringen und so etwas sehr Persönliches von sich preiszugeben. Die Geschichten sind nicht »die Wahrheit im engeren Sinne«: Sie sind stilisiert, komprimiert und literarisch frei erzählt. Personen und Orte sind bildhaft dargestellt, Ähnlichkeiten mit real existierenden Personen und Orten sind rein zufällig.

Es ist wie in Hollywood: Das Leben basiert auf einer wahren Geschichte.

Agiler Anfang

Durch die Liebe zur Agilität

Mit der Teilnehmerliste in der Hand stehe ich mutterseelenalleine in einem gut vorbereiteten Seminarraum. Der Stuhlkreis ist perfekt. Die Flipcharts sind mit blütenweißem Papier bestückt und auch frisches Obst, Wassergläser und kleine Knabbereien stehen für die Ankommenden bereit. Mein Coaching-Idol aus der Schweiz soll die nächsten beiden Tage die Seminargruppe in einer »Coaching Masterclass« begeistern. Ich kenne dieses Training schon. Dreimal habe ich es bisher mitgemacht. Trotzdem melde ich mich immer wieder als Erste, wenn die Frage auftaucht, wer aus unserem Team das nächste Seminar zum Lösungsfokussierten Coaching mit Peter Szabo begleiten möchte.

Ach ja, ich heiße Veronika und arbeite zu diesem Zeitpunkt seit sechs Jahren erfolgreich als Lösungsfokussierte Coach in Wien. Als Kooperationspartnerin übernehme ich gerne Aufträge meines Mentors und Lehrers Günter, der das Solution Management Center in meiner schönen Heimatstadt betreibt. Ich bin gerade frisch geschieden, und außer meinen beiden kleinen Töchtern hält mich derzeit nur meine Begeisterung für Lösungsfokussiertes Arbeiten aufrecht. Und das tue ich dann eben auch. Ich arbeite, ich lerne, ich kümmere mich um meine Kinder. Bloß nicht zurückblicken. Alles wird gut. Dass mein Leben in Kürze zwei alles verändernde Wendungen nehmen wird, ahne ich in diesem Moment noch nicht.

Da öffnet sich die Tür und die ersten Teilnehmenden treten ein. Ich begrüße sie herzlich und helfe ihnen, sich zurechtzufinden. In der Gruppe bemerke ich ein bekanntes Gesicht. Leider kann ich mich nicht erinnern, woher ich diesen Mann kenne. Doch seine lachenden Augen sind mir sehr vertraut.

Der Seminartag verläuft – erwartungsgemäß – großartig. Peter Szabo ist ein Meister darin, andere von Lösungsfokus zu begeistern. Die Stimmung im Raum ist ausgelassen und wir experimentieren nach den Vorgaben des Trainers. Nach 17 Uhr ziehen die Leute von dannen. Nur ich bleibe als Gastgeberin zurück, um die leeren Kaffeetassen, Wassergläser und Teller in der Spülmaschine zu verstauen und den Raum für den nächsten Tag vorzubereiten. Okay – ich bleibe nicht ganz alleine. Ralph, der Mann mit den lachenden Augen, ist auch noch da. Und nachdem wir gemeinsam alle Überreste des Seminartages beseitigt haben, bittet er mich, ihn auf einen Drink in ein benachbartes Bierlokal zu begleiten.

Aus einem Drink werden drei, und nachdem wir unsere Lebensgeschichten ausgetauscht haben und er herausgefunden hat, dass mein Mädchenname »Jungwirth« ist, wissen wir es wieder: Ralph und ich haben 15 Jahre zuvor gemeinsam im Kino gejobbt. Ich an der Kassa und er als Billetteur – das ist der Typ am Eingang, der die Tickets kontrolliert. Irgendwie war er mir wohl schon damals sympathisch, denn ich hatte ihm – so behauptet er jedenfalls – meine Pager-Nummer gegeben.

Kurz nach unserer ersten Begegnung ist er nach England gegangen, um dort zu studieren. Später, zurück in

Österreich, hat er seinen Weg und seine Liebe zur Agilität gefunden – das ist jedoch seine Geschichte. Du findest sie hier in diesem Buch. Jedenfalls arbeitet Ralph zum Zeitpunkt des Peter-Szabo-Seminars schon seit zwei Jahren selbstständig als Agile Coach. Was genau das ist, verstehe ich zunächst nicht. Mit Coaching, so wie ich das mache, hat es scheinbar nicht viel gemeinsam. Zumindest so viel finde ich heraus: Es hat wohl irgendwie mit Softwareentwicklung zu tun. Ich beschließe, das Thema für mich ad acta zu legen. Vorerst wenigstens.

Ein paar Wochen später – wir sind inzwischen ein unzertrennliches, sehr verliebtes Paar und benehmen uns wie Teenager – lädt Ralph mich ein, ihn übers Wochenende nach Rückersbach zu begleiten. Dort findet das alljährliche Agile Coach Camp Deutschland statt. Drei Tage soll ich mit begeisterten Software-Entwicklerinnen und Software-Entwicklern im Grünen verbringen. Angeblich macht das richtig viel Spaß. Kann ich mir vorstellen. Klar.

Ich sage natürlich – trotz meines flauen Bauchgefühls – zu. Der Liebe wegen. Dummerweise habe ich am Anreisetag noch ein Seminar in Wien zu halten und muss spätabends alleine nachreisen. Bei meiner Ankunft, gleich an der Rezeption, werde ich von einem wildfremden Mann stürmisch umarmt und begrüßt. Er trägt einen Bart, eine Brille und ein T-Shirt, dessen Aufschrift ich nicht verstehe. Ähnliche Szenarien wiederholen sich, bis ich Ralph finde, noch ungefähr vier Mal und ich ertappe mich bei einem verzweifelten Gedanken: »Ob das Taxi wohl noch vor der Tür steht, um mich zurück zum Flughafen zu bringen?«

Am Abend erlebe ich meine erste Open-Space-Eröffnung. Knapp 80 Menschen – vorwiegend Männer – sitzen in einem dreifachen Stuhlkreis. Zwei Moderatoren erklären mit ruhiger und fast schon feierlicher Stimme, worum es hier geht. Sie erzählen irgendwas von Hummeln und

Schmetterlingen, und ich frage mich, ob mich Ralph zu einem Sektentreffen geschleppt hat. Noch bevor ich diese Befürchtung zu Ende denken kann, springen mindestens zwanzig Menschen auf, holen sich große Klebezettel und Stifte und schreiben Themen auf, über die sie im Laufe der nächsten Tage gerne sprechen möchten. Eine an der Wand vorbereitete Riesentabelle, in die Räume und Uhrzeiten eingetragen sind, füllt sich langsam mit diesen Klebezetteln, während die Themen vorgestellt werden. Die Begeisterung der Menge steckt mich an. Ich verstehe inhaltlich kaum ein Wort – vielleicht auch, weil alle Teilnehmenden Englisch sprechen. Doch irgendwie scheint es toll zu sein.

Am nächsten Morgen geht es los. Nach einer kurzen Begrüßung im Stuhlkreis strömen die Leute auseinander, um sich in den verschiedenen Räumen zu treffen. Ralph geht zu einer technischen Session und empfiehlt mir eine andere, in der es um Coaching geht.

So sitze ich also passenderweise im Raum »Österreich« und frage mich, was ich hier soll. Die etwa fünfzehn Personen, die mit mir in einem – du ahnst es schon – Stuhlkreis sitzen, sprechen über Coaching und ich höre zu. Und dann passiert es: Einer von ihnen trifft eine Aussage, die ich so unmöglich stehen lassen kann. Ich sammle meinen ganzen Mut, öffne meinen Mund und höre mich selbst – auf Englisch – über Lösungsfokus sprechen. Alle sehen mich gebannt an. Nach einer kurzen Stille strömen Fragen auf mich ein. Hier sitze ich, inmitten von begeisterten Software-Coaches, und kann mit meinem Wissen etwas beitragen, das die scheinbar interessiert.

Ich bin angekommen. Von diesem Moment an bin ich kaum mehr zu bremsen. Ich wage mich in immer fremdere Themen vor, lerne, was Retrospektiven sind, was ein Scrum Master tut, worum es sich bei einem Minimum Viable Product handelt, und vieles mehr. Im Laufe dieser Tage wird mir immer klarer: Diese Menschen haben das gleiche Ziel wie ich. Sie wollen diese (Arbeits-)Welt zu einem besseren Ort machen. Sie möchten dabei helfen, dass Teams gemeinsam Erfolge feiern können, dass Kunden und Organisationen zufrieden und langfristig Hand in Hand arbeiten. Dazu braucht es viel Kooperation. Diese Leute hier in Rückersbach wissen, wie gute Zusammenarbeit gefördert werden kann. Und ich weiß, wie gute Kommunikation auf Augenhöhe besser klappt. Gemeinsam haben wir die Antwort. Topf trifft Deckel. Das muss es sein!

Ralph strahlt, als er meinen begeisterten Ausführungen geduldig zuhört. Er wusste schon vor unserer Begegnung, dass Lösungsfokus und agiles Vorgehen zusammenpassen. Schließlich ist er als ausgebildeter systemischer Coach Experte auf beiden Gebieten. Ich will jedoch nicht schon wieder in seine Geschichte eingreifen – falls er das überhaupt erzählt.

Zurück in Wien krame ich eine neue Rolle Flipchart-Papier aus dem Schrank und wir stellen die wichtigsten Aussagen aus der agilen Welt und jene aus der lösungsfokussierten Welt einander gegenüber. Was wir herausfinden, ist phänomenal: Die agilen Werte und die lösungsfokussierten unterstützen einander. Die Prinzipien der beiden Welten passen wie Puzzlesteine zusammen. Das, was hier auf dem Papier entsteht, ist wie eine Symphonie des sinnvollen Agierens in modernen Organisationen und in Zeiten der Digitalisierung! Aufregung, Hitzewallungen, Begeisterung!

Diese Geschichte ist nun ziemlich genau sieben Jahre her. Vielleicht bald acht, je nachdem, wann dieses Buch erscheint. Heute diskutiere ich auf Augenhöhe mit gestandenen Agile Coaches über den Kern des agilen Vorgehens. Ich habe noch immer keine Zeile Code geschrieben. Ich kann es nicht und ich werde es wohl auch nicht mehr so richtig erlernen. Was mich hingegen enorm interessiert, ist, wie Menschen in verschiedensten Situationen möglichst gut miteinander harmonieren können.

Und da unterscheidet sich für mich agiles Arbeiten kaum von einer Liebesbeziehung: Die Beteiligten haben mit äußeren Widerständen und Anforderungen zu kämpfen, und das schaffen sie nur, wenn sie bedingungslos zusammenhalten. Wenn es in einer Paarbeziehung etwa kleine Kinder gibt, die Aufmerksamkeit brauchen, oder Eltern, die es gar nicht lustig finden, wenn ihr katholisch erzogenes Wiener Mädel sich scheiden lässt und plötzlich mit einem deutschen Staatsbürger an ihrer Seite auftaucht. Bedingungsloses Zusammenhalten ist notwendig, wenn ein agiles Team mit ständig wechselnden Kundenanforderungen, mit Starallüren einzelner Teammitglieder oder mit diktatorischen Führungsstilen kämpfen muss. Und es hilft in beiden Welten, viel miteinander zu kommunizieren, zu experimentieren und Fehler als Lernchancen zu verstehen.

Ich bin froh und dankbar für jeden Schritt, den ich auf dieser Reise bisher gehen durfte und freue mich auf jeden einzelnen, der noch kommt. Ich lerne jeden Tag dazu, gehe über meine Grenzen und mache dabei Fehler. Ich darf kreativ sein, andere begeistern und von ihnen lernen. Und manchmal, da bin ich einfach nur müde. Dann möchte ich mich am liebsten irgendwo verkriechen. Auch das ist okay – in der agilen Welt, wie in der privaten. Weil es immer um Liebesgeschichten geht, um Begeisterung, um

Leidenschaft, um Sinn – mit allen Höhen und Tiefen. Das ist nicht einfach nur ein Job. Es ist das Leben.

Veronika Kotrba

*ist lösungsfokussierte Coach, Beraterin und Trainerin in Wien. Seit 2012 unterstützt sie – gemeinsam mit Ralph Miarka – Führungspersonen im agilen Unternehmensumfeld. 2015 haben sie gemeinsam die sinnvoll*FÜHREN *GmbH in Wien gegründet und ihr Buch »Agile Teams lösungsfokussiert coachen« veröffentlicht. Seit 2018 bildet Veronika im hauseigenen Lehrgang – gemeinsam mit 11 internationalen TrainerInnen – lösungsfokussierte Coaches aus und findet unermüdlich neue Ansätze für mehr Kooperation auf Augenhöhe. Nähere Infos zu Veronika und zu den Angeboten von sinnvoll-*FÜHREN *findest du unter www.sinnvoll-fuehren.com*

Agiler Erstkontakt mit Schreibfehler

Mit agiler Entwicklung kam ich zum ersten Mal 2011 in Berührung, als ich an einem Projekt für ein neues Bremssystem arbeitete. Zu dieser Zeit war ich bereits drei Jahre in dieser Abteilung. Ich hatte also schon einiges gesehen, aber als supererfahren hätte ich mich damals nicht bezeichnet.

Wie immer bei einer Neuentwicklung, oder zumindest kenne ich es nicht anders, waren wir spät dran. Der angespannte Zeitplan ließ die Projektleitung nach neuen Ideen suchen, mit denen sie die Arbeit beschleunigen konnte.

Also bekam ich vom Softwareprojektleiter eines Tages eine Einladung zum SCRUMP. Was heißt eine Einladung … eine ganze Serie! Ab sofort sollte ich jeden Tag um 8:30 Uhr zum Daily SCRUMP erscheinen. Meine Begeisterung hielt sich in Grenzen. Jeden Tag so früh bei der Arbeit auftauchen, dann auch noch in einem anderen Gebäude auf der Task-Force-Fläche – oje, gar nicht meins. Und was sollte SCRUMP überhaupt sein? Was sollte ich da? Was würde dort passieren?

Das Googeln des Wortes SCRUMP lieferte kein vernünftiges Ergebnis, außer dem Tierchen aus dem Film »Lilo & Stitch«. Am Abend rief ich meinen Vater an und fragte ihn, ob er dieses Wort schon einmal gehört hatte. Er meinte, das beschreibe einen schweren Atomkraftwerksunfall. Das ergab für mich jetzt auch keinen Sinn. War also vermutlich wieder so eine neue doofe Idee, die zu nichts führte. »Eine neue Sau, die durchs Dorf ge-

trieben wird«, wie die älteren Kollegen zu sagen pflegten. Was blieb mir also anderes übrig, als dort aufzutauchen und mir anzuschauen, was passieren würde. Schließlich wollte ich ja offen für Neues sein und wer weiß, vielleicht bestand ja eine geringe Chance, dass es doch was helfen würde.

Also kam ich Montagmorgen halbwegs pünktlich um 8:30 Uhr in einem Gebäude, in dem ich nicht arbeitete, zum ersten SCRUMP meines Lebens an. Überrascht stellte ich fest, dass der Gesamtprojektleiter anwesend war. Sehr gut, so sieht der also aus. Er erklärte uns, was mit diesem Meeting jeden Morgen bezweckt werden sollte. Wir sollten enger zusammenarbeiten, schneller Informationen austauschen und somit besser im Projekt vorankommen. Das ganze Projektteam war eingeladen.

Ich muss sagen: So nervig es auch war, jeden Morgen so früh vor Ort sein zu müssen, erwies sich das Daily SCRUMP als äußerst hilfreich. Es verbesserte tatsächlich unsere Zusammenarbeit, da wir jeden Morgen ein Update zu wichtigen Themen bekamen, Antworten auf Fragen erhielten und manchmal schon auf dem Weg zum Gebäude mit den Kollegen Themen klären konnten – zum Beispiel wann ich welches funktionierende Auto zum Testen bekommen würde.

Am Ende fand ich die Idee sogar so gut, dass ich versuchte, den Leiter unseres bereichsweiten Project Management Offices davon zu überzeugen, diesen Ansatz in unser Handbuch aufzunehmen. Nach einer zweistündigen Diskussion gab ich deprimiert auf. Die Gegenargumente habe ich nicht verstanden, bis heute nicht. Es sei jedem Projektleiter selbst überlassen, so etwas zu organisieren, sagte er. Ja, schon, aber die meisten taten es halt einfach nicht.

Erst zwei Jahre später habe ich durch Zufall erfahren, dass das nicht SCRUMP, sondern SCRUM heißen sollte und dass es eine agile Methode ist. Ein Kollege hatte mir ein Training dazu empfohlen und ich beschloss, es zu besuchen. Ich lernte mehr über SCRUM und ich verstand auch, dass das, was wir gemacht hatten, dem Daily Standup ziemlich nahegekommen war. Aber eben nicht ganz, da wir den Ablauf nicht befolgten und statt eines Entwicklungsteams immer das ganze Projektteam dabei war.

2015 wechselte ich in ein Projekt zur Einführung agiler Methoden in unserem Bereich. Ich lernte andere Kollegen kennen, die bereits Erfahrung mit agilen Methoden gesammelt hatten, und ich lernte viel von ihnen. Heute, acht Jahre später, sind agile Methoden fester Bestandteil unseres Projekt-Management-Handbuchs. Ich war meiner Zeit wohl einfach voraus.

Sabrina Dittrich

arbeitet seit über zehn Jahren als Entwicklerin für sicherheitsrelevante Systeme und ist agiler Methoden-Coach sowie Führungskraft in der Automobilbranche. Sie ist ASpice Provisional Assessor und versucht somit, immer die Balance zwischen Prozess und Produktivität zu finden. Sabrina arbeitet selbst agil, sie unterstützt die Einführung agiler Methoden und entwickelt unternehmensweite agile Konzepte. Sie hat den agilen Ansatz in internationalen Projekten kommen und manchmal auch wieder gehen sehen.

Lesson – learned

Heute trifft sich um 11 Uhr eine Auswahl der Projektteilnehmer am Standort der über 200 Kilometer entfernten Firmenzentrale. Früh morgens, es ist noch kalt und der Himmel grau, steige ich in meinen schwarzen Mietwagen und fahre los. Auf der Autobahn in Richtung Süden setzt der Regen ein. Er prasselt auf die Frontscheibe und der Wind wirbelt das Laub durch die Luft. »Na hoffentlich komme ich pünktlich an bei diesem Schietwetter[1]«, schimpfe ich leise vor mich hin. Die Scheibenwischer schieben hektisch das Wasser zur Seite. Auf der Fahrt habe ich viel Zeit, um über das Projekt und den heutigen Termin nachzudenken.

Lessons Learned – was haben wir im Projekt gelernt? Es ist so einiges schiefgelaufen. Nur mit Mehrarbeit, Stress und zusätzlichen Mitarbeitern konnten wir die nicht enden wollenden Anforderungen mit einigen Abstrichen halbwegs termingerecht umsetzen. Das hatte sich wie ein Leben unter Dauerstrom angefühlt. Die Dokumentation blieb dabei auf der Strecke, und auch die Qualität war nicht perfekt. Für mich hatte das Problem ganz klar beim Start des Projekts begonnen, als die Anforderungen aufgeschrieben wurden. Es war nie so richtig klar, was dem Kunden versprochen worden war. Fix waren nur zwei Sachen: das Budget und der Termin. Ich bin gespannt, ob der heutige Termin irgendetwas bringt. Das Projekt ist vorbei und aus den Projekten davor haben wir selten etwas gelernt. Jetzt darf ich so weit fahren, obwohl es sicher wieder nur um Schuldzuweisungen geht. Das wird bestimmt eine dieser PowerPoint-Schlachten, in denen die Teilnehmer nacheinander erklären, warum sie keine Schuld am chaotischen Verlauf des Projekts hatten und warum die Schuld

---

1 norddeutscher Ausdruck für unbeständiges, feuchtes Wetter

eindeutig bei den anderen liegt. So wie es in den anderen Lessons Learned vergangener Projekte war, wenn sie überhaupt stattgefunden haben. Soll ich doch noch spontan absagen? Ach, vielleicht wird es ja ganz nett. Einige Kollegen habe ich seit Wochen, wenn nicht sogar Monaten nicht mehr gesehen.

Nach über drei Stunden Autofahrt im Dauerregen und zahlreichen Baustellen, die mich wertvolle Zeit gekostet haben, erreiche ich das Ziel. Nun muss ich mich beeilen, noch sieben Minuten bis zum Beginn der Veranstaltung. Mein Puls steigt. Ich hasse es, zu spät zu kommen. Vor mir erstreckt sich der nicht enden wollende Parkplatz der Firmenzentrale. Zum Glück finde ich nahe am Haupteingang eine Parklücke, ich schnappe meine Laptoptasche aus dem Kofferraum und eile zur Tür. Schnell das Drehkreuz beim Werkschutz passieren und ab in das mehrstöckige Nebengebäude, wo das Treffen stattfindet. Die ersten Schweißperlen glitzern auf meiner Stirn, unter meiner dunklen Softshelljacke wird es immer wärmer. Der gläserne Fahrstuhl bringt mich direkt in die dritte Etage. Während der Fahrt werfe ich einen kurzen Blick durch die bodentiefen Panoramafenster auf das riesige Firmengelände. Die Fahrstuhltür öffnet sich und nur einige Meter entfernt erreiche ich den Meetingraum. Ich tupfe die Schweißperlen schnell mit meinem Ärmel ab, ein letzter Blick auf meine Armbanduhr. Es ist 10:59 Uhr. »Puh, geschafft.« Abgehetzt und einen tiefen Atemzug holend durchschreite ich die Tür.

Im Hintergrund ertönt aus einem Bluetooth-Lautsprecher leise klassische Musik. Vor mir erblicke ich zuerst Matthias, den Hauptprojektleiter, Organisator und Moderator des Meetings. Matthias ist Mitte 40 und hat sein dünnes, graumeliertes Haar zu einem Seitenscheitel gekämmt. Er ist sportlich gekleidet: blau-weiß-kariertes

Hemd, dunkelblaue Jeans mit einem weißen Ledergürtel und dazu perfekt passende weiße Sneakers. Die Ärmel sind bis zum Oberarm lässig hochgekrempelt. Gemächlich kommt Matthias auf mich zu, breitet seine Arme aus, begrüßt mich herzlich mit einer Umarmung und sagt: »Schön, dass du es rechtzeitig geschafft hast. Ich hatte schon Angst wegen des Wetters. Nimm Platz und ruh dich kurz aus, wir fangen in zehn Minuten an. Nina und Jochen kommen etwas später.« »Na toll«, denke ich, »Nina und Jochen kommen zu spät, obwohl beide hier arbeiten. Wozu hetze ich mich so ab? Das ist mal wieder typisch für die beiden.« Im Raum warten bereits die anderen Teilnehmer. Nacheinander begrüße ich alle, setze mich auf einen freien Konferenzstuhl am Kopfende des grauen Tisches und schaue mich um. Bis auf Nina und Jochen sind alle Abteilungen vertreten, die am Projekt mitgewirkt haben. »Moment, der Vertrieb fehlt. Komisch, dass von denen noch keiner da ist. Die waren mit ihren Versprechungen gegenüber dem Kunden nicht gerade unbeteiligt am Chaos. Anforderungen vier Wochen vor dem Go-Live in die Entwicklung einkippen – nun ja«, erinnere ich mich. Zwischen der klassischen Hintergrundmusik nehme ich in unregelmäßigen Abständen das Klackern von Laptop-Tastaturen wahr. Manche Teilnehmer nutzen die Zeit, um schnell noch E-Mails zu beantworten, andere schauen aufs Smartphone, schreiben ebenfalls E-Mails oder surfen im Internet. Am anderen Ende des Raumes fällt mir ein Flipchart auf. Darauf ist eine mit schwarzen Strichen gezeichnete Figur erkennbar, die durch eine geöffnete Tür schaut und winkt. Darüber steht in großen Buchstaben geschrieben: HERZLICH WILLKOMMEN.

Wow, nicht schlecht. Eher ungewöhnlich, dass ein Flipchart eingesetzt wird. Normalerweise läuft in Meetings der Beamer auf Hochtouren und zeigt das Deckblatt einer PowerPoint-Präsentation mit Titel und Untertitel. Und heute? Der Beamer ist nicht einmal eingeschaltet. Hat Matthias das vergessen?

15 Minuten später schlendern Nina und Jochen entspannt durch die Tür. Mir fällt auf, dass sie einigen Teilnehmern zur Begrüßung die Hand reichen und sich mit Vornamen vorstellen. »Komisch, nun haben die so lange in einem Projekt gearbeitet und haben sich noch nicht persönlich kennengelernt? Wie soll man eine Verbindung zu einer Person aufbauen, die man noch nie getroffen hat? Nur durch E-Mails und Telefonate geht das wohl kaum«, sind meine ersten Gedanken.

Matthias stoppt die Musik über sein Smartphone und positioniert sich mir gegenüber auf der anderen Seite des Tisches. Einige Teilnehmer reagieren sofort und klappen die Laptops zu, andere tippen munter weiter oder starren auf das Smartphone. Mit seiner kräftigen, tiefen Raucherstimme sagt Matthias: »Ich begrüße euch ganz herzlich zu unserem Lessons Learned und freue mich, dass ihr alle den Weg in die Zentrale gefunden habt. Bis auf den Vertrieb ist aus jeder Abteilung ein Mitarbeiter anwesend. Bevor ich starte, stelle ich euch die Regeln für die heutige Veranstaltung vor.« Er geht zum Flipchart und blättert das erste Blatt um, auf dem die Spielregeln geschrieben stehen. Matthias liest vor: »Keine Handys! Keine E-Mails! Lasst andere ausreden. Geht respektvoll miteinander um und gebt konstruktive Kritik. Gibt es

irgendwelche Einwände?« Sein prüfender Blick wandert durch den Raum. Keine Reaktion. »Das werte ich als Zustimmung und bitte euch, die Laptops und die Mobiltelefone nun wegzupacken.« Die Teilnehmer stecken ihre Geräte in die Taschen und lagern diese hinter sich an den Wänden. »Ein guter Start, nun können wir fokussiert über das abgeschlossene Projekt diskutieren«, flüstere ich meinem Sitznachbarn zu.

Es kehrt wieder Ruhe ein, alle starren gespannt Matthias an und ich spüre, wie er die ungeteilte Aufmerksamkeit genießt. In der Zwischenzeit hat Matthias das nächste Flipchart aufgedeckt. »Wir starten mit einem Check-in.« Auf dem Flipchart ist unter der Überschrift links eine Sonne und rechts daneben eine Gewitterwolke zu erkennen. Darunter stehen zwei Fragen: »Wie fühle ich mich heute?« und »Wie fand ich das Projekt?«. Matthias erklärt weiter: »Jeder bekommt zwei Klebepunkte und darf zu jeder Frage einen Punkt auf die Skala von Sonne bis Gewitter kleben.« Genau das tun wir dann auch, und das Ergebnis ist eindeutig: Die Punkte unter der ersten Frage liegen weitgehend im sonnigen Bereich. Unter der zweiten Frage drängen die meisten Punkte zur Gewitterwolke. Nur zwei Punkte kleben in Sonnennähe.

Der Check-in ist schnell vorbei. Anschließend verteilt Matthias rote Karteikarten an alle Teilnehmer und blättert zum nächsten Flipchart um. Darauf erkenne ich zwei Strichfiguren: Die erste hat einen ausgestreckten Arm mit einer roten Karte in der Hand. Die zweite Strichfigur darunter streckt auch den Arm aus, doch die Hand ist geballt und der Daumen zeigt nach oben. Matthias liest den Text vor, der unter den Figuren steht: »Was hat dich am Projekt am meisten aufgeregt? Gib dem Stellvertreter des Teams die Karte und begründe deinen Standpunkt.« Kurze Pause. Ich merke, wie einige Teilnehmer schwer durchatmen. Dann fährt Matthias fort: »Wünsch dir was! Sag dem Stellvertreter des Teams, was du dir für das nächste Projekt wünschst. Ihr habt eine Timebox von zwei Minuten, um euch zu überlegen, wem ihr die rote Karteikarte geben möchtet.« Jochen fragt: »Wem geben wir die Karten, wenn wir dem Vertrieb die rote Karte zeigen möchten?« Matthias antwortet souverän: »Die dürft ihr stellvertretend mir überreichen.« Anschließend stellt Matthias einen Countdown auf einer für alle gut erkennbaren, übergroßen LED-Tischuhr auf zwei Minuten ein.

Die Zeit läuft. Mein erster Gedanke ist, dass das nicht viel Zeit ist und nun wohl die befürchteten Schuldzuweisungen und Rechtfertigungen beginnen. Bei dem Gedanken, wem ich die Karte geben soll, spüre ich, wie mein Puls langsam steigt. Mir wird warm. Alle Teilnehmer schauen konzentriert auf den Tisch und überlegen angestrengt. Plötzlich klingelt die Tischuhr. Die Zeit ist um. Ich treffe für mich noch schnell eine Entscheidung. Matthias fordert die Teilnehmer auf, sich nacheinander die roten Karten zu überreichen und eine kurze Begründung mitzugeben. Er erinnert uns noch kurz an die Spielregeln, die er eingangs erläutert hat. Dann startet die Übergabe der Karten und ich bin überrascht, wie friedlich und respektvoll das vonstatten geht. Es gibt keine Rechtfertigungen oder Diskussionen. In seiner Rolle als Stellvertreter für den Vertrieb hat Matthias bereits einige Karten bekommen. Dann bin ich an der Reihe und so richtig wohl fühle ich mich nicht dabei. Ich stehe auf und gehe zu Björn, der mir gegenübersitzt. Björn war für die technische Umsetzung im Backend verantwortlich. Immer wieder gab es zwischen seinem und meinem Bereich Abstimmungsprobleme. Mit ruhiger Stimme sage ich zu ihm: »Ich hätte mir mehr Kommunikation gewünscht. Ich wünsche mir für das nächste Projekt, dass wir uns regelmäßig persönlich treffen, um den Austausch zu fördern und Missverständnisse zu vermeiden.« Dann fällt mir ein, dass das auch zu mir gepasst hätte. Ich reiße die Karte in zwei Hälften, übergebe ihm die eine und behalte die andere. Björn nickt und nimmt seine Hälfte der Karte entgegen. Sämtliche Wünsche der Teilnehmer an die Vertreter der Abteilungen schreibt Matthias auf große Post-its und klebt diese an ein Whiteboard auf der anderen Seite des Raumes.

Die meisten Themen, die von den Teilnehmern angesprochen werden, haben etwas mit ungenauen Anforderungen, mit der hohen Komplexität des Projekts, mit der Kommunikation oder abteilungsübergreifender Zusammenarbeit zu tun. Ich erinnere mich an die zahlreichen »War Rooms«, die während des Projekts von Führungskräften initiiert wurden. Ein War Room wurde meist dann ins Leben gerufen, wenn das Projekt in Schieflage geraten war und abteilungsübergreifende Probleme nicht über Telefon oder E-Mails geklärt werden konnten. In den War Room kam aus jeder Abteilung des Projektteams mindestens ein Abgesandter, um die Probleme schnell und direkt zu lösen. Warum macht man das? Damit die Mitarbeiter von Angesicht zu Angesicht miteinander kommunizieren. »Wenn das so wirkungsvoll ist, warum arbeiten wir nicht grundsätzlich interdisziplinär zusammen an einem Ort und nennen das nicht War Room, sondern Team?«, denke ich mir.

Matthias erklärt: »Alle haben jetzt zehn Minuten Zeit, um bis zu drei Ideen zur Verbesserung auf jeweils ein Post-it zu schreiben. Danach stellt jeder seine Ideen mit zwei bis drei Sätzen vor.« Die Tischuhr wird gestellt und es geht los. Nach kurzer Zeit füllt sich die Wand mit Ideen und einige werden direkt beim Ankleben thematisch gruppiert. Manche Ideen gefallen mir auf Anhieb! Im nächsten Schritt erhält jeder Teilnehmer von Matthias drei Klebepunkte, die wir zur Priorisierung auf die Ideen-Post-its kleben. Ich bin überrascht, wie ähnlich die Teilnehmer die Ideen gewichten. »Die fünf Themen mit den meisten Klebepunkten werden wir noch einmal diskutieren«, erklärt Matthias und deutet auf die Tischuhr. »Jede Idee wird 10 Minuten diskutiert. Danach werde ich euch fragen, ob ihr die Diskussion weiterführen möchtet. Die Abstimmung erfolgt über Handzeichen. Daumen nach oben bedeutet ‚Diskussion fortführen' und Daumen runter ‚Diskussion beenden'. Ist die Mehrheit für die Fortführung der Diskussion, dann wird die Diskussion um die Hälfte der vorherigen Zeit verlängert. Verlängert wird maximal zweimal.« Ich bin gespannt, wie gut die Diskussionen mit diesen Zeitvorgaben funktionieren werden. Es gibt doch einige Kollegen in dieser Runde, die sich nicht gerne unterbrechen lassen. Eine Idee nach der anderen wird diskutiert und konkretisiert. Matthias schreibt die Erkenntnisse für jedes Thema während der Diskussion auf ein eigenes Flipchart. Ich bin überrascht, wie charmant Matthias die Teilnehmer dazu bringt zum Ende zu kommen, wenn die Timebox abgelaufen ist – niemand fühlt sich angegriffen.

Nach 90 Minuten Diskussion kann sich das Ergebnis wirklich sehen lassen. Für jedes Thema haben wir zwei bis drei Vorschläge erarbeitet, die hoffentlich zu besseren Projektverläufen führen werden. Wir haben sogar Vorschläge entwickelt, die mit minimalem Aufwand einen maximalen Erfolg bringen könnten. Ich bin mir nicht sicher, ob und inwieweit diese Vorschläge helfen werden – teilweise finde ich sie zu oberflächlich und nicht konkret genug. Doch ich lasse mich gerne positiv überraschen.

Das Meeting ist fast zu Ende und Matthias verkündet: »Die Ergebnisse und das Fotoprotokoll werde ich in einer Präsentation zusammenfassen und zeitnah dem oberen Management vorstellen.« Dann bittet er um ein Feedback zum Lessons Learned und blättert sein letztes Flipchart um. Darauf sind wieder eine Sonne und eine Gewitterwolke zu erkennen. Wieder darf jeder Teilnehmer mit Klebepunkten abstimmen. Wir stürmen mit Elan nach vorne und verteilen die Punkte. Matthias ist sichtlich über das Ergebnis erfreut, denn alle Punkte kleben unter der Sonne. Er bedankt sich für das eindeutige Feedback, für die Teilnahme und wünscht allen einen guten Nachhauseweg. Ich stehe auf, packe meine Sachen und gehe noch einmal zu Matthias. »Vielen Dank für deine Moderation, das war eine gelungene Veranstaltung. Ich bin total inspiriert. Danke!« Wir umarmen uns zum Abschied.

Im Fahrstuhl lasse ich das Lessons Learned Revue passieren. Ich bin total begeistert von dem, was wir in den vergangenen Stunden gemeinsam erarbeitet haben. Am meisten hat mich Matthias in seiner Rolle als Moderator beeindruckt. Die Einleitung mit den Spielregeln, die ausgewählten Methodenbausteine, die Visualisierungen am Flipchart und die Arbeit mit Post-its und Whiteboards passten wunderbar. Er hat einen Raum für kreative Zusammenarbeit geschaffen und ich bin total froh, dass er völlig auf digitale Medien verzichtet hat. Der Termin war für mich ein sehr gutes Beispiel dafür, wie wichtig ein Moderator ist, der sich über den Ablauf einer Veranstaltung Gedanken macht, das Gespräch lenkt oder lenkend in die Kommunikation eingreift.

Der Regen hat aufgehört und die Sonne strahlt über die nahegelegenen Wälder. Trockenen Fußes erreiche ich mein Auto und setze mich hinter das Lederlenkrad. Bevor ich den Zündschlüssel umdrehe, mache ich einen tiefen Atemzug nach diesen anstrengenden, doch durchwegs positiven Stunden. Ich bin zufrieden mit den Ergebnissen und gespannt, was davon in den nächsten Projekten konkret umgesetzt wird. Dennoch bin ich unsicher, wie die

Änderungen ins Unternehmen getragen werden. Die Ergebnisse werden zunächst nur dem oberen Management vorgestellt, um daraus Maßnahmen abzuleiten. Ich befürchte, dass sich letztendlich doch nicht viel ändern wird.

»Doch was nehme ich persönlich aus der heutigen Veranstaltung mit? Was möchte ich ab morgen anders machen?«, überlege ich. Auf jeden Fall möchte ich zukünftig weniger per E-Mail kommunizieren, sondern komplexe Sachverhalte mit den Kollegen direkt über Videotelefonie oder vor Ort klären. Der regelmäßige Austausch ist entscheidend für eine vertrauensvolle Zusammenarbeit. Ich bin begeistert von den Visualisierungen, die Matthias benutzt hat. Wenn ich zu Hause bin, werde ich nachforschen, wo ich so etwas lernen kann. Früher habe ich viel und gerne gezeichnet. Ich sollte wieder damit anfangen. Jetzt bin ich froh, dass ich am Morgen doch losgefahren bin. Ich genieße auf der Rückfahrt entspannte Musik, während am Horizont langsam die Sonne untergeht.

Hendrik Bornholdt

ist Diplom-Medieninformatiker und arbeitet als Agile Coach, Berater, Trainer und Moderator bei Arvato Supply Chain Solutions am Standort Hamburg. Er begleitet die Organisation in ihrer Veränderung basierend auf Werten und Prinzipien. Hendrik dient seiner Organisation als Spiegel und unterstützt bei der Gestaltung von Wachstumsbedingungen im Sinne des Growth Mindset. Dabei strebt er stets nach dem globalen Optimum von Wertschöpfungsketten und bietet Hilfe zur Selbsthilfe. Er arbeitet am System und hinterfragt gewachsene Strukturen und Denkweisen, um das System durch gezielte Irritationen zum Nachdenken und Lernen anzuregen. Seine Lieblingsthemen sind Business Agilität, Flow, Kollaboration und Remote Work.

Lastenheft_V3.6_final_07

Großraumbüro. Circa 50 Berater und Beraterinnen tummeln sich um zahlreiche Schreibtische und Monitore. Provisorisch aufgestellte Pinnwände versagen bei dem Versuch, die Lautstärke von Telefonklingeln, Tastenklimpern und Gesprächen einzudämmen.

Ich sitze an meinem Rechner und schleife gefühlt zum hundertsten Mal am aktuellen Lastenheft. Einmal mehr versuche ich, sämtliche Kommentare in dem 40-Seiten-Dokument an der richtigen Stelle zu platzieren. Ich bin genervt und überlege mir, ob es nicht besser wäre, die Zeit und Energie dafür aufzuwenden, einen Roman zu schreiben. Ich mag keine Toni Morrison oder Margaret Atwood sein, aber jeder gescheiterte Romanversuch wäre sinnvoller als das hier. Und es würde mehr Spaß machen. Denn ich weiß, dass das Dokument, an dem wir nun seit Monaten arbeiten, sowieso als Datenmüll in den dunklen Pfaden des Projektlaufwerks vergammeln wird.

Ich bin Teil eines Projektteams, das eine neue Abrechnungssoftware einführen soll. Ein Standardprogramm, das nun mit seinen vielen Customizing-Möglichkeiten auf die Bedürfnisse des Kunden zugeschnitten werden soll. In den vergangenen Monaten habe ich mich immer häufiger gefragt, wer hier eigentlich wen customized: der Kunde das System oder das System den Kunden? Der Graben zwischen Projektplan und Realität wurde täglich größer und wir wurden täglich kreativer, um die Projektampel auf Orange statt auf Rot zu setzen.

Ich sitze lustlos vor meinem drögen Lastenheft-Dokument, als sich der Teilprojektleiter neben meinen Schreibtisch stellt. Ein Kollege aus demselben Beratungshaus, den ich sehr schätze und mag. Noch mehr schätze ich die

Ablenkung, die sein Besuch mit sich bringt. Aber leider kommt er nicht nur zum Plauschen vorbei.

»Caro, dem Fachbereich ist gerade aufgefallen, dass ein Teilprozess nicht berücksichtigt wurde.«

»Wie bitte? Wir sitzen seit Monaten daran, warum ist das nie aufgefallen?«

»Der Prozess taucht in der Projektplanung nicht auf und war damit nie vorgesehen. Es scheint nichts Großes zu sein, aber es zerreißt uns jetzt natürlich den gesamten Zeitplan.« Er schaut über die Schulter zur Projektleitung und man kann seinem Gesicht ansehen, wie sehr ihm vor der Unterhaltung gruselt.

Ich versuche eine Lösung zu finden und greife zum Altbewährten zurück: »Können wir das nicht im Nachgang machen? Wenn es nichts Schlimmes ist, können sie vielleicht mit einer Übergangslösung leben und wir ziehen das im Anschluss glatt. Dann bleiben wir im Zeitplan.«

Zerknirscht wendet er sich mir wieder zu. »Nein, sie sagen, der Prozess sei wohl nicht sonderlich aufwendig, allerdings steuerrechtlich relevant und muss daher beim Go-Live stehen. Keine Ahnung, auf jeden Fall kann es wohl nicht warten. Sag mal, du kannst mit denen doch gut … könntest du vielleicht …« Seine zaghafte Bitte schafft es nicht zu verschleiern, dass es sich hier ganz klar um eine Ansage handelt.

»Sicher«, murmle ich, schaue auf den Monitor und das geöffnete Dokument. Weitere unzählige Runden stehen mir bevor.

»Vielen Dank, Caro – hast was gut!« Noch ist er nicht ganz hinter dem Pseudo-Schallschutz verschwunden, als er stehen bleibt, nochmals zu meinem Schreibtisch zurückkommt und flüstert: »Du, es ist ja eigentlich nur was Kleines. Echt nicht wild. Lass uns das doch einfach auf die bisher geplanten Stunden nehmen. Wird sicher nicht nötig sein, dafür neu zu planen. Du machst das schon.« Und zack – weg ist er.

Aha. Daher weht der Wind. Selbstverständlich können wir es uns nicht leisten, den Projektstatus auf Rot rutschen zu lassen. Das Ganze soll also unterhalb des Radars der Projektleitung laufen. Mission inkognito. Ist klar.

Ich bin frustriert. Ich habe keine Lust auf neue Dokumente, neue Feedbackrunden, Kommasetzungsdiskussionen, Änderungswünsche und die inzwischen institutionalisierten »Mir ist da noch was eingefallen«-Anforderungen. Dennoch vereinbare ich einen Termin mit dem Fachbereich. Spontan entscheide ich, den IT-Kollegen, der die Anforderungen umsetzen wird, direkt mit einzuladen. Normalerweise machen wir das nicht so. Erst klären wir die fachlichen Anforderungen und geben sie dann, möglichst ohne Fachchinesisch und schon auf technische Anforderungen gemünzt, an die IT weiter. Warum soll man die IT mit fachlichen Inhalten nerven, die Leute dort haben ohnehin zu viel zu tun. Aber ich denke mir: »Wir sind so hinterher, dass ich es mir nicht erlauben kann, diese zwei Welten zu trennen. Ich schicke die Einladung raus. «

Am nächsten Tag sitze ich vor dem Rechner und entwerfe die Gliederung für das Lasten- und Pflichtenheft. Es wird ewig dauern, alle Inhalte zu Papier zu bringen. Warum zur Hölle soll ich eigentlich den Status quo beschreiben? Wen wird der alte Prozess noch interessieren, sobald wir mit dem neuen System live sind? Ich bin maximal genervt, habe einfach keinen Bock und denke mir: »Ach, sch*** drauf!« Ich werde nicht noch einmal unnötigen Kram aufschreiben, den sowieso niemand lesen wird. Ich habe eine Idee, lasse meinen Laptop auf dem Schreibtisch stehen und gehe nur mit Block und Stift ins Meeting.

Ich habe Glück und kann den IT-Kollegen vor dem Meetingraum abfangen. Wir duzen uns und verstehen uns gut. Zum Glück, bei keinem anderen hätte ich mich nämlich getraut, Folgendes zu fragen: »Hey, sag mal, könntest du mir einen Gefallen tun? Ich möchte heute mal was ausprobieren, brauche dazu aber deine Unterstützung. Es klingt echt schräg, aber könntest du völlig still bleiben, bis ich dich zum Reden auffordere?« Er lacht und fragt: »Verbietest du mir den Mund?«

Ich lächle über die naheliegende, aber falsche Interpretation. »Nein, ich möchte einfach nur ein kleines Experiment wagen. Hilfst du mir?«

»Na gut, bin gespannt, was du vorhast. Auf jeden Fall sollten wir schnell vorankommen – ich habe jetzt schon Horror vor den Überstunden, die aus dem Mist hier herauskommen könnten.«

Wir gehen in den Meetingraum, wo die Kollegen und Kolleginnen des Fachbereichs schon auf uns warten.

»Hallo zusammen. Nun, da sind wir wohl alle etwas überrumpelt worden. Nun lassen Sie uns schauen, wie wir das hinbekommen können«, starte ich das Meeting.

Der Abteilungsleiter seufzt und lässt Dampf ab. »Allerdings. Ich habe von Anfang an gesagt, wir sollten in die Projektplanung involviert werden! Aber es hieß ja immer, das sei nicht nötig. Jetzt haben wir den Salat. Ja, es handelt sich um absolute Ausnahmefälle. Wenn wir das aber nicht hinkriegen, hagelt es Klagen! Und wir reden hier nicht über ein paar Hundert Euro.« Die Kollegin nickt eifrig.

Ich zeige Verständnis, und es ist ernst gemeint. In den vergangenen Monaten habe ich genug Einsicht bekommen, um den Unmut der Mitarbeiter und Mitarbeiterinnen nachvollziehen zu können. Sie sind genauso genervt wie wir – die so schön betitelten »Externen«. Natürlich dürfen wir das nicht zeigen. Aber dieses Gehabe schmeckt mir nicht mehr. Warum soll ich immer gute Miene machen, wenn ich selbst sehe, wie ineffektiv das Ganze läuft.

»Der Mist wird uns Monate nach hinten werfen. Wir werden unzählige E-Mails und Versionen des Konzepts hin und her schieben, und ich sag Ihnen ganz ehrlich: Ich habe da keinen Bock drauf. Und Sie bestimmt noch weniger.«

Ich schaue vorsichtig in die Runde. So ehrlich habe ich noch nie mit dem Kunden gesprochen. Kurze Stille, in der ich von allen skeptisch beäugt werde. Ich fürchte, dass meine Idee doch keine gute war und bereue meinen Ansatz schon. Da lacht der Abteilungsleiter auf. »Nein, echt nicht. Ich habe absolut keine Lust, den ganzen Kram noch mal durchzumachen.« Alle stimmen in das befreiende Lachen ein und ich merke richtig, wie sich die Stimmung auflockert. Alle rutschen auf ihren Stühlen etwas tiefer, machen es sich bequemer. Puh, Schwein gehabt.

»Dann habe ich einen Vorschlag für Sie: Auch wenn das eigentlich keine Information für diese Runde ist, weiß ich, dass unsere Tätigkeiten hier nicht im Statusbereich auftauchen werden. Wir sitzen quasi in einer Black Box – man erwartet einfach, dass wir bis zum Go-Live alles fertig haben. Lassen Sie uns auf das bisherige Vorgehen verzichten. Ich möchte heute etwas ausprobieren und habe selbst keine Ahnung, ob es uns helfen wird. Aber jeder Versuch ist besser, als das bekannte Prozedere noch mal durchleiden zu müssen.« Alle schauen erwartungsvoll zu mir rüber.

»Frau Barth[2], Sie kümmern sich um die Kunden, die das hier betrifft. Können Sie uns bitte etwas zum Hintergrund erklären?« Frau Barth fängt an, den Prozess zu erläutern. Ich grätsche rein. »Entschuldigen Sie, dass ich unterbreche, aber ich möchte noch nicht über den Prozess sprechen – dazu kommen wir noch. Nehmen wir mal an, es gäbe gar kein System und keinen Prozess. Können Sie uns ein wenig über das Problem erzählen, das der Kunde hat? Warum

2 Alle Namen wurden geändert

ist das so wichtig? Warum müssen wir das unbedingt jetzt umsetzen und nicht erst später?« Sie schaut mich etwas irritiert an und auch der Abteilungsleiter runzelt die Stirn. Man kann den beiden ansehen, dass sie nicht verstehen, warum ich jetzt auf grüne Wiese mache, wenn wir doch ganz klar festgestellt haben, dass wir uns beeilen müssen. Dennoch fängt sie an zu erklären: »Na, sonst kann er seinen Kunden keine Rechnung stellen. Unsere Rechnung muss absolut pünktlich und konform eingereicht werden. Sonst kann er wiederum seinen Kunden keine steuerrechtlich konforme Rechnung schicken und bringt sich in Teufels Küche. Selbstverständlich nimmt er uns dafür in Haftung.«

»Und was genau braucht er da von Ihnen?« So allmählich kommt sie rein, steigt aber immer wieder in die internen Abläufe ein: Wo sie welche Daten exportieren und dann in Excel bearbeiten muss. Wie schwierig es ist, da nichts zu überschreiben. Wie Freigabeprozesse umständlich per Mail und Ordnerstrukturen erfolgen. An wie vielen Stellen sie arbeiten muss.

Sie klingt wie ein Jongleur, der versucht, zehn Messer in der Luft zu halten, ohne sich zu schneiden. Wie hält sie diese Arbeitsweise nur aus, frage ich mich. Immer wieder muss ich sie unterbrechen, um auf die Sicht des Kunden und das Ergebnis des Prozesses zurückzukommen. Sie lässt die Unterbrechungen zu und man merkt, dass sie Spaß daran hat, den fachlichen Hintergrund ihrer Arbeit erklären zu dürfen. Deswegen hat sie hier schließlich angefangen. Doch immer wieder schleichen sich Formulierungen wie »aber das können wir mit unserem System ja nicht abbilden« ein. Dabei schaut sie fragend zum IT-Kollegen. Der sitzt zurückgelehnt in seinem Stuhl, nickt und hört aufmerksam zu. Aber er lässt sich nicht zu einer einzigen Antwort oder einem Kommentar hinreißen. Ich denke mir, dass ich ihm echt was schulde. Denn ich bin mir sicher: Ihm liegen mehr als genug Antworten auf der Zunge.

Als die Kollegin fertig ist, haben wir schon mehr als die Hälfte des Meetings hinter uns. Mir ist klar, dass alle der Meinung sind, dass wir die Zeit besser für das Besprechen der konkreten Anforderungen nutzen hätten sollen. Ich bedanke mich bei der Kollegin. »Ich denke, jetzt haben wir alle ein ausreichendes Verständnis des Themas. Ich würde Herrn Anzt gerne bitten, eine kurze Einschätzung zu geben. Mir ist klar, dass wir noch nicht über Anforderungen und Abläufe gesprochen haben – aber wie ist dein Bauchgefühl bei dem Thema? Ist das machbar? In der Zeit, die wir haben?«

Der IT-Kollege schaut einen nach dem anderen an und fängt laut an zu lachen. »Am liebsten würde ich heulen!«, ist das Erste, was er rauskriegt. Als er merkt, dass ihn alle schockiert anstarren, fügt er hinzu: »Nein, nein, nicht weil es so umfangreich ist! Im Gegenteil! Was wir die letzten Jahre für euch gebaut haben, ist wie mit Kanonen auf Spatzen zu schießen. Und wir treffen sie nicht mal! Mensch, hätten wir das alles vorher gewusst! Uns war nicht bekannt, welchen Aufwand ihr habt, um das zu bekommen, was ihr dann wirklich an den Kunden rausschickt. Das muss ja total furchtbar sein, so einen Fall zu bearbeiten.«

»Es ist der absolute Horror! Aber unser System kann das halt nicht!«, antwortet die Kollegin.

»Nein, in der bisherigen Form tatsächlich nicht. Das schmeißen wir alles weg. Ihr bekommt ein Fenster, in dem ihr alle Daten eingeben und direkt auswählen und korrigieren könnt. Wir können eine Freigabesystematik hinterlegen, alles in einer Maske. Keine Exporte mehr. Keine Ablage von Datenkopien. Das sollte künftig nur noch Minuten statt Tage dauern und wir reduzieren die Fehlerquote. Wir haben doch alles, was ihr braucht, wir müssen es euch nur anders ausgeben.«

»Das geht?«, fragt Frau Barth. Sie sitzt kerzengrade auf ihrem Stuhl.

»Ja, das geht ohne Probleme. Und es wird einfacher sein, als diese gruseligen Anforderungen nachzubauen, die wir damals bekommen haben. Pass auf …« Er skizziert auf seinem Block die Maske und erklärt, wie sie funktionieren könnte. »Ich mache euch einen ersten Entwurf. Der wird nicht schön sein, aber du kannst dir die Daten schon mal anschauen und sie korrigieren – so gefiltert wie du es eben beschrieben hast.«

»Ich finde, das klingt wirklich gut. Mach doch diesen Entwurf, dann testen wir das und geben dir Feedback dazu. Du gibst uns eine neue Version zum Testen, Runde für Runde. Lass uns nach den Tests doch am besten direkt zu dritt zusammensitzen. Die Ergebnisse halte ich nach«, werfe ich ein und lösche gedanklich schon den Lastenheftentwurf auf meinem Laptop. Ich muss grinsen.

»So machen wir das. Endlich mal ein pragmatischer Ansatz«, sagt der Abteilungsleiter und steht auf. Wir folgen seinem Beispiel und verlassen den Raum. Total glücklich, aber auch etwas verwirrt gehe ich zurück zu meinem Schreibtisch. Ich kann nicht fassen, dass das wirklich funktioniert hat. Ich hatte zwar nicht wirklich eine Vorstellung davon, was dabei rauskommen würde, wenn ich statt auf Anforderungen auf das Kundenproblem fokussiere und dies an den IT-Kollegen weitergebe – aber ein besseres Ergebnis konnte ich mir nicht wünschen. Noch in dieser Woche würden wir direkt im System etwas testen und dann die Inhalte der nächsten Version abklären. Fachbereich und IT gemeinsam. In den anderen Prozessen hatten wir dafür Monate gebraucht.

Am Abend treffe ich mich mit einem guten Kumpel auf ein Bier. Ich bin total aufgekratzt und muss ihm unbedingt von meinem Tag berichten. Kaum habe ich die Bar betreten, schlage ich stolz auf die Theke und verkünde: »Felix, ich habe den Stein der Weisen gefunden! Ich weiß, wie man Projekte eigentlich angehen muss!« Geduldig lässt er meine schwärmerischen Erzählungen über sich ergehen und sein Grinsen wird immer breiter. Was ich als bewundernde und zutiefst ehrfürchtige Mimik auffasse, stellt sich allerdings als etwas anderes heraus. Als ich meinen Monolog beendet habe, schaue ich ihn erwartungsvoll an. Er schiebt mir ein frisches Pils hin und meint in total trockenem Ton: »Wenn du nachher nach Hause kommst, dann google mal die Worte ‚agil' und ‚Scrum'. Danach reden wir weiter.« Er stößt mit mir an und weigert sich strikt, weiter über das Thema zu sprechen.

Am nächsten Tag verstehe ich warum und schrumpfe hinter meinem Monitor vor Scham zusammen. Ich habe wohl doch nicht den Stein der Weisen entdeckt. Nach einigen Stunden am Laptop verstehe ich auf einmal, was für eine weite Welt sich hinter den Worten »agil« und »Scrum« erstreckt. Iteratives Arbeiten, Inkremente, Kundenfokus, Review … sämtliche Bausteine, die wir nun eingeplant haben, ohne zu wissen, was dahintersteckt. Das Schamgefühl weicht dem Glücksgefühl, einen Ansatz gefunden zu haben, der genau meiner Denke entspricht.

In den folgenden Wochen arbeiten wir zu dritt – Frau Barth aus dem Fachbereich, Herr Anzt aus der IT und ich – gemeinsam an der Umsetzung des Prozesses. Die Stimmung ist wesentlich gelöster und wir kommen Schritt für Schritt extrem gut voran. Statt theoretische Anforderungen zu stricken, testet der Fachbereich ständig die neuen Updates des Systems und gibt Feedback, das die IT in die nächste Version einfließen lässt. Ich wiederum kümmere mich darum, nach außen den Anschein des Wasserfalls aufrecht zu erhalten. Ich weiß: Der Teilprojektleiter würde einen Herzinfarkt erleiden, wenn ich ihm erzählen würde, dass wir ausgerechnet jetzt eine neue Arbeitsweise ausprobieren.

Von dieser Arbeitsweise und den Ansätzen, die dahinterstecken, konnte ich nach diesem Projekt nicht mehr abrücken. Es dauerte noch ein Jahr, in dem ich – leider erfolglos – versuchte, die agile Arbeitsweise in anderen Projekten einzubringen. Daher beschloss ich, aus- und umzusteigen. Ich kündigte, warf mich in ein Praktikum und ins Selbststudium. Seitdem sind fünf Jahre vergangen. Heute sehe ich selbstverständlich, wie holprig unser agiler Ansatz in diesem Projekt war. Dennoch bin ich sehr froh darüber, auf welche Weise ich zur Agilität gefunden habe. Nicht weil es der neueste heiße Kram war, sondern weil es meiner Vorstellung von effektivem Arbeiten entsprach. Seitdem finde ich immer wieder neue Welten, in die ich gerne abtauche und habe gelernt, wie sich verschiedene Ansätze verbinden lassen – so, dass am Ende ein echter Mehrwert entsteht. Und das macht mir unheimlich viel Spaß.

Übrigens: Der Prozess war innerhalb von drei Monaten komplett fertig und wartete noch einige Monate auf das restliche Projekt, um endlich live gehen zu können. Die fachliche Dokumentation habe ich auf dem Projektlaufwerk unter »Lastenheft« abgespeichert. Sie umfasst weniger als ein Drittel der anderen Lastenhefte und nur jene Informationen, die der Fachbereich benötigt. Es war das letzte Lastenheft, das ich verfasst habe. Und vielleicht ist diese Agile Short Story der Einstieg, um mich endlich an einen Roman zu wagen.

Carolin Salz

Ich bin Enterprise Agile Coach – und von Herzen Betriebswirtin. Ich helfe Organisationen (speziell Non-IT) die Rahmenbedingungen zu setzen, um ihre strategischen Ziele zu erreichen und die Menschen in den Mittelpunkt zu rücken. Dabei bin ich nicht dogmatisch – ich kombiniere gerne die Ansätze verschiedener Herangehensweisen, wie Agile, Lean und klassisch, um gemeinsam mit den Mitarbeiterinnen und Mitarbeitern Lösungen zu finden, die zu ihnen und ihrer Arbeit passen. Mit Wissen, Erfahrung und Bauchgefühl.

Must I evolve?

Kennst du das auch? Du hörst einen Song und er fühlt sich an wie eine Situation in deinem Leben.

Jarvis Cocker singt:

Must I evolve? – Chor: Yes, yes, yes, yes
Must I change? – Chor: Yes, yes, yes, yes
Must I develop? – Chor: Yes, yes, yes, yes
Can I stay the same? – Chor: No, no, no, no

Ich singe mit: »Must I evolve?« Und es hallt in mir nach: »Ja, ja, ja.« Es ist für mich der Song zu meiner Veränderung als Führungskraft, Teammitglied und Mensch.

2008 – Jarvis Cocker singt: »Don't let him waste your time.«

Ich hatte bei einem Zulieferer in der Automobilindustrie vor kurzem eine kleine Abteilung übernommen, deren Aufgabe die Gestaltung von Methoden und Abläufen in der Produktentwicklung war. Unser »Produkt«, den Entwicklungsprozess (PEP), hatten wir gerade neu ausgerollt. Ein Lieferant, mit dem wir zusammenarbeiteten, erzählte mir von einer tollen neuen Arbeitsweise: Scrum. Mit einem kurzen »Softwareentwicklung? Ach so« nahm ich es zur Kenntnis und vergaß es gleich wieder. Für lange Zeit, sehr lange Zeit. – Verlorene Zeit?

2014 – Jarvis Cocker ist ausgebrannt und liefert keine Songs mehr.

Nach sechs Jahren hatten wir gerade mal die zweite Version des PEP ausgeliefert und mein Team wuchs um vier indische Kollegen auf neun Mitarbeiter. Wir waren auf vier Standorte, drei Länder und drei Zeitzonen verteilt und nannten Deutsch, Englisch, Malayalam und Marathi unsere Muttersprachen. Das schien spannend zu werden und es war die Chance, in unserem Unternehmen, das in den letzten Jahren von 12.000 auf 20.000 Mitarbeiter gewachsen war, einen stabilen Support zu liefern. Doch wie?

Wir starteten mit einem interkulturellen Workshop in München und kochten gemeinsam indisch. Jeder neue Kollege erhielt einen Mentor und wurde in allen Spezialisierungen unseres Teams – zum Beispiel Risikoanalyse und Modellierung – weitergebildet. Danach wurde er mit einem europäischen Kollegen auf einen Schwerpunkt festgelegt. Unser erstes gemeinsames Release eines überschaubaren Produkts dauerte zehn Monate, acht Monate länger als erwartet. Die Anwender, interne Kunden, wurden ungeduldig und wir waren nicht wirklich zufrieden. Was war passiert?

Aus einem lokal beschriebenen Ablauf sollte ein globaler werden, der durch Mitarbeiter in Deutschland, Ungarn und Indien ausgeführt werden sollte. Wir erarbeiteten die Anforderungen erst für Deutschland, dann für Ungarn, dann für Indien, dann wieder für Deutschland und nochmals für Ungarn und nochmals für Indien. Wir drehten uns in Wiederholungen und länderübergreifenden Abstimmungen. Eine Wertstromanalyse dieses Arbeitsablaufs half uns später, die Verschwendung darin zu erkennen und die Wartezeiten und Schleifen um 80 Prozent zu reduzieren. Wir erfuhren – erneut – von Scrum und übernahmen die Begriffe in unser neues Modell. Ein Sprint war drei (!) Monate lang und wir schafften drei Releases pro Jahr. Die Verkürzung der Durchlaufzeit tat ihre Wirkung, doch wir hatten weder Scrum noch Agile wirklich verstanden.

Die Menge der Aufgaben wuchs und wir kämpften mit der Verfügbarkeit der Mitarbeiter. Ohne eine wirkliche inhaltliche Verbesserung zu erreichen, arbeiteten wir die Aufgaben nach dem Prinzip »First in, first out« ab. Unser Produkt wurde zu einem monolithischen Gesamtkunstwerk: Jede kleine Änderung bedurfte der Neufreigabe des ganzen Gebildes. Doch wie konnten wir das ändern? Uns gingen die Ideen aus.

2017 – Jarvis wird durch ein Klavier im Hotel Chateau Marmont in Hollywood zu neuen Songs und einer einzigartigen Zusammenarbeit mit Chilly Gonzales inspiriert. Er singt: »Ich war auf der anderen Seite, da ist nichts. Ich möchte dort sein, wo sie Entscheidungen treffen.«

Uns ging es ähnlich, als wir bei einem Erfahrungsaustausch mit einem Tochterunternehmen in den USA auf eine völlige neue Arbeitsweise gestoßen wurden – Scrum. Die Firma hatte Marktanteile und Mitarbeiter verloren und musste gleichzeitig mit mehr Innovationen punkten, um zu überleben. Unerwarteterweise erlebten wir keine frustrierten Mitarbeiter, sondern Energie und Enthusiasmus. Die Menschen wollten die Veränderung aktiv gestalten. In vielen Gesprächen und bei der Teilnahme an den Scrum-Events sahen wir eine lernende Organisation. Aus einer Keimzelle in der Produktentwicklung war innerhalb von zwei Jahren Scrum über mehrere Fachbereiche bis zum CEO skaliert worden. Keiner sprach von Perfektion und dennoch war jeder zufriedener im Vergleich zur vorherigen Situation. War das die Lösung?

Ich las mich ein und entsandte einen Kollegen zur Scrum-Master-Schulung. Er kam mit strahlenden Augen zurück: »Das müssen wir machen!« Im September 2017 ließ ich mich und einen dritten Kollegen von Jeff Sutherland zum Scrum Master ausbilden – so verstanden wir, warum und wie Scrum wirkt. Einen Monat später stellten wir mit einem Coach unsere gesamte Abteilung auf Scrum um, und das Abenteuer konnte beginnen.

Durch die inhaltliche Verantwortung für unser Produkt wurde ich zum Product Owner. Überraschenderweise meldeten sich drei Kolleginnen und Kollegen für die Rolle des Scrum Masters. Das Team stimmte ab und legte die Rolle auf 50 Prozent der Arbeitszeit aus, halbjährlich rollierend. Wir schworen uns alle auf die Regeln des Scrum Guides ein und starteten mit wöchentlichen Sprints.

Nur drei Monate – oder besser 12 Sprints – später waren uns die Scrum-Regeln in Fleisch und Blut übergegangen. Wir fanden uns in einem anderen, völlig neuen (Arbeits-) Leben wieder. Doch was hieß das?

Wir hatten innerhalb der drei Monate unser neues Release ausgeliefert und uns in neue Aufgaben gestürzt, die zuerst zäh und dann so flüssig abgearbeitet wurden, dass selbst unsere Lieferanten mit uns im Takt liefen. Die schwerfälligen Informationsrunden und Status-Meetings wurden weniger, das E-Mail-Pingpong hörte auf, separate Team- und Jour-fixe-Meetings verschwanden. Aufgabenlisten und Verfolgungstools gingen in einem Backlog auf, das Schritt für Schritt besser gepflegt und gefüllt wurde. Doch die Zeitverschiebungen und der hohe Takt ließen noch wenig Freiraum für gemeinsames kreatives Arbeiten.

Seither liegt der Takt auf zwei Wochen. Wir haben einen Freiraum für sogenannte »Spikes«, das sind Storys mit Lernziel, geschaffen. Wir wurden mutiger und experimentierten mit für uns neuen Methoden wie Swarming und Pairing. Für einige Zeit wurden wir langsamer, doch die Zusammenarbeit verbesserte sich so weit, dass die Verfügbarkeit einzelner Kolleginnen und Kollegen immer weniger kritisch wurde.

Das Team lernt, sich immer besser selbst zu organisieren und ist stolz darauf, als Vorreiter und Treiber für das Thema gesehen zu werden. Mitarbeiter haben sogar die eigene Hochzeit oder ein privates Bauprojekt mit Scrum geplant. Und was passierte mit mir?

Ich habe in meinem Arbeitsleben viele Methoden erlernt und angewandt, die sich auf die technischen Aspekte eines guten Produkts fokussierten. Keine davon hat für mich die Arbeitsorganisation so prägnant auf den Punkt gebracht wie Scrum. Scrum nimmt mir den Druck der Planung, Koordination und Verfolgung, da es auf klaren, einfachen und wiederholbaren Regeln basiert und das Team in den Mittelpunkt rückt.

Interessanterweise wird von vielen im Team neben Scrum das gemeinsame interkulturelle Training und das indisch Kochen als Schlüssel zum Erfolg gesehen.

Ich weiß jetzt, dass diese Arbeitsweise mit jedem stabilen Team funktionieren wird, das auf ein gemeinsames Ziel hinarbeiten will. Es hat bei uns zu einem starken Team geführt, das von der Organisation für seine Leistungen geschätzt wird.

Diese Erkenntnis macht mich frei und offen für Neues.

Must I evolve? – Chor: Yes, yes, yes, yes
Must I change? – Chor: Yes, yes, yes, yes
Must I develop? – Chor: Yes, yes, yes, yes
Can I stay the same? – Chor: No, no, no, no

Alexander Dobry

Als Dipl.-Ing. für Sicherheitstechnik befasst sich Alexander Dobry seit 1998 in verschiedenen Positionen mit Arbeitsweisen und Abläufen in der Produktentwicklung für komplexe, sicherheitsrelevante Systeme. Er hat Produktrisiken bewertet, Qualitätsmanagement-Systeme etabliert, als Projektleiter Standards zur Funktionalen Sicherheit eingeführt und die daraus entstandenen Arbeitsabläufe unternehmensweit vermittelt. Mit seiner international verteilten Abteilung hat Alexander vor zwei Jahren die agile Transformation begonnen. Als Mitglied der Agile Practice des Unternehmens skaliert er jetzt erfolgreiche Praktiken auf weitere Teams, das Management und die gesamte Organisation.

Vom Chaos zur Kooperation

Wenn ich heute zurückblicke, kann ich mich an vieles nur noch schemenhaft erinnern. Dennoch – so hoffe ich – ist es die Geschichte wert und ich freue mich, dass du mich dorthin begleitest, wo für mich Agilität ihren Anfang nahm.

Es ist März 2006 und ich arbeite in der Programm- und Systementwicklung (PSE) der Siemens AG Österreich in Wien. Mein Chef ruft mich zu sich und bittet mich, ein neues Projekt zu übernehmen: Qualitätssicherungsverantwortlicher (QSV) ist mein neuer Jobtitel. Klingt beeindruckend, nicht? Das neue Team umfasst etwa 25 Personen und die Aufgabe besteht darin, Teile für ein Infotainment System eines Autoherstellers zu entwickeln. So weit, so gut.

Als *guter* QSV interessiere ich mich zu Beginn meines neuen Einsatzes natürlich in allererster Linie für die Projektdokumentation. Auf meine diesbezügliche Nachfrage erhalte ich die Antwort: »Wir arbeiten hier agil.« Du kannst dir meine Verwirrung vermutlich vorstellen – damit hatte ich nicht gerechnet. Ich habe auch tatsächlich keine Ahnung, was genau der Kollege mir damit sagen will – doch das möchte ich mir in diesem Moment nicht anmerken lassen und lenke das Thema in für mich sichere Gefilde. »Und der aktuelle Projektstatus?«, frage ich mit fester Stimme, »wie sieht es damit aus?« Der Kollege legt den Kopf schief, sieht mich etwas unsicher an und entgegnet abermals: »Das können wir dir so nicht sagen, wir arbeiten hier agil!« Leicht entnervt wage ich einen dritten Anlauf und erkundige mich nach der derzeitigen Kostensituation. Doch auch diese Information bleibt mir verwehrt: »Wir arbeiten agil, das können wir dir auch nicht sagen.« Ich bin verwundert und – ehrlich gesagt – auch ein wenig verärgert. Ich weiß, dass hier Profis am Werk sind, doch alles, was ich über *gutes* Projektmanagement weiß, wird hier scheinbar irgendwie missachtet.

Ich weiß zu gut, dass es keine gute Idee ist, als der Neue im Projekt gleich am ersten Tag neunmalklug daherzureden. Deshalb entschließe ich mich dazu, mich erstmal in die Materie einzulesen. Was bedeutet dieses *agil* überhaupt? Und was ist *Scrum*? Auch dieser Begriff war mehrfach gefallen. Ich setze mich also an meinen PC, google »agil« und erhalte … tausende Treffer. »Na gut«, denke ich mir, »da habe ich ja einiges zu tun.« Neugierig mache ich mich ans Werk und je tiefer ich in die Themen eintauche, desto besser verstehe ich: Das, was meine Kolleginnen und Kollegen dort umzusetzen versuchen, ist nicht *agil*, sondern chaotisch! Dieses *agil*, so wie es hier in Büchern und auf Webseiten beschrieben ist, finde ich jedoch echt genial! Ich ertappe mich sogar bei dem Gedanken, dass wir auf diese Art vermutlich richtig gut zusammenarbeiten könnten, mit Freude und Erfolg!

Ich forsche also weiter und kontaktiere einige befreundete Projektleiter, um zu erfahren, was sie schon von diesem Scrum und agil gehört haben. Bei einem von ihnen habe ich Glück: »Wir machen das auch bei uns im Projekt«, erzählt mir Peter. Treffer. Nun will ich natürlich wissen, ob das erfolgreich läuft und wie es dazu gekommen ist. Gespannt lausche ich seinen Berichten und Ausführungen. Und so erfahre ich schließlich, dass Peter und sein Team zu Beginn Unterstützung von einer externen Agile Coach hatten und dass diese Dame den Erfolg mitbegründet hat. Etwas verunsichert und doch hoffnungsvoll kontaktiere ich also diese Jutta Eckstein. Meine Freude ist groß: Sie ist eine wirklich hilfsbereite Expertin, die mich umfassend über das Thema informiert und alle offenen Fragen kompetent und so zufriedenstellend beantwortet, dass am Ende alles Sinn ergibt. Jutta erklärt sich sogar bereit, mein

Team zu schulen und alle auf einen guten und einheitlichen Wissensstand zu bringen.

Zufrieden und mit all diesen Informationen im Gepäck kehre ich schließlich zu meinem Projektteam und zu meiner Leitung zurück. In meiner Rolle als QSV ist es auch meine Aufgabe, auf eine *prozesskonforme* Vorgehensweise zu achten. Und wenn hier schon agil gearbeitet werden soll, dann bitteschön richtig.

Ich bitte also alle darum, an diesem Training zum agilen Arbeiten mit Jutta teilzunehmen und verspreche sogar, mich selbst um die Organisation zu kümmern. Nach kurzem Zögern wird die Einladung, zu meiner Erleichterung, schließlich angenommen. Ich ahne schon, dass dies nur ein erster kleiner Startpunkt sein wird. So ein grundlegend neues Vorgehen muss wohl am Ende in der gesamten Qualitätshierarchie des Unternehmens akzeptiert werden, wenn es funktionieren soll. Also wage ich auch den nächsten strategischen Schachzug und lade sämtliche hierarchisch vorgesetzte Personen ebenfalls zum Training ein. Die Auswirkungen dieser Maßnahme werden mir erst viel später bewusst: Die gemeinsame Teilnahme am Training mit Jutta Eckstein sollte sich als Grundstein für agiles Arbeiten in der PSE entpuppen.

Schließlich ist es soweit. Wir sitzen pünktlich kurz vor 9 Uhr morgens im internen Seminarraum und Jutta ist gerade dabei, die letzten Vorbereitungen abzuschließen. Ich sehe mich um. Wir sind etwa 20 Leute, und da ist – tatsächlich – einer der leitenden Mitarbeiter der Qualitätsabteilung unter uns. Der leitende Quality-Kollege lächelt zufrieden und scheint sich wirklich darüber zu freuen, dass er dabei sein darf. Scheinbar wird er nicht oft zu solchen Events eingeladen. Er wird sich später – was ich in diesem Moment natürlich noch nicht wissen kann – als wirksamer Unterstützer unserer neuen Arbeitsweise entpuppen. Ich fühle mich stolz und gleichzeitig ein wenig unbehaglich. Wenn das nur gut geht.

Auch unsere Team-Kollegen und -Kolleginnen aus Ungarn sind gekommen. Das Training findet daher in englischer Sprache statt. Jutta begrüßt uns und schon nach ihren ersten Worten merke ich, wie die Spannung von mir abfällt. Wir erfahren viel Neues, sowohl aus der Theorie als auch aus Juttas praktischer Erfahrung. Die beiden Tage vergehen wie im Flug und wir können es am Ende kaum erwarten, endlich selbst ans Werk zu gehen und die neuen Erkenntnisse in unsere Arbeit einfließen zu lassen.

Nächster Morgen, wir legen los: Zunächst machen wir uns daran, ein Product Backlog zu etablieren. Wir bringen dazu alle verfügbaren Informationen zusammen und filtern aus den scheinbar nicht enden wollenden Seiten an Spezifikationen die dringendsten heraus. Langsam bekomme ich eine Idee davon, wo das Projekt gerade steht und welches Ausmaß es haben könnte. Wir vereinbaren regelmäßige Planungen, Reviews und Retrospektiven und nehmen uns fest vor, sie auch wirklich regelmäßig durchzuführen. Sogar ein Taskboard entsteht. Damit wächst die Transparenz und noch dazu haben wir nun einen Ort für unsere neue, teils liebgewonnene und teils verhasste Routine – die täglichen morgendlichen Standup-Meetings. Ich stehe hier und staune. Meine Kolleginnen und Kollegen packen richtig mit an, sie arbeiten zusammen, diskutieren und kreieren. Nach und nach sieht das hier tatsächlich so aus, wie ich mir in meinen Phantasien agiles Arbeiten ausgemalt habe. Oder vielleicht sogar noch ein wenig besser.

Wir stoßen jeden Tag auf neue Stolpersteine. Manche von ihnen sind groß, andere klein. Jeden begrüßen wir freundlich und versuchen, ihn in unsere Arbeit zu integrieren. Mit den Standup-Meetings, beispielsweise, läuft es zu Beginn noch nicht ganz rund. Ist auch nicht so einfach, sich vor einem Taskboard zu versammeln, wenn die eine Hälfte des Teams in Budapest sitzt und die andere Hälfte in Wien. Wir beschließen also, an den beiden Standorten parallel getrennte Meetings zu machen. Anschließend führen wir noch ein Scrum of Scrums (SoS) zur Synchronisation durch. Das ist manchmal nervig.

Versuchen wir doch etwas anderes: Wir kommen nun alle gemeinsam virtuell zusammen. So dauert die Abstimmung zwar länger als die vorgesehenen 15 Minuten, dafür entfällt das SoS. Auch das läuft nicht rund. Die nächste Idee ist, dass wir uns in Feature-Gruppen treffen, mit anschließendem SoS. Diese Version läuft noch am besten, daher bleiben wir dabei. Die Hauptsache ist, dass am Ende jeder weiß, was gerade ansteht und wer was mit wem zu tun gedenkt.

Der Kreativität sind keine Grenzen gesetzt. Jeder gibt sein Bestes, täglich pünktlich dabei zu sein. Wir kommunizieren mit unseren ungarischen Kolleginnen und Kollegen via Telefon und Skype-Videocalls. Auch die österreichischen Kollegen sind nicht ständig vor Ort. Helmut pendelt zum Beispiel täglich nach Wien zur Arbeit und wählt sich vom Zug aus ein. Wir wissen inzwischen, wann der Zug durch den Tunnel fährt und setzen das Standup-Meeting deshalb so an, dass Helmut die ganze Zeit dabei sein kann. Das alles schweißt uns als Team zusammen. Genau so muss es sein.

Es ist Montag. Das Training mit Jutta ist mittlerweile einige Wochen her und unser neues Miteinander fühlt sich schon fast wie Alltag an. Da kommt Günter, mein aktueller Business Owner, auf mich zu und bittet mich um ein Gespräch. Etwas unsicher betrete ich wenig später sein Büro.

Ich bin es nicht gewöhnt, außerhalb unserer üblichen Besprechungen zu einem Vieraugengespräch gebeten zu werden. Was er wohl von mir möchte?

Ohne Umschweife kommt er zur Sache und bittet mich, die Projektleitung zu übernehmen. Du kannst dir meine Überraschung vermutlich vorstellen. Damit konnte ich doch wirklich nicht rechnen. Okay, ich habe in den letzten Wochen gute Arbeit geleistet. Das Team funktioniert gut. Trotzdem bin ich noch sehr jung – jünger als die meisten Teammitglieder – und außerdem immer noch »der Neue«. Günter scheint meine Unsicherheit zu bemerken, denn er lächelt mir aufmunternd zu und sagt: »Das Team hört auf dich, Ralph. Du hast bewiesen, dass du dich mit dieser neuen Art der Arbeit bestens auskennst. Sie vertrauen dir und ich tue das auch. Ich wäre wirklich froh, wenn du meiner Bitte folgst und die Rolle übernimmst.« Wow. So eine Chance bekommt man nicht jeden Tag. Noch ein wenig überwältigt erbitte ich einen Tag Bedenkzeit. Nach einem langen Abend im Pub, mit vielen Gesprächen zu diesem Schritt und ein paar Guinness, willige ich am Tag darauf ein. Eine Bedingung stelle ich jedoch: Ich will so schnell wie möglich nach Budapest reisen, um die dort ansässigen Teammitglieder an ihrem Arbeitsplatz zu besuchen. Das ist mir wichtig, damit wir uns gegenseitig besser kennenlernen und ich hoffe, dass auch sie mich dann in der neuen Rolle akzeptieren.

Und so sitze ich bald im Zug nach Budapest. Wieder habe ich gemischte Gefühle, schließlich weiß ich noch nicht, wie die Kolleginnen und Kollegen auf meinen Besuch reagieren werden. Alles, was ich weiß, ist, dass diese Reise wichtig ist. Im Bürogebäude von Siemens in Budapest werde ich schon erwartet. Nach einer kleinen Tour durch die bedeutendsten Stationen des Hauses treffe ich endlich jene Menschen, die zu meinem Team gehören und die ich zu selten persönlich getroffen hatte. Die Stimmung ist super. Ich werde herzlich aufgenommen und erfahre auch bald so manches überraschende Detail: Die Sache mit dem agilen Arbeiten wird hier zum Beispiel schon länger probiert und die gesammelten Erfahrungen sind auch für Wien sehr nützlich und interessant. Ich bin überrascht, denn davon hatte ich zuvor noch nichts gehört. Ich fühle mich willkommen und akzeptiert. Diese Leute scheinen mit zu vertrauen. Jetzt bin ich sicher, dass ich meine Rolle tatsächlich ausfüllen kann.

Zurück in Wien fasse ich den Entschluss, dass wir in Zukunft die Sprintwechsel abwechselnd in Wien und Budapest durchführen werden. In meinen Augen ist das fair und ein wichtiger Beitrag dazu, das Team zusammenzuführen. Naja – ich lerne bald, dass dieses Vorhaben für einen Projektleiter in einem Großkonzern wohl ein wenig zu euphorisch ist. Am Ende reisen wir immerhin für jeden dritten Sprintwechsel nach Budapest. Dieser Reisekostenkompromiss ist für die ungarischen Kolleginnen und Kollegen glücklicherweise verständlich – und wir sind jetzt öfter bei ihnen zu Besuch, als sie es von früheren Projekten kennen.

Auch inhaltlich geben wir Vollgas und investieren zum Beispiel stark in die interne Testautomatisierung, basierend auf FitNesse[3]. »No bugs escape!«, heißt unser Motto. Wir fühlen uns stark und sind megastolz darauf, dass wir am Ende sogar ein besseres Testsystem als unsere Auftraggeber vorweisen können. Das dürfen die natürlich gerne nutzen – Ehrensache. Wir präsentieren schließlich beides bei der PSE-PRO-CDA-internen Hausmesse: unser neues agiles Vorgehensmodell und unsere Testautomatisierung mit FitNesse – das Interesse an beidem ist groß.

3 www.fitnesse.org

Stolpersteine essen wir in der Zwischenzeit zum Frühstück. Die Integration der gelieferten Software etwa, die wir alle drei Wochen vom Kunden und Auftraggeber bekommen, ist ein solcher Stolperstein. Immer wieder sind hier wegen Änderungen im Interface aufwändige Anpassungen nötig. Was macht mein agiles Dream-Team? Es entwickelt ein System, mit dem diese Interface-Änderungen schnell aufgespürt werden können. Wir präsentieren am Ende eine Verkürzung der Integrationszeit von über zwei Tagen auf wenige Stunden. We rock!

Klar, es gibt auch Rückschläge und mit ihnen immer wieder neue Lernfelder: Damit wir künftig enger mit unserem Kunden zusammenarbeiten können, schicken wir einen Kollegen als sogenannten Botschafter dorthin. Er wird vier Tage pro Woche vor Ort sein, um das Netzwerk zu pflegen, bei der Softwareintegration zu helfen, Testfahrten mitzumachen und uns viele Rückmeldungen zu unserer Arbeit zu geben – immer mit dem Blick von der Kundenseite. An sich ein weiterer cleverer Schachzug, nicht? Das geht zu Beginn auch alles ganz gut und wie geplant. Aber bitte, wer rechnet damit, dass dieser Kollege bereits nach vier Monaten innerlich zum Kunden überläuft? Plötzlich beginnt er, direkt auf unsere Entwicklerinnen und Entwickler zuzugreifen, um extra Kundenwünsche, am Backlog vorbei, erfüllt zu bekommen. Irgendwie klingt er auch immer mehr wie der Kunde. Jetzt ist es wohl an der Zeit, ihn wieder nach Hause zu holen.

Und dann, eines Tages, ist es soweit und das Projekt ist zu Ende. Schade eigentlich. Doch in Wahrheit geht die agile Reise jetzt erst richtig los. Wir haben tolle und weniger tolle Momente geteilt, wir sind zusammengewachsen und haben unendlich viel gelernt. Viele der Kolleginnen und Kollegen werden mit mir auch am nächsten Produkt mitarbeiten – das wird eine spannende Reise mit noch mehr Lernerfahrungen, meinem bisher einzigen *echten* Product Owner und einer Geräte-Revolution, die fast von uns gekommen wäre. Dann werde ich mich für eine Weile darum kümmern, Agilität in der PSE noch stärker zu verankern. Und irgendwann werde ich das Unternehmen verlassen und dann darf ich meine Erfahrungen mit unterschiedlichsten Kunden in meiner neuen Rolle als Agile Coach teilen – eine von vielen noch aufregenderen Geschichten, von der ich vielleicht bei anderer Gelegenheit erzählen werde.

Dr. Ralph Miarka

*lebt in Wien und arbeitet seit vielen Jahren als lösungsfokussierter Agile Coach, Berater und Trainer. Der belesene Praktiker lässt gerne neue Erkenntnisse aus der aktuellen Forschung in seine Arbeit einfließen. Seit 2015 ist er Geschäftsführer der sinnvoll*FÜHREN *GmbH und Co-Autor des Buchs »Agile Teams lösungsfokussiert coachen«. Sein Interesse gilt der Zusammenarbeit von Menschen – im Großen, wie im Kleinen. Dazu unterstützt er jene, die Verantwortung tragen – von Führungspersonen bis zu Teammitgliedern. Nähere Infos zu Ralph und den Angeboten von sinnvoll*FÜHREN *findest du unter www.sinnvoll-fuehren.com*

Das Zauberwesen in mir: Die Visualisierungsfee

Zeichnen konnte ich bereits zur Schulzeit überdurchschnittlich gut. Aber ich habe mich nie als Künstlerin gesehen, das tue ich selbst heute noch nicht. In meiner Freizeit male ich keine Landschaften oder Portraits. Ich brauche immer einen konkreten Inhalt und ein klares Ziel hinter einer Visualisierung. Komplexe Sachverhalte leicht verdaubar aufzubereiten und mit klaren Bildern in den Köpfen der Menschen zu verankern – das liebe ich. Doch ich wusste lange Zeit nicht, dass ich diese Zauberkräfte habe. Ich bin eine Visualisierungsfee.

Der November damals war ein richtiger November: grau in grau. Ich war gerade nach München gezogen, als Projektmanagerin in einem mittelständischen Biotech-Unternehmen sollte ich die Prozesse von der Projektinitiierung bis zum Projektabschluss optimieren. Die Rahmenbedingungen waren verlockend: sehr gutes Gehalt bei 37,5 Stunden Arbeitszeit pro Woche, Tarifvertrag – ein Jackpot! Trotzdem begleitete mich ständig eine latente Unzufriedenheit. Bei meinen Recherchen zur Optimierung von Projektmanagementprozessen stieß ich eines Tages auf die »Young Crew« der Gesellschaft für Projektmanagement, eine Untergruppe für Projektmanager unter 35 Jahren. Voller Begeisterung, Gleichgesinnte zu finden, meldete ich mich für das nächste Event an und stieg prompt ehrenamtlich als aktives Mitglied ein. Eine neue Welt tat sich auf und durch den grauen Münchner November brachen die ersten Sonnenstrahlen. Die Young Crew, das war eine Gruppe höchst motivierter junger Menschen, und wir hatten einfach Lust, uns auch nach Feierabend weiterzubilden. Scrum brachten wir uns selbst bei, und so beschlossen wir: Wir organisieren eine Konferenz agil.

Das erste Projekttreffen war für mich ein magischer Moment! Wunderschöne, bunte Flipcharts hingen an den Wänden – so ganz anders als die lieblosen Dinger in Schwarz-Rot-Blau-Grün, die ich bis dahin gewöhnt war. Hier verstärkten Symbole das geschriebene Wort, ich konnte meine Blicke davon nicht losreißen. Wow! Überwältigt traf ich in diesem Moment einen Entschluss: »Von jetzt an wird jedes meiner Flipcharts ein kleines Kunstwerk sein!« Schwarz, Rot, Blau und Grün waren ab sofort passé. Nur eine Frage quälte mich: Wo sollte ich in meinem Job eine Möglichkeit finden, solche Visualisierungen in die tägliche Arbeit einzubinden? Mein konservativer Vorgesetzter hätte meine Bilder wahrscheinlich als unnötiges Verkünsteln abgewertet.

Zum Glück gab es die Parallelwelt der Young Crew. Umgeben von jungen, motivierten Projektmanagern und -managerinnen konnte ich meinem Entschluss Taten folgen lassen. Ein Kollege war bei einem Kurs von bikablo gewesen und hat mir die Welt der visuellen Vokabeln eröffnet. Wie sensationell war das denn: Es gab ganze Bücher mit Listen für Symbole, die ich auf meine zukünftigen Flipcharts malen konnte. Mit anderen Young-Crew-Mitgliedern trafen wir uns abends zum Zeichnen, und irgendwann hatte ich mit dem konservativen Job einfach abgeschlossen. Die Erkenntnis, dass ich dort meine Talente nicht entfalten konnte, trug mich zur Entscheidung zu kündigen.

Mein nächster Arbeitgeber sollte eine agile Transformationsberatung sein. Dort konnte ich meine künstlerische Ader beim Kunden und im Unternehmen selbst über alle Maße ausleben. Schon vor meinem ersten Arbeitstag las ich ein Buch von Boris Gloger. Sketchnotes kannte ich zu diesem Zeitpunkt noch nicht. Da ich aber im Studium schon versucht hatte, die für mich wesentlichen Inhalte vor einer Prüfung möglichst auf einer Seite zusammenzufassen, wollte ich das auch dieses Mal machen – nur visuell ansprechender. Mit diesem Vorsatz las ich besonders aufmerksam, die Markierungen im Buch zeugen heute noch von der akribischen Arbeit. Die eigentliche Visualisierung mit Fineliner und Buntstiften dauerte daher nur eine Stunde. Ich tat, was sich in meinem Fall auch heute noch bewährt: einfach machen und sich vom Ergebnis überraschen lassen.

In der Einführungswoche bei borisgloger consulting waren meine neuen Kollegen sofort begeistert von diesem ersten Bild, das ich mit ihnen teilte. Ich wiederum war begeistert von der Art und Weise, wie neue Kolleginnen und Kollegen ins Unternehmen eingeführt wurden: mit live visualisierten Flipcharts, die das Training zu einem Erlebnis werden ließen! Ich habe nicht nur die Flipcharts und das Training bewundert, sondern selbst versucht, meine Notizen gleich live zu einem kleinen Kunstwerk zu machen. Alles, was ich an bikablo-Figuren kannte, zeichnete ich passend neben die Überschriften und wichtigsten Aussagen des Trainings. Fehlende Symbole suchte ich auf Google, manche Bilder dachte ich mir einfach selbst aus. Zuhören, verstehen, im Kopf strukturieren, das passende Symbol suchen, zeichnen und wieder von vorn – es war unglaublich anstrengend beim ersten Mal! Aber ich habe es die ganze Woche durchgezogen und schaue mir meine Notizen von damals noch heute gerne an. Und dann ging es auch schon zum ersten Kunden.

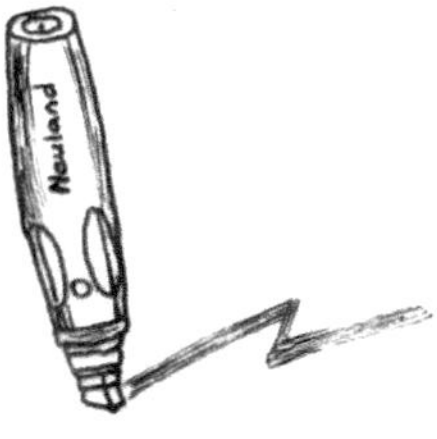

Ich hatte das Glück, mit einer erfahrenen Kollegin in diesem Projekt zu sein. In der ersten Woche war ich inhaltlich noch keine große Unterstützung, also bat sie mich, ein Meeting am Flipchart schriftlich festzuhalten. Mit den Flipcharts der Onboarding-Woche im Hinterkopf war für mich klar, was zu tun war. Später stellte sich heraus, dass ich ihre Erwartungen weit übertroffen hatte. Erst da merkte ich, dass es wohl nicht ganz selbstverständlich ist, wie schnell ich Gehörtes in ein strukturiertes Bild übersetzen kann.

Meine Flipcharts wurden täglich besser, meine Notizen immer bunter, und wenn ich so wie früher einfach nur in mein Notizbuch krakelte, bog ich schnell wieder auf den rechten Weg der Visualisierung ab. Ich zeichnete die ersten Bilder für Blogbeiträge, Flyer für Meetups und fasste ein zweites Buch visuell zusammen. Dann kam mir die Idee: Ich könnte doch auf einem iPad visualisieren. Mit der Auflage, weitere Bücher visuell zusammenzufassen, bekam ich ein Firmen-iPad. Doch diese Initiative habe ich monatelang bereut.

Nach dem ersten Versuch am iPad war ich frustriert. Ich wollte ein drittes Buch visualisieren, ich hatte es bereits gelesen und wie gewohnt die wesentlichen Textstellen markiert. Doch mit dem iPad war ich ungemein langsam, die Bandbreite an Werkzeugen und Einstellungen überforderte mich. Nach einer Stunde war mein Kampf mit der Technik immer noch im vollen Gange. Hätte ich auf Papier gezeichnet, wäre ich in dieser Zeit längst fertig gewesen. Entnervt legte ich das iPad schließlich zur Seite und visualisierte das Buch »analog«.

Erst nach meinem Sommerurlaub wagte ich mich wieder ans Firmen-iPad, geplagt von meinem ausgeprägten Verantwortungsgefühl und dem Versprechen, digitalisierte Beiträge zu liefern. Ich nahm das iPad mit zu einem Speedreading-Seminar, doch wegen der ersten katastrophalen Erfahrung hatte ich Notizbuch und Stifte als Backup dabei. Eine Kollegin hatte mir für das digitale Zeichnen »Tayasui

Sketches« empfohlen, aber ich hatte noch keine Ahnung, wie man in diesem Programm die Stiftdicke und -transparenz einstellte oder einen geraden Strich zog. Anders als bei der Visualisierung des Buchs stellte ich beim Visualisieren des Seminars keinen Perfektionsanspruch an mich selbst, und das war gut so. Das erste Ergebnis war für mich gut genug, um am Ball zu bleiben. Aus der anfänglichen Feindschaft wurde allmählich Freundschaft. Ich visualisierte auf Konferenzen meine eigenen und andere Vorträge, nur die Visualisierung von Büchern hielt ich weiter analog. Sechs Monate später sollte endlich meine persönliche digitale Revolution der Visualisierung stattfinden.

Klaus Leopolds Buch »Agilität neu denken« kombiniert großartigen Inhalt mit einer durchdachten und ansprechenden visuellen Umsetzung. Ich las das Buch auf einer Zugfahrt nach Wien und abends packte mich im Hotelzimmer die Motivation: Ich wollte mein erstes Buch digital visualisieren! Beflügelt von den tollen Inhalten, saß ich einige Stunden an dem Bild. Im Vergleich zu Papier lässt sich mit dem iPad die Perfektion auf die Spitze treiben, da man jeden Pinselstrich beliebig wiederholen kann. Noch am gleichen Abend war ich fertig und so stolz auf das Ergebnis, dass ich es direkt mit der Welt teilen wollte. Bis dahin hatten sich meine Social-Media-Aktivitäten in Grenzen gehalten und es kostete mich einiges an Mut, meine Visualisierung des Buchs zu posten. Dieser eine Klick brachte nicht nur einen Stein, sondern gleich eine ganze Steinlawine ins Rollen.

Meine Visualisierung wurde nicht nur gelikt, sondern auch geteilt! Ein unglaubliches erstes Erfolgserlebnis:

Menschen, die ich nicht kannte, waren dankbar und sagten mir das über Kommentare oder persönliche Nachrichten. Die positive Resonanz trieb mich weiter an. Ich visualisierte mehr Vorträge und fühlte mich dabei immer sicherer, also musste ein eigenes iPad her. Dieser Schritt war wesentlich, denn das Visualisieren war nicht mehr nur Teil meiner Arbeit – ich hatte es als Teil meiner Persönlichkeit in mein Leben integriert. Mit dem neuen Programm »Procreate« eröffneten sich unendliche Möglichkeiten. Es ist eine unglaublich mächtige Software mit unzähligen Werkzeugen, die man auch selbst erstellen kann.

Nicht nur Social Media profitierte von meinen immer besser werdenden Visualisierungskünsten, sondern auch meine Kunden. Ob Leadership-Trainings, Visions-Workshops, Vorbereitung von Vorstandsterminen, persönliches Coaching: Wenn ich es schaffe, dass meine Kunden mit einem Bild aus unseren Terminen gehen, gehen sie jedes Mal mit einem Lächeln. Darüber hinaus ist es für meine Kunden ein unglaublicher Mehrwert, wenn ich ein Buch nicht nur empfehle, sondern ihnen direkt eine übersichtliche und Spaß machende Zusammenfassung mit auf den Weg geben kann.

Ich bin sehr dankbar dafür, dass es mich in meiner beruflichen Laufbahn so früh in die agile Welt der Querdenker und Weltverbesserer verschlagen hat. Wäre ich im biotechnologischen Projektmanagement geblieben, hätte ich kaum so viel positive Resonanz auf meine verborgenen Visualisierungskünste bekommen.

Diese Fähigkeit ist wie eine Zauberkraft, vor allem an Tagen, an denen ich mit meinen Bildern besonders viele Menschen zum Lächeln bringe. Ich versuche meine Begeisterung fürs Visualisieren, wo ich nur kann, mit anderen zu teilen. In den sozialen Medien und bei Kunden gebe ich bereitwillig alles an Wissen und Erfahrungen weiter und versuche, jeden Visualisierungsimpuls in meinem Netzwerk zu verstärken. Ironischerweise ist das Visualisieren für mich nicht der Kern meiner Arbeit – ich biete keine Visualisierungstrainings an, sondern habe meinen Fokus auf New Work, Leadership und Change. Doch ich unterstütze jeden, der sein Arbeitsleben bildhafter gestalten möchte. Ich vermittle entsprechende Anfragen weiter oder biete Workshops zum Thema Visual Leadership an, um meinem inhaltlichen Schwerpunkt treu zu bleiben. So wie die Young Crew für mich meine Parallelwelt war, in der ich diese Zauberkraft entdecken und ausleben konnte, versuche ich für die Menschen in meinem Netzwerk, ein Teil ihrer Parallelwelt abseits der impliziten und expliziten Normen ihrer Arbeitsumgebung zu sein. Ich bin eben eine Visualisierungsfee. Und wer weiß: Vielleicht schlummert diese Zauberkraft auch in dir?

Sabina Lammert

Sabina Lammerts Motto ist, jeden Arbeitstag zum Erlebnis zu machen. Die studierte Neurowissenschaftlerin begleitet Unternehmen bei der Ausarbeitung von Visionen und Strategien und übersetzt diese in ein leicht verständliches, visuelles Format. Das verstärkt die Wirkung eines wichtigen agilen Prinzips: Mache Arbeit sichtbar. Als leidenschaftliche Speakerin und Trainerin liebt Sabina es außerdem, inspirierende Vorträge und Workshops zu halten und die Zuhörenden zu motivieren, ihr Arbeitsumfeld selbst zu gestalten.

Plan B oder: fürs Leben lernen

Seit einigen Jahren arbeitete Emma in der IT. Sie nahm Anforderungen aus den Fachbereichen der Firma entgegen, leitete sie in den Entscheidungsprozess und beriet Projektmanager. Die Führungsriege ihrer Abteilung hatte nun beschlossen, erste Schritte für den Umbau der Abteilung, weg von Hierarchien und hin zu selbstorganisierten Teams, zu gehen. Eine Unternehmensberatung war ins Spiel gekommen: Die Belegschaft wurde observiert und dazu aufgefordert, sich für Interviews zur Verfügung zu stellen.

Emma war mit ihrer Arbeit voll ausgelastet und hielt das, was ihr da vorgestellt wurde, in den guten Momenten für semi-esoterischen Quatsch, in den schlechten für Beihilfe zur Selbstausbeutung. Getrieben von Neugier meldete Emma sich dennoch für ein Interview. Was hatte sie erwartet? Zumindest die Möglichkeit, aus der Masse heraus zu berichten, was sie empfand und beobachtete. Sie kannte qualitative Befragungsmethoden aus ihrem Studium und war neugierig darauf, einmal nicht die Interviewerin, sondern die Interviewte zu sein.

Was passierte? Emma erzählte zwei Stunden lang feurig darüber, wie sehr ihr die nur vordergründig aufweichenden Hierarchien im Allgemeinen, fehlende Gemeinsamkeit in ihrem Team im Besonderen und ihre beschränkten Entfaltungs- und Gestaltungsoptionen im Speziellen auf die Nerven gingen. Offenbar hatten auch andere Kolleginnen und Kollegen sehr offen gesprochen, so dass auf die Interviews die Einladung zu einem zweitägigen Workshop folgte. Das Thema des Workshops erschien zunächst eher wolkig – irgendwas mit »agilen Methoden«, um die Abteilung für den »Change« vorzubereiten.

Zwei Wochen später fand sich Emma in einem Scrum-Crashkurs wieder, dessen strukturierendes Element die Visualisierung der Agenda mittels eines Kanban-Boards war (übrigens ein Trick, den Emma bis heute gern anwendet). Bald zeichnete sich ab, dass es dabei nicht bleiben sollte: Der Moderator und Agile Coach plante, aus den Neugierigen ein agiles Change-Team zu bauen. Eine klare Vorstellung davon hatte nach dem Workshop niemand von ihnen, und überzeugt war auch Emma nicht. Sie wäre nach den zwei Tagen fast ausgestiegen: Die Teilnehmerinnen und Teilnehmer hatten einige lustige agile Spiele gelernt und zusammen viele Post-its (mittlerweile geht Emma nicht mehr ohne aus dem Haus) mit Themen wie »purpose«, »urgency« oder »vision« beschrieben. Doch die Neugier war größer: Zwei Wochen später begann das neue Team, in zweiwöchigen Sprints Experimente zum »New Work« zu planen und umzusetzen. Die Angelegenheit wurde im Abteilungsleiterkreis hoch priorisiert – ebenso wie eine Reihe wichtiger strategischer Projekte aus der Unternehmensführung.

Die neuen Gefährtinnen und Gefährten waren also mit dem alten Problem der Abteilung konfrontiert: häufig wechselnde, sich überlagernde Prioritäten. Und am Ende die Aussage: »Entscheiden Sie selbst.«

Emma erinnerte sich sehr gut daran, wie sie im Gespräch mit ihrem Chef aufgrund dieser Aussage in Tränen ausgebrochen war. Seine fehlende Bereitschaft, diese einfache Priorität zu setzen, ließ sie schier verzweifeln. Ihr war völlig klar, dass sie in ihrer gegenwärtigen Rolle in einem strategischen Projekt mitarbeiten musste und das andere, Neue, wollte: Denn mittlerweile hatte Emma erkannt, genau so arbeiten zu wollen, wie die neu gegründete Initiative es tat. Emma entschied sich für … beides.

Ihre Arbeitswelt war von nun an geteilt in das strategische Projekt mit dem Stammteam und die New-Work-Initiative, die fortan unter dem Namen »Culture Club« firmierte – mit einem gemeinsamen Purpose und solidarischen, engagierten Kolleginnen und Kollegen.

Die Initiative verlief über drei Monate mit Höhen und Tiefen. Office Switch, Kudo Cards, Fuck-up-Sessions – alle diese Experimente wurden in zum Teil anstrengenden Sprints mit großem Teamgeist, hohem emotionalen Einsatz, aber auch mit rationaler Erfolgsmessung durchgeführt und bewertet. Am Ende stellten die Teammitglieder das Getane und das Geplante Ferdinand, dem Abteilungsleiter, vor. Die Abschlussempfehlung lautete, ein Change-Team dauerhaft einzurichten – die Stellenbeschreibungen wurden gleich mitgeliefert. Ferdinand fand das Konzept gut und den Einsatz beeindruckend. Auf Emmas sofortiges Commitment, eine dieser Stelle zu 100 Prozent ausüben zu wollen, fragte er zurück: »Und wer macht dann deinen Job?« – Eine Frage, die Emma nur scheinbar selbstsicher mit »Das mache ich nicht zu meinem Problem« konterte. Ihr Puls raste. Umso sicherer machte es sie, genau das machen zu wollen. Sie war bereit, ihre alten Verantwortlichkeiten hinter sich zu lassen – bereit für den Absprung.

Doch die Monate gingen ins Land, ohne dass eine Entscheidung fiel, weder für Emma noch für ihre Mitstreiterinnen und Mitstreiter. Mit hoher Eigeninitiative arbeiteten die Teammitglieder neben ihren eigentlichen, institutionalisierten Aufgaben weiter, bis das Team ein halbes Jahr später – im Fall von Emma unter Tränen – die Arbeit einstellte. Ohne Perspektive oder gar einen offiziellen Auftrag löste sich der Culture Club auf. Hatte Emma zu viel riskiert, war der Kampf vergeblich gewesen?

Die Neuorganisation der Abteilung war mittlerweile wieder zur Chefsache geworden: Die Vorschläge des Culture

Clubs wurden anerkannt und zum Teil auch unter Einbeziehung des Teams übernommen. Die Gründung eines Change-Teams wurde nun mit dem Segen der Führungskräfte geplant.

Derweil ging Emmas Tagesgeschäft weiter. Dieses bestand zum Großteil darin, Projektanfragen für die Freigabe durch die Geschäftsführung vorzubereiten und dort vorzustellen. Der Vorbereitungsteil sollte im Rahmen der beginnenden Umorganisation in ein neues Team übergeben werden. Emma hatte sich recht gut gelaunt dieser Übergabetätigkeit gewidmet – in der Hoffnung, dass es sich um eine Phase auf dem Weg zu ihren neuen Aufgaben als Change Agent handeln würde. Sie richtete ein wöchentliches Routinemeeting mit den Kollegen Max und Karl ein, die zukünftig den Anforderungsprozess steuern sollten. Die Zusammenarbeit mit den neuen Kollegen gestaltete sich zielgerichtet, schnell, gründlich und kooperativ, und Emma war zuversichtlich, dass die beiden ihre früheren Aufgaben bestens in ihrem Team umsetzen würden.

Einige Wochen später wurde endlich die Stellenausschreibung für Change Agents angekündigt. Hochmotiviert verfasste Emma eine Bewerbung und teilte Max und Karl während der wöchentlichen Übergabesitzung begeistert mit, dass man nun das Tempo erhöhen müsse, da die erhoffte neue Aufgabe in greifbare Nähe gerückt sei und ein Ende der gemeinsamen Arbeit absehbar war. Die beiden konnten Emmas Begeisterung nicht teilen. »Und uns lässt du hängen?«, fragte Max. »Ganz sicher nicht«, entgegnete Emma. »Ich lasse hier überhaupt niemanden hängen, deswegen werde ich ja Change Agent.«

Termine für Bewerbungs- und Übergangsgespräche mit Vorgesetzten und Coaches wurden vereinbart. Emma bereitete sich auf die Gespräche und auch schon auf ihre neue Aufgabe vor. Der Weg schien klar.

Doch die Rahmenbedingungen warfen erste Zweifel auf: Wollte sie wirklich in der Abteilung, in die sie so hineingewachsen war, diese sensible Rolle einnehmen? Würde sie überhaupt etwas ausrichten können im Zusammenspiel mit einer Führungsriege, die möglicherweise eigene und ganz andere Ziele verfolgte als den wirklichen Umbau der Abteilung, die Abschaffung von Hierarchie und die Stärkung der Selbstorganisation? Und war es ihr das wert, die Einflussmöglichkeiten ihrer alten Position im Anforderungsmanagement hinter sich zu lassen?

All das überlegte sie, während sich Plan B bereits unbewusst entwickelt hatte. Die Zusammenarbeit mit Max und Karl war von einem gemeinsamen Ziel gesteuert: der Bewertung, Gestaltung und dem Antreiben von Anforderungen aus dem Business, und das sowohl effektiv wie auch effizient. Emma hatte nun die Qual der Wahl – was klingt wie ein Klischee, ließ sie schlecht schlafen. Alles, wofür sie ein Dreivierteljahr gekämpft hatte, schien möglich und erreichbar. Zwischenzeitlich hatte sie außerdem die Ausbildung zum Scrum Master gemacht und fühlte sich fit für ein neues, agiles Leben. War sie nun nicht bereit, ihre Gestaltungsmöglichkeiten abzugeben und sich auf komplettes Neuland zu begeben? Plan B wurde zu Plan A. Hatte Emma als ungeduldige Seele einfach zu lange auf den Change-Agent-Job gewartet? Oder hatte sie letztlich der Gestaltungsspielraum überzeugt, den ihre »alten« Aufgaben im neuen Team bieten würden? Vermutlich beides. Ihr Weg ging weiter, aber nicht in der Change-Agent-Rolle, sondern mit reichlich Gepäck aus alten Aufgaben und neuen Impulsen in ein neues Team.

Von Plan B mussten Vorgesetzte verschiedener Art überzeugt werden. Nach der anstrengenden Doppelbelastungs-, Warte- und Entscheidungsphase war Emma froh über die im Culture Club erlernten Skills und über die Kolleginnen und Kollegen, die sie bei der Überzeugungsarbeit unterstützten. Und auch nach dem Umzug ins neue Team wurde längst nicht alles klar und sicher. Aber es hat sich gelohnt, etwas auszuprobieren, sich auf etwas einzulassen und sich fokussiert dafür einzusetzen, ein Ziel zu erreichen.

Mut, Commitment, Fokus, Offenheit und Respekt sind heute die Werte, die Emma im Fall einer »Entscheiden Sie selbst«-Ansage leiten – und diese Aufforderung ist eine Herausforderung, die Emma (meistens!) gern annimmt. Eine wichtige eigene Erfahrung bleibt für Emma, dass Entwicklungen angepasst oder abgebrochen werden sollten, wenn das Ziel sich ändert – und dass sie selbst steuert, was passiert.

Alex Schwarzer
ist IT Consultant.

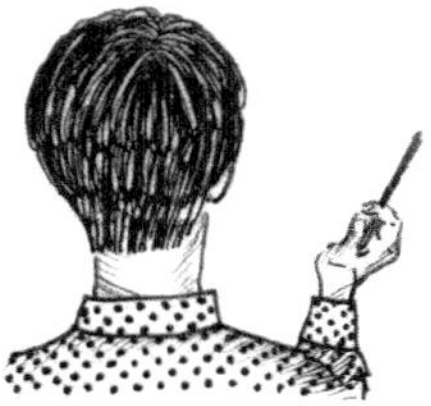

Wie man Scrum ohne Scrum macht

Es war knapp nach 20 Uhr, als mein Handy klingelte. Die Ansage des SAP-IT-Chefs eines unseres Kunden war kurz: »Herr Wybranietz, wir brauchen Sie. Unser wichtigstes Projekt ist in Schieflage. Könnten Sie morgen Abend nach München kommen und sich mit mir und meinem Chef treffen?«

Klar konnte ich. Zwar war ich gerade von einem anstrengenden Projekt aus Japan zurückgekehrt, doch ich machte es einfach möglich. Am nächsten Tag saß ich mit den beiden Herren am Konferenztisch und hörte mir ihre Geschichte an.

Die Herausforderung

Mit eigenen Mitarbeitern, einem festangestellten Projektleiter, der sogar Abteilungsleiter war, und einer Tochterfirma als Beratungshaus sollte SAP CRM eingeführt werden – also das System von SAP für das Management von Kundenbeziehungen. Die Module SAP ERP (Enterprise Ressource Planning) und SAP für Finanzen und Controlling gab es bereits, das CRM musste daher in diese bestehende SAP-Landschaft integriert werden. Ich sprach hier mit den Topmanagern eines Konzerns, der rund 800 Millionen Euro Umsatz pro Jahr machte. Doch dieses Projekt lief schon seit 14 Monaten, es hatte bisher einen einzigen »Go-Live« gegeben – und dieser zerstörte nun regelmäßig die Fakturierungsläufe.

Die Kunden bekamen falsche Rechnungen und waren natürlich verärgert. Oft wurden die Fakturierungsläufe gestoppt und zurückgehalten, verspätet gestartet oder nach zeitaufwendigen manuellen Prüfungen viel zu spät verschickt. Die Finanzchefs des Konzerns kochten vor

Wut, weil der Cash Flow durch die fehlenden und verspäteten Rechnungen einfach nicht mehr stimmte.

Nun gut, dachte ich mir, als ich den aufgeregten Ausführungen der beiden Manager zu folgen versuchte. Aber was hat das mit dem CRM-Modul zu tun? Ich stellte Frage um Frage, um das zu verstehen. Customer-Relationship-Management, auf gut Deutsch Kundenbeziehungsmanagement oder Kundenpflege, passte nicht so richtig mit den Problemen der Rechnungsschreibung zusammen, von denen sie mir erzählten. Die IT-gestützte Ausrichtung auf den Kunden, der zentrale Kundenstamm und die Gestaltung der Kundenbeziehungsprozesse zerstört Fakturadaten?

Ja, es war tatsächlich so. Es gab zu diesem Zeitpunkt ein eigenes SAP-CRM-System für Kundenbeziehungsdaten und -prozesse, und ein weiteres SAP-IT-System für die Auftrags-, Rechnungs-, Finanz- und Controlling-Daten. Natürlich ging es bei diesem Projekt um mehr als um Kundendaten, Rechnungsadressen, Zahlungsziele und Faktura-Parameter. In den weiteren Projektschritten sollte ein Gesamtsystem entstehen: Kundenbeziehungsmanagement mit Hilfe eines Call Centers, Abbildung der Kundenbesuche, Verwaltung von Leads, zielgerichtete Marketing-Aktionen, Darstellung der Angebote und Aufträge – und ein Online-Shop für die Kunden sollte auch noch angebunden werden. Alle Ideen waren von einem Diplomanden mit vielen schönen Bildern auf 200 Seiten in einem sogenannten »Fachkonzept« ausführlich beschrieben worden. Nur: Durch viele Fusionen und Unternehmenszukäufe war bei diesem Kunden ein verzweigtes, undurchsichtiges Netz aus Kundendaten und Ansprechpartnern entstanden. Diese Daten wurden in mehreren Systemen doppelt und dreifach ohne Abgleich gepflegt.

Auf einen langen Besprechungstag folgte ein langer Besprechungsabend mit Fragen, Fragen und noch mehr Fragen. Aus den 200 Seiten des Fachkonzepts lugten Dutzende grüne Post-its heraus – meine Lieblingsfarbe für die Hindernisse in einem Projekt.

Mit dem grünen Post-it-Fachkonzept unter meinem Arm ging ich zurück in mein Büro und bereitete mich die nächsten Tage auf ein neuerliches Treffen am Ende der Woche vor. Meine Hausaufgabe war, eine Idee zu liefern, wie wir die Kundenbeziehungen und die Qualität der Kundendaten wieder verbessern konnten. »Wir brauchen ein schlagkräftiges und tragfähiges Konzept, um den internen Projektleiter austauschen zu können«, hatten mir die Manager mit auf den Weg gegeben.

Was passiert hier eigentlich?

Mit einigen Kollegen vom SAP-Fach analysierte ich das Problem. Tatsächlich tauschten die vorhandenen SAP-Systeme über die sogenannte »CRM-Middleware« und Business Documents (BDocs) die Kundenstammdaten aus. Dennoch gab es zwei technisch getrennte Systeme und die Anwender konnten die Kundendaten sowohl in dem einen als auch in dem anderen System pflegen.

Wenn die Kundenstammdaten erweitert wurden, mussten auch sogenannte »Segmente« der BDocs erweitert werden, und hier schien ein Fehler vorzuliegen: Die Systeme überschrieben sich gegenseitig immer wieder die Daten.

So wie ich das sah, würden wir bei diesem Problem mit dem tausendfach praktizierten Wasserfallansatz nicht weiterkommen. Es würde viel zu lange dauern, Fach- und

IT-Konzepte zu schreiben. Was wir hier brauchten, waren schnelle Antworten und schnelle Lösungen.

Von den Entwicklungsteams in unserem Haus, die Kundenanforderungen schnell umsetzten, wusste ich, dass sie agil arbeiteten. »Scrum« war das Zauberwort. Gut, ich hatte diese Arbeitsweise oft belächelt und mich über die vielen Post-its in unterschiedlichen Größen und Farben in den Teambüros lustig gemacht. Doch jetzt nahm ich freiwillig den Scrum Guide zur Hand. Ich las zum ersten Mal von Jeff Sutherland, und je tiefer ich mich einlas, je mehr Antworten ich fand und je mehr Good Practices ich erlernte, desto klarer wurde mir: »Das ist es! Das machen wir! Das hilft uns weiter! Mit kurzen Sprints beseitigen wir zuerst die Fehler und dann setzen wir Schritt für Schritt, Sprint für Sprint, die weiteren Anforderungen des Kunden um.«

SAP und Scrum - das geht doch nicht!

Ich bewaffnete mich für das Meeting mit dem aktuellen Scrum Guide, mit vielen guten Tipps und sechs Folien. Alles konnte ich aufsagen: die Regeln, die Scrum-Werte, die Scrum-Theorie, wie das Scrum-Team zusammengesetzt sein sollte, die Scrum-Rollen, die Events, die Artefakte.

Doch mit jeder Minute meines Vortrags wurden die Gesichter meiner Kunden länger. Sie wurden immer stiller, stellten kaum Fragen. 20 Minuten hörten sie sich die agilen Ideen an, 30 Minuten zogen sie sich zur Beratung zurück. »Scrum und SAP – das geht doch gar nicht!«, schleuderte mir der SAP-IT-Chef entgegen, noch bevor ich mich nach der Beratungspause im Meetingraum wieder hinsetzen konnte.

Es war dieselbe anfängliche Ablehnung, die ich auch viele Jahre nach diesem Meeting bei anderen Kunden zu spüren bekommen sollte, wenn es um die Verbindung von Scrum und SAP ging. Mir wurde schnell klar, was ich falsch gemacht hatte: Die neuen Ausdrücke, verbunden mit simplen Programmierbeispielen und Erklärungen hatten den SAP-IT-Chef verwirrt. Die Beispiele zur Arbeit mit Scrum beschrieben immer ganz einfache Software, die entwickelt werden musste. In der SAP-Welt ist nichts einfach, sondern alles komplex. Und es wird so gut wie nichts entwickelt – der SAP-IT-Chef hatte eine Standardsoftware gekauft. Kein Wunder, dass er sich unter meinen Ausführungen nichts vorstellen konnte!

Okay, das war schiefgegangen. Doch so leicht gab ich mich nicht geschlagen.

Der Weg der kleinen Schritte

Beim nächsten Meeting machte ich einen neuen Vorschlag, der so neu nicht war. Ich hatte mir alle Scrum-Begriffe genau angesehen und übersetzte sie in Projekt-Deutsch. Tunlichst vermied ich das Wort »Scrum« (Jeff Sutherland hat mir schon verziehen) und präsentierte dem IT-Management den »Weg der kleinen Schritte«!

Ich legte den Herren einen Releaseplan mit 24 Meilensteinen vor, die Stück für Stück von vier Projekt-Teams alle vier Wochen geliefert werden sollten. Drei Mal pro Woche sollten sich die Projekt-Teams zu Tagesmeetings (Daily Scrum) treffen, nach jedem Meilenstein (Sprint) würden der Projektleiter (Scrum Master) und das Projekt-Team (Scrum-Team) die Ergebnisse in Präsentations-Meetings (Review) dem zuständigen Vorstand zeigen. Und jeden Monat würden wir anhand eines Lessons Learned (Retrospektive) rausfinden, was wir noch besser machen konnten und es in die neue Meilensteinplanung (Sprint Planning) einbeziehen. Wenn die Go-Live-Checkliste (Definition of Done) abgearbeitet war, konnte wieder ein Teil der Lösung ausgerollt werden.

Ich bekam das Go und startete durch.

Souverän durchs Ziel

Die ersten Wochen waren echt schwierig, teilweise auch sehr nervig. Die vier Teams mussten umlernen und erst akzeptieren, dass ich es als Scrum Master, oder bessergesagt Projektleiter, wirklich ernst meinte mit den Go-Lives alle vier Wochen. Monatliche Lessons Learned waren unbekannt. Lessons Learned gab es – wenn überhaupt – am Ende eines Projekts. Alles war für alle neu. Statt drei Monate an einem Konzept rumzudümpeln, waren Prototypen und echter Kundennutzen gefragt.

Ab dem dritten Sprint hatte ich das Vertrauen des Managements und der Teams. Die Priorisierung der Fehler – »Defects« und »Impediments« konnte ich ja nicht dazu sagen – und deren Beseitigung zeigte sofort große Wirkung. Schon nach einem Sprint hatten wir die wichtigsten Fehler in der Rechnungsschreibung eliminiert. Wir entschieden jeden Monat in der Release-Planung neu, was wir mit welcher Priorität im nächsten Sprint, sprich Meilenstein, machen würden.

Da wir mit vier Teams arbeiteten, gab es bei jedem Meilenstein nutzbare Software: entweder bei der Adressprüfung, bei der Datenqualität oder bei den Reports, bei der Besuchsvorbereitung oder der Nachbereitung, bei den Leads oder bei den Angeboten. Nach dem zweiten Meilenstein war der zentrale Kundenstamm so stabil, dass sich selbst der Vorstand für diese neue Methode – den »Weg der kleinen Schritte« – begeisterte und sich die vielen Plakate in den Projektbüros anschaute und erklären ließ.

Zugegeben: Damals wie heute erlaubte ich als Projektleiter/Scrum Master sogenannte »Design User Storys«, ja ich förderte sie sogar. Es galt immer, den SAP-Standard nicht zu modifizieren, um releasefähig zu bleiben. Deshalb durften die SAP-Berater ihre Design-Konzepte auch ausprobieren, überdenken, überarbeiten, verwerfen, diskutieren. Die einzige Bedingung war: Sie mussten mit einem Prototyp enden. Ich wollte immer ein Feedback vom Kunden, von den Stakeholdern, sehr oft auch von den Vertriebsbeauftragten.

24 Sprints zu je vier Wochen, pardon: 24 Meilensteine in 24 Monaten später.

Alle Anforderungen waren umgesetzt – etwa 180 der ursprünglich 250 Seiten des Anforderungskatalogs. Durch die immer wieder neue Priorisierung und durch die kontinuierliche Lieferung waren viele Anforderungen einfach weggefallen. Die Anwender merkten selbst, dass sie manches gar nicht brauchten, manchmal fanden wir einen besseren Weg. Jeff Sutherland zeigt in seinem Buch[4], wie man das Doppelte in der halben Zeit erreicht. Gut, das haben wir nicht geschafft. Doch wir haben ganz sicher das Doppelte in der vorgegebenen Zeit umgesetzt.

Das heimlich agile CRM-Projekt war ein großer Erfolg, es gab dazu mehrere Berichte im Konzern-Intranet, jeder große Meilenstein wurde gefeiert, Videos wurden darüber gedreht, ich wurde interviewt und in der Betriebszeitung zitiert. SAP kam und machte eine SAP Success Story daraus, und selbst in einigen Diplomarbeiten und wissenschaftlichen Arbeiten wird das nun mögliche 360-Grad-Kundenbeziehungsmanagement des Konzerns beschrieben.

Manchmal braucht der Erfolg einfach nur einen anderen Namen.

---

4 Sutherland, Jeff; Sutherland, J.J.: Scrum: The Art of Doing Twice the Work in Half the Time. Random House Business 2015.

Klaus Wybranietz

war 12 Jahre als SAP-Berater für Logistikprojekte rund um die Welt unterwegs – u.a. in Japan, Singapur, den USA und natürlich in Deutschland. Nach der Gründung der antagon AG war er als Eigentümer zehn Jahre im Vorstand aktiv. Im Zuge der Fusion der antagon AG mit der EXXETA GmbH wurde Klaus – auch wegen des Erfolgs des beschriebenen CRM-Projekts – zum SAP Service Partner. Seit 2012 fokussiert sich Klaus Wybranietz ausschließlich auf die Arbeit als Agile Coach und Trainer. Heute begleitet er Organisationen und Führungskräfte bei der agilen Transformation mithilfe von Scrum, Kanban, Design Thinking und Management 3.0.

www.kwu.de

Die erste große Liebe

Es gab einmal eine Zeit, in der ich als Requirements Engineer in Softwareentwicklungsprojekten glücklich und zufrieden war. Ich fühlte mich wohl mit Entscheidungstabellen, Fachkonzepten und dem Gefühl, etwas für »den Kunden« zu tun, dessen Existenz mir immer wieder von anderer, von höherer Stelle versichert wurde. Softwareentwicklung in Projekten funktionierte für mich einfach so. Dachte ich. Vor allem in großen Unternehmen, die historisch gewachsene Strukturen bedienten und einfach so waren, wie sie waren. Es fühlte sich gut an, diese Form der Akzeptanz. Irgendwie. Doch bevor ich mich ernsthaft mit der anfangs unscheinbaren, teuflischen inneren Stimme auseinandersetzen konnte, die mir zwar leise, aber sehr bestimmt Zweifel an meiner angeblichen Zufriedenheit einflüsterte, kam mir das Leben in Form eines Schiunfalls dazwischen. Monate und diverse Probleme später fand ich mich dort wieder, wo ich aufgehört hatte: als Requirements Engineer in der Softwareentwicklung.

Täglich quälte ich mich mit den fortdauernden Nachwehen des Schiunfalls ins Büro. Bis ich irgendwann feststellte, dass ich so nicht weitermachen konnte. Meine Leistungsfähigkeit ging gegen Null, ich machte Fehler. Wenn es um die Konzeption von Software geht, die gesetzlichen Anforderungen genügen muss, ist das eine ziemlich üble Sache. Nach einigen Gesprächen, gekränktem Stolz, geknicktem Selbstbewusstsein und nicht weniger Schmerzen als zuvor wechselte ich

nach einigen Wochen in den Bereich »Projektmanagement«. Hauptgrund war »der dort fehlende Zeitdruck«, wie mir versichert wurde, und die Möglichkeit, langsam wieder im Berufsleben Fuß zu fassen. Es waren hauptsächlich administrative und organisatorische Aufgaben, die dort zu erledigen waren. Zu Beginn war ich vor allem von Dankbarkeit beseelt, einen Arbeitgeber zu haben, der mir in so einer Situation die Stange hielt. Langsam begann ich mich zu erholen. Die Krux an der Sache war, dass ich mich parallel zur Erholung konsequent zu langweilen begann. Da war sie auf einmal wieder, diese unscheinbare, teuflische Stimme. Anderer Job. Anderes Umfeld. Gleiche Töne.

Eines Tages trat der Leiter der Nachbarabteilung mit folgenden Worten an mich heran: »Feli, wir stellen demnächst auf Agilität um. Ich brauche jemanden, der gut reden kann. Hast du nicht Lust, Scrum Master zu werden?« Ganz abgesehen davon, dass ich tatsächlich ohne Punkt und Komma reden kann, hatte ich nicht den blassesten Schimmer einer Ahnung, was er a) mit Agilität im Allgemeinen und b) mit Scrum Master im Speziellen gemeint hatte. Nichtsdestotrotz war ich mittlerweile so verzweifelt in meiner Langeweile, dass ich kurzerhand und ohne zu wissen, was das für mich bedeuten würde, »Ja« sagte. Es sollte ein »Ja« werden, das ich bis zum heutigen Tag nicht bereue. Ich wünschte ehrlich, ich könnte das auch von meiner ersten Ehe behaupten.

Einen Monat und eine Zweitagesschulung später war ich frischgebackener Scrum Master und in aller Transparenz: Ich hatte keinen blassen Schimmer, was ich da tat. Ich hatte mehr Glück als Verstand, da ich als Erstes ein Team betreute, das mir all meine anfänglichen Fehler verzieh: meine oft fehlgeleitete Euphorie, meine unfehlbare Zielsicherheit beim Aussuchen von Kämpfen gegen

Windmühlen und meinen Drang, Scrum in Reinkultur über ihre Köpfe hinweg einzuführen. Mehr als das, dieses Team ermöglichte mir, obwohl es genügend Anlässe zu Reibereien gab, in grundlegender Wertschätzung und gegenseitiger Zuneigung einen unfassbar schnellen Lernprozess. Für den ich, obwohl er an der einen oder anderen Stelle sehr hart und schmerzhaft war, immer noch dankbar bin.

Wenn ich an diese Anfangszeit zurückdenke, ist es vor allem dieses eine Treffen, das mir klar wie ein strahlender Wintermorgen im Gedächtnis blieb und wohl bleiben wird. So klar, dass ich mich an die zarte Note Vanille im Parfum meiner Arbeitskollegin, den Geruch der drei Cappuccinos auf dem ovalen Tisch in der Mitte eines etwa 20 m^2 großen Rückzugsraumes und das Rascheln des transparent-grauen Vorhangs erinnern kann, den ein anderer Arbeitskollege zur Wahrung unserer Arbeitsintimität wie immer schwungvoll und mit den fränkisch-genuschelten Worten »Briwatsfäähre, gee« zuzog. Ich war genervt. Gereizt. Und hatte keine Lust. Ich war voller Emotionen, die einem konstruktiven Arbeitsprozess nicht dienlich waren. Konkret gesagt: Ich war am Ende. Es war mir zu viel geworden und trotz aller Anstrengungen, die ich unternahm, funktionierte nichts. Weder mein Körper noch mein Liebesleben noch meine immer noch ihre Kreise ziehende und Konsequenzen darbietende Trennung, und vor allem anderen: Mein Team machte, was es wollte. Was in den allermeisten Fällen bedeutete, dass es etwas anderes tat als vereinbart und schon gar nicht das, was ich als das Beste für mein Team erachtete. Meine Vorschläge wurden negiert, die Methode, an die ich glaubte, abgewertet, und wenn ich Glück hatte, waren alle Teammitglieder zum vereinbarten Zeitpunkt für ein Scrum-Event mal pünktlich in einem Raum.

An diesem Tag war dies erstaunlicherweise tatsächlich der Fall. Und wie so oft in jüngster Vergangenheit entglitt mir auch an diesem Tag die Moderation. Hitzige Diskussionen flogen im wirren Wechselspiel durch den Raum. Wieder stritt sich die jüngste Entwicklerin mit dem alternden Architekten. Parallel dazu lief die Grundsatzdiskussion über das zu wählende Datenbankmodell zwischen den beiden Vollblutentwicklern, die sich sowohl optisch als auch charakterlich irgendwo zwischen Milhouse und Sheldon Cooper einordnen ließen. Untermalt wurde der mittlerweile beeindruckende Lärmpegel von dem FarmVille spielenden Auszubildenden, der sich trotz mehrfacher Aufforderung nicht dazu überreden ließ, zumindest den Ton auszumachen. All das wurde durch eine Frage unserer langjährigsten Entwicklerin angereichert, die (schreiend) an mich gerichtet war. Ich solle ihr doch bitte sagen, ob ich den geruchsdicht verschließbaren Eimer, in dem sie bislang immer die Meisenknödel für ihre Vorgartenpiepmätze aufbewahrt hatte, für das Futter meiner Hündin nun haben wolle oder nicht.

Es war, als wäre ich ein Fass, das vom Leben gerade zum Überlaufen gebracht wurde. Der vollkommenen Überforderung geschuldet, durch den Lärm und die Emotionen getriggert, nach einem kurzen Moment der Hoffnungslosigkeit und der Ohnmacht, saß ich inmitten dieses für mich so überwältigenden Chaos und weinte. Lautlos. Ich spüre heute noch die Tränen auf meinem Gesicht, dessen Hitze, die Taubheit, mein eingeschränktes Sehen und das dumpfe Hören. Es fühlte sich an, als würde mein komplettes System mit Bluescreen und »Information overload« einfach aufgeben und herunterfahren. Ich nahm noch wahr, dass es im Raum immer leiser wurde. Dann, dass mich jemand in den Arm nahm und mich festhielt. Wie lange, das kann ich nicht mehr sagen. Für mich fühlte es sich an wie eine Ewigkeit. Als ich mich wieder einigermaßen im Griff hatte und den Raum, die Menschen wieder sehen konnte, fand ich mich im Arm meiner Meisenknödelkollegin und in einem Kreis voller besorgter und aufmerksamer Gesichter wieder. Diese ehrliche Zugewandtheit gab mir plötzlich das Vertrauen, von mir, von meiner Frustration, von meiner Überforderung und einfach von meiner Angst, nichts richtig machen zu können, zu erzählen. Ich öffnete mich, und der Dialog, der sich dadurch ergab, bildete rückblickend die Basis für unsere sehr erfolgreiche Zusammenarbeit. Einfach weil er uns weg vom bloßen Umsetzen einer Methode hin zu gegenseitigem Verständnis, profundem Vertrauen und schlicht auf einen gemeinsamen Weg führte.

Die Erfahrung, dass meine vermeintliche Schwäche in diesem Moment zum Türöffner für etwas ganz Wunderbares wurde, berührte mich damals und sie berührt mich noch heute. Natürlich habe ich mit jedem Team, mit jeder Aufgabe, mit jeder Herausforderung, die ich seitdem als Coach mit agilem Methodenhintergrund bewältigen durfte und darf, viel gelernt. Viel über andere Menschen und die Dynamik von Kommunikation und Menschlichkeit, maßgeblich jedoch über mich selbst. Das ist wohl das Beste an dem Job, den ich leidenschaftlich und mit voller Inbrunst tue. Mit diesem Team allerdings verbindet mich besonders viel Zuneigung, Erinnerung und Dankbarkeit. Dieses Team ist das Team, das das Feuer in mir entfacht und geschürt hat. Vielleicht verhält es sich mit dem ersten Team einfach ein bisschen wie mit der ersten großen Liebe: Egal wie flüchtig, egal wie kurz oder sogar schrecklich sie gewesen sein mag – »das erste Mal« bleibt immer etwas Besonderes. Und so soll es vermutlich auch sein.

Veronika »Feli« Unterrainer

ist Spezialistin für Veränderungsprozesse. Nach einigen Jahren im Bank- und Bildungswesen war sie in den letzten sieben Jahren in diversen Softwareentwicklungsprojekten unter anderem als Requirements Engineer, (Large Scale) Scrum Master, Kanban Coach und TFS Consultant tätig. Sie unterstützt mit Leidenschaft und ihrer Berufung folgend Menschen bei der Produkt-, Prozess- und Organisationsentwicklung und steht bei Fragen rund um die Themen »Agilität«, »Prozesse« und »Mensch« gerne mit Rat und Tat und dem Mut zum Wagnis zur Verfügung.

Agile Menschen

Inspektor Coach

Ich liebe spannende Geschichten. Das erklärt wahrscheinlich meinen Beruf, auf jeden Fall aber meine Krimileidenschaft. Fragt sich natürlich, was Organisationsberatung mit Mord und Totschlag zu tun haben soll. Wie komme ich auf diese Verbindung? Und was soll daran bitte agil sein?

Meine eigene Geschichte bietet dazu zumindest zwei Antworten an. Die erste Antwort liefert meine Arbeitsgeschichte. Über die vielen Jahre, die ich mittlerweile als Lean & Agile Coach unterwegs bin, habe ich eben nicht nur viele Menschen und Unternehmen kennengelernt. Ich bin dabei auch jeder Menge Spannungen begegnet: sei es zwischen sich rasch ändernden Kundenbedürfnissen und dem strategischen Portfolio eines Unternehmens; zwischen den aktuellen Prozessen und den angestrebten Abläufen; oder zwischen Teams oder Abteilungen, die voneinander abhängig sind. Es liegt wohl an dieser Spannungsgeladenheit, dass mir in den verschiedensten Beratungssituationen Kriminalgeschichten in den Sinn kommen. Einige Beispiele gefällig? Ich stelle Enterprise Kanban bei einem Kunden in Heidelberg vor und muss dabei an Wolfgang Burgers Kriminalrat Gerlach denken, der in derselben Stadt ermittelt. Ich moderiere einen Workshop zur agilen Transformation bei einem Schweizer Infrastruktur-Unternehmen und fühle mich unversehens an die Gelassenheit von Wachtmeister Studer erinnert. Ich führe ein Erstgespräch mit der Geschäftsführerin eines Wiener IT-Dienstleisters, während mir die besondere Fragetechnik von Inspektor Columbo durch den Kopf spukt. Ich gehe nach einem anstrengenden Coaching-Tag laufen und denke dabei an Sue Graftons Kinsey Millhone, die auf diese Weise immer über ihre Fälle reflektiert. Das hat man also davon, wenn man sich in der Freizeit zu viele Crime Stories hineinzieht: Man muss sich ständig mit seiner blühenden Fantasie herumschlagen!

Meine Neigung zu mysteriösen Querverbindungen zwischen agilem Coaching und versierter Kriminalistik führt zur zweiten Antwort auf die eingangs aufgeworfenen Fragen. Neben dem Lesen und dem Beraten begleitet mich nämlich auch das Schreiben seit vielen Jahren. Aufgrund meiner Lesegewohnheiten schien es nur eine Frage der

Zeit, bis ich mich nach zahlreichen Fachartikeln und Büchern auch einmal als Krimiautor versuchen würde. Mit *Tatort Kanban* schuf ich eine für mich neue Spannung zwischen Fiktion und Realität. Einerseits ist dieser Tatort natürlich ein reines Fantasieprodukt: Weder gibt es das Security-Spezialunternehmen *SafeIT*, das Schauplatz des Mordes ist, noch die Personen, die im Zentrum der Ermittlungen stehen. Andererseits habe ich bewusst Parallelen zum echten Leben gesetzt: Der Mord passiert in einem selbstorganisierten Unternehmen, das an einige bekannte Firmen erinnert, und das visuelle Arbeitsmanagement, das ich selbst in vielen Beratungssituationen einsetze, spielt dabei eine ebenso wesentliche Rolle wie die Stadt, in der ich seit mehr als 30 Jahren lebe. Zudem haben einige Leserinnen angemerkt, dass es ein besonderes Spannungsverhältnis zwischen der Figur des Chefinspektors und des agilen Coachs gibt. Im Laufe der Geschichte geraten die beiden jedenfalls mehrmals aneinander, sie lernen aber auch voneinander.

Ich habe mich öfters gefragt, was wohl passieren würde, wenn sich dieses Lernen nicht auf die Aufklärung des Kriminalfalls konzentrieren würde, sondern auf die Ähnlichkeit zwischen ihren beiden Professionen. Was, wenn sich

Nikolas Gauss (der agile Coach) und Robert Nemecek (der Chefinspektor) in einer Bar begegnen würden? Was, wenn sie nach ein paar Martinis, selbstverständlich geschüttelt, nicht gerührt, nichts Besseres zu tun hätten, als ihre beiden Berufe zu vergleichen? Und was, wenn sie sich plötzlich darüber austauschen würden, was ihnen am Vorgehen des jeweils anderen aufgefallen ist? Dann könnte Gauss vielleicht folgenden Dialog mit Nemecek beginnen:

»Ich habe Sie beobachtet!«

»Warum das?«

»Weil mir einige verblüffende Ähnlichkeiten zwischen uns aufgefallen sind.«

»Wovon sprechen Sie?«

»Von der Art, wie wir unsere Arbeit machen.«

»Was soll daran bitte ähnlich sein? Sie kümmern sich, wenn ich das richtig verstehe, um unternehmerische Verbesserung und ich suche Mörder.«

»Das stimmt schon. Aber wir setzen dabei dieselben Techniken ein.«

»Techniken?«

»Ich denke etwa an all die Fragen, mit denen Sie Ihren Gesprächspartnern nach allen Regeln der Kunst auf den Zahn fühlen; an die Art, wie Sie dabei aktiv zuhören, dem Gesagten wie dem Unausgesprochenen; und an diese besondere Form, mit der Sie Ihr Gegenüber gleichsam mit allen Sinnen beobachten.«

»Okay. Jetzt weiß ich, worauf Sie hinauswollen: Das haben wir früher Verhörtechniken genannt!«

»Ich würde es weniger streng bezeichnen, eher als Kommunikationstechniken. Und darin liegt für mich die starke Verbindung, die ich zwischen Coaching und Detektivarbeit sehe.«

»Dann müssten Sie aber auch die Techniken hinzurechnen, wo wir rückmelden, was wir verstanden und welche

Eindrücke wir gewonnen haben. Oder wo wir informieren, sei es nun über die Gesetzeslage oder über den letzten Stand unserer Erkenntnisse.«

»Und das Visualisieren? Das spielt doch auch bei Ihnen eine große Rolle – egal, ob Sie sich Ihre persönlichen Notizen machen oder fallrelevante Informationen auf verschiedenen Tafeln darstellen.«

Selbstverständlich könnte die Geschichte auch ganz anders laufen. Vielleicht ist es nicht Gauss, der Nemecek beobachtet, sondern der Chefinspektor, dem im Zuge seiner Ermittlungen auffällt, dass der Coach verblüffend ähnliche Formate einsetzt wie er selbst: Einzel-, aber auch Gruppengespräche, bei denen mehrere Personen gleichzeitig befragt werden; Lokalaugenscheine, also Beobachtungen am Ort des Geschehens, von der Spurensicherung am Tatort bis zu dem, was Gauss Gemba Walk nennt; tiefergehende Untersuchungen, seien es nun gerichtsmedizinische, kriminaltechnische oder intervisorische; schließlich die unterschiedlichsten Meetings, um über die bisherigen Erkenntnisse, bestimmte Gesetzmäßigkeiten oder das weitere Vorgehen zu informieren. Auf der Basis dieser Eindrücke könnte der Chefinspektor wiederum folgendes Bargespräch mit Gauss anzetteln:

»Unser letztes Gespräch über die Kommunikationstechniken hat mir zu denken gegeben.«

»Wirklich?«

»Ja. Und es hat mich an ein Sprichwort erinnert, das wir uns in der kriminalistischen Ausbildung beharrlich vor Augen gehalten haben.«

»Ein Sprichwort?«

»*A fool with a tool is still a fool.*«

»Ah, Sie wollen wohl darauf hinaus, dass es neben guten Techniken und Formaten noch etwas ganz anderes braucht.«

»Ich würde es eine den Verhältnissen angemessene Haltung nennen.«

»Mir gefällt die Formulierung. Fragt sich, was zu einer solchen Haltung gehört.«

»Für mich persönlich steht Respekt an erster Stelle. Respekt im buchstäblichen Sinne der Achtung, der Rücksichtnahme, aber auch des Zurückblickens.«

»Damit kann ich viel anfangen. Ich würde aber fast im selben Atemzug systemisches Denken nennen. Immerhin wollen wir uns nicht mit Teilerkenntnissen zufrieden geben, sondern schrittweise den berühmten ganzen Elefanten sichtbar machen. Und natürlich auch die ihn umgebende Umwelt.«

»Gekauft. Ich denke, dass unsere Arbeit aber auch eine gehörige Portion Mut erfordert.«

»Sie meinen den Mut, sich auf undurchsichtige Situationen einzulassen?«

»Ja, man muss mutig sein, um dem anfänglichen Durcheinander die Stirn zu bieten. Und sich weder von äußeren Verwirrungen noch von der eigenen Unsicherheit aus dem Tritt bringen zu lassen.«

»Guter Punkt. Als agiler Coach fühle ich mich natürlich verpflichtet, auch noch den Begriff Commitment ins Spiel zu bringen.«

»Commitment?«

»Ja, weil ich mich, wohl ganz ähnlich wie Sie, grundsätzlich der Aufklärung verpflichtet fühle – und dabei zwangsläufig mit Fehlern, Leerläufen und Rückschlägen rechnen muss.«

»Die Sie dann ebenfalls nicht völlig aus der Bahn werfen sollten.«

»Genau. Die ich im Zuge meines laufenden Dazulernens vielleicht sogar in Ressourcen verwandeln kann.«

Ich kann mir gut vorstellen, wie ein paar weitere Martinis den Reflexionsfluss beflügeln und das Tatort-Duo sogar auf die Idee bringen, so etwas wie ein gemeinsames Stärkenprofil zu destillieren – gleichsam eine Basisausrüstung an Fähigkeiten, die Detektivinnen und Beraterinnen gleichermaßen brauchen. Worauf sie sich dabei verständigen würden? Trotz der alkoholischen Vernebelung kämen Nemecek und Gauss wohl rasch auf Diagnosefähigkeit. »Damit wir Probleme differenziert erfassen, ihnen systematisch auf den Grund gehen und lösungsrelevante Kontextfaktoren erschnüffeln können«, höre ich Nemecek bereits mit einem leichten Zungenschlag vorbringen. »Beweglichkeit«, lallt Gauss zurück, »weil es darum geht, die Welt aus unterschiedlichen Blickwinkeln zu betrachten und sie Schritt für Schritt auszuloten.«

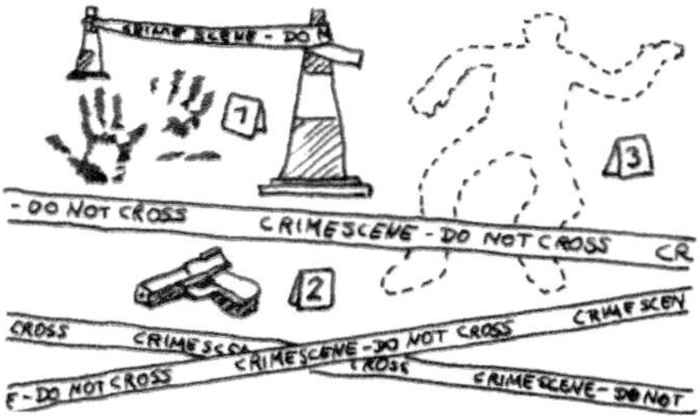

Im fröhlichen Pingpong bringen die trinkfreudigen Herren weitere Anforderungen vor: die notwendige Lernfähigkeit, »getrieben von Neugier und Entdeckungsfreude« wie Nemecek pathetisch formulieren würde, »gepaart mit der Bereitschaft, die eigenen Wahrnehmungen immer wieder in Frage zu stellen«; die Adaptivität, »weil«, so Gauss, »Beratungs- wie Detektivarbeit offenbar beide einem Puzzlespiel gleichen, bei dem sich das Gesamtbild mit jedem hinzukommenden Teil ändern kann«; last but not least, die Belastbarkeit – »schließlich sind die diversen Spannungsverhältnisse«, wie der Chefinspektor pointiert, »kraftraubend, was eine gute Kondition erforderlich macht«.

Für die anderen Barbesucher, die unfreiwillig zu Ohrenzeugen des immer lautstärkeren Dialogs geworden sind, besteht mittlerweile wenig Zweifel an der engen Verwandtschaft der beiden Berufe. Als agiler Berater scheint man offenkundig ebenso viele detektivische Kompetenzen zu brauchen wie der Detektiv agile Expertise. Nur eine Barbesucherin wirkt ziemlich perplex. Sie sitzt zwar auf der anderen Seite der Theke, aber ich kann ihre Skepsis deutlich spüren. Wollen die beiden Martini-Brüder das Detektivische allen Ernstes zum Vorgehensmodell für agiles Coaching hochstilisieren? Ich bin mir sicher, dass die Frau anerkennt, dass sich der klassische Ermittler einiges von der Agilität abschauen kann – und der agile Coach gerade im Umgang mit seinem Nichtwissen so manches vom Detektiv zu lernen hat. Doch ich muss nicht lange warten, bis sie sich aktiv ins Gespräch einmischt, um ihre Einsprüche vorzubringen.

»Entschuldigen Sie bitte.«

»Ja?«

»Ich verfolge jetzt bereits eine ganze Weile Ihr Gespräch – nicht ganz freiwillig, wie ich zugeben muss.«

»Oh. Waren wir zu laut?«

»Wie auch immer. Wenn die Herren erlauben, würde ich gerne einige Gegenargumente vorbringen.«

»Gegenargumente?«

»Sie sind sich ja scheinbar völlig einig, dass es sich bei Kriminalistinnen und Beraterinnen gewissermaßen um Blutsverwandte handelt. Oder zumindest um Schwestern im Geiste.«

»Nun ja …«

»Als jemand, der seit vielen Jahren wissenschaftlich am Thema Agilität arbeitet, möchte ich Ihnen einige Bedenken zur Verfügung stellen.«

»Also gut. Wir sind ganz Ohr.«

»Sie wissen ja, dass bei jeder Analogie die Übersimplifikation schon hinter der nächsten dunklen Ecke lauert.«

»Wenn Sie das sagen!«

»Ich sage das unter anderem, weil die Beraterin, von der Sie die ganze Zeit sprechen, sicher nicht der traditionellen Polizeikommissarin ähnelt, wie wir sie aus diversen Fernsehserien kennen. Eher ähnelt sie einer Privatdetektivin, die zwar einen kriminalistischen Auftrag verfolgt, sich dabei aber weder auf staatliche Autorität noch auf einen hierarchischen Polizeiapparat stützen kann.«

»Sie scheinen sich ja auch schon mit dem Thema beschäftigt zu haben.«

»Als Organisationssoziologin liegt das für mich nahe. Und deswegen will ich auch einwenden, dass Berater sicher nicht dazu da sind, Verbrechen aufzuklären. Für gewöhnlich wird in Unternehmen nicht gemordet und der Totschlag bleibt auf Argumente beschränkt.«

»Das kann ich bestätigen.«

»Dafür hat der Coach umso häufiger mit diversen Gebrechen zu tun. Beispielsweise mit prozessualen Dysfunktionen, mit strukturellen Hindernissen oder mit Interaktionsmustern, die zuweilen selbst etwas Mörderisches an sich haben – und mitunter sogar das Überleben der Organisation gefährden.«

»Nun ja, aber …«

»Ich bin noch nicht ganz fertig. Nachdem ich mich seit vielen Jahren mit Unternehmen beschäftige, darf ich Ihnen versichern, dass deren Beratung im Unterschied zu Kriminalermittlungen nie auf Einzeltäter fokussiert.«

»Sondern?«

»Auf Tatgemeinschaften, die innerhalb bestimmter Rahmenbedingungen agieren. Mit anderen Worten: Die Gebrechen, die der agile Coach aufklären und beseitigen helfen soll, sind systemisch bedingt und haben viel mehr mit Entscheidungs- und Kommunikationskulturen zu tun als mit psychologischen Motiven.«

»Okay. Das leuchtet mir ein.«

»Und eines sollten Sie auch noch bedenken.«

»Und das wäre?«

»Ein agiler Coach leistet viel Hilfe zur Selbsthilfe. Er tritt an, um sein Wissen zu teilen, er will gewissermaßen alle zu Detektiven machen, während der klassische Detektiv dem Modell des Lösungshelden entspricht, der die Probleme für andere klärt und das dafür nötige Wissen für sich behält.«

Nachdem ich der Soziologin aufmerksam zugehört habe, fühle ich mich schlagartig ernüchtert. Ihre Argumente klingen stichhaltig. Muss ich also daraus schließen, dass Coach und Inspektor doch viel weniger miteinander verbindet als ich ursprünglich angenommen habe? War der Dialog zwischen Gauss und Nemecek bloß das, was der Wiener eine bsoffene Gschicht nennt?

Ich verlasse die Bar und gehe nachdenklich durch die dunklen Straßen. Einerseits bereiten mir die vorgebrachten Einwände noch einiges Kopfzerbrechen. Andererseits tauchen mit jedem weiteren Schritt auch wieder die Argumente auf, die für starke Parallelen zwischen Beratungs- und Detektivarbeit sprechen: vom initialen Ermitteln (Worum geht es überhaupt? Wer ist betroffen? Wer sollte beteiligt werden?) über das sukzessive Aufschlüsseln der Tathergänge (Was hat dazu geführt? Wer hat was beigetragen? Welche Umstände sind zu berücksichtigen?) bis hin zum regelmäßigen Überprüfen und Aktualisieren des gemeinsamen Erkenntnisstandes (Was ist uns bislang klarer geworden? Wo tappen wir weiterhin im Dunkeln? Was folgern wir aus dieser Bilanz?). Vom Inspektor zum agilen Inspizieren und Adaptieren ist es eben nur ein kleiner Schritt.

Für meine eigene Beratungsarbeit würde ich ja sogar behaupten, dass ich im Laufe meiner Karriere eine besondere Art des kriminalistischen Spürsinns entwickelt habe, wenn es darum geht, komplexe Zusammenhänge zu ergründen und auch blinde Flecken zu erhellen. In den Coaching-Ausbildungen, die ich seit vielen Jahren begleite, setze ich den Inspektor ja auch bewusst als Rollenmodell ein. Ich halte ihn nämlich für wesentlich ansprechender als die Figuren des Arztes (der untersucht und verschreibt, wie das die klassische Unternehmensberatung à la McKinsey tut) oder des handwerklichen Fachexperten (quasi der Installateur vor Ort). Last but not least ist die Figur des Detektivs sowieso ein Teil meiner Geschichte, seit mich meine Beratungs-, Lese- und Schreibleidenschaften sogar zu einem agilen Kriminalroman inspiriert haben.

Ich blicke auf und sehe, dass es im Osten bereits hell wird. Ich sollte allmählich nach Hause gehen. Und wer weiß? Vielleicht schreibe ich ja morgen mal auf, was mir heute so alles über Inspektoren und Coaches durch den Kopf gegangen ist.

Siegfried Kaltenecker

ist geschäftsführender Gesellschafter der Loop Organisationsberatung GmbH in Wien. Er ist auf Lean & Agile Management spezialisiert und seit über 20 Jahren für die verschiedensten Unternehmen im Einsatz. Seine Erfahrungen verarbeitet Sigi regelmäßig in Form von Artikeln (www.loop-beratung.at/blog) und Büchern (»Kanban in der IT«, »Selbstorganisierte Teams führen« und »Selbstorganisierte Unternehmen«). Zuletzt erschien »Tatort Kanban. Ein agiler Kriminalroman« (dPunkt 2019). Kontakt: siegfried.kaltenecker@loop-beratung.at

Brücken bauen in Bangalore

Zettelchen kleben« und »Bildchen malen« – das wird von Außenstehenden gerne belächelt und als identitätsstiftendes Ritual agiler Teams abgetan. Meine Lieblingsanekdote zu diesem Thema handelt von einem Workshop mit einem indischen Entwicklungsteam[5]. Ich erlebte dabei einen prägenden Aha-Moment: Visuelle Techniken können eine ungeahnt positive Dynamik freisetzen!

Doch vor diesem beflügelnden Erfolgserlebnis mussten wir erst einmal die frustrierenden Herausforderungen eines agilen Offshore-Projekts kennenlernen. Etwas Kontext: Ein Unternehmen brachte ein großes Projekt auf den Weg, mit dem ein Kundenportal mit papierlosen, digitalen Prozessen realisiert werden sollte. Das Portal sollte von Grund auf von einem indischen Offshore-Softwareentwicklungsteam entwickelt werden. Teammitglieder in Deutschland, darunter ich, sollten die Anforderungen dazu einsammeln und nach Indien kommunizieren. Dort sollte das Portal agil entwickelt und getestet werden. Die entwickelten Inkremente sollten dann auf deutscher Seite mit den Stakeholdern validiert werden. Für das Unternehmen mischte sich so in die Aufbruchsstimmung in Richtung Digitalisierung auch eine gute Portion Neugierde auf die interkulturelle Zusammenarbeit.

Aus welchen Schritten besteht unser gemeinsamer Entwicklungsprozess? Wo sind Übergabepunkte? Wer übergibt was an wen über welchen Kanal und in welcher Form?

---

5 Wer mehr zum konkreten Projekt oder Workshop-Format wissen möchte, kann hier nachlesen:
Fazal-Baqaie, M. and Raninen, A. (2015): Successfully Initiating a Global Software Project. In: Industrial Proc. of EuroSPI² 2015. WHITEBOX.
Fazal-Baqaie M., Grieger M., Sauer S. (2015): Tickets Without Fine. In: Proc. of PROFES 2015. LNCS, vol 9459. Springer.

Nur einzelne Personen auf indischer und deutscher Seite kannten einander vor dem Projekt, doch auch sie hatten in dieser Konstellation noch nicht miteinander gearbeitet. Bevor die ersten Sprints beginnen konnten, mussten wir also die grobe Idee zum Vorgehen konkretisieren und praktisch anwendbar machen. Von den Projektleitern auf beiden Seiten wurde daher ein Business-Meeting in Deutschland angesetzt, in dem unter anderem diese offenen Fragen geklärt werden sollten. Nachdem das obligatorische Abendessen, die Vorstellungsrunden und Unternehmenspräsentationen absolviert waren, fanden wir uns somit an einem Mittwochmorgen in einem langgezogenen, bis auf den letzten Platz besetzten Besprechungsraum wieder, um in einem Workshop den Entwicklungsprozess zu definieren. Vorsichtshalber hatten wir keinen Platz unbesetzt gelassen, denn vielleicht würden wir ja noch die eine oder andere Expertise benötigen. So saß ich mit Projektleitern, Business-Analysten und Architekten aus beiden Ländern zusammen. Dazu gesellten sich Management-Vertreter aus den Fachabteilungen und der IT des deutschen Unternehmens. Zug um Zug präsentierten Inder und Deutsche ihre Folien mit Entwicklungsprozessen und Lessons Learned aus vorherigen Projekten. Dazwischen stellte der deutsche Projektleiter eine Liste seiner grundsätzlichen Vorstellungen für die Zusammenarbeit vor, die mit Punkten wie Vertrauen, Transparenz oder Ehrlichkeit wenig Neues enthielt. Im Anschluss an jede Präsentation stellten die Teilnehmer ein paar Fragen. Doch über weite Strecken waren wir nur passive Zuhörer. Insgesamt handelte es sich also um eine klassische, wenig interaktive Frontalveranstaltung.

Mit jedem Vortrag standen Alternativen für zusätzliche Aspekte im Raum, ohne dass wir uns für das vor uns liegende Projekt konkret auf etwas festlegten. Wie sollte so ein schlüssiges Gesamtkonzept entstehen? Mir wurde das nicht klar und jetzt hatten wir die letzte Gelegenheit, das zu klären, bevor es ernst wurde. Ging es nur mir so? Ich meinte zu beobachten, wie die operativen Projektbeteiligten nervös auf ihren Stühlen hin und her rutschten, während die Manager seelenruhig die Einzelvorträge kommentierten. Immerhin lag es ja an uns, beispielsweise Anforderungen in geeigneter Form zu dokumentieren und zu vermitteln. Am liebsten wollte ich die Beteiligten wachrütteln, traute mich aber nicht, die Agenda und den Termin zu sprengen. Während wir also die prall gefüllte Agenda abarbeiteten, beobachtete ich nervös die unerbittlich voranrückenden Zeiger der Wanduhr. Die Zeit lief uns davon. So kam es wie befürchtet: Am Ende eines langen Arbeitstages waren wir alle erschöpft, hatten aber noch viele Fragen gar nicht in der Tiefe besprochen. Am Folgetag war die indische Delegation bereits voll

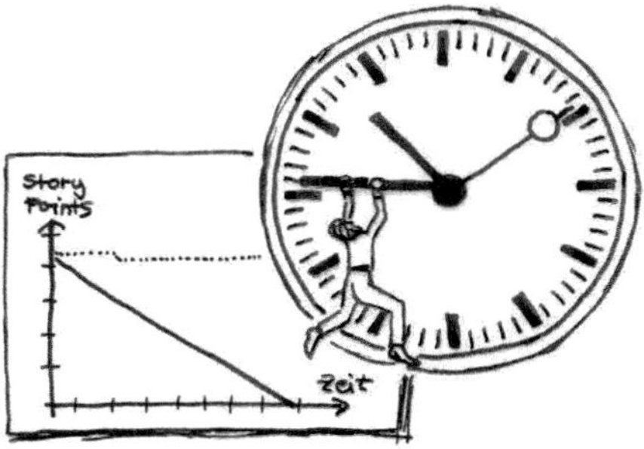

verplant und musste danach abreisen. Die Ergebnisse des Termins fassten ein Kollege und ich auf einer Folie mit Rollen, Verantwortlichkeiten und Schnittstellen zusammen. Insbesondere meine deutschen Kollegen und ich hatten immer noch keine genaue Vorstellung darüber, wie das indische Teil-Team arbeitete und wie wir am besten zuarbeiten sollten. Wer weiß, vielleicht würde sich der Rest ja noch während der operativen Arbeit ergeben?

»Was machen die da eigentlich?«, kommentierte der deutsche Projektleiter sichtlich beunruhigt nach einem der nächsten Sprint-Reviews. Leider manifestierte sich die gefühlte Orientierungslosigkeit besonders deutlich am Ende der Entwicklungsiterationen: Der vereinbarte Sprint-Umfang wurde nicht annähernd umgesetzt. Zusätzlich wurde dies erst sehr spät für die deutsche Seite ersichtlich. Dann war es zum Gegensteuern schon zu spät und einiges an unnötiger Zuarbeit bereits erbracht. Zum Beispiel brachte es mich regelmäßig ordentlich ins Schwitzen, für meine indische Kollegin den gewünschten Umfang und die geforderte Detailtiefe von Anforderungen fristgerecht zu erheben und zu liefern. Da die indischen Kollegen aber gar nicht zur Umsetzung kamen, war die ganze Hektik im Grunde für die Katz. Wenn wir so weitermachten, würde das Projekt in einem Fiasko enden.

Einige Wochen später besuchte ich für die Anforderungsklärung die Mitarbeitenden vor Ort in Indien. Ich fand mich im elften Stock eines Gebäudekomplexes wieder, der in einem der zahlreichen Technologieparks in Bangalore stand. Der Flur beheimatete endlos viele Cubicles für eintausend Mitarbeiter – alleine auf dieser Etage! Der Park beherbergte gut zwei Dutzend Gebäudekomplexe, die Größenordnungen waren vollkommen absurd. Unter den Tausenden Menschen, die sich jeden Morgen in unzähligen Autokolonnen, Shuttlebussen und auf Motorrädern den Weg in Richtung Büro bahnten, waren also auch unsere sechs indischen Teammitglieder. Jene Kollegen, die immer noch nicht so richtig wussten, wie wir deutschen Kollegen eigentlich arbeiteten. Das beruhte natürlich auf Gegenseitigkeit. Unsere indischen Teammitglieder waren freundliche Frohnaturen, die gerne erstmal nach dem indischen Projektleiter schielten, bevor sie antworteten oder vor der Gruppe agierten. Die Hierarchie im Teamgefüge spiegelte sich im zurückhaltenden Verhalten der Mitglieder. Völlig neu war mir dies nicht. Bereits in der regelmäßigen Mail-Korrespondenz wurden selbst marginale Entscheidungen beim indischen Projektleiter rückversichert. Meine Aufgabe für den Aufenthalt in Indien lag vor allem darin, das Backlog der Anforderungen für die Folgesprints zu vermitteln. Ich haderte damit, mich damit zufriedenzugeben. Es musste doch möglich sein, sich gemeinsam mit sechs Fachexperten auf einen Entwicklungsprozess zu einigen, um die nötige Transparenz herzustellen.

Ich hatte im Vorfeld einen visuellen und teambasierten Ansatz kennengelernt, mit dem Prozesse aufgenommen werden, um Verbesserungen umzusetzen. Dabei sind alle Beteiligten gleichzeitig aktiv und erarbeiten mit Klebezetteln und Stiften eine gemeinsame Übersicht. Mit dem Ansatz werden zwei visuelle Übersichten entwickelt: Die erste Übersicht zeigt eine Rollen-Matrix mit Informationsflüssen. Die zweite Übersicht beschreibt alle notwendigen Aktivitäten und ihre Reihenfolge. Ich erwischte mich dabei, wie ich im Kopf durchspielte, ob sich die Kollegen auf diesen Workshop-Ansatz einlassen würden. Würde sich damit eine gemeinsame Sicht auf den Prozess erarbeiten lassen? Tatsächlich musste ich mir eingestehen, dass mir völlig unklar war, wie gut das funktionieren würde. Das Team war jetzt schon hoffnungslos im Rückstand. Würde ich sie mit einem Workshop zusätzlich von der Arbeit abhalten? So richtig abgestimmt hatte ich das Ganze mit dem Team in Deutschland auch nicht. Bei Misserfolg hätte ich mich also sicherlich erklären müssen. Nach anfänglichem Zögern bat ich den indischen Projektleiter um sein Vertrauen und einen Termin für den Folgetag.

So fand rund zwei Monate nach dem ersten Workshop in Deutschland der zweite Workshop für die Prozessdefinition statt. Statt Sitzordnung, Beamer und PowerPoint gab es nun also Zettelchen und Stifte für alle und vier Stunden Zeit. Ich erklärte, wie wir gleich gemeinsam die Informationen sammeln, organisieren und besprechen würden. Dann waren die indischen Kollegen am Zug. Zögernd griffen die Teammitglieder zu Zettel und Stift. Das Format war zum Glück nicht sehr schwierig zu begreifen, aber es war jetzt für die Teammitglieder kaum möglich, sich beim indischen Projektleiter abzusichern. Die fragenden Blicke registrierend, ging dieser mit gutem Beispiel voran und bestärkte seine Leute, es ihm gleich zu tun. Zaghaft wurden die ersten Rollenvorschläge in den Raum geflüstert. Ich ermutigte die Teilnehmenden, ihre Vorschläge zu Papier zu bringen und in der gemeinsamen Übersicht zu verorten. Anschließend sollten sie ihren Vorschlag der restlichen Gruppe erklären. Nach und nach wurde das Prinzip klarer und die Teammitglieder legten ihre Scheu ab. Die Blicke zum Projektleiter wurden seltener. Tatsächlich waren nach wenigen Minuten alle intensiv in der Gruppenarbeit. Ich konzentrierte mich darauf, dass auch die ein, zwei sehr zögerlichen und stillen Charaktere zu Wort kamen und den Raum erhielten, um ihre Klebezettel zu erklären. Mit steigender Schlagzahl wanderte so Zettel um Zettel an die Wand und wurde erklärt. Kleine Nebendiskussionen entstanden, die beim Ergänzen der Übersicht in das Gesamtbild Eingang fanden. Ich war unglaublich erleichtert, dass das Format anzukommen schien. Tatsächlich war ich verblüfft, wie gut das auf einmal funktionierte.

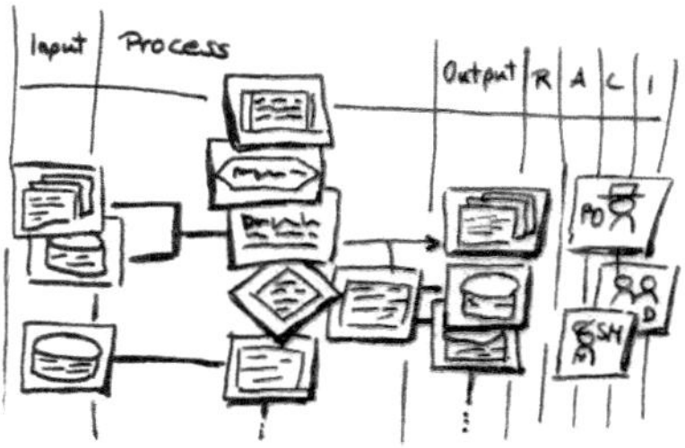

Wenige Minuten später wurde ich direkt ein zweites Mal überrascht, als sich eine hartnäckige Diskussion entspann. Jacob wünschte sich eine zusätzliche Aktivität in unserem Entwicklungsprozess, aber die meisten anderen Teammitglieder empfanden diese als gänzlich unnötig. Er war aber nicht davon abzubringen. Auch mir leuchtete der Nutzen nicht ganz ein, doch nach einigen gezielten Nachfragen offenbarte sich das zugrundeliegende Motiv: Furcht. Jacob hatte in vergangenen Projekten negative Erfahrungen gemacht und wollte vermeiden, als Sündenbock dazustehen – diese zusätzliche Aktivität sollte ihm dabei helfen. Der Konflikt ließ sich auflösen: Wir versprachen, den Prozess auf den Prüfstand zu stellen, sobald sich abzeichnete, dass sich seine Befürchtungen bewahrheiten könnten. Mir wurde bewusst, wie naiv meine unterbewusste Erwartung war, dass unter den indischen Teammitglieder Einheitlichkeit und Einigkeit bestehen würde. Natürlich hat jede Person ihre eigenen Erfahrungen gemacht und individuelle Präferenzen entwickelt. Zusätzlich überraschte mich Jacobs Offenheit. Ich hätte nicht erwartet, dass die Mitglieder so offen über ihre Ängste und Befürchtungen sprechen würden. In einem weniger interaktiven Format wäre das sicher nicht zur Sprache gekommen. Ich malte mir aus, wie sich dieser schwelende Konflikt wohl ausgewirkt hätte, wenn wir nicht darüber gesprochen hätten.

Am Ende des intensiven Halbtagesworkshops gratulierten wir uns gegenseitig und betrachteten stolz unser Ergebnis. Wir hatten in Rekordzeit aus einzelnen Ideen der Teammitglieder ein gemeinsames Mosaik unseres Soll-Prozesses geschaffen. Die Kraft der gemeinsamen Visualisierung hat dafür gesorgt, dass alle Anwesenden ihre kulturellen Hürden überwunden und sich aktiv beteiligt hatten. In einem frontalen Format am Besprechungstisch hätten wir dafür sicherlich mehrere Tage benötigt und vieles wäre unausgesprochen geblieben.

Dr. Masud Fazal-Baqaie

beschäftigt sich seit über zehn Jahren in verschiedensten Rollen in Wissenschaft und Praxis mit der Ausgestaltung von Entwicklungs- und Arbeitsprozessen, auch im agilen Umfeld. Mit einem speziellen Fokus auf Praxistauglichkeit hält er zu diesen und anderen Themen regelmäßig Vorträge und veröffentlicht Fachbeiträge. Er ist Sprecher der Fachgruppe Vorgehensmodelle der Gesellschaft für Informatik e.V. und aktuell Gruppenleiter am Fraunhofer-Institut für Entwurfstechnik Mechatronik in Paderborn.

Cost of Delay

Recklinghausen 2017. In einem kleinen Unternehmen werden die meisten Entwicklungsprojekte nicht innerhalb des Zeit- und Budgetrahmens fertiggestellt, der ihnen vorgegeben wurde. Da übernimmt Felix als Projektleiter eben eines dieser Projekte, denn die Geschäftsleitung hat das Vertrauen in den bisherigen Projektleiter Mirko verloren. Zusammen mit einem Team aus sieben Männern und einer Frau wird Felix mit einer gefährlichen Mission beauftragt: Mit seinem Team soll er das Unmögliche möglich machen und das scheinbar aussichtslose Projekt wieder auf Kurs bringen.

»Das Team muss effizienter werden! Ich dachte, mit der agilen Vorgehensweise würden wir alle Projekte frühzeitig fertigstellen können? Mir scheint, das Gegenteil ist der Fall.« Der Vorgesetzte von Felix kochte vor Wut. Natürlich war ihm insgeheim klar, dass auch vor der Umstellung auf Agilität die Projekte nicht rechtzeitig und budgetkonform fertiggestellt worden waren, aber genau das erhoffte er sich jetzt. Er hatte Felix zufällig auf dem Flur erwischt und ihn direkt darauf angesprochen, dass noch keine Verbesserungen im Projekt feststellbar waren. »Ich bin erst seit kurzem Projektleiter. Herr Kurtz, ich muss mir erst einmal einen Überblick darüber verschaffen, wo die Zeit überhaupt verloren gegangen ist.«

»Ich gebe Ihnen drei Wochen, dann will ich positive Effekte sehen!« Herr Kurtz stellte seine Forderungen, ohne Luft zu holen. »Sie haben bereits einen ganzen Tag für Ihre komische Retrospektive vergeudet. Ein Tagessatz von neun Personen – fast viertausend Euro! Ohne Ergebnisse!«

Felix schluckte. Er wusste mittlerweile, dass einige Aufgaben nicht fertig wurden, weil die Tester Kim und Sascha sowie der Fachexperte Thomas stark überlastet waren. Immer wieder stritten sich die Entwicklerin Lara und der Product Owner Sven darüber, ob die Aufgabe nun fertig war oder nicht. Aber Felix wollte nicht seine Mitarbeiter vor Herrn Kurtz schlechtmachen. Die Kollegen gaben alle ihr Bestes. »Wir haben unsere Arbeitsweise transparent gemacht. Damit wollen wir herausfinden, warum wir so lange brauchen, um eine Aufgabe, eine Story, fertigzustellen. Deshalb wollen wir jetzt die Durchlaufzeiten messen.«

Felix verstummte, um die Antwort von Herrn Kurtz zu hören. Doch dieser antwortete nicht – er schüttelte nur ungläubig den Kopf. Felix spürte, wie sein Kloß im Hals immer größer wurde. Er konnte nun ergänzen, dass sie sich in den nächsten Wochen besser gegenseitig unterstützen wollten, um die überlasteten Mitarbeiter Kim, Sascha und Thomas zu entlasten. Aber er wusste, dass solche weichen Maßnahmen nicht im Sinne von Herrn Kurtz waren. Wahrscheinlich würde er Felix sogar anklagen, dass er teure Entwickler nicht für Testaufgaben einsetzen durfte.

Endlich kam die erwartete Antwort von Herrn Kurtz: »Wissen Sie eigentlich, was mich jeder Tag Verzug dieses Projekts kostet? An jedem Tag, an dem unsere neuen Features nicht auf dem Markt sind, verlieren wir Einnahmen und Marktanteile. Es besteht immer das Risiko, dass unsere Konkurrenz früher mit dieser Idee am Markt ist. Pro Tag kann das einen Verlust von bis zu 10.000 Euro bedeuten. Bei harten Deadlines mit Strafzahlungen kann es in die Hunderttausende gehen! Und Sie stehen hier vor mir, als wäre alles in Ordnung!«

»Natürlich ist das nicht alles in Ordnung.« Felix atmete tief ein, um Kraft für seine Argumente zu sammeln. »Die meiste Zeit ist uns durch den verspäteten Beginn des Projekts verloren gegangen, denn …«

»Damit fangen Sie besser gar nicht erst an! Suchen Sie nicht Gründe für Ihr Scheitern in der Vergangenheit.«

»Aber es dauert auch sehr lange, bis die Storys von den Kunden überhaupt durch das Produktmanagement an uns weitergeleitet werden.«

»Und anderen Abteilungen brauchen Sie auch nicht die Schuld zu geben. Wir suchen doch nicht den Schuldigen! Sehen Sie zu, dass Ihr Team schneller wird. Ich möchte Leistung sehen.« Mit diesen Worten drehte sich Herr Kurtz um und ließ Felix allein auf dem Flur zurück.

///

Der Teamraum hatte gefühlte 36 Grad. Durch die weit geöffneten Fenster drang nur ein schwacher warmer Windhauch in das viel zu kleine Zimmer. Das Team saß am Tisch und betrachtete die an der Wand angebrachte Wertstromanalyse. Die vielen farbigen Post-its sehen aus wie kleine Handtücher rund um den Pool im Freibad, dachte Felix. Freibad wäre bei diesem Wetter genau das Richtige.

Auf der linken Seite des Pools, in der Spalte »In progress« häuften sich die Tickets von Thomas. Auf der rechten Seite des Pools, in der Spalte »To be reviewed« die Tickets für Kim und Sascha.

Die Hitze machte es schwer, den Fokus zu halten. Aber fürs Freibad war leider keine Zeit. Die nicht verwendeten Haftnotizzettel in Übergröße wurden als Fächer verwendet. Es war allen klar: Die Überlastung der Tester Kim und Sascha sowie des Datenbankenexperten Thomas

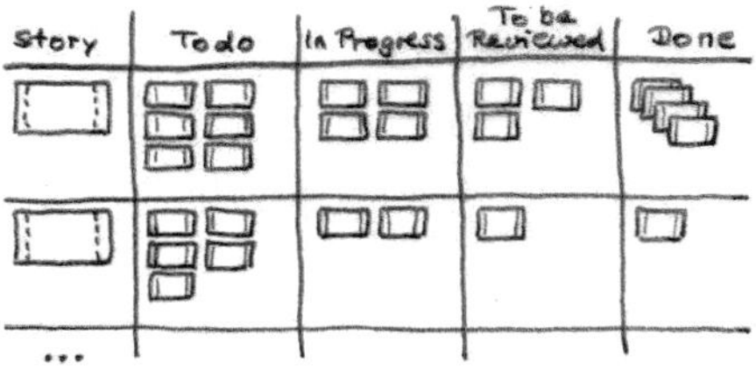

hatte immense negative Auswirkungen. Sie hatten auf allen Tickets notiert, wann diese begonnen und wann sie fertiggestellt worden waren. Die Differenz zwischen diesen beiden Daten, die Durchlaufzeit, war für alle erschreckend hoch. Wenn sie diese Bearbeitungsgeschwindigkeit beibehalten würden, würden sie die nächste Deadline auf jeden Fall reißen – so viel war allen klar. Sie hatten vor Tagen beschlossen, ihre Aufgaben zukünftig kleiner zu schneiden, um schneller durch die Entwicklung zu kommen. Und sie hatten neu priorisiert und entschieden, sich darauf zu konzentrieren, lieber wenige wichtige Storys fertig zu bekommen statt immer mehr Storys anzufangen und kaum welche abzuschließen. Aber es dauerte zu lange, bis die Verbesserungen sichtbar wurden. Während er die Ergebnisse seiner Wertstromanalyse vortrug, hatte Felix noch die Worte von Herrn Kurtz im Ohr: »Anderen Abteilungen brauchen Sie auch nicht die Schuld zu geben!«

»Es ist das eingetreten, was ich befürchtet habe. Ich habe in den letzten Tagen nicht nur die Gesamtdurchlaufzeit gemessen, sondern auch die Zeit, die jede Story in jedem einzelnen Arbeitsschritt verbleibt. Jeden Statuswechsel habe ich notiert. Die durchschnittlichen Wartezeiten seht ihr auf dem Ausdruck an der Wand.«

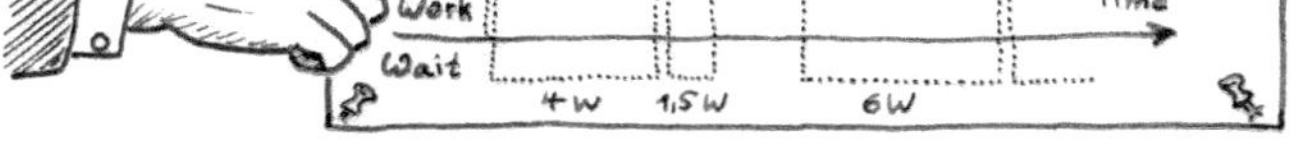

Schlagartig drehten sich alle Köpfe gleichzeitig zur Seite. Felix stand auf, um direkt an der Darstellung seine Interpretation zeigen zu können. Ein bisschen mulmig war ihm doch zumute. Er hatte in den letzten Tagen all seinen

Mut zusammengenommen und trotz der Anweisung von Herrn Kurtz die Wartezeiten auch außerhalb seines Teams erfasst.

»Sven konnte mir Informationen darüber liefern, wie lange es dauert, bis einige Anforderungen und Marktwünsche verabschiedet werden. Bis zum sogenannten Approval warten wir im Durchschnitt vier Wochen.« »Au Backe!«, polterte Kim Felix ins Wort. »Entschuldige Felix, ich wollte dich nicht unterbrechen.« »Kein Problem. Da hast du vollkommen recht. Die Frage ist jetzt: Was können WIR machen, um die Wartezeiten zu verkürzen?« Die Luft war dick und die rauchenden Köpfe schienen den Raum noch weiter aufzuheizen. Alle bewegten sich wie in Zeitlupe, um nicht noch stärker ins Schwitzen zu geraten.

Sven ergriff als erster das Wort: »Wenn wir jetzt im Supermarkt ein Eis kaufen würden, dann …« Kim prustete los. »Au ja, mit einem Eis würdest du dir jetzt viele Freunde machen, Sven!« Alle lächelten Kim an, als diese bemerkte, dass sie schon wieder jemanden unterbrochen hatte und entschuldigend nickte. Sven fuhr fort.

»Wenn ihr im Supermarkt einkauft – zum Beispiel ein Eis – und euch an einer Kasse anstellt, überlegt ihr vorher, an welcher Kasse es wohl am schnellsten vorangeht. Üblicherweise wählt ihr die kürzeste Schlange. Vielleicht wägt ihr noch ab, an welcher Schlange eher Leute mit vielen und an welcher diejenigen mit wenigen Einkäufen stehen. Aber meistens ist es doch so: Egal, wo ihr euch anstellt – ihr habt fast immer den Eindruck, die falsche Wahl getroffen zu haben. Genau in eurer Schlange hat jemand vergessen, das Gemüse zu wiegen oder hat Mühe, das Kleingeld zusammenzusuchen. Im Vergleich dazu funktioniert das bei der Post hier im Ort wesentlich befriedigender: Es gibt eine Schlange und immer genau jener Schalter, an dem gerade ein Kunde abgefertigt wurde, bedient den nächsten

Kunden. Auf den ersten Blick erscheint die Schlange zwar lang, aber es geht dann immer erstaunlich zügig voran, obwohl an dem einen oder anderen Schalter ein größeres Problem aufgetreten ist. Aber da man sich nicht an einem bestimmten Schalter angestellt hat, spielt das keine Rolle.

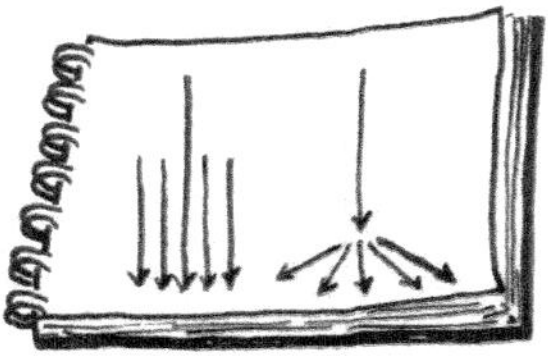

So gesehen arbeiten die Servicekräfte als Team, da sie gemeinsam die Probleme abarbeiten. Sie vermeiden dadurch Flaschenhälse an einzelnen Schaltern.«

»Au, klasse! Das müsste sich doch auf unser Team übertragen lassen, oder?« Kim war total begeistert und das restliche Team ließ sich gleich davon anstecken. »Wir sollten zukünftig nirgends mehr einzelnen Personen eine Aufgabe zuordnen, sondern alle arbeiten an allen Aufgaben der Priorität nach«, schlug Thomas vor. »Und wir sollten uns alle etwas in die Themen der anderen einarbeiten, damit wir uns gegenseitig noch besser helfen können. Thomas vor allem. Meinst du, du könntest unser Datenbanken-Wissen auf Vordermann bringen?«, fragte Kim. Thomas nickte heftig.

»Das gefällt mir. So beschleunigen wir nicht nur die Entwicklung, sondern werden alle auch noch ein bisschen schlauer. Davon können wir alle profitieren.« Während Felix diese Worte aussprach, musste er an Herrn Kurtz denken. »Nur sollten wir das vielleicht nicht an die große Glocke hängen. Wenn wir Aufgaben mit zwei Personen statt mit einer erledigen, um uns gegenseitig einzuarbeiten, und Tester entwickeln oder Entwickler testen, könnte es zu Problemen mit unseren Chefs kommen.« Alle stimmten Felix zu.

»Hat vielleicht noch jemand eine gute Idee, wie wir folgendes Problem hinbekommen können: Nahezu jede Story wird an mich als Product Owner zurückgespielt, weil sie nicht der Definition of Ready entspricht.« Sven war auf einmal sehr ernst geworden. Es war ihm sichtlich eine Herzensangelegenheit. »Es fühlt sich für mich die ganze Zeit so an, als würde ich gegen eine Mauer spielen. Alle Bälle, die ich euch zuspiele, kommen direkt wieder zu mir zurück. Wie beim Squash – aber ich mag kein Squash. Schon gar nicht im Einzel.«

Felix lag sehr viel daran, dass sich alle im Team wohl fühlten. »Das müssen wir ändern, Sven, keine Frage. Die eigentliche Idee der agilen Entwicklung ist es doch, gemeinsam in einem crossfunktionalen Team zu arbeiten. Das heißt, wir sind alle gemeinsam für die Aufbereitung der Storys zuständig, nicht nur Sven. Eine »Story« heißt Story, weil sie erzählt wird und zum Dialog aufrufen will. Das ist keine kommunikative Einbahnstraße von Sven zu allen anderen, sondern wir sollten intensiv darüber sprechen. Nur dann erzeugen unsere Storys genug Interesse und inneren Antrieb, um sie zu bearbeiten.«

Das Team fasste umgehend den Beschluss, in Zukunft gemeinsam mit dem Product Owner die Storys zu definieren und vor allem keine Story mehr mit dem Argument zurückzuweisen, dass sie der Definition of Ready nicht genügen würde. Vielmehr wollten die Teammitglieder dies als Aufforderung an sie alle sehen, sich intensiver über die Story zu unterhalten, um die fehlenden Details gemeinsam zu klären. Sie wussten, dass dieses Vorgehen die Experten langfristig entlasten würde. Und sie wussten auch, dass sie es bei den Vorgesetzten immer wieder verteidigen mussten. Als Team wollten sie sich gemeinsam dafür einsetzen, auch wenn es einiges an Mut erforderte.

///

»Nun seid doch nicht so perfektionistisch!« Felix verlor so langsam die Geduld. Im Review konnten sie zwar aufgrund der Änderungen große Erfolge vorweisen, die sogar Herrn Kurtz aufgefallen waren, dennoch konnten sie aus Felix' Sicht noch schneller vorankommen. Denn schon wieder ergab sich die gleiche Situation: Das Team entwickelte immer noch an den einzelnen Tickets die kleinsten Details. Das sorgte dafür, dass er heute im Review die Ergebnisse nicht anschauen konnte, und das vier Wochen vor der nächsten Deadline! Sie hatten sich sehr verbessert. In den Retrospektiven, die Felix entgegen der Meinung seines Chefs beibehalten hatte, waren immer wieder gute Ideen zur Verbesserung der Arbeitsweise im Team aufgekommen. »Ganz ehrlich, Leute, wir dürfen uns nicht in Details verlieren. Perfektion ist natürlich eine schöne Sache. Dennoch – genauso häufig wie Projekte aufgrund von schlechter Qualität scheitern werden Projekte nicht fertig, weil mehr in die Qualität investiert wird, als der Kunde bezahlen möchte. Und für mich hat es den Anschein, dass Letzteres bei uns der Fall ist.«

Sven war ganz der Meinung von Felix. »Der Kunde ist mit viel weniger zufrieden, als ihr glaubt. Die meisten Storys entsprechen schon viel früher den Kriterien der Definition of Done.«

»Ja, aber … wir können das doch besser!« Thomas war bereits ungehalten. Jetzt wo das Projekt richtig gut lief, wollte er erst recht sein Bestes geben. »Wir können das System noch performanter machen. Die Oberfläche kann noch kundenfreundlicher werden.«

»Natürlich könnt ihr das. Das würde ich niemals anzweifeln.« Sven wollte Thomas nicht verärgern. »Ich merke aber, dass ihr wahnsinnig viel Zeit mit diesen Verschönerungen verbringt. Und diese Zeit bezahlt der Kunde nicht! Bitte lasst uns unsere Arbeit auf die notwendige Qualität beschränken und nicht auf die mögliche. Ich weiß es sehr zu schätzen, dass ihr alle Storys perfekt realisieren wollt. Danke dafür. Nur steigen die Kosten dadurch exorbitant.«

»Können wir uns darauf einigen, dass wir uns bis zur Deadline auf die Qualitätsanforderungen beschränken, die in der Definition of Done stehen?« Felix sah bei seinen Worten in fragende und zögerliche Gesichter. »Nach der Deadline können wir neu darüber verhandeln. Traut euch, mutig die Ergebnisse in den Test und in die Integration zu geben, auch wenn das goldene Schleifchen noch fehlt. Ich weiß, es ist immer schwer, anderen die Arbeitsergebnisse zu zeigen, von deren Perfektion man nicht hundertachtzigprozentig überzeugt ist. Aber wir können uns mittlerweile gut als Team vertrauen und den Kollegen auch Storys zeigen, die gut genug sind. Der Austausch darüber wird uns sehr viel weiterbringen. Ich freue mich sehr, wenn im nächsten Review weniger Goldschleifen präsentiert werden und wir dafür Herrn Kurtz zeigen können, dass wir das Ruder tatsächlich rumgerissen haben!« Insgeheim hatte er keinen Zweifel daran, dass sie das schaffen würden. Sie alle hielten inzwischen ständig Ausschau nach Verbesserungen und hatten den Mut, Sinnvolles sofort umzusetzen – auch wenn es manchmal zuerst ein wenig weh tat.

Jutta Eckstein

arbeitet als Business Coach, Change Manager und Beraterin. Weltweit verfügt sie über eine einzigartige Erfahrung in der erfolgreichen Umsetzung agiler Prozesse in großen, verteilten Projekten. Diese teilt sie in ihren Büchern, darunter »Retrospectives for Organizational Change«, »Agile Softwareentwicklung mit verteilten Teams«, »Agile Softwareentwicklung in großen Projekten« und »Unternehmensweite Agilität« (mit John Buck).

Jutta Eckstein ist Mitglied der AgileAlliance und im Programmkomitee verschiedener internationaler Konferenzen.

New Work: Lösung oder Problem?

Zunehmend begegne ich Unternehmen, die ungewöhnlich erfolgreich sind. So auch vor einigen Wochen auf einer Konferenz: Ein Unternehmen der Computerbranche, sechs Jahre alt, etwa 300 Mitarbeiter. Es erwirtschaftet, mit wenigen Ausnahmen, jedes Jahr mehr Gewinn als nötig. Die Konkurrenten beobachten irritiert, neidisch oder bewundernd. Mit seinen Kunden hat dieses Unternehmen meist langfristige Beziehungen. Die Kultur ist attraktiv für Könner, deswegen ist Personalakquise kein Problem. Die Personalfluktuation ist gering. Das Wachstum ist überdurchschnittlich.

Letztes Jahr haben sie nun begonnen, sich für viel Geld sogenannte moderne Konzepte der Unternehmensorganisation beibringen zu lassen. Daraus sind einige Initiativen entstanden: Sie heißen »agil«, »Scrum«, »Holacracy«, »kollegiale Führung«, »flache Hierarchien«, »Dezentralisierung«, »Digitalisierung«. Doch inzwischen haben einige im Unternehmen irgendwie das Gefühl, dass der Aufwand wenig bis nichts bringt – manchmal sogar schadet.

Nach einem Vortrag werde ich von Mitarbeitern dieses Unternehmens nach meiner Meinung zu ihren Aktivitäten gefragt. Wie immer frage ich zurück: »Warum macht ihr das alles, ihr seid doch schon besser als alle eure Konkurrenten.« Antwort: »Bisher haben wir nur vor uns hin gewurschtelt, unser Erfolg war reine Glückssache. In Zukunft wollen wir eine professionelle Basis schaffen.«

Ich habe dann versucht, Folgendes zu erklären: Unternehmen wie eures nenne ich Höchstleister. Ihr leidet nicht unter der allgemeinen Dynamik, sondern das ist genau die Umgebung, die ihr braucht, um Leistung zu entfalten. Diese dynamikrobuste Leistung beruht nicht auf bestimmten Konzepten, wie früher, sondern auf euren Talenten. Sie werden von überraschenden Problemen so provoziert, dass euch meist eine innovative Lösung einfällt. Da das immer anders passiert als beim letzten Mal, sieht es aus wie Gewurschtel.

Ein Talent ist jemand, der etwas kann, was den meisten schwerfällt. Wenn also ein Talent sein Talent benutzen darf, tut es etwas, was ihm leichtfällt. Weil die Leistung nicht mit zermürbender Anstrengung verbunden ist, wird sie nicht bemerkt und bleibt, besonders für das Talent selbst, unsichtbar.

Euer Unternehmen arbeitet talentorientiert. Deshalb seid ihr der Meinung, dass euer Erfolg unverdient ist. Ihr habt ein schlechtes Gewissen, weil ihr keinen »ordentlichen« Grund für euren Erfolg angeben könnt. Also macht ihr, was alle machen: New Work. Dann habt ihr für euch und andere einen akzeptablen Grund.

Wie viele Unternehmen teilt ihr inzwischen aber den Verdacht, dass es sich bei den New-Work-Aktivitäten um mehr oder weniger unterhaltsame Übungen auf der sogenannten Vorderbühne handelt. Sie nützen meist nichts, sind aber mit erheblicher Anstrengung verbunden.

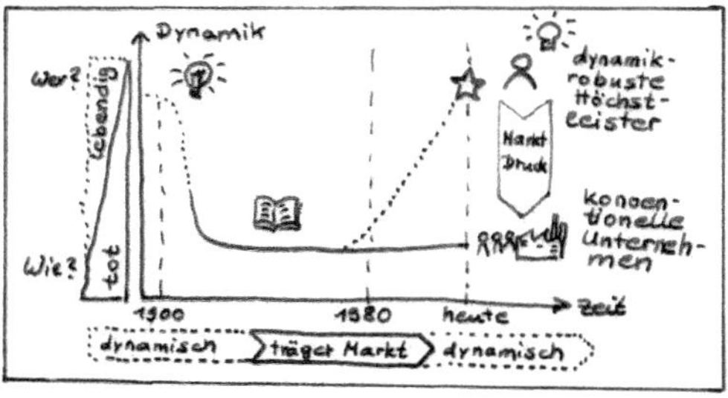

Noch wenige Unternehmen haben inzwischen die zeitgemäße New-Work-Alternative entdeckt: Sie versuchen herauszufinden, worauf ihr bisheriger Erfolg beruht. Nur wenn sie das wissen, kann es gelingen, ihn zu schützen und fortzusetzen. Dabei lernen sie ihre Talente kennen, die Basis für ihren Erfolg. Da jedes Unternehmen andere Talente hat, sind die Lösungen immer konkret, also für jedes Unternehmen, für jede Abteilung immer wieder anders. Deshalb kann aus einem konkreten Erfolg keine allgemein passende New-Work-Methode abgeleitet werden.

Die alternativen Angebote zur Unternehmensentwicklung sind meist solch konservative Ansätze. Stur wird die Frage gestellt: »Wie macht man es richtig?« Noch vor 50 Jahren war diese Frage meist vernünftig. Bei der heutigen hohen Dynamik ist sie falsch geworden. Die richtige Frage lautet: »Wer von uns könnte es schaffen, wenn wir ihm genau das zur Verfügung stellen, was er braucht, um seine Idee zu nutzen?«

Die Unterscheidung »Wer/Wie« trennt heute konservative von moderner Unternehmensentwicklung.

Aus dieser Unterhaltung nach einem Vortrag ist inzwischen ein Projekt geworden. Interner Spitzname: New Work Entsorgung.

Dr. Gerhard Wohland,

Physiker, lernender Berater und Leiter des Instituts für dynamikrobuste Organisation (IdO, www.dynamikrobust.com). Seit 30 Jahren studiert und provoziert er Lösungen von Dynamikproblemen. Vorbild sind sogenannte Höchstleister. So nennt er Unternehmen, die in dynamischer Umgebung den Marktdruck erzeugen, unter dem andere leiden. In den letzten Jahren hat er entdeckt, dass nicht Management und Beratung, sondern das soziale System eines Unternehmens seine Zukunft erzeugt. Sein Buch »Denkwerkzeuge der Höchstleister« liegt inzwischen in der dritten Auflage vor.

Wie Gegenwind auch ohne Flugzeug nützt

Ein grauer Tag im November 2014. Mein Handy klingelt. Die Nummer kommt mir bekannt vor – mein ehemaliger Arbeitgeber. Ich gehe ran und bin gespannt, was und vor allem wer mich am anderen Ende der Leitung erwartet. Die Überraschung ist groß: Es ist der Leiter einer neu gegründeten Abteilung, die mit ihrem internationalen, aber auch futuristisch klingenden Namen sofort mein Interesse weckt. Eine Abteilung, die sich damit beschäftigt, die Produktion intelligenter zu machen. Mein motivierter Gesprächspartner erzählt mir im weiteren Verlauf unseres Telefonats von seinen Plänen, agiles Projektmanagement einzuführen. Und er erwähnt den Begriff Scrum. Es gebe zwar niemanden, der in dieser Abteilung schon einmal mit Scrum gearbeitet hat, aber das würden wir sicher hinbekommen – mit mir als Scrum Masterin. Da ist es also: das Angebot, zu meinem alten Arbeitgeber zurückzukehren, und das in einer völlig neuen und mir bis dato unbekannten Position. Wow! Nach unserem Telefonat brauche ich erst einmal Bedenkzeit, um mich in diese mir total fremde Welt einzuarbeiten und mich darüber zu informieren, was diese Position und die Arbeitsweise mit sich bringen. Von der Personalreferentin zur Scrum Masterin? Warum nicht?

Kurzerhand sagte ich zu und mir wurde schnell klar, dass die Herausforderung größer sein würde als angenommen. Als Scrum Master ist man unter anderem dafür verantwortlich, dass Scrum gelebt wird – richtig gelebt und akzeptiert wird. Das ist natürlich schwierig, wenn man sich gar nicht damit auskennt. Aber wie heißt es so schön? Man wächst mit seinen Aufgaben. Die Motivation, etwas zu verändern, war da. Das Wissen war nach den anfänglichen Scrum-Schulungen zumindest theoretisch vorhanden, die Erfahrungen musste ich erst noch machen.

Die ersten Wochen in meinem neuen Job vergingen wie im Flug. Wir gründeten unser erstes Scrum-Team und machten alles falsch, was man falsch machen kann. Reviews brachten keine verwertbaren Ergebnisse hervor, es gab kein gemeinsames Ziel, keinen geschützten Raum und zu allem Überfluss hatte unser Product Owner so viele andere Dinge zu tun, dass er seine Rolle als Product Owner nicht wirklich ausfüllen konnte. Fehlendes Teamgefühl bei uns und schlechte Stimmung bei unserem Kunden waren die Folge. Wir hatten ja auch nichts Lieferbares, das der Kunde hätte testen können. Zu allem Überfluss kamen jeden Tag Mitarbeiter mit Artikeln um die Ecke, die belegen sollten, dass Scrum tot sei. Andere Abteilungen verurteilten uns dafür, dass wir so viel Zeit auf Scrum-Events verwendeten und trotzdem nichts fertigbekamen. Externe Unterstützung musste also Abhilfe leisten: Gleich mehrfach luden wir erfahrene Experten aus der agilen Welt ein, die uns dabei unterstützen sollten, einen Weg aus dem Dilemma zu finden. Daraus nahmen wir immer wieder Ideen mit, das Problem war nur, dass die positive Stimmung nach dem Besuch der Experten oft nur kurz anhielt. Wir fühlten uns ständig ausgebremst und die Haare standen uns durch all den Gegenwind buchstäblich zu Berge. Die ganze Abteilung spürte das und die Beziehung zu unseren Kunden verschlechterte sich immer weiter.

Irgendwann flaute der Gegenwind ab. Es herrschte eine trügerische Ruhe, langsam wurde es gruselig. Wir wussten, dass irgendetwas nicht stimmen konnte. Die Retrospektiven hätten wir uns sparen können, denn alles, was wir taten, stieß auf Abneigung. Geredet wurde über uns, aber nicht mehr mit uns. Wir spürten die passiv-aggressive Unzufriedenheit. Dailys fanden zwar statt, verkamen aber zum Statusrapport. Reviews fanden ebenfalls statt, doch oft war nicht absehbar, ob die Stakeholder dabei sein würden – irgendwann kamen sie gar nicht mehr. Retrospektiven wurden nur noch sporadisch durchgeführt, weil wir als Team erkannt hatten, dass sich ja doch nie was änderte. Und Projekte wurden weiterhin nicht fertig, weil andere Aufgaben munter die Planung durcheinanderwarfen. Ein fast schon unerträglicher Zustand – bis wir einen letzten Versuch wagten.

Aufgeben wollten wir noch nicht! Also organisierten wir einen zweitägigen Workshop, an dem die Product Owner, ich als Scrum Master und die Führungskräfte unserer Abteilung teilnahmen. Ziel war es, unser Projektmanagement neu auszurichten. Wir sammelten, sortierten und priorisierten all das, was schlecht lief und was uns Teammitglieder und andere Abteilungen vorgeworfen hatten. Es war eine Menge. Daraufhin riefen wir uns noch einmal ins Gedächtnis, wer eigentlich unsere Kunden waren und welche Erwartungen sie an uns hatten. Als wir uns dieses Bild genau anschauten, wurde uns klar, dass wir Scrum tatsächlich falsch gelebt hatten.

Das Prinzip des Minimum Viable Product kam uns wieder in den Sinn und wir waren uns einig, dass wir dies mehr in den Vordergrund stellen wollten. Wir mussten dazu einiges ändern und unsere bisherigen Projektteams auflösen, denn diese waren nicht in der Lage, dem Prinzip zu folgen. Stattdessen gründeten wir unser erstes richtiges Projektteam, das ein komplexes Problem in der Produktion lösen sollte – mit einem klaren, ausformulierten Ziel. Wir machten uns zur Aufgabe, unserem Kunden fortan in zweiwöchigen Abständen – nach jedem Sprint also – etwas zu liefern, das er testen und bewerten konnte. Blieb nur noch die Frage, wie wir das anstellen sollten? So hieß es zunächst: sich von alten Gewohnheiten trennen, Abstand nehmen und recherchieren, welche Möglichkeiten ein echtes Scrum-Team bietet. Im Zusammenhang mit dem Minimum Viable Product stießen wir dabei auf eine ähnliche Methodik, die uns dabei half, den wahren Sinn von Iterationen und abschließenden Reviews zu erkennen. Wir wurden auf das von Henrik Kniberg entwickelte Modell des Earliest Testable, Earliest Usable, Earliest Lovable Products aufmerksam. Wir wollten unseren Kunden nach Sprint-Ende nicht einfach irgendein Teilstück Software geben, sondern eine einfache Version zum Testen. Das sollte nun also unser Fokus sein. Wir hielten uns dazu folgende Analogie vor Augen: Wenn der Kunde den Wunsch äußert, schneller von A nach B zu gelangen, dann liefern wir ihm nicht automatisch ein Auto. Wir liefern ihm so schnell es geht eine einfachere Variante zum Testen. Das kann beispielsweise ein Skateboard sein. Mit dem Feedback zum Test passen wir unser Produkt weiter an und bauen es entsprechend aus. Äußert sich der Kunde zum Beispiel positiv zum Fahrtwind im Gesicht, wissen wir, dass wir ihm eine Möglichkeit bieten müssen, den Fahrtwind zu spüren. Ein Cabrio oder eine Vespa wären denkbare Endprodukte. So liefern wir frühzeitig und lassen den Kunden sein Wunschprodukt selbst kreieren.

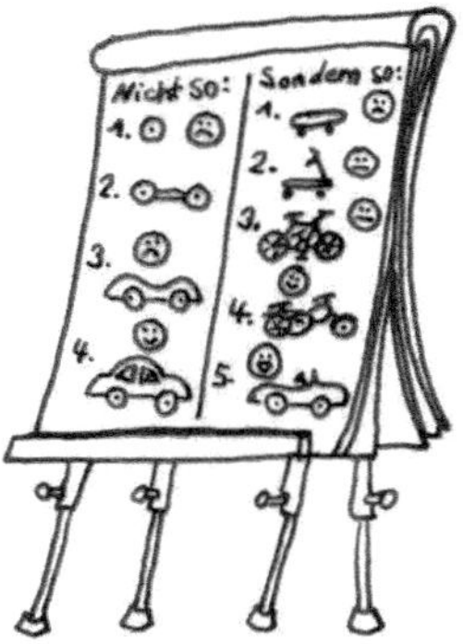

Wir nahmen uns also vor, auf diese Weise das komplexe Problem in der Produktion in enger Zusammenarbeit mit unserem Kunden zu erarbeiten. Gleichzeitig wollten wir die Sehnsucht des Teams stillen, endlich Projekte abzuschließen und dafür die verdiente Anerkennung zu erhalten. Damit das Team allerdings mit dem nötigen Fokus und mit gleichbleibender Stärke interdisziplinär zusammenarbeiten konnte, mussten wir die sogenannten »Feuerwehraufgaben« irgendwie vom Team fernhalten. Unter Feuerwehraufgaben verstanden wir nicht nur die ungeplante Behebung von Produktionsstillständen, sondern auch Aufgaben im Rahmen des kontinuierlichen Verbesserungsprozesses und kleinere Reparaturen, die in unserem Alltag immer wieder vorkommen. Es handelt sich dabei meistens um Aufgaben, die innerhalb kürzester Zeit erledigt werden können oder kleinere Projekte, die kein Team erfordern. Also kam uns die Idee, Kanban einzuführen, und zwar für jene Themen, die kurzfristig erledigt werden konnten, nichts mit dem eigentlichen Scrum-Projekt zu tun hatten und trotzdem enorm wichtig waren. Zum anderen machten wir aus all den Zukunftsthemen, die unsere Produktion schneller, intelligenter und smarter machen sollten, ein echtes Scrum-Projekt. Der Optimismus, dass wir nun endlich – wenn auch in kleinen Schritten – vorwärtskommen, ist bis heute ungebrochen.

Irgendwo habe ich einmal gelesen, dass Flugzeuge beim Start Gegenwind brauchen, um aufsteigen zu können. Ohne Gegenwind wäre ein Flugzeug gar nicht in der Lage abzuheben. Gegenwind ist also nicht per se negativ. Man muss ihn nur zu nutzen wissen. In unserem Kontext lautete das Zauberwort also »Zuhören«. Wir mussten einfach lernen, die wahren Probleme derjenigen zu verstehen, denen wir diesen großen Haufen an agilen Methoden zugeworfen hatten. Was uns seit fünf Jahren von Seiten der Kunden und Mitarbeiter entgegenschlug, was uns zu bremsen schien, war gar nichts Negatives. Im Gegenteil!

Als wir dieses Bild des Gegenwinds vor Augen hatten und uns bewusst wurde, dass wir ihn sogar brauchten, ergaben Retrospektiven viel mehr Sinn. Wir haben gelernt, den Gegenwind aufzufangen, ihn zu visualisieren und dadurch etwas zu verbessern – und das immer mit allen Beteiligten zusammen. Es ist uns nun klarer als je zuvor, dass wir Gegenwind brauchen, um nicht stehen zu bleiben. Feedback ist für uns das Zentrum unserer agilen Arbeitsweise geworden.

Warum es so lange gedauert hat, bis wir das wirklich begriffen haben und warum niemand helfen konnte, hat viele Gründe. Einer davon war sicher die fehlende Erfahrung. Dadurch liefen wir am Anfang in alle Richtungen und fanden keinen roten Faden. Wir haben praktisch alles einmal ausprobiert, Scrum sehr streng verfolgt und versucht, das agile Arbeiten zu erzwingen. Heute wissen wir, dass Zwang demotiviert und dazu führt, dass man Dinge ungern tut. Die Freiheit und die Selbstbestimmung, die unsere Teammitglieder nun viel stärker erleben, wirken sich positiv auf die Motivation aus. Frust häuft sich nicht einfach nur an, sondern entlädt sich zeitnah und vor allem konstruktiv. Es geht voran, macht wieder Spaß und fühlt sich richtig gut an.

Die Erkenntnis, dass vor allem konstruktiv eingebrachtes negatives Feedback wertvoll ist und wir dieses Feedback als Motor für die weitere Entwicklung in Richtung Agilität benötigen, hat uns gerettet. Unsere Einstellung zu Scrum und Agilität hat sich geändert. Um eine Organisation agiler zu machen, reicht es nicht, wenn ein agiles Rahmenwerk wie Scrum einfach eingeführt wird. Viel wichtiger ist die Erkenntnis, dass die dahinterstehenden Werte und Prinzipien den Weg zur Agilität ebnen. Mit unserer individuellen Version von »Scrumban« haben wir uns aus dem Dilemma befreit und dabei die Perspektive gewechselt. Gegenwind macht agil. Er verändert seine Geschwindigkeit und Stärke, und das in meist kurzen Abständen. Wenn wir uns als Kunden des Gegenwinds sehen, können wir ihn nutzen und sogar lieben lernen.

Julia Dorenkamp

ist Scrum Masterin bei der Elster GmbH, einer Tochtergesellschaft des Honeywell-Konzerns. Sie betreut dort einzelne agile Projektteams und treibt die agile Transformation am Standort in Lotte voran. Julia schult schwerpunktmäßig Mitarbeiter und Führungskräfte, unterstützt die Startphase neuer agiler Projekte und erlebt so immer wieder, welche organisatorischen, aber auch individuellen Schwierigkeiten der agile Wandel in klassischen produzierenden Unternehmen mit sich bringt.

Eine Fahrt über die Alpen

Patrick Stemme[6], Chief Operating Officer eines internationalen Paketdienstleisters, steht auf der Fahrt über die Alpen zu seinem Feriendomizil im Stau. Beim Spiel der Wolken über den Bergwipfeln überlegt er, ob es wohl eine andere Route gibt, die ihn schneller und einfacher ans Ziel bringen könnte. Dabei schweifen seine Gedanken zurück an seinen Arbeitsplatz. »Da gibt's doch wirklich Parallelen«, beginnt er laut nachzudenken. »Wie können wir mit unseren Transportkapazitäten auf der Straße neue Wege gehen? Wie können wir flexibler werden? Irgendwie müsste sich unser Fuhrpark doch reduzieren lassen? Wie können wir es bewerkstelligen, dass morgens die richtige Anzahl an Fahrzeugen mit Fahrern für die Paketzustellung bereitsteht? Gibt es einen neuen, effizienten, effektiven, leistungsfähigen und zuverlässigen Weg? Aber Moment mal, da müssen wir ja noch einige andere berücksichtigen: die Franchise-Nehmer, den Automobilmarkt, die Versicherungen und nicht zuletzt unseren Konzern. Gibt's da überhaupt einen Weg? Bestimmt!« Zufrieden und mit einem Lächeln auf den Lippen denkt er: »Jetzt mache ich erst mal Ferien und kümmere mich um diese Fragen in zwei Wochen wieder, wenn der Geist erholt ist. Es werden bestimmt tolle Ferientage!«

Frisch, erholt und motiviert kommt Patrick Stemme nach zwei Wochen zurück an seinen Arbeitsplatz. Die täglichen Herausforderungen haben ihn schnell wieder im Griff. Und da taucht auch das Thema seiner Alpenüber-

6 Alle Namen in dieser Geschichte sind frei erfunden. Allfällige Parallelen zu realen Personen sind rein zufällig.

querung wieder auf: Noch immer fehlt eine Lösung für die Straßenkapazitäten. Wenn etwas in diesem Unternehmen knapp ist, dann ist es Zeit. Es gibt zu wenig davon, um dieses komplexe Thema fundiert angehen zu können. Doch in der Kaffeepause hat Patrick Stemme bei einem Gespräch mit einem Kollegen plötzlich eine Idee. Er weiß jetzt, welche ersten Schritte er setzen will.

Das Wichtigste ist ein schlagkräftiges Team! »Wenn wir aber das Thema in den bestehenden Strukturen und mit den üblichen Personen angehen, werden wir die alten Lösungen bekommen«, sagt er zu sich. »Da muss ich etwas unkonventioneller vorgehen. Am besten suche ich mir Branchenkenner und Branchenfremde, solche mit einem offenen Geist. Leute, die das Thema von allen Seiten betrachten und es ganzheitlich lösen.«

Patrick Stemme macht sich Gedanken über die Fähigkeiten, die dieses Kern-Team vereinen sollte. Heterogen sollte es sein, gebildet von Menschen mit unterschiedlichen Kompetenzen und vielschichtigen Erfahrungen – und vor allem mit der Fähigkeit, neu zu denken. Sie sollten etwas von Logistik, modernen Mobilitätskonzepten, Betriebswirtschaft, Prozess-Engineering und Digitalisierung verstehen – und natürlich gut vernetzt sein.

»Fähigkeiten allein reichen aber nicht, mindestens gleich wichtig sind auch weiche Faktoren«, überlegt Patrick Stemme und schreibt eine Liste: Freude am Ungewissen, Spaß daran, etwas Unbekanntes zu realisieren, der Mut Unmögliches zu denken! Er betrachtet die Notizen auf seinem Whiteboard und schon kommt ihm ein Name in den Sinn.

»Da haben wir schon mal mit einem ausgewiesenen Branchenkenner im Aargau zusammengearbeitet. Der hat uns doch erzählt, dass er bei kniffligen Aufgabenstellungen gerne mit Querdenkern aus Zürich zusammenarbeitet. Ich werde ihn mal anrufen«, beschließt Patrick.

Beim Kick-off-Meeting verstehen sich Patrick Stemme, Stefan Kaufmann, der Fachexperte und Lösungsorientierte, Paul Stromer, der Stratege und ewig nach neuen Wegen Suchende sowie Emma Maurer, die komplexe Zusammenhänge auf den Punkt bringt, auf Anhieb gut. »Wir sind gespannt, wohin uns die Reise führen wird. Unsere Einstellungen scheinen ja sehr ähnlich zu sein. Die unterschiedlichen Expertisen passen auch gut zusammen und unsere Gegensätze machen das Ganze erst richtig spannend. Diese Herausforderung nehmen wir gerne an!«, ist der einhellige und motivierte Tenor.

Zügig macht sich das Kernteam – Stefan, Paul und Emma – an die Arbeit.

///

»Ich sehe hier zwei zentrale Fragen, auf die wir Antworten finden müssen«, bringt Paul in die Runde ein. »Was kann bei der Beschaffung und Bewirtschaftung der Fahrzeugflotte anders gemacht werden? Und wie können die vorhandenen Transportkapazitäten flexibel ausgelastet werden – je nach Wochen- und Tagesbedarf?«

»Wir müssen sicherstellen, dass wir alle die Problemstellung genau verstehen«, meint Stefan und fügt hinzu: »Wir müssen uns mit der Herausforderung auseinandersetzen und herausfinden, wie kompliziert oder komplex das Problem ist.«

»Genau«, ergänzt Emma. »Wir müssen wissen, wie das System funktioniert, wie die Abhängigkeiten darin aussehen und welche innere Logik besteht. Zusammengefasst geht es ums Was, Wie und Wer.«

Paul macht einen Vorschlag: »Am besten erarbeiten wir Hypothesen und diskutieren sie mit Patrick Stemme. Die Antworten zu den offenen Punkten brauchen wir aus erster Hand.« Gesagt, getan.

Der Workshop ist äußerst effizient. Alle verstehen die Problemstellung und die Herausforderung – und sie haben auch schon Antworten auf die wichtigsten Fragen: Wo warten die größten Herausforderungen? Wo könnten wir scheitern? Wo gibt es Beschleuniger, wo gibt es Treiber? Wie setzen wir Meilensteine und wie messen wir den Erfolg? Wie gehen wir im Projekt vor? Welches Equipment brauchen wir und welche Hilfsmittel können wir einsetzen?

»Den ersten Schritt ins Abenteuer haben wir erfolgreich geschafft«, ist Emma begeistert. »Jetzt kann es richtig losgehen!«

»Damit wir Patrick von Anfang an entlasten können, sollten wir uns zu einer schlanken Arbeitsgruppe formieren. Wir drei übernehmen als Kern-Team den Projekt-Lead«, bringt Stefan ein. »So kann sich Patrick auf das Kerngeschäft konzentrieren.«

»Am besten ist es wohl, wenn wir ‚Teams' als Tool für die Zusammenarbeit nutzen. Alle haben auf die Plattform Zugriff und sind damit up to date. Was haltet ihr davon, wenn wir uns jede Woche für eine halbe Stunde zu einem Online-Jour-fixe einfinden?«, schlägt Paul vor.

»Gute Idee, so machen wir es!«, wird einstimmig beschlossen. Den Beginn der Zusammenarbeit besiegeln sie bei einem Feierabendbier in einem gemütlichen Biergarten.

In den wöchentlichen Jours fixes erläutert von nun an jedes Teammitglied kurz seine Leistung anhand von drei Fragen: Was habe ich in der letzten Woche erarbeitet? Welche Arbeitsschritte habe ich für die nächste Woche geplant? Was sind aktuell meine größten Herausforderungen?

Doch obwohl Stefan, Paul und Emma enorm motiviert sind und gut vorankommen, ziehen bald dunkle Wolken am Horizont auf. »So wie wir das bis jetzt gemacht haben, kommen wir nicht ans Ziel«, meint Stefan etwas frustriert.

Für ihn gibt es noch zu wenige konkrete Lösungsansätze und er hat das Gefühl, dass er die Bedürfnisse der Kunden noch nicht wirklich versteht. »Mehr vom selben ergibt eben immer noch das Gleiche – hat schon Einstein gesagt.« Emma zwinkert Stefan zu.

Mehr vom selben will Paul so gar nicht: »Was wir jetzt brauchen, ist eine einfache, moderne und skalierbare Lösung. Ich denke, dass für unsere Vision ein anderer Weg notwendig ist, etwas Unkonventionelles. Also aus meiner Sicht sollten wir uns Zeit nehmen und das Ganze nochmals aus einer neuen Perspektive betrachten.«

»Eine mögliche Route ist Design Thinking oder ein OpenSpace Workshop. Dieser Weg wird uns bestimmt weiterbringen«, schlägt Emma vor.

»Gute Idee. Aber egal, wie wir arbeiten wollen: Wir müssen auch ernst machen mit der Einbeziehung der Kunden«, gibt Paul zu bedenken. »Ihr wisst, was das heißt. Das sind mehr als 70 eigenständige Transportunternehmer!«

»Dann ist das eben so«, sagt Stefan, »aber genau ihre Sicht brauchen wir ja. Wenn wir ihre Meinungen, ihre Bedürfnisse, ihre Herausforderungen und ihre Motive nicht kennen, kommen wir nicht weiter.«

Für die drei bedeutet das nun: Sie beobachten die Zusteller bei ihrer Arbeit und diskutieren bei Round-Tables eingehend mit den Transportunternehmern – und allmählich lichten sich die dunklen Wolken. Nur wenige Workshops sind nötig, um den gordischen Knoten zu lösen. Die Herausforderungen werden in klar und unklar definierte Problemstellungen aufgeschlüsselt. Anschließend formuliert das Team Fragen, die Denkanstöße liefern und die Fährte zu Lösungen und Ideen legen. Die entstandenen Ideen werden strukturiert, priorisiert und laufend mit den Erfahrungswerten der Nutzer ergänzt und optimiert. Das Resultat: Ein einfaches, verständliches System, dessen Leistung mit klaren Kennzahlen nachvollziehbar und steuerbar ist. »So weit, so gut. Die Basis für die Lösung haben wir gelegt. Auf in die Umsetzung!«, bemerkt Paul trocken, als die drei nach einem intensiven Workshop-Tag endlich Feierabend machen können.

Am nächsten Tag bringt Emma eine Idee zum Frühstück mit: »Die Jours fixes und ‚Teams' haben sich bis jetzt bestens bewährt. Ich habe aber einen Vorschlag für die weitere Arbeit. Wir entwickeln ein Führungsboard. Auf diesem Board sollte sichtbar werden, welche Arbeitsschritte geplant, schon umgesetzt, aufgeschoben oder verworfen wurden. Auch einen Bereich für die Ideen sollte es geben. So können wir Resultate und unsere Erfahrungen zeitnah und aktuell dokumentieren und auswerten.«

»Die Idee finde ich echt gut, Emma. Ich denke, es wäre sinnvoll, wenn wir die kommenden Arbeitsschritte in kurzen Iterationen definieren«, ergänzt Paul. »Und wenn wir Möglichkeiten für Optimierungen erkennen, sollten wir diese ebenfalls dokumentieren und in den weiteren Iterationen umsetzen. Aus der Lernkurve können wir ablesen, wie wir am besten weiter vorgehen.«

»Da muss ich fast nichts mehr tun – es läuft ja praktisch von selbst«, staunt Patrick Stemme, als er über den aktuellen Projektstand informiert wird. »Die Kennzahlen finde ich toll – damit kann ich die Geschäftsleitung laufend über die Fortschritte informieren. Und das ohne großen Zeitaufwand. So macht Zusammenarbeiten Spaß!«

///

»Jetzt wird es abenteuerlich!«, warnt Stefan die anderen vor. Er präsentiert die Angebote der Lieferanten, die für die Umsetzung gebraucht werden.

»Erstmal tief durchatmen und Luft holen.« Patrick Stemme steht auf, öffnet das Fenster und setzt sich wieder an den Tisch zu den anderen, nachdem er einen sichtbar tiefen Atemzug genommen hat. »Also gut, was haben wir da?«

»Wenn man sich das so ansieht, denken die wirklich alle sehr unterschiedlich. Ich kann es aber auch verstehen – das sind konservative Unternehmen, vielleicht etwas eingefahren in allem«, sagt Paul. »Trotzdem: Wir müssen jetzt schneller werden. Da müssen auch die Zulieferer mitdenken und mitgestalten.«

»Für die meisten ist es eben neu, wenn offen und transparent kommuniziert wird«, gibt Emma zu bedenken. »Da gibt's noch einige Gewitterherde, die wir umgehen müssen. Wahrscheinlich brauchen wir etwas Geduld.«

Paul bleibt dabei: »Alle Beteiligten müssen ihre Gewohnheiten aufbrechen. Die Lieferanten werden wohl oder übel einen Sprung ins Ungewisse wagen müssen – in der Wohlfühlzone wird es bald sehr unangenehm, wenn nichts passiert.«

»Du hast schon recht, Paul«, stimmt ihm Stefan zu. »Nur ist das nicht ganz so einfach umzusetzen.«

Veränderung muss erlernt werden – das merkt das Team ganz intensiv. Doch mit einigen hilfreichen Werkzeugen lässt sich gegenseitiges Verständnis schaffen. Fingerspitzengefühl, Sachverstand und viel Zeit – damit schaffen es Stefan, Paul und Emma, die Lieferanten zu sensibilisieren.

///

Stefan strahlt. »Sonnenschein, 30 Grad und kein Wölklein am Himmel – das perfekte Wetter, um Verträge zu unterschreiben.«

»Besser könnte es nach den letzten acht Monaten nicht sein«, stimmt Paul zu und klopft Stefan anerkennend auf den Rücken. »Das hat uns ganz schön zusammengeschweißt, findest du nicht?«

»Darauf müssen wir anstoßen, es ist ja fast schon Nachmittag«, sagt Emma mit einem Schmunzeln und schenkt den Weißwein in die Gläser ein. »Die erste Etappe haben wir geschafft. Santé!«

Patrick Stemme macht keinen Hehl daraus, dass er mehr als zufrieden ist. »Da habe ich beim nächsten Meeting mit der Geschäftsleitung einiges zu erzählen. Dank eurer Arbeit können wir die Kapazitäten jetzt flexibel steuern, und wie ihr die Lieferanten von der neuen Lösung überzeugt habt – alle Achtung!«

Emma macht einen kleinen Schluck aus ihrem Weinglas, setzt es auf dem Tisch ab und sagt: »Am besten finde ich, dass unser System für die Kunden total einfach ist. Sie merken gar nicht, was im Hintergrund alles abläuft – das muss sie ja auch gar nicht interessieren. Dass sie Transportlösungen bekommen, die passen, nur das ist wichtig.«

Auf keinen Fall bedeutet das aber, dass man sich jetzt zurücklehnen könne – darin sind sich alle einig. Eigentlich geht es erst so richtig los: Jetzt muss gemessen werden, wie leistungsfähig das System wirklich ist – die Parameter dafür hat das Team schon festgelegt.

»Analysieren, optimieren … und dann wieder analysieren und optimieren. Das werden spannende Monate«, murmelt Stefan vor sich hin. »Lernen hört halt nie auf.«

»Oh, da gibt's noch viele Leistungen, die wir ein- und ausbauen können. Wir sind doch da, um den Spediteuren das Leben einfacher zu machen.« Emma lächelt und schenkt allen noch etwas Wein nach.

Patrick Stemme gönnt sich nach dem erfolgreichen Abschluss des Projekts erst einmal drei Wochen Ferien. Wieder zieht es ihn auf die andere Seite der Alpen. Er weiß, dass er mit diesem Projekt in seinem Unternehmen den Grundstein für mehr Effizienz und Effektivität gelegt hat. Dieses Mal grübelt er nicht über seine Arbeit nach. Er genießt einfach nur die Fahrt – und den Stau.

Und die Moral von der Geschicht: Verzichte auf Querdenker mit agilen Methoden nicht!

Monika Grosser

Monika Grosser ist Teilhaberin der Crinera GmbH. Gemeinsam mit Christoph Grosser und Ralf Käser entwickelt sie für Kunden in unterschiedlichsten Branchen Wachstumsstrategien und treibt Innovations- und Wachstumsprozesse zusammen mit den Menschen in den Unternehmen voran. In Kombination mit neuen, ertragsstarken Geschäftsmodellen sorgt sie dafür, dass Innovationen erfolgreich in den Markt kommen.

Wie aus Neugier und Lernen Freude entsteht

Mein Papi ist an allem schuld. Ich kann mich noch erinnern, wie ich an Weihnachten 1988 alleine in der Küche stand. Der Rest der Familie war im Wohnzimmer und beschäftigte sich mit den Geschenken und dem Anprobieren von neuen Kleidern. Es war jener Moment nach dem Öffnen der Päckchen, in dem die Überraschung abgeklungen war und ich langsam realisierte, was ich gerade bekommen hatte. Ich stand in der Küche und starrte auf die riesige Schachtel. Darauf stand: TI-99/4A.

Mein Vater hatte sie mit seinen großen Händen hochgehoben und für mich geöffnet. Ich wusste damals nicht, was ein TI-99 ist. Ich wusste nur, dass es ein Computer war und ich innerlich so hohe Freudensprünge machte, dass ich den Boden unter den Füßen nicht mehr spürte. Als ich den Computer endlich mit dem Schwarz-Weiß-Fernseher verbunden hatte und das Teil gestartet war, starrte mir mein erstes Kommandozeilenprompt entgegen: »TI Basic Ready«. Eigentlich hatte ich gehofft, dass ich auf dem Ding ein Computerspiel finden würde … oder ein Betriebssystem … oder zumindest einen Taschenrechner! Stattdessen blinkte mich zum ersten Mal in meinem Leben ein Cursor an und forderte mich auf, etwas einzugeben.

An diesem Abend begann die Zeit, in der ich endlose Stunden vor dem Computer saß und Programme und Spiele abtippte. Der Computer hatte keinen persistenten Speicher und sobald ich ihn ausschaltete, war alles weg. Das Abtippen kostete meistens viele nervenaufreibende und konzentrierte Stunden. Lustigerweise war das Spielen selbst dann gar nicht mehr so spannend für mich. Viel interessanter fand ich, dass ich am Computerprogramm etwas ändern konnte und aus einer rollenden Kugel – okay, aus einem 8x8-Pixel-Fleck – plötzlich ein laufendes Männchen wurde. Mich faszinierte, welche Instruktionen welchen Effekt hatten: »IF«-Bedingungen und »FOR«-Schleifen waren pure Magie für mich. Jede freie Stunde saß ich vor der Kiste und tippte kleine Programme ein, die Text über den Bildschirm laufen ließen, Pixel animierten und coole Animationseffekte zeigten. Ich konnte meiner kleinen Schwester vorführen, wie der Computer sagte: »Kleine Schwestern mag ich nicht.« Ich lernte in dieser Zeit ohne Internet so viel über Computer und Programmiersprachen, dass ich in der Schule schnell als Computer-Kid bekannt wurde.

Wenn ich jetzt darüber schreibe, vermisse ich diese Jahre. Jahre der völligen Freiheit, in denen ich unendlich viel Zeit hatte und mich täglich mit Dingen beschäftigen konnte, die mir einfach Spaß machten. Ich ließ meiner Neugier freien Lauf und lernte täglich Neues, entdeckte täglich etwas Faszinierendes und erfreute mich an allem, was ich mit Computern anstellen konnte. Die Möglichkeiten der Programmierung schienen unendlich.

25 Jahre später

Unser Team bei Zühlke besteht aus 12 Entwicklern, Architekten und Testern. Nach dem Mittagessen sitzen wir in einem kleinen Raum bei einem Kunden in Zürich. Es ist der Team-War-Room für ein laufendes Projekt und er ist etwas zu klein für so viele Leute. Es ist warm, eine leichte Mittagsmüdigkeit zieht durch den Raum und es herrscht etwas Anspannung – wir sind im Lieferdruck. Alle starren auf das, was der Projektor an die Wand wirft. Trotz der angespannten Situation sehe ich ein Lächeln auf den Gesichtern der Leute. Ab und zu werden Fragen gestellt, es wird gelacht. Was passiert hier?

Ein Entwickler stellt eine kurze Zusammenfassung von Build-Tools, also wichtigen Werkzeugen für Softwarebauer, vor. Er hat sich in verschiedene Build-Tools eingelesen und eine kleine Übersicht erstellt. Für die weitere Vertiefung hat er Blogposts gesammelt. Die Teammitglieder nicken und sind sich schnell einig, dass das aktuelle Build-Werkzeug nicht sehr viel taugt. Was machen wir jetzt als Team? Investieren wir Zeit in Automatisierung? Jetzt schon oder erst im nächsten Release, wenn es ruhiger wird? Ich habe oft den Effekt von besserer Automatisierung erlebt und schildere kurz meine Erfahrungen. Wir diskutieren verschiedene Optionen für die Einführung des neuen Werkzeugs und entscheiden uns für ein gewisses Zeitbudget für den nächsten Release. Nach 30 Minuten ist der Event vorbei. Die Leichtigkeit und gute Stimmung im Raum bleiben.

Dieser »Dev-Exchange« findet jeden Tag nach dem Mittagessen statt und dauert 30 Minuten. Ziel ist, dass sich die Entwickler untereinander austauschen: sei es über die Arbeit, ein kurzes Code Review, ein neues Tool, das jemand zu Hause verwendet oder ein Werkzeug, das dem Team helfen könnte. Die Teammitglieder reden über was auch immer sie gerade gelernt haben. Sinn dahinter ist der Wissenstransfer, ich nenne es manchmal »Nerd-Exchange« oder »What I learned in the last 24 hours«.

Spannend ist für mich zu sehen, wie ich am Anfang des Projekts das »Dev-Exchange«-Meeting jedes Mal leiten und mit Inhalt füllen musste. Allmählich sind die Teammitglieder aber immer mehr aufgetaut und zusammengewachsen – immer mehr Inhalte kommen von ihnen selbst. Sogar in den Kaffeepausen wird nur über diese Themen geredet. Der Wissensdurst wird ständig größer und die Teammitglieder entwickeln eine Neugier für Nerd-Themen. Es macht mich wirklich stolz zu sehen, wie das Team aufblüht, und zu erfahren, wie viel den Kollegen dieses Know-how-Sharing gebracht hat. Es hat ihre Neugier geweckt und dadurch lernen sie so vieles, das ihnen im Arbeitsalltag beim Lösen von Problemen hilft.

Neben dem Daily Scrum ist der Dev-Exchange zum essenziellen Bestandteil unseres Alltags geworden. Es ist uns gelungen, eine Denkweise zu entwickeln, die in allem das Faszinierende findet. Wenn man sich etwas Zeit und Freiheit nimmt und nur tief genug gräbt, entdeckt man immer etwas Spannendes. So wie mit dem TI-99.

Peter Gfader

hilft Unternehmen, sich kontinuierlich zu verbessern, um bessere Produkte bauen und liefern zu können. Für diesen Zweck bringt er eine große Toolbox mit, die aus agilen Werkzeugen, Lean-Prinzipien, Scrum-Werten, kontinuierlicher Verbesserung und viel Kaffee besteht. Was Peters Kunden an ihm schätzen: seine Erfahrung in den unterschiedlichsten Industrien sowie mit den verschiedensten Unternehmensgrößen – und seinen vollherzig gelebten No-Bullshit-Ansatz.

#heart

Mammutjäger

Schon der kurze Weg durch den Schneeregen von der Haltestelle bis zur Eingangstür trieb mir die Kälte in die Knochen und kurz darauf stand ich fröstelnd im Workshop-Raum. Ich bereitete die Retro vor und mir war immer noch nicht ganz warm, als das Team den Raum betrat und sich die Stimmung schlagartig der Außentemperatur anglich. Missmutige Gesichter und Blicke, die versuchten, möglichst keinen anderen zu treffen. Der Teamlead bat mich kurz zur Seite: Er wisse nicht, warum sein Team sich so verhalte – bis vor einigen Wochen sei alles okay gewesen. Als ich die Retro startete, konnte ich nicht wirklich greifen, welcher rosa Elefant im Raum stand. Doch dass da einer war, war deutlich zu spüren.

In die Retro starteten wir mit einem Check-in, bei dem die Teammitglieder die Temperatur des Teams einschätzen sollten. Sie klebten Punkte auf ein Thermometer und sagten kurz, warum sie die Stimmung gerade so wahrnahmen. So war zumindest die Idee – ein Gespräch kam nicht wirklich zustande und die Punkte wurden entweder in die Eiszeit (»ich betrete unseren Teamraum nicht gerne«) oder in die Hölle (»IHR geht im Moment bei jedem Thema total in die Luft«) geklebt. Nach einigen Anschuldigungen und der Bekundung, dass sich wirklich jeder gerade unwohl fühlte, war die Stimmung im Raum zum Zerreißen gespannt. Als sich das letzte Teammitglied gesetzt hatte, wanderten erwartungsvolle Blicke zu mir und über den Raum legte sich eine unangenehme Stille. Den Elefanten konnte jetzt wohl jeder greifen.

»Lasst uns mal ein Bild von dem machen, was euch gerade beschäftigt«, durchbrach ich die unangenehme Stille. »Dafür habe ich euch eine Methode mitgebracht, die sich Glad Sad Mad nennt.« Ich klebte einen lächelnden Smiley an die Wand: »Was macht euch gerade glücklich, läuft gut oder sorgt dafür, dass ihr gerne zur Arbeit kommt?« Ein trauriger Smiley folgte: »Was macht euch traurig, gibt euch ein schlechtes Gefühl oder fördert ein Unwohlsein?« Über dem letzten Smiley waren Blitze zu sehen: »Und was macht euch richtig sauer, aggressiv oder was sind Themen, die euch nur noch aufregen? Ihr habt gleich fünf Minuten, um so viele Post-its zu schreiben, wie ihr wollt.« Schon griffen die ersten zu Stift und Block. »Moment noch! Ihr könnt auch Themen aufschreiben, die außerhalb des Teams oder Bereichs liegen.« Bei diesem Zusatz dachte ich besonders an den Druck von oben, der auf das Team ausgeübt wurde – an Zahlen, die nicht passten oder Umstrukturierungsmaßnahmen.

Die fünf Minuten verrannen quälend langsam, denn die Post-its wurden nur widerwillig beschrieben. Mein energiegeladenes »die Zeit ist um« entlockte der Gruppe lediglich ein Grummeln. Die Post-its, die langsam die Wand füllten, umschifften jeden Konflikt und gaben keinen Hinweis auf den Elefanten. Schnell wurde klar, dass die Zahlen gut aussahen, das Team keinen externen Druck verspürte und alle mit ihrer Situation eigentlich sehr zufrieden sein konnten. Der Elefant blieb aber weiter im Raum – oder, bei der Kälte draußen und drinnen, wohl eher: das Mammut.

Erst auf den letzten Zetteln zeigte sich eine Mammutjägerin. Zunächst waren ihre Themen ähnlich unkonkret wie jene der anderen Teilnehmer, doch dann kam es: »Ich weiß nicht wirklich, ob das jetzt hierhergehört oder nicht, aber …« Sie klebte einen Zettel auf Mad. »Ich muss seit zwei Wochen jeden Morgen kalt duschen und mein Vermieter repariert das einfach nicht – ist eigentlich privat, aber … naja«, sprach sie mehr zu dem Post-it als zur Gruppe und strich den Zettel an der Wand fest. Gedanklich war ich zu diesem Zeitpunkt schon in der Anmoderation der nächsten Methode und holte gerade Luft, um diese zu starten. Doch ein Teammitglied kam mir zuvor: »Ach deswegen bist du im Moment morgens so ätzend drauf!« Noch bevor ich auf die Wortwahl eingehen konnte, merkte ich, wie der Knoten in der Gruppe platzte. »Warum hast du denn nichts gesagt?«

Ungläubig beobachtete ich die Gruppe, wie sie diesen Punkt als den wichtigsten der Retro identifizierte und tatsächlich dafür Maßnahmen beschloss. Tatsächlich wollten die Teammitglieder eine Lösung für das Duschproblem erarbeiten und der Teamlead blickte mich ratlos an. Eine Kollegin bot an, dass die Mammutjägerin auf dem Weg zur Arbeit bei ihr duschen könne. Das Team würde Aufgaben der beiden übernehmen und als Gegenleistung würden die beiden ein Teamfrühstück organisieren.

Als das Team die Retro verließ, ließ es mich etwas sprachlos zurück und ich war mir nicht sicher, ob der Teamlead jemals wieder eine Retro organisieren würde.

Vier Wochen später war das Team nicht zu überhören, als es den Flur zum Workshop-Raum entlangging. Die Teammitglieder lachten, scherzten und kamen voller Energie in die Retro. Dieses Mal war die Stimmung kein Thema. Alle konzentrierten sich nur auf Workflows und meinten, das Team sei im Moment so gut wie nie.

Selbst ein halbes Jahr später hält dieses Team immer noch am Ritual des Frühstücks fest, auch wenn die Kollegin inzwischen wieder warm duschen kann. Und ich habe aus dieser Retro viel gelernt. Im Workshop-Raum hängt heute das Bild eines kleinen Mammuts, das mich an diese

Retro erinnert. Zu Beginn jeder Scrum-Master-Schulung erzähle ich diese Geschichte und weise die neuen Scrum Master darauf hin, dass die Probleme eines Teams auch privater Natur sein können. Deswegen sollte die Retro auch dafür einen geschützten Raum bieten. Ein Hinweis wie »auch private Themen, die euch wichtig erscheinen, finden hier einen Platz« hilft. Ein Team kann aus sich heraus die besten Lösungen finden und viel weiter gehen, als es ein Teamlead jemals könnte. Man überlege sich einmal, der Teamlead hätte vorgeschlagen, dass jemand seine private Dusche zur Verfügung stellen solle. Jedes Problem eines Teams sollte ernst genommen werden, egal wie klein es erscheinen mag – nur die Teammitglieder können wirklich einschätzen, was sie bewegt.

Jan Köster

begleitet bei Gruner + Jahr als Agile Coach Bereiche, Teams und Einzelpersonen im Sinne des Agilen Manifests. Der Fokus liegt auf dem Erkenntnisgewinn der Coachees: Sie erkennen Hindernisse im System oder ihren Produkten, identifizieren Lösungsräume und entfalten so ihr Potential aus sich heraus. Jan begleitet die agile Transition durch Vorträge und Schulungen, er organisiert das G+J-Agil-Netzwerk, bildet Scrum Master aus und arbeitet eng mit HR zusammen.

Warum ich Hackathons liebe

Hackathons faszinieren mich schon lange. Tatsächlich hat mir ein Hackathon der Otto-Friedrich-Universität Bamberg zu meinem ersten Job verholfen. Dort lernte ich Uwe kennen, der als Leiter der Softwareproduktion von medatixx eine Challenge stellte und mich kurze Zeit später als Agile Coach engagierte. Die Energie und die beflügelnde Spannung, die entsteht, wenn innerhalb von 24 Stunden ein echtes Problem durch einen – im besten Fall funktionierenden – Prototyp gelöst wird, ist einzigartig. Dieses Erlebnis wollten Uwe und ich auch unseren Kollegen bieten. Denn als Softwarehaus mit 120 Mitarbeiterinnen und Mitarbeitern in der Entwicklung steckt die Abteilung seit mehr als zehn Jahren im Kulturwandel. Trotz agiler Werte und guter Beziehungen ist das Unternehmen durch gesetzliche Bestimmungen zur Einhaltung von Quartalsdeadlines streng verpflichtet. Getrieben von Sprint-Zielen und Auslieferungen hat man immer seltener die Gelegenheit, Dinge, Technologien oder auch Teamprozesse frei auszuprobieren.

Womit habe ich die Planung begonnen?

Durch einen gemeinsamen Bekannten lernte Uwe zufällig Michael Binzen von der Deutschen Bahn kennen. Michael ist einer der Vorreiter in Sachen Hackathons in Deutschland und hat schon viele interne und öffentliche Hackathons ausgerichtet. Er gab uns viele wertvolle Tipps: Eine seiner Empfehlungen war, möglichst schnell viele Gleichgesinnte ins Boot zu holen und über unser Vorhaben zu informieren. Mir war bewusst, dass genau das nicht leicht werden würde. Ich musste sowohl den richtigen Zeitpunkt finden als auch ohne falsche Versprechungen die korrekten Informationen streuen. Wann immer sich die Gelegenheit bot, stellte ich mich also in die Kaffeeküche, nutzte die Zeit vor Meetings oder sprach bei Lunchdates das Thema Hackathon an: Wie könnte so eine Veranstaltung aussehen und was erhoffe ich mir davon?

Heute weiß ich, dass ich mich bei Eventthemen auf Personen konzentrieren muss, auf die der Funke sofort überspringt. Sobald auch in den Augen der Kollegen ein Leuchten sichtbar wird, weiß ich, dass ich auf dem richtigen Weg bin. Mit solchen Mitstreitern wird dieser Weg um einiges leichter, da das Vorhaben aus mehreren Perspektiven betrachtet wird. Wenn man die Steine frühzeitig sieht, kann man den Weg so planen, dass er um die Steine herumführt und sie gar nicht erst zu einem Hindernis werden.

Mit meinen Mitstreitern diskutierte ich offen die noch zu klärenden Punkte. Sollte der Hackathon während der Woche stattfinden? Oder doch eher am Wochenende? Soll das Ganze zur Arbeitszeit zählen? Welche Themen wären spannend?

»Eine Arbeitsveranstaltung am Wochenende? Ich verbringe hier schon genug Zeit!« oder »Ihr wollt doch sicherlich, dass wir da über Nacht irgendwelche Bugs abarbeiten«, schmetterten Kollegen mir entgegen. War mein Mut zum Wagnis zu groß? Ich wollte es so sehr – nicht nur für mich, sondern auch, weil ich vom Mehrwert überzeugt war. Jochen, der beim Hackathon an der Uni Bamberg dabei gewesen war, beriet mich. Er empfahl mir zum Beispiel, auf interne Deadlines zu achten. Ihm war es am liebsten, den Hackathon von Donnerstag auf Freitag machen zu können, wegen des anschließenden Wochenendes. Er riet mir auch, den Hackathon zur Arbeitszeit zu zählen. Es sollte um Themen gehen, die zwar in den Kontext unserer Arbeit fielen, aber so frei bearbeitet werden konnten wie nur möglich.

Gesagt, getan. Ich prüfte sämtliche bereits feststehenden Termine der folgenden Monate. Ich erkundigte mich beim Vertrieb nach anstehenden Events, kontaktierte die Schulungsabteilung und die Verwaltung und informierte sie über mein Vorhaben. »Die Frau Heinrich immer mit ihren verrückten Ideen«, hieß es verschmitzt. Während der Vorbereitung begegneten mir unterschiedliche Reaktionen, doch als Agile Coach habe ich gelernt, mit allem umzugehen: mit Sympathie genauso wie mit Gegenwehr. Ich traf auf Mitstreiter, die die Idee besonders gut fanden, aber auch auf Kollegen, denen es schlicht egal war. Manche Kollegen wetterten auch gegen den Hackathon. Mit allem musste ich klarkommen und alles hatte seine Berechtigung. Ich versuchte, jede Seite zu verstehen, um den Überblick nicht zu verlieren. Schließlich war es in erster Linie ein Experiment.

Wie habe ich die Führungskräfte vom Hackathon überzeugt?

Nachdem ich das perfekte Datum gefunden hatte, vereinbarte ich mit der Personalchefin, dass für die Teilnehmer zwei volle Arbeitstage als Arbeitszeit gebucht würden. Die nächste Hürde war, das endgültige »Go« der Geschäftsführung zu erhalten. An diesem Punkt hätte immer noch alles scheitern können. Ich bereitete mich auf den Termin vor: Ich legte mir den besten und schlechtesten möglichen Fall zurecht, um auf alle Fragen eine Antwort parat zu haben.

Gemeinsam mit Uwe stellte ich der Geschäftsführung die Idee und den bisherigen Plan vor. »Ein Hackathon besteht nicht nur aus Arbeiten und besonders viel Spaß. Es ist ein Ausprobieren, ein Experimentieren und eine Teamerfahrung, die sonst nicht möglich wäre. Ich kann Ihnen nicht versprechen, dass dabei ein grandioses Feature entwickelt wird, und ich kann Ihnen auch nicht versprechen, dass ein in harten Zahlen messbarer Mehrwert entstehen wird. Was ich aber verspreche: Sie werden beeindruckt sein«, erklärte ich. Ich war davon überzeugt – und ich konnte überzeugen!

Jetzt lag es an mir. Ich hatte die Freigabe erhalten, den ersten Firmen-Hackathon auszurichten.

Wie habe ich die Kollegen davon überzeugt mitzumachen?

Ich musste informieren und organisieren. Ich wollte Agilität aus dem Lehrbuch leben und so transparent wie möglich sein. Ich wollte frühes Feedback, um sowohl mich selbst als auch das Event stetig zu verbessern. Ich hatte mir vorgenommen, inkrementell an die Organisation heranzugehen. Ich wollte kurzweilig und interessant sein und möglichst viele Kollegen zum Mitmachen motivieren. Ich wollte aber auch niemandem etwas aufzwingen, denn ein Hackathon muss eine Option zum Mitmachen bleiben. Die Teilnahme muss immer freiwillig sein und darf nicht als Verpflichtung gesehen werden, sonst würde es weder den Teilnehmern noch dem Unternehmen etwas bringen.

In die Betreffzeile der Einladungsmail schrieb ich: »Herzliche Einladung zum hackathonixx«. Denn genau das war es auch: eine Einladung, Dinge auszuprobieren und mit mir dieses Abenteuer zu erleben. Ich wollte die Kollegen aus ihrer Komfortzone locken, aber gleichzeitig sollten sie in einem geschützten Rahmen experimentieren dürfen. Ich traute mich, die Einladung nicht nur an unsere Mitarbeiter, sondern auch an die lokalen Universitäten und befreundete Unternehmen zu schicken. Kumuliertes Wissen aus verschiedenen Bereichen macht einen Hackathon noch spannender. Die Impulse, die von außen kommen, sind wertstiftend für die persönliche (Weiter-)Entwicklung aller Beteiligten.

Woran habe ich gezweifelt?

So rückte der große Tag näher und die Gestaltung nahm immer konkretere Formen an. Es gab eine Menge zu tun. Angefangen bei der Bestellung des Caterings über die Gestaltung der Räumlichkeiten bis hin zur Beantwortung von Fragen der noch zweifelnden Kollegen: »Was macht man denn da die ganze Zeit?« – »Ich kann gar nicht entwickeln?« – »Muss ich die ganze Nacht wach bleiben?« – »Was ist eigentlich der Gewinn?«

Der 24-Stunden-hackathonixx hatte noch gar nicht begonnen und ich war schon müde. Ich zweifelte daran, ob es den ganzen Aufwand wirklich wert sein würde. Und obwohl ich meine angestrebte Mindestteilnehmerzahl von 30 Personen bereits geknackt hatte, war ich unsicher. Kommen wirklich alle? Habe ich an alles und jeden gedacht? Was mache ich, wenn das Netzwerk oder der Strom ausfällt? Habe ich wirklich genug zu essen bestellt? Und kommen die bequemen grünen Sitzsäcke rechtzeitig an?

In meinem Perfektionismus hatte ich mir den großen Konferenzraum mit Sitzgruppen, Liegestühlen und eben diesen Sitzsäcken vorgestellt, und ausgerechnet bei denen gab es Lieferschwierigkeiten! Darüber hinaus musste ich an die Sicherheit denken, schließlich trug ich die Verantwortung. Ich kontaktierte den Hauseigentümer und erkundigte mich über die zeitgesteuerten Tore und Türen, die Heizungen und die Alarmanlage. Ich musste auch die noch geheimen Challenges abstimmen. Sie sollten eine Überraschung sein, damit alle die gleichen Voraussetzungen haben würden. Jeder sollte etwas dazu beitragen, ohne sich schon vorher Gedanken machen zu müssen – die machte ich mir dafür mehr als reichlich.

Wie verlief der Hackathon?

Am Morgen des Hackathons kam ich schlecht aus dem Bett. »Alles oder nichts«, dachte ich, als ich meine Tasche für die kommenden 24 Stunden – und mehr – packte. Ich machte mich auf den Weg und sperrte den Raum auf, den ich am Tag zuvor schon so weit wie möglich vorbereitet hatte. Nur die Sitzsäcke fehlten immer noch.

Ich war Pascal und Tim von der internen IT sehr für ihre Hilfe dankbar. Sie hatten am Vortag die Infrastruktur aufgebaut und versprochen, mir beim Hackathon technisch zur Seite zu stehen. Diese Aufgabe abgeben zu können, war wichtig. Ebenso war es toll, dass ich mich kaum um die Verpflegung kümmern musste, sondern alles wie vereinbart angeliefert und von unserem Hausservice appetitlich angerichtet wurde.

In Gedanken ging ich noch einmal meine Begrüßung durch. Was möchte ich den Teilnehmern mit auf den Weg geben? Ich wollte mich für ihren Mut bedanken, am Hackathon teilzunehmen. Ich wollte sie darin bestärken, die nächsten 24 Stunden nur im Hier und Jetzt zu sein. Ich wusste, dass jeder über sich hinauswachsen würde und dass ich mich darauf freute, genau das zu beobachten. Der Hackathon fand tatsächlich statt!

Die Teilnehmer verteilten sich und lauschten der Begrüßungsrede von Uwe und der Geschäftsführung. Obwohl ich es bereits gewöhnt war, vor vielen Menschen frei zu sprechen, war ich nervös. – »Herzlich Willkommen zu unserem hackathonixx! Schön, dass ihr alle da seid!«, begann ich meinen kurzen Impuls. Alle warteten darauf, dass ich endlich die Challenges bekannt geben und die Bearbeitungszeit beginnen würde. Drei Aufgaben hatte ich vorbereitet. Neben Zeitersparnis und Ablaufoptimierung hatte ich mich dazu entschlossen, eine Wildcard-Challenge zu stellen: »Was wolltet ihr schon immer mal machen bzw. was fällt euch zu ‚Think outside the box' ein? Lasst eurer Kreativität freien Lauf, ich habe jede Menge Gadgets wie Amazon Echos, Sensoren, Wearables und sogar eine VR-Brille mitgebracht. Alles ist möglich.« Damit war der Startschuss gefallen. Als ich anschließend erklärte, nach welchen Kriterien die Jury am nächsten Tag die Ergebnisse bewerten und welche Preise es zu gewinnen geben würde, hörte mir eigentlich schon keiner mehr richtig zu. Die Blicke wurden konzentrierter, manche Teilnehmer sahen sich an. Die Körperhaltung veränderte sich. Manche griffen sich ans Kinn, andere spielten mit einem Stift.

Als ich fertig gesprochen hatte, sprangen die Teilnehmer auf, fanden sich in kleinen Gruppen zusammen, tauschten ihre Ideen aus. Es war spannend zu beobachten, wie unterschiedlich die Leute an die neue und noch ungewohnte Situation herangingen. Ich beobachtete, wie Ideen gestreut,

geteilt und wieder verworfen wurden. Aus den vielen kleinen Gruppen wurden ein paar größere Teams, die sich gegenseitig ihre Ideen vorstellten: »Was brauchen unsere Anwender wirklich?«, »Habt ihr schon mal dran gedacht, wie viel Zeit man sich dadurch sparen könnte?« Die erste große Hürde war genommen.

Dann wurden die Teams immer fokussierter, ja ich würde sagen, dass Ruhe einkehrte, abgesehen vom Geräusch der Kaffeemaschine. Tatsächlich wurden die Sitzsäcke im Laufe des Tages noch geliefert. Manchmal sind es kleine Dinge, die ausschlaggebend für die persönliche Glückseligkeit sind.

Die Stunden vergingen wie im Flug. Alle hackten fleißig bei Pizza, Snacks und Süßigkeiten. Gegen halb fünf in der Früh schliefen ein paar Teilnehmer dann doch, andere saßen weiter tapfer vor ihren Notebooks. Ich beschloss, mich ebenfalls auf einen der Sitzsäcke zu legen, auch wenn ich Zweifel hatte – immerhin hätte sonst was passieren können. Als ich etwa eine Stunde später aufwachte, war ich erstaunt, dass die ersten schon wieder am Kaffeeautomaten standen. »Wann kommt denn das Frühstück?«, fragte irgendwer im Raum. Der Endspurt war angesagt. Jedes Team sollte vorab mit Pascal und Tim seinen Vortrag technisch durchspielen, damit die fünf Minuten Pitch-Zeit voll ausgenutzt werden konnten. Ich unterstütze, wo ich konnte, bekam von manchen Teams einen kleinen Vorgeschmack auf das, was gleich präsentiert werden würde, und meldete mich bei jedem »Chereen«-Ruf. Es wurde hektisch im Raum. Jeder wollte fertig werden, aber kämpfte gegen die Müdigkeit – ich auch.

Das Finale

Pünktlich um 9 Uhr hatten alle etwas eingereicht. Uwe hieß die Jury und die Kollegen, die zu den Pitches gekommen waren, willkommen und bedankte sich bei den Teilnehmern dafür, dass sie sich auf dieses Experiment eingelassen hatten. Die Spannung stieg. Hatte jedes der acht Teams ein vorzeigbares Ergebnis, das auch noch lauffähig war? Welche Challenge hatten sich die Teilnehmer ausgesucht? Welche Innovation steckte darin? Ich hatte einen Timer in der Hand, um die Dauer der Pitches zu stoppen. Das erste Team stellte sich auf. Ich gab das Zeichen. Es ging los.

Die nächste Stunde verbrachte ich wie in Trance. Während der Vorträge hätte man eine Stecknadel fallen hören können. Alle konzentrierten sich auf die Ergebnisse. Die Teams stellten nacheinander ihre umwerfenden Ideen vor. Ein Team hatte einen Chatbot gebaut, um den Software-Support zu unterstützen. Ein anderes Team präsentierte einen Proof of Concept: Unsere etablierten Systeme könnten nicht nur Desktop-Anwendungen sein, sondern mit neuen Technologien vom Betriebssystem unabhängig und sogar mobil lauffähig werden. Andere verbesserten Stellen in der Software, was dem Anwender eine Menge Zeit ersparen würde.

Jeder wollte zeigen, was in ihm und seinem Team steckte, und jeder wollte gewinnen und der Beste sein. Jetzt erkannten sowohl die Teilnehmer als auch die Gäste, wovon ich die ganze Zeit gesprochen hatte: Dieses unvergleichliche Gefühl von Aufregung, Euphorie und Beeindrucktsein von sich selbst, gepaart mit Stolz und gegenseitiger Wertschätzung lag in der Luft. »So habe ich es mir vorgestellt«, flüsterte ich in mich hinein. Jedes Team hatte einen beeindruckenden, funktionierenden Prototyp gebaut. Das Ziel war erreicht. Ich war erleichtert, glücklich und müde. Trotzdem schaffte ich es noch, mich zu fragen: Was hätte ich anders machen können?

Die Jury zog sich zurück, um die Gewinner zu ermitteln. Ich stellte für alle noch einmal die Bewertungskriterien vor: Welche ist die coolste Idee mit einer smarten und modernen Umsetzung? Welches Projekt wird am wahrscheinlichsten umgesetzt und was ist der größte Kundennutzen?

Der Moment der Prämierung zögerte sich hinaus. Einer der Geschäftsführer begann: »Ich muss zugeben, ich war bis jetzt skeptisch. Aber was hier passiert ist, ist außergewöhnlich. Nachdem es uns mehr als schwergefallen ist, überhaupt eine Entscheidung zu fällen, haben wir uns dazu entschlossen, neben den drei Pokalen allen Gruppen ein Teamevent zu schenken.« Ich beobachtete die Gesichter der Teilnehmer – alle waren zufrieden und freuten sich über diese Lösung. Keiner fühlte sich als Verlierer in diesem Moment. Ich durfte den Hackathon abschließen: »Alle sind hier heute Gewinner, ihr seid alle großartig! Schön, dass ihr da gewesen seid und dass ich mein Versprechen halten konnte. Ich freue mich schon aufs nächste Mal!«

Chereen Heinrich-Cibis

arbeitet als Scrum Masterin bei Siemens Healthineers im Entwicklungsbereich der Syngo. Vorher begleitet sie als Agile Coach die Softwareentwicklung der medatixx und studierte an der Otto-Friedrich-Universität Betriebswirtschaftslehre und Kommunikationswissenschaft. Der Fokus ihrer Arbeit liegt auf der Kommunikation und einem lösungsorientierten Miteinander. Sie ist fasziniert von losgelösten Denkprozessen und versucht mit viel Liebe zum Detail, immer wieder neue Wege für ihre Teams und sich zu finden. Ihre Passion hat Chereen in Hackathons gefunden: Sie ist vom Mehrwert, der durch die Zusammenarbeit von Universitäten und Unternehmen entsteht, überzeugt und begeistert.

Product Owner gesucht – Superheld gefunden

Nun kennst du meine Geschichte. Das ist es, was mich antreibt. Deshalb habe ich heute diese Position hier in diesem Unternehmen. Ich liebe es nach wie vor und stehe morgens immer gerne dafür auf.« Mein Blick schwingt zurück in den Raum. Wenn ich bei Bewerbungsgesprächen von meinem Weg berichte, durchlebe ich viele bewegende Situationen erneut. Mir ist es wichtig, diese persönliche Seite von mir zu zeigen. Sie macht mich aus und ist die Basis für eine gute Arbeitsbeziehung.

Johann, der Bewerber, ist wahrscheinlich um die 30 und hat bestimmt schon zwei oder drei Anstellungen hinter sich. Genauer weiß ich das nicht, denn ich sehe mir vor dem Gespräch nie die Bewerbungsunterlagen an, auch nicht den Lebenslauf. Ich möchte mich in meiner Wahrnehmung nicht beeinflussen lassen. Während meiner Geschichte hat sich die Anspannung im Raum verflüchtigt. Johann wirkt jetzt lockerer als bei der Begrüßung. Er trägt Jeans und Hemd, genauso wie ich, und sieht mich aufmerksam an. Er hatte während meiner Geschichte drei Stichwörter in seinem Notizbuch vermerkt.

Ich schaue kurz zur Personalreferentin hinüber. Claudia nickt mir zu und ich stelle meine erste Frage: »Wer bist denn du, Johann? Warum sitzt du heute hier?«

»Sehr gerne.« Er räuspert sich und rutscht auf seinem Stuhl ein Stück nach vorne. »Die Zahlen, Daten, Fakten kennen Sie ja bereits aus meinen Bewerbungsunterlagen.« Bei der Aussage kann Claudia ein Lachen nur schwer unterdrücken. Sie kennt mich aus vielen Bewerbungsgesprächen und ist mit meiner Art der Vorbereitung nicht so ganz zufrieden. Sie hat mir einmal unterstellt, dass ich Bewerbungsgespräche nicht ernst genug nehme. Aber da haben wir eine ganz gegenteilige Wahrnehmung. Früher habe ich klassische Bewerbungsgespräche geführt, nach Lehrbuch. Dann habe ich aber für mich erkannt: Das ist nicht der richtige Weg, um genau jene Menschen zu finden, die uns wirklich helfen können. Mein erster Kontakt mit einem Menschen soll nicht ein Blatt Papier sein. Ich möchte ihn unvoreingenommen sehen und erleben. Das ist mein Prinzip, das ich mir auferlegt habe.

Johann wendet sich der Personalreferentin zu und berichtet von unserem ersten Treffen.

»Conny Dethloff und ich, wir haben uns bei einem der Agile Meetups hier in Hamburg kennengelernt. Dort bin ich sehr gerne und tausche mich mit den Teilnehmern aus, obwohl ich keinerlei agile Erfahrung oder Vorwissen habe. Mir gefallen die Atmosphäre und die Haltung der Leute. Die Themen dort inspirieren mich. Auch dein Vortrag, Conny, hat mich sehr inspiriert. Deshalb habe ich dich gleich darauf angesprochen, dass ich gerne für dich arbeiten würde.«

Johann greift zum Wasserglas und nimmt einen Schluck. Claudia hat sich bereits fleißig Notizen gemacht. Ihre erste Blattseite ist fast voll. Ich frage mich, was sie alles aufgeschrieben hat. So viel hatte Johann doch gar nicht erzählt bis jetzt. Kann sie überhaupt richtig zuhören und beobachten, wenn sie so auf ihren Zettel fokussiert ist? Mich selbst lenkt das Notizenschreiben immer höllisch ab. Ich möchte bei diesem Menschen sein und aktiv zuhören können. Die wichtigsten Dinge behalte ich schon, mein Kopf ist ja noch fit.

Ich nicke Johann bestätigend zu. »Was beeindruckt dich so am Thema Agile?«

»Ja, was beeindruckt mich … Es ist für mich wie eine Insel der Gleichgesinnten im Meer der sehr verrückten Wirtschaft.« Claudia erhascht diesen Moment, um das

Gespräch auf ein angemessenes, seriöses Bewerbungsgespräch zurückzuführen.

»Herr Mintzberg, Sie haben Wirtschaftswissenschaften studiert, nicht wahr?«

»Ja, aber das habe ich abgebrochen«, sagt Johann mit seiner tiefen, selbstsicheren Stimme.

»Was hat zum Abbruch geführt?«

»Hmmm. Die bessere Frage ist vielleicht, was hat mich zu diesem Studium geführt?« Claudia blickt auf zu Johann und wieder zurück auf ihren Zettel. Sie streicht ihre notierte Frage durch und schreibt sichtlich widerwillig die neue Frage auf.

»Mit 18 habe ich mir die Frage gestellt, was ich eigentlich im Leben möchte, wo ich mich sehe und wie ich wirken möchte. Und da habe ich drei Töpfe gemalt.« Johann steht auf und geht zum Flipchart. Er zeichnet drei große Kochtöpfe auf das Papier und schaut zu uns herüber. »In den ersten Topf habe ich Sachen reingesteckt, die ich – aus meiner Sicht – richtig richtig gut kann, mit denen ich aber irgendwie kein Geld verdienen werde. Ich wollte immer in die Wirtschaft gehen und die Wirtschaft besser machen. Aber die Sachen, die ich zu dem Zeitpunkt konnte, hatten mit der Wirtschaft relativ wenig zu tun.« Johann schreibt »Kann ich & nützt nix« auf den ersten Topf.

»In den zweiten Topf habe ich Sachen gepackt, die ich auch gut kann, die aber keinen spezifischen Wirtschaftskontext haben und nur wenig in der Wirtschaft bringen.«

Der zweite Topf erhält die Aufschrift »Kann ich & nützt etwas«.

»In den dritten Topf habe ich Sachen gesteckt, die ich gar nicht kann, die ich aber höchstwahrscheinlich brauche, um in der Wirtschaft irgendwie Fuß zu fassen. Und diese Aufgaben, diese Themen, die da drin steckten, haben mich dazu ermutigt, BWL zu studieren.« Johann zeichnet das Bild fertig, indem er auf den dritten Topf »Kann ich nicht & nützt viel« schreibt; danach setzt er sich wieder zu uns an den grauen Besprechungstisch.

»Und warum haben Sie das Studium trotzdem abgebrochen?«

»BWL habe ich nicht studiert, weil ich es geil finde, sondern weil ich es brauche.« Johann bemerkt unsere interessierten Blicke und holt weiter aus. »Die meisten studieren ja etwas, was sie gerne mögen. Aber warum soll ich etwas studieren, was ich gerne mag? Das lerne ich doch sowieso. Ich kenne mich doch, ich brauche einen externen Impuls, einen externen Antreiber. Also ich ticke so: Wenn ich etwas gerne mag und es machen will, lerne ich es sowieso – dazu muss ich nicht studieren. Ich habe quasi das Studium nur genutzt, als externen Antreiber für mich.«

»Und warum haben Sie jetzt das Studium abgebrochen?«

»Ich habe nicht studiert, um einen Abschluss zu machen. Ich habe studiert, um diesen externen Anreiz zu haben. Es war eine Investition in die Zukunft. Und als ich dann für mich erkannt habe, dass ich jetzt genügend theoretische Kenntnisse über BWL habe, habe ich das Studium beendet und bin in die Praxis eingestiegen.« Beeindruckt von dieser Begründung dieses sehr außergewöhnlichen Menschen, tauche ich gänzlich in seine Erzählung und seine Perspektive ein. Johann erzählt noch einiges mehr über richtige und falsche Entscheidungen in seinem Leben und über das, was ihn fasziniert. Ich bin überzeugt, dass er für die Rolle der Richtige ist und stelle meine gewohnte Abschlussfrage. Dazu schiebe ich die Rollenbeschreibung der ausgeschriebenen Stelle über den Tisch.

»Klasse! Vielen Dank. Dann stellt sich mir nur noch die Frage: Wenn du dir die Rollenbeschreibung durchliest, kannst du dich mit der Rolle des Product Owners identifizieren?« Johann hat noch nie im agilen Umfeld gearbeitet. Scrum und Kanban kennt er nicht, aber das bekommt er in einer internen Schulung schnell beigebracht. Da sind mir die persönlichen Eigenschaften und die Prägung durchs Leben wichtiger. Johann zögert etwas mit seiner Antwort und geht mit Hilfe seines Zeigefingers noch einmal Punkt für Punkt auf der Liste durch. Das ist schon mal gut. Er scheint nicht alles unüberlegt abzunicken und pauschal als seinen Traumjob zu bezeichnen.

Zu Beginn unseres Gesprächs, als ich viel über mich selbst erzählt habe, habe ich ihn bereits mit ein paar typischen Situationen konfrontiert, die im Arbeitsalltag eines Product Owners vorkommen könnten. Dabei habe ich ihn immer wieder gefragt, wie er reagieren würde und warum er so reagieren würde. Für mich ist das Warum wesentlich wichtiger, als das Wie. Warum macht er genau das und andere Sachen nicht? Ich habe erfahren, wie Johann darüber denkt und fühlt, was er genau macht, ob er nur unreflektiert handelt oder Dinge tut, weil er sie in einer Schulung gelernt hat. Johann hatte sehr außergewöhnliche Lösungsideen, aber diese waren so überaus gut begründet, dass mir hinterher jede andere Lösung töricht vorgekommen war.

Nun studiert Johann ausführlich die Checkliste der Aufgabenbereiche.

»Ich weiß noch nicht so richtig, Conny. Naja, verlangst du das wirklich von mir? Dass ich genau das tue? Und darf ich nichts anderes machen? Angenommen, ich mache etwas, was da nicht steht: Ist das schlimm?«

Johann schaut Claudia fragend an. Wahrscheinlich ist ihm klar, dass es nicht ich sein werde, wenn jemand dagegen sein sollte. Claudia schaut genauso fragend zurück. Sie weiß noch nicht, wie sie diesen Wunsch einordnen soll.

»Wie meinen Sie das? Was wollen Sie denn stattdessen machen?«

»Ich möchte in dem Umfeld, in dem ich unterwegs bin, alles das einbringen, was ich habe. Unabhängig davon, ob das in meiner Rollenbeschreibung steht oder nicht. Warum soll ich mich von so einer Beschreibung, so einem Stück Papier, davon abhalten lassen, meine Skills meine Erfahrungen und Kompetenzen einzubringen?«

»Genau deshalb bist du der Richtige!«, rufe ich und Claudia springt fast vom Stuhl auf. Entsetzt schiebt sie ihre Schreibmappe zur Seite und starrt mich an. Ich nutze diesen Impuls und stehe auf, um Johann freudig zu verabschieden. Claudia ist immer noch erstarrt und bringt kaum ein Wort raus. Als Johann draußen vor dem Fenster zu sehen ist, fängt sie sich wieder.

»Conny, den möchtest du doch nicht etwa einstellen?« Ich schenke ihr mein breitestes Grinsen. »Conny, nein! Der fällt durch jedes Raster! Er hat kein abgeschlossenes Studium, keine Erfahrung in agilen Teams, hat noch nie im Handel gearbeitet, hat keinen BI Background. Nichts! Der passt absolut nicht zu uns!«

»Doch, Claudia. Das ist genau der Richtige für den Job. In den komplexen Umgebungen, in denen die unterwegs sind, brauche ich genau diese reflektierten Menschen. Die bekommen Sachen hin, die andere ganz lange nicht hinbekommen. Die sind authentisch und persönlich. Genau dieser Johann wird uns weiterbringen!«

»Oh, Conny. Was hast du denn geschluckt? Sag nachher nicht, ich hätte dich nicht gewarnt. Gut, dass sich Thore den Bewerber ebenfalls ansieht.«

///

»Conny, wart mal eben! Ich muss dir etwas über Johann berichten.« Thore rannte den Flur zur Kantine zurück. Johann hatte ich vor sechs Monaten eingestellt, obwohl Thore und Claudia eher dagegen waren, aber sie hatten mir die Entscheidung überlassen. Thore, dessen Gewissenhaftigkeit man bereits an seinem gepflegten Äußeren und dem sportlichen Körperbau erkennen konnte, hatte damals an Johanns Sorgfalt gezweifelt. Die Probezeit hatte Johann in meinen Augen ganz hervorragend gewuppt und er hatte sich entschieden zu bleiben. In dieser Zeit hatte Thore regelrecht nach Fehlern bei Johann gesucht und ihn nicht geschont.

Als Thore bei mir ankam, war er kein bisschen außer Atem.

»Ich habe gerade von Johanns letztem Workshop mit den verkrachten Teams gehört. Erzähl mir mal, wie er das geschafft hat, Conny!«

»Was hat er geschafft?« Ich hatte keine Ahnung, wovon Thore gerade sprach. Bereits nach den ersten Wochen hatte ich Johann sehr eigenständig und selbstorganisiert arbeiten lassen.

»In dem Product Team, in dem er Product Owner ist, waren doch die Bereiche Entwicklung und Betrieb seit Jahren spinnefeind. Die haben nur noch miteinander geredet, wenn sie unbedingt mussten. Für ein DevOps Team absolut nicht geeignet. Da müssten die ganz eng zusammenarbeiten. Jetzt höre ich, dass alles super läuft seit Johanns Workshop. Wie kann das sein?«

»Keine Ahnung wie er das geschafft hat. Aber ich glaube: Wenn du ihn fragen würdest, was er genau getan hat, würde er sich genötigt fühlen, darauf zu antworten. Wahrscheinlich würde er sagen: Ich habe mit ihnen geredet. Vielleicht wird er dir auch ein paar Moderationsmethoden nennen. Aber das ist es nicht, was seinen Erfolg ausmacht oder was die Wirkung ausgemacht hat. Die Magie hinter seinem Handeln ist nicht beobachtbar. Und das ist auch nicht imitierbar, nicht kopierbar. Das weiß der manchmal selber nicht.«

»Reden? Das verstehe ich nicht. In den Meetings sitzt der meistens nur da und sagt gar nichts. Der bringt überhaupt keinen Mehrwert. Und der soll mit denen geredet haben?«

»Das habe ich auch beobachtet. Ich habe ihn mal darauf angesprochen.«

»Und? Was hat er gesagt?« Thore ist sichtlich irritiert. Das Bild, das er von Johann hat, passt eindeutig nicht zum Ergebnis dieses Workshops.

»Er hat gesagt: Ich kenne mich sehr genau. Und bei mir ist es so, wenn ich rede, dann muss ich meine Energie und meine Aufmerksamkeit auf das richten, was ich gerade sage. Genau in diesen Momenten verliere ich die Menschen im Raum aus dem Blick. Das will ich aber nicht. Weil dafür sind die Meetings doch da, jedenfalls für mich. Die Meetings sind für mich da, um mit den Menschen in Kontakt zu treten. Und weil ich weiß, dass ich sie beim Reden aus dem Blick verliere, sage ich lieber nichts. Ich bin nur da, um zu beobachten und wahrzunehmen. Um Strömungen wahrzunehmen, die man vielleicht ganz schwierig wahrnehmen kann. Und wenn ich dann aus dem Meeting rausgehe, denke ich darüber nach und gehe vereinzelt auf die Menschen zu, wenn ich glaube, mit ihnen etwas besprechen zu müssen.«

Damals hatte mich diese Antwort von Johann sehr fasziniert. Er konnte sehr genau begründen, warum er die Dinge so machte, wie er sie machte. Und bei Meetings war er nicht da, um zu senden, sondern um zu empfangen.

»Das verstehe ich nicht. Was ist das für ein Typ, Conny? Was ist das für ein Talent?« Thore suchte verzweifelt nach der Schublade, in die er Johann stecken konnte.

»Ich nenne diese Menschen gerne Brückenbauer. Richard David Precht hat mich mit einer seiner Metaphern inspiriert. Er sagte, wir bekommen unsere Probleme in der Gesellschaft heute nicht gelöst, weil wir zu wenige Brückenbauer haben. Unsere Welt besteht aus ganz vielen Inseln, auf denen es ganz viel Wissen gibt, und diese

Inseln liegen in einem großen Meer aus Unwissen. Diese Inseln sind nicht miteinander vernetzt. Jeder steckt in seinem Silo fest, und wir haben verlernt, beziehungsweise die Menschen auf einer Insel sind nicht imstande, mit Menschen anderer Inseln zu kommunizieren. Die Vernetzung fehlt total. So sind wir sozialisiert. – Was meine ich damit: Menschen wie Johann sind solche Brückenbauer zwischen diesen Inseln. Sie schaffen es, durch die Art wie sie sind, Menschen dieser Inseln miteinander ins Reden zu bringen. Sie bringen Bereiche, die lange Zeit nicht miteinander geredet haben, ins Reden. Und dieses Bild des Brückenbauers habe ich immer im Kopf, wenn ich an Johann denke.«

»Okay. Ich beginne zu verstehen. Gut, dass du als Brückenbauer so ein gutes Händchen für Brückenbauer hast,

Conny.« Wir lachen. Das ist wirklich ein großes Kompliment von Thore und ich weiß es sehr zu schätzen, dass ich den Freiraum habe, selbst intuitiv Talente für unser Team auswählen zu dürfen.

Conny Dethloff

wurde 1974 geboren und hat sein Studium 1999 als diplomierter Mathematiker abgeschlossen. Bis 2011 war er Unternehmensberater bei PwC und der IBM Deutschland GmbH, seit 2012 arbeitete er bei der OTTO GmbH & Co KG als Manager. Dort ist seine Aufgabe, OTTO im Kontext Business Intelligence, Big Data und Kultur in das digitale Zeitalter zu führen. Seit Juli 2020 ist Conny als Organisationsdesigner bei boris gloger consulting GmbH tätig. Seine Erkenntnisse aus dem täglichen Arbeitsleben reflektiert er seit 2009 in seinem Logbuch »Reise des Verstehens« (blog-conny-dethloff.de) sowie als Gastautor auf der Lean Knowledge Base (leanbase.de/suche?query=Conny+Dethloff) und der Plattform der Unternehmensdemokraten (www.unternehmensdemokraten.de/author/conny/).

Agile Leadership

Wie MS Project mein Leben veränderte

Es ist ein verregneter Herbstabend. Die Tage werden kürzer und ich kann kaum mehr den kleinen Teich vor unserem Bürogebäude sehen. In der Ferne schimmern die Lichter der Frankfurter Skyline. An Tagen wie heute, an denen ich längst zu Hause sein sollte, gibt mir dieser Anblick ein Gefühl von Heimat. Kurz schrecke ich auf, weil die Lampe im Flur erlischt. Anscheinend war ich der letzte, der vor 20 Minuten über den Flur gelaufen ist und den Bewegungsmelder ausgelöst hat. Meine späte Tour durch das Labor habe ich zum Ritual gemacht. Nochmals nach dem Rechten sehen. Außerdem fühle ich mich irgendwie gut, wenn ich einmal am Tag die komplexen Systeme und Anlagen sehe, mit denen wir die Prototypen testen. Dazu beizutragen, dass neue Medikamente und Medizinprodukte den Weg zum Patienten finden und dabei sicher sind, ist immer der Antrieb für mich gewesen, Tag für Tag mit Stolz zur Arbeit zu kommen. Ich bin ein Experte für die Methodenentwicklung von Medizinprodukten, und habe über viele Jahre wertvolles Wissen aufgebaut. Und ich liebe diesen Beruf. Deshalb war ich überglücklich, als ich damit betraut wurde, der angeschlagenen Labor-Einheit als Abteilungsleiter neue Impulse zu geben.

Es war schon mehr als zehn Jahre her, dass ich meine berufliche Karriere in einem traditionellen Pharmaunternehmen begonnen hatte. Vielleicht war es deshalb für mich selbstverständlich, in einem Unternehmen mit einer starken Hierarchie zu arbeiten. Ich hatte einen Chef, der einen Chef hatte, der einen Chef hatte, der einen Chef hatte. So war das eben. Offen gesagt, wäre ich wahrscheinlich überfordert davon gewesen, nicht in einer zentralistischen Organisation zu arbeiten. Und nun bin eben ich einer dieser Vorgesetzten. Fast als wollte ich das kontrollieren, gleitet meine Hand zur Schreibtischschublade und zieht eine Visitenkarte heraus, auf der unter meinem Namen vor der Berufsbezeichnung »Leader« steht.

Ich schaue noch einmal auf meinen Bildschirm und vergewissere mich, dass ich tatsächlich fertig bin. Der Finger dreht am Rad der Maus, Zeile um Zeile bewegt sich nach unten. Obwohl niemand da ist, nicke ich anerkennend und beschließe, den Bildschirm auszumachen und die Unterlagen zusammenzuräumen. Erst vor zirka einem Jahr bin ich in das kleine Einzelbüro eingezogen und dennoch stapeln sich Unterlagen auf meinem Schreibtisch, als würde ich schon Jahrzehnte hier sitzen. Den Stempel mit meinem Namen und dem variablen Datum habe ich bereits am ersten Tag auf meinem Schreibtisch gefunden. Scheinbar hat man schon damit gerechnet, dass ich viele Dokumente unterschreiben würde.

Wie wahrscheinlich viele, die zum ersten Mal eine Führungsposition einnehmen, habe ich in meinem ersten Jahr versucht, mich durch das Lesen verschiedener Managementbücher intensiv vorzubereiten. Nachdem ich mich durch die Fülle der Informationen gearbeitet hatte, war ich zu dem Schluss gekommen, dass meine erste wichtige Aufgabe darin bestand, meine Mitarbeiter zu motivieren! Aber wie? Ich hatte gelernt, dass ich einfach nur Ziele setzen und häufig kontrollieren, verbindliche Fristen festlegen und die Arbeit mit Anreizen und Boni kombinieren müsse, damit meine Mitarbeiter bessere Leistungen erzielen. Zudem müsse ich die Organisation strukturieren und Kommunikationskanäle bilden, um effizient Entscheidungen treffen zu können. Buch zu, Realität an: Ab dem ersten Tag war ich mit der Komplexität der Multiproduktentwicklung konfrontiert. Der Projektumfang und damit die zeitliche Planung veränderten sich ständig. Jeder Tag startete damit, die detaillierte Planung zu überarbeiten, was permanent zu Ressourcenproblemen führte. Außerdem hatte jedes der verschiedenen Projekte sein eigenes hohes Maß an Komplexität und es gab noch dazu Abhängigkeiten. So wurden Tage zu Nächten, in denen ich die Folgen einer einzelnen Terminverschiebung für die Aktivitäten der Abteilung minimieren musste. Ziemlich oft bedeutete das für mich, Ressourcen und Kapazitäten über Nacht komplett neu zu planen. Am nächsten Morgen musste es ja weitergehen.

Immer mehr Arbeit fiel an, und somit benötigte ich immer mehr Informationen, um die erforderlichen Arbeitspakete zu organisieren. Auf diese Weise entwickelte sich die Abteilung beständig zu einer noch stärker zentralisierten Organisation, die mich in alle Aktivitäten einbezog. Die Diskussionen und Entscheidungen, die mein persönliches Engagement erforderten, waren nicht mehr überschaubar. In meinem Posteingang stauten sich die Mails, Entscheidungen waren schlecht durchdacht, und jeden Tag musste ich mich anstrengenden Auseinandersetzungen mit den Projektleitern stellen.

Je mehr ich arbeitete, desto härter scheiterte ich. Obwohl wir hochtalentierte Ingenieure im Team hatten und jeder sein Bestes gab, lieferten wir immer zu spät. Und was wir lieferten, erfüllte bei Weitem nicht unsere eigenen Erwartungen – geschweige denn die unserer Kunden. Es war offensichtlich, dass wir etwas unternehmen mussten. Die Lösung lag auf der Hand: Es musste eine bessere Planung her. So entschied ich mich dazu, einen detaillierten Arbeitsplan für die Abteilung zu erstellen, um Aufgaben und Kapazitäten klar zuzuordnen. Das ist jetzt sechs Wochen her. Obwohl ich erschöpft bin, mache ich doch noch einmal den Bildschirm an und vergewissere mich, dass ich den Plan gespeichert habe. Während ich meine Jacke überziehe und beim Verlassen des Büros das Licht lösche, spüre ich die Last von meinen Schultern abfallen: Morgen wird gedruckt.

Der Plan der Pläne

Mit einem Becher Kaffee in der Hand stehe ich im Kopierraum und warte ungeduldig darauf, dass sich der Großformatdrucker aufwärmt. Ich bin gespannt, wie der Arbeitsplan gedruckt aussehen wird. Groß wird er sein, so viel ist klar. Hoffentlich bleibt es übersichtlich. Der Drucker rattert und ich höre, wie sich der Druckkopf bewegt.

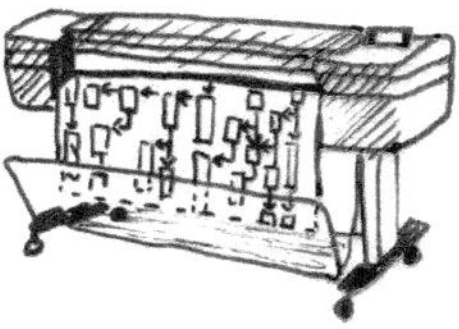

Zusammen mit dem Geruch von Kaffee hat das Surren des Druckes etwas Meditatives. Ich bin unendlich stolz. Die letzten Wochen, die ich mit dem Zusammentragen von projektrelevanten Informationen, der Verhandlung von Zeitplänen, der Abstimmung von Abhängigkeiten zwischen verschiedenen Projekten, der Suche nach den besten Ressourcen für die Arbeit und der endgültigen Übertragung des Plans in Microsoft MS Project zugebracht habe, haben Kraft und Energie gekostet. Doch nun wird der Arbeitsplan endlich in Papierform verfügbar sein! Ich kann ihn an meine Wand hängen und mit allen relevanten Abteilungen teilen. Die Unsicherheit und Intransparenz, die mein Team so lange belastet hat, wird bald hinter uns liegen! Angelehnt an einen Tisch sitze ich einfach nur da, alle Geräusche verstummen in meinem Kopf.

Ein penetrantes Summen reißt mich aus meiner Trance. Erschrocken zucke ich zusammen und muss mich erst mal orientieren. Die Vibration in meiner linken Hosentasche durchbricht die Orientierungslosigkeit. Ich greife hinein und ziehe mein Handy heraus. Meinem kurzen »Ja?« folgt ein aufgeregter Monolog des Projektleiters, der mir ausschweifend erklärt, dass wir mal wieder Schwierigkeiten mit einem Zulieferer haben und sich eine Lieferung für nächste Woche verzögert. »Sie brauchen vierzehn Tage länger, aber wir haben hinten raus keinen Puffer mehr. Kannst du was schieben?« Ich starre auf den ratternden Großformatdrucker, der in diesem Moment seinen Auftrag beendet und unter Krachen und Krächzen den drei Meter langen Ausdruck ausspuckt. Arial, Schriftgröße 10, die Einträge sortiert nach Projekten und Aktivitäten, filigran mit Abhängigkeiten versehen. Ein Kunstwerk, ein Unikat. Ein flaues Gefühl schießt in meinen Magen und wischt den Stolz einfach weg. Muss ich den Plan nach den Änderungen neu ausdrucken oder wird es reichen, wenn ich mit dem Bleistift Korrekturen mache? Sekunden fühlen sich an wie Minuten. Mein Telefon vibriert erneut.

Eine harte Erkenntnis

Vier Stunden und drei Anrufe später muss mein Plan grundlegend überarbeitet werden, zwei Tage später ist er einfach nur Müll. Die viele Arbeit, alle Diskussionen, die ganze Planung – völlig umsonst.

Das folgende Wochenende ist das erste im Oktober und ich beschließe, am Feiertag mit der Familie einen Kurzurlaub zu machen. Ich fahre nach Hause, packe ein paar Sachen zusammen und setze meine Familie ins Auto. Ich brauche Abstand. Zeit. Ruhe. Die Frage, was ich falsch gemacht habe, lässt mich nicht los. In dieser Nacht finde ich kaum Schlaf und beende kurz vor fünf Uhr morgens die Nachtruhe. Leise stehe ich auf, ziehe die Wanderschuhe an und streife auf einem Wanderweg durch das Vogtland. Die Gedanken kreisen in meinem Kopf. Bin ich der Falsche für den Job? Ich kann doch unmöglich noch genauer planen. Noch disziplinierter. Noch akribischer. Das alles fühlt sich unendlich falsch an. Wenn es selbst bei einfach zu planenden Aufgaben unmöglich ist, dem Plan zu entsprechen, kann die Antwort ja nicht »Disziplin« lauten. In einigen Fällen hat es mehr Zeit in Anspruch genommen, den Plan zu erstellen, als die eigentliche Arbeit zu erledigen! Es ist eine harte Erkenntnis, dass die Fortsetzung dessen, was ich bisher getan habe, zu nichts anderem als einem kollektiven Burnout meiner gesamten Abteilung führen wird – und zu meinem eigenen. Bevor ich gegen 8 Uhr von meiner Wanderung zurück ins Hotel komme, verabrede ich mich für den Nachmittag erneut mit mir selbst.

Ich beschließe, den Weg erneut zu gehen, den ich am Morgen genommen habe. Und ich nehme mir eine Sache explizit vor: Bei allen Gedanken will ich meine erlernten Glaubenssätze umkehren und fragen, was das Gegenteil davon bedeuten würde. Den Anfang macht meine Vorstellung über die Führung meiner Mitarbeiter. In allen Managementbüchern werden ähnliche Konzepte erklärt: Die Kommunikation muss kanalisiert und die Entscheidungen zentralisiert werden. Die Menschen in meiner Abteilung zeigen aber ein völlig anderes Verhalten: Sie scheinen motiviert zu sein, sie interessieren sich für ihre Arbeit, sie suchen nach Sinn und Selbstverwirklichung in ihrem Tun. Warum soll ich dann meine Aufmerksamkeit auf das Managen meiner Mitarbeiter richten? Ist das sinnvoll? Ist das notwendig? Lenke ich meinen Fokus völlig unangebracht auf die falschen Dinge? Was, wenn es in meiner Position gar nicht darum geht, Arbeit auf meine Mitarbeiter zu verteilen? Aber was wäre denn sonst meine Aufgabe? Zwar finde ich noch keine Antworten, aber in mir beginnt etwas zu gären. Unsere auf Verlässlichkeit und Steuerbarkeit getrimmte Organisation ist die wahre Ursache für unsere Schwerfälligkeit. Nicht die Menschen, die darin arbeiten – auch nicht ich selbst. Oder nur bedingt, denn immerhin habe ich fast ein Jahr lang zugesehen, wie unsere Abteilung mit Terminarbeiten überschwemmt wurde. Ich habe gesehen, wie unser System vollgelaufen ist und sich die

Prioritäten ständig verschoben haben – dennoch habe ich gleichzeitig erwartet, zuverlässige Vorhersagbarkeit liefern zu können. Ungeachtet dessen, was das emotional für meine Mitarbeiter bedeutet haben muss, kann ein solches System niemals Effizienz und Zuverlässigkeit erzeugen. Es produziert nur Unvorhersehbarkeit, Verzögerungen und unzufriedene Kunden. Mir ist bewusst, dass wir die Dinge fundamental verändern müssen, wenn wir aus der Abwärtsspirale ausbrechen wollen. Und ich bin der, der anfangen muss – bei mir selbst.

Die lange Nacht der Komplexität

Auch in dieser Nacht finde ich wieder kaum Schlaf. Gegen 1:30 Uhr ziehe ich einen Trainingsanzug über und setze mich in die Hotellobby. Ich hatte im Gepäck ein Buch von Maria Pruckner über den Umgang mit Komplexität im Management. Ich beginne, mich ein wenig einzulesen, überfliege die Seiten. Doch an einer Stelle werde ich hellwach. Ihre Definition von Komplexität löst etwas in mir aus und ich lese die Definition noch einmal. Maria Pruckner beschreibt unter anderem, dass Komplexität etwas ist, das selbst das intelligenteste menschliche Gehirn nicht alleine verarbeiten kann. Auch, weil jedes Gehirn immer nur auf vorher Gelerntem aufbaut und somit die Wahrnehmung des Einzelnen verzerrt. Wie können wir aber dann davon überzeugt sein, dass ein einzelner Mensch die Komplexität managen kann? Wie kann ich das von mir verlangen? Die Komplexität unserer Technologien und Systeme entwickelt sich exponentiell, getrieben von unseren kreativen Gehirnen, die immer mehr Innovation verlangen. Um in einer solchen Organisation zu wirken, sie zu leiten, müsste ich viel stärker auf Flexibilität und entsprechend kollaborierende Organisationsstrukturen und Systeme aufbauen. Auf Diversität in den Entscheidungen, um die unterschiedlichen Blickwinkel und Erfahrungen in der Abteilung zu berücksichtigen. Anstatt ein einzelnes Gehirn für das Vorankommen unserer Organisation zu benutzen, beschließe ich, jene Beschränkungen und Regeln zu suchen, die es unseren Entwicklern schwer machen, ihr volles Potential auszuschöpfen. Dabei muss ich darauf achten, die Ideen, die Kreativität, die Erfahrungen und das Wissen aller Beteiligten zu verknüpfen, und nicht durch meinen eigenen Willen zu beschränken. Ich will ein Umfeld schaffen, in dem die Mitarbeiter meiner Abteilung weit über mich hinauswachsen können.

Sechs Jahre später

Es ist der letzte Tag in meinem alten Job. Ein letztes Mal stehe ich beim Daily vor unserem Portfolio-Board. Ein Product Owner kommt kurz vor Beginn ins Zimmer gelaufen und wedelt mit einem Fächer aus Kanban-Karten. Sie ist aufgeregt, weil sich im letzten Moment einige Termine verschoben haben und wir eine gemeinsame Lösung finden müssen. Sie hängt die Karten ins Backlog und gibt dazu eine kurze Info, aber den meisten ist die Situation bereits bewusst. Da zeigt sich wieder der Vorteil, den wir durch die Kollokation unserer Teams erreicht haben. Schnell wird klar, dass mindestens drei Teams davon betroffen sein werden. Eine kurze Diskussion entsteht, Prioritäten werden besprochen. Ich verstehe, dass wir den dringendsten Teil einfach dadurch abfangen können, dass wir die Reihenfolge der Arbeiten in einem anderen Produkt verändern und damit dem Team die benötigten Anlangen freigeben. Ein zweiter Teil wird die Absprache mit zwei Kunden erfordern. Drei Karten werden im Backlog verschoben, auf zwei weitere wird ein Marker geklebt: Bis morgen muss die Priorisierung geklärt werden. Jemand macht einen Witz und alle stimmen in das Gelächter ein. Die beiden Product Owner beschließen, direkt im Anschluss mit den Kunden Kontakt aufzunehmen. Kurze Stille. Es gibt keine weiteren Themen. Wir haben heute die 15 Minuten nicht vollständig benötigt. Ich schaue in die Gruppe, suche nach den richtigen Worten. Alle schauen mich an. Ich habe so viele Gedanken im Kopf und so viele Emotionen im Bauch. Momente unserer Reise ziehen an mir vorbei: Die ersten Versuche mit Scrum, die Coachings, die Diskussionen, Hunderte von Retrospektiven, die ersten Versuche mit Portfolio-Kanban, die Experimente zum Schneiden der Arbeit, die richtigen Metriken, das Forecasting. Ich bin so stolz auf das, was wir erreicht haben, aber die Worte scheinen einfach nicht über meine Lippen kommen zu wollen. Schließlich sage ich sie doch, meine ersten Worte in meinem letzten Portfolio Daily: »Macht es gut. Und macht weiter so!«

Thomas van der Burg

arbeitet im Bereich Operational Excellence in der Entwicklung von Medizinprodukten eines globalen Pharmaunternehmens. In diesem stark regulierten Umfeld verbindet er seine Erfahrung aus der klassischen Projektwelt mit neuen Impulsen aus Lean Development und Agile, um für Patienten die Entwicklung besserer Produkte in kürzerer Zeit zu besseren Konditionen zu ermöglichen. Sein Fokus liegt auf agiler Hardwareentwicklung, agilem Portfoliomanagement, Business-Agilität, Personal Kanban, Agile Leadership und evolutionärer Veränderung. Auf http://empowering.team teilt Thomas van der Burg seine Erfahrungen.

Raus aus dem Engpass, rein ins Vertrauen!

Es war ein freundlicher Freitag. Die Sonne lugte vorsichtig über die benachbarten Bürogebäude. Nur einige Wölkchen tummelten sich am sonst blauen Himmel und die ersten Strahlen erreichten bereits unser gläsernes Eckbüro im Erdgeschoss. Die Frühlingsluft war noch kühl und frisch, als ich an diesem Morgen ins Büro kam und die Fenster öffnete. Ich wusste noch nicht, dass es heute einen wichtigen Fortschritt in der Zusammenarbeit des Teams, aber auch in meinem Führungsverständnis geben würde. Wie jede dritte Woche fand an diesem Tag unser Scrum Day statt. Andere hätten Sprintwechsel dazu gesagt, aber wir nannten es eben Scrum Day, weil wir Review, Planning und Retrospektive an diesem einen Tag vereinten. Richtigerweise müsste die Reihenfolge natürlich Review, Retrospektive und Planning heißen. Doch vor einigen Wochen hatten wir in der Retrospektive herausgefunden, dass wir auch das Planning in den Retrospektiven unter die Lupe nehmen wollten, so wie den Sprint selbst. Wir hatten dafür ein paar Regeln für den Umgang mit Maßnahmen aus der Retro bestimmt, um sicherzustellen, dass diese Maßnahmen noch – oder schon – in den gerade begonnenen Sprint einfließen konnten.

Das zehnköpfige Team hatte schon einige Monate mit Scrum gearbeitet und in dieser Zeit auch viel geliefert – übrigens keine Software, sondern Verbesserungen für Lean-Management-Projekte rund um den Globus. Die Teammitglieder agierten in den Lean-Projekten nicht mehr als Projektleiter, sondern als Scrum Master, während die Standorte je einen Product Owner stellten. Scrum funktionierte gut und schwappte von einem Projekt zum nächsten über. Um die interne Zusammenarbeit zu verbessern, hatten wir bald auch unsere eigene Abteilung als Scrum-Team organisiert. Aus unserem Lean-Kontext waren uns die

Eckpfeiler Transparency, Inspection und Adaption wohlbekannt. So hatten wir als zentrale Abteilung innerhalb der hierarchischen Struktur des Unternehmens irgendwann gesagt: »Wir probieren es.« Damit nahmen wir den Ruf als gallisches Dorf in Kauf, ja wir unterstrichen diesen Ruf sogar noch: Wir visualisierten unsere Arbeit mit Klebezetteln an den Wänden, platzierten Sitzsäcke in unserem Büro und stellten einen Süßigkeitenautomaten auf, der alberne Melodien dudelte.

Wie jeden Tag kam kurz nach mir Mike zur Tür herein. Er begrüßte mich und ich sah ihm dabei zu, wie er es sich an seinem Arbeitsplatz bequem machte. In diesem Moment wurde mir einmal mehr bewusst, wie uns das agile Arbeiten verändert hatte: Es hatte nicht mehr den höchsten Wert, wer die meiste Erfahrung – gemessen in Berufsjahren – hatte. Viel wichtiger war die Fähigkeit, mit unbekannten und neuen Situationen umzugehen. Mike war trotz seines jugendlichen Alters ein Meister darin. Mit seiner einnehmenden Persönlichkeit, einer großen Portion Hilfsbereitschaft, seinem gesunden Menschenverstand und seiner positiven Haltung brachte er früher oder später jeden auf seine Seite. Sein Studium war noch nicht lange her, trotzdem hatte er sich schnell zu einem der besten Scrum Master in unseren Standortprojekten entwickelt. Auch heute noch ist er einer der besten Scrum Master, die ich je kennengelernt habe. Es gelang ihm, unseren Kollegen in den Projekten auf Augenhöhe zu begegnen und ihnen eine wertvolle Unterstützung zu sein, auch wenn diese teilweise 20 Jahre länger im Geschäft waren als er.

Mike riss mich aus meinen Gedanken, als er mir eine leere Wasserflasche vor die Nase hielt. »Soll ich dir was mitbringen?«, fragte er. Ich gab nur ein kurzes »Ja, danke« zurück und reichte ihm meine leere Flasche, die noch vom Vortag neben meiner Tastatur stand. Dann wandte ich mich wieder den letzten Vorbereitungen für unser Backlog zu, dessen Ordnung und Gestaltung in meiner Verantwortung lag. Währenddessen trudelten nach und nach die anderen ein und bald stand auch der Scrum Master unseres Abteilungsteams vor der Tür, bessergesagt: vor dem Fenster. Dave tauchte meistens erst kurz vor Beginn unseres Scrum Days auf – und das eher unkonventionell. Liebend gern nutzte er die Erdgeschosslage aus und stieg durch eines der großen, bis zum Boden reichenden Fluchtfenster ins Büro. Wie immer stand er plötzlich im Raum und warf ein fröhliches »Guten Morgen!« in die Runde, das wir im Chor erwiderten, bevor er sich an unserem Besprechungstisch ausbreitete. Mike kam mit dem Wasser zurück und gesellte sich zu Dave. Sie begrüßten sich und scherzten miteinander, während sie den Beamer aufbauten und Klebezettel und Stifte bereitlegten.

Dave begleitete uns schon einige Monate. Durch die Veränderung unserer Arbeitsweise war ich von der Abteilungsleiterin zum Product Owner geworden, und ich hatte Dave als externen Scrum Master beauftragt, um bewusst ein Gegengewicht zu mir zu schaffen. Ich wollte den möglichen Konflikt vermeiden, der durch den Einsatz eines Teammitglieds als Scrum Master hätte entstehen können – denn formal war ich weiterhin die disziplinarische Vorgesetzte. Dave war für uns eine echte Bereicherung. Als Querdenker und Freigeist stellte er mit seiner unkonventionellen Art vieles in Frage. Er sorgte dafür, dass wir nicht im Alltagstrott versanken, und er brachte uns dazu, über die weniger naheliegenden Lösungen nachzudenken. Er half uns, mutig andere Wege zu gehen und Hindernisse zu beseitigen, die uns dabei begegneten. Er zeigte uns, wie wir systematisch experimentieren und wiederkehrende Tätigkeiten automatisieren konnten. Auf diese Weise gewannen wir nicht nur Vertrauen in seine teilweise radikalen Ideen, sondern vor allem in uns selbst. Wir fühlten uns von seinen verrückten Vorschlägen nicht mehr vor den Kopf gestoßen, sondern lernten, sie anzunehmen und so zu adaptieren, dass sie für unsere Arbeit einen deutlichen Mehrwert stifteten.

Pünktlich um 9 Uhr begann unser Scrum Day. Zuerst inspizierten wir im Review die fertigen Items aus dem Sprint Backlog, die es in die »Done«-Spalte des elektronischen Backlogs geschafft hatten. Wir schauten uns vor allem jene Themen genauer an, in denen etwas Neues oder Besonderes steckte, um als Team daraus zu lernen. Danach folgte das Planning für die nächsten drei Wochen. Dieser Rhythmus hatte sich für uns von Anfang an als praktikabel erwiesen. Wir nannten unseren Sprint den »führenden Sprint«, weil er unserer Planung diente – vor allem in Bezug auf unsere Auslastung. Denn aus den vielen verschiedenen Projekten, an denen wir in der Regel zu zweit oder zu dritt und ebenfalls in Sprints arbeiteten, brachte am Scrum Day jeder nicht nur seine Ergebnisse, sondern auch seine neuen Aufgaben in die Teamrunde mit. Unser letzter Tagesordnungspunkt war die Retrospektive. Retro für Retro verbannten wir Relikte der bisherigen Organisationsstruktur und erfanden uns neu. Wir experimentierten sowohl innerhalb des Teams als auch an den Schnittstellen zur restlichen Organisation. Heute war es an der Zeit, mit einem weiteren Relikt aufzuräumen. Doch dieses Mal ging es um mich, und im ersten Moment traf es mich ganz persönlich und ganz direkt.

Im zurückliegenden Sprint war wieder eine beachtliche Anzahl fertiger Items zusammengekommen und die Kennzahlen zur Produktivität und Planungsgenauigkeit gaben ein positives Bild ab. Mike und die anderen hatten aber auch wieder zahlreiche Ergebnisse auf meinem Schreibtisch abgelegt. Es war schon immer meine Aufgabe gewesen – und inzwischen war es Teil unserer Definition of Done –, diese Ergebnisse durchzusehen und an diverse Empfänger in der Organisation weiterzuleiten. Doch in dieser Retrospektive war es so weit: Meine Teamkollegen identifizierten mich als Wurzel allen Übels – so fühlte es sich zumindest an. Mike sprach es schließlich aus: »Du bist leider das Bottleneck!« Und es stimmte: Unterlagen stapelten sich auf meinem Schreibtisch, und diese Aufgaben

blieben im Sprint in der »In-Progress«-Spalte hängen, weil ich nicht dazu gekommen war, die fertigen Ergebnisse durchzusehen. Wartezeiten und schließlich Frust und Demotivation waren die Folge. Was ich in diesem Moment hörte, war: »Du bist das Problem.« Und was mein Verstand daraus machte, war: »Du machst deinen Job zu langsam!«

In Wirklichkeit hatte das Team eine Schwachstelle unseres Prozesses nicht nur aufgedeckt, sondern auch noch offen adressiert. Ich hätte vor Stolz platzen müssen. Ich wusste doch, dass offene Kommunikation und das Übernehmen von Verantwortung die Eckpfeiler einer agilen Arbeitsweise waren. Stattdessen kämpfte ich damit, den Vorwurf des Bottleneck-Daseins zu verkraften. Fortschritt war das, was mich stets angetrieben hatte und nun war ausgerechnet ich der Bremsklotz? Ich hatte kaum Zeit, darüber nachzudenken, als schon der nächste Treffer in meiner Magengrube landete. Das Team hatte ein Experiment beschlossen: Die Ergebnisse sollten zukünftig direkt an die Empfänger versendet werden. Vor meinem geistigen Auge flatterten alle größeren und kleineren Schnitzer vorbei, die ich in letzter Zeit in den Präsentationen entdeckt und ausgebessert hatte. Ich hatte plötzlich Angst, jene Kontrolle zu verlieren, die ein Manager vermeintlich haben muss. So hatte ich es jedenfalls von den anderen Führungskräften gelernt, die mir in meinem Berufsleben begegnet waren.

Gerade als ich den Impuls verspürte, meinen Kollegen mitzuteilen, dass wir das ganz sicher nicht so tun würden, trafen meine hilfesuchenden Blicke jene von Dave. Gelassen beugte sich unser Scrum Master zu mir rüber, legte seine Hand auf meinen Arm und sagte: »Lass sie das entscheiden. Du bist der Product Owner, nicht mehr die Abteilungsleiterin.« Vor einiger Zeit hatte ich mich voller Freude für diese neue Rolle entschieden – und nun war ich so mit der Auseinandersetzung mit dieser neuen Rolle beschäftigt, dass die restliche Retrospektive wie ein Film an mir vorbeilief. Meine Gedanken schwirrten zwischen Sorge und Hilflosigkeit. Mike nickte mir aufmunternd zu und so ließ ich es geschehen: Ich akzeptierte unser neues Experiment. Besser gesagt, ich nahm es zur Kenntnis, während mich die Sonne in meinem Rücken tröstend wärmte.

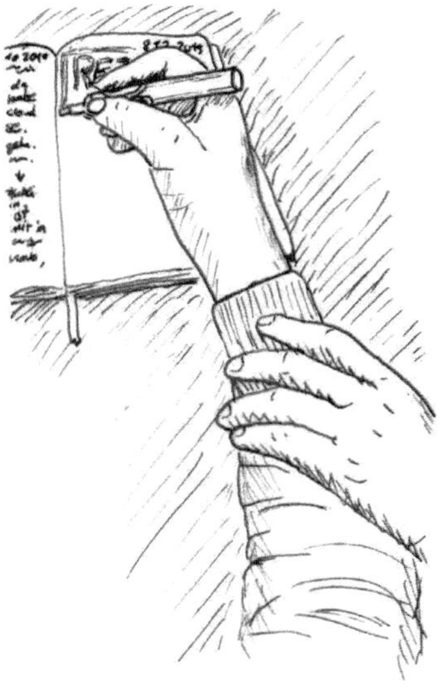

In den folgenden Wochen passierte etwas, das ich nicht erwartet hatte: Das Team lieferte regelmäßig begeisternde Resultate, die ich nur noch in Kopie erhielt und anfangs mit einem mulmigen Gefühl anschaute. Doch mein Bauchgefühl wurde nicht bestätigt und allmählich verschwand es völlig. Jeder Einzelne in diesem Team hatte mehr Verantwortung übernommen: Ergebnisse wurden zügig, anschaulich und fehlerfrei verteilt, seitdem jeder mit seinem eigenen Namen unterschrieb. Diesen Qualitätssprung hätten wir ohne die Änderung des Arbeitsprozesses nie geschafft, oder vielmehr: ohne die Offenheit des Teams seiner disziplinarischen Führungskraft gegenüber. Aus dem zarten Scrum-Pflänzchen war eine bessere, vertrauensvolle und autonome Arbeitsweise gewachsen, in die jeder seine Persönlichkeit und seine Motivation einbringen konnte.

Mit großer Freude strichen wir ein paar Wochen später den Punkt »Durchsicht der Ergebnisse durch PO« aus unserer Definition of Done, die sich bisher wie ein Schatten über unser Team gelegt hatte. Schon bald konnte sich niemand mehr erklären, warum dieser Punkt jemals in der DoD enthalten gewesen war. Die Teammitglieder übernahmen gemeinsam die Verantwortung für die Qualitätssicherung der Arbeitsergebnisse, indem sie ein Vier-Augen-Prinzip anwendeten – nur eben nicht zwangsläufig mit meiner Beteiligung. Ich beteiligte mich dann, wenn jemand aus Urlaubs- oder Krankheitsgründen fehlte, wenn es zu zeitlichen Engpässen kam und niemand sonst die Zeit erübrigen konnte, oder wenn explizit mein persönlicher Input gefragt war. Dann ging es allerdings nicht um meinen Beitrag als Chefin, sondern als Mensch mit meinen Fähigkeiten und Erfahrungen.

Schon vor jenem historischen Scrum Day hatte ich mich für »agil« gehalten, doch durch dieses Erlebnis verstand ich erst richtig, was es bedeutet, Vertrauen in die Fähigkeiten jedes Einzelnen zu haben. Mir wurde klar, was es heißt, nicht mehr zu managen, sondern ein agiles Umfeld zu gestalten. Es geht nicht darum, selbst Prozesse zu definieren, jede Entscheidung zu treffen, jede Methode am besten zu beherrschen, alle Lösungen zu kennen oder die Ergebnisse anderer zu kontrollieren. Meine Aufgabe ist es, eine Umgebung zu schaffen, in der das Team Aufgabenstellungen selbstorganisiert bewältigen und seine Zusammenarbeit kontinuierlich verbessern kann. Ein damals vermeintlich unbedeutender Aspekt in der Definition of Done war nicht nur ein Hindernis in unseren Prozessen gewesen, sondern hatte uns den wesentlichen Nährstoff geraubt, den wir für das gemeinsame Wachsen brauchten: Ich erkannte, dass agiles Arbeiten nicht funktioniert, solange Menschen mit Entscheidungsmacht nicht bereit sind, diese Entscheidungsmacht auf die Teammitglieder zu verlagern. Mir war auch klar geworden, dass ich Kollegen wie Mike und unseren Scrum Master Dave gebraucht hatte, um diesen wichtigen Schritt zu gehen.

Jener Freitag liegt schon viele Jahre zurück, doch er bleibt präsent, weil er meine Arbeit als Führungskraft geprägt hat. Natürlich gab und gibt es weiterhin Situationen, in denen ich loslassen muss. Ein Gedanke an Daves Hand, an Mikes Nicken und die Sonne in meinem Rücken schenken mir in solchen Momenten die nötige Zuversicht und Gelassenheit. Der Weg von einer traditionellen Organisation in eine agile Organisation erfordert von jedem Einzelnen viele kleine, herausfordernde Schritte. Wie schwer diese Schritte sind, hängt vom bisher Gelernten, von den eigenen Erfahrungen und individuellen Glaubenssätzen ab. Es ist ein Weg, der Mut und Zeit abverlangt und ich wünsche allen, die ihn gehen möchten, Wegbegleiter wie Dave, Mike und die Sonne.

Juliane Pilster

ist agile Führungskraft mit Leib und Seele. Nach ihrem Studium des Wirtschaftsingenieurwesens in der Fachrichtung Elektrotechnik an der Technischen Universität Chemnitz folgten verschiedene Fach- und Führungspositionen in unterschiedlichen Unternehmen und Branchen. Dabei hat sie gelernt, dass die wesentlichen Erfolgsfaktoren einer nachhaltigen und agilen Organisation sind, wie die Menschen darin zusammenarbeiten und welches Umfeld ihnen dafür zur Verfügung gestellt wird. Juliane hat das Thema Führung in den Mittelpunkt ihrer Arbeit gerückt. Sie ist davon überzeugt, dass Führung nicht mehr länger an Positionen geknüpft sein wird, sondern überall dort stattfindet, wo Verantwortung übernommen wird.

Wie Machtstreben Teams zerstört

Es war einmal ein Tochterunternehmen eines Konzerns in Deutschland. Dort war ich für längere Zeit als Scrum Master für zwei Teams eingesetzt. Jeden Tag ereigneten sich allerhand skurrile Szenen, die mich zeitweise an meinem Verstand zweifeln ließen. In der Entwicklung arbeiteten sechs Teams, gemischt aus einem Drittel internen und zwei Drittel externen Mitarbeitern. Es gab keine Koordinationsstrukturen für diese Teams, zum Beispiel befand sich ein gemeinsamer Build-Server erst im Aufbau. Quantitativ und qualitativ waren die Ergebnisse der Teams entsprechend schlecht. Über Monate hinweg konnte nichts an die Kunden ausgeliefert werden.

Auch sonst war die Situation, die ich vorfand, in jeder Hinsicht suboptimal. Zwar war das Produkt gut und hatte erhebliches Potenzial, aber alle, die etwas zu sagen hatten, hatten nur ein Ziel: ihre Macht zu erhalten und wenn möglich auszubauen. Die Geschäftsführer sahen ihre Position als Sprungbrett für höhere Aufgaben im Konzern und wechselten alle ein bis zwei Jahre. Die Team- und Abteilungsleiter waren mehr an ihrem Status interessiert als am Entwicklungsergebnis. Der für meine Teams verantwortliche Teamleiter sagte einmal zu mir: »Die Anzahl der Mitarbeiter unter meinem Kommando ist

wichtig, nur so macht man Karriere!« Deshalb vergrößerte er die Zahl seiner Untergebenen mit so vielen Externen wie möglich. Anhand einer großen Matrix mischte er in jedem Sprint die Teams neu durch, um mit dem Push-Prinzip eine »effiziente Aufgabenzuteilung« zu erreichen.

Die Mitarbeiter wurden zu Ressourcen, zu Zeilen in einem Excel-Sheet.

Und so stellte sich schon zu Beginn meiner Arbeit als Scrum Master heraus, dass das Gefühl, eine Ressource zu sein, für viele externe Mitarbeiter ein Problem war. Abgekoppelt von ihren Mutterorganisationen – weil fünf Tage pro Woche vor Ort im Projekt – und nicht wertgeschätzt von den Führungskräften des Kunden, dachten diverse Personen an Kündigung, Projektwechsel oder ans Faulenzen, bis man sie feuern würde. Ich sah die Resignation in ihren Blicken, Kollegen kamen erst um 11 Uhr ins Büro, und mehr als einmal wurden hastig Solitaire-Fenster geschlossen, als ich in den Raum kam. Die Gegenmaßnahme war aus meiner Sicht einfach: Ich würde mit jedem ein Entwicklungsgespräch führen und darin viele Coachingelemente einbauen, damit die Entwickler wieder eine konstruktive Einstellung gewinnen konnten.

Ich begann sofort mit diesen Gesprächen und hatte Glück, denn zwischen meinen beiden Teams befand sich ein kleines, leeres Büro. Der Hausmeister war sehr zuvorkommend und organisierte für mich einen kleinen runden Besprechungstisch und zwei Stühle. Schon am folgenden Tag ging es los und nach kurzer Zeit machte sich eine Veränderung bemerkbar: Die Gesichter der Mitarbeiter strahlten, die Teams waren um 9 Uhr komplett versammelt und die Kollegen diskutierten im gedämpften Ton miteinander vor ihren Bildschirmen, auf denen nichts als Quellcode zu sehen war. Die steigende Moral wurde in den tollen Ergebnissen sichtbar.

Nach zwei Sprints ereignete sich etwas höchst Ungewöhnliches: Der Teamleiter, ein herzensguter Mann mittleren Alters, besuchte alle Teams persönlich. Er spazierte von Raum zu Raum, schwatzte mit den Mitarbeitern und lachte mit ihnen. Im Regelfall bekamen wir ihn nicht zu Gesicht – es war das erste Mal, dass er an den Ort des Geschehens pilgerte, möglicherweise inspiriert durch die verbesserte Leistung der Teams. Ich freute mich, führte ihn durch die mit bunten Klebezetteln tapezierten Räume, zeigte ihm unsere Information Radiators an den Wänden und erklärte ihm, wie ich die Entwicklungsgespräche geführt hatte. Sein Kommentar war kurz: »Dann ist dein Büro ja größer als meins!«

Da war es wieder, das Machtdenken.

Ich lachte und erklärte, dass es nicht mein Büro sei, sondern nur ein Besprechungsraum, den wir für die Entwicklungsgespräche nutzten. Damit war für mich die Angelegenheit erledigt. Nicht aber für den Teamleiter. Er schnaubte hörbar unzufrieden, und schon am nächsten Morgen standen in dem kleinen Raum zusätzliche Schreibtische, an denen zwei Entwickler eines anderen Teams saßen, die mir mit fragendem Blick erklärten, dass sie auch nicht wüssten, warum sie jetzt hier arbeiten sollten. Der Besprechungstisch war verschwunden. Natürlich war der Teamleiter nicht für ein Gespräch verfügbar – wichtigere Meetings hielten ihn in Beschlag und seine Mailbox erklärte mir wiederholt, dass er im Moment nicht zu erreichen sei.

Wir fanden eine kreative Lösung. Seit diesem Tag nutzten wir mutig das Büro des Teamleiters – in dem ein kleiner runder Tisch stand – für unsere Entwicklungsgespräche. Wir saßen an seinem Besprechungstisch und tauschten uns leise über persönliche Entwicklungsthemen aus, immer in Sorge, der Teamleiter könnte wutschnaubend zur

Tür hereinplatzen und uns davonjagen. Wieder wurde ich überrascht. Ich hatte damit gerechnet, dass er uns bald aus seinem Büro vertreiben würde, doch im Gegenteil: Als der Teamleiter eines Tages unerwartet zurückkam und wir in seinem Büro in ein Entwicklungsgespräch vertieft waren, entschuldigte er sich und ging mit einem freundlichen Nicken wieder. Ich hielt das für die Ruhe vor dem Sturm und wappnete mich innerlich für eine harte Auseinandersetzung. Doch diese blieb aus. Der Teamleiter bedankte sich sogar bei mir: »Endlich wird das Büro mal sinnvoll genutzt, ich bin ja sowieso den ganzen Tag nur in Meetings!«

Das war nicht die einzige Begegnung mit Machtstreben in diesem Unternehmen. Während der Fall mit den Entwicklungsgesprächen keine bleibenden Schäden hinterließ, gab es andere Begebenheiten, die sehr lange nachwirkten. Dazu gehörte der respektlose Umgang mit Teamentscheidungen. Eines Tages war einer der externen Entwickler so frustriert, dass er sich nicht mehr in die Teams einfügen wollte. Er kritisierte alles und jeden, fand stets das Haar in der Suppe und versuchte mit

Nachdruck, jede sinnvolle Arbeit zu unterlassen. Er verbreitete Negativität und sein Team begann, sein Verhalten als Impediment zu betrachten. Wir führten zwei Retrospektiven zu dem Thema durch, sprachen einzeln und in kleinen Gruppen mit ihm. Wir entwickelten Lösungswege und boten Hilfe an. Leider griff der betroffene Mitarbeiter nichts davon auf. Am Ende – nach ungefähr drei Sprints – beschloss das Team, dass es so nicht weitergehen konnte und sie den Kollegen nicht mehr in ihrer Runde haben wollten. Ich ging zum Teamleiter und berichtete, welche Maßnahmen wir schon ergriffen hatten und zu welchem Schluss wir gekommen waren. Er saß in einem Besprechungsraum und sah mich fragend an, ruhig zurückgelehnt in einen bequemen Bürosessel. Meine Erwartung war, dass der Teamleiter diesen Mitarbeiter aus dem Team nehmen und eine andere Aufgabe für ihn suchen würde. Aber ich wurde enttäuscht. Er sagte: »Eine solche Entscheidung darf das Team nicht selbst treffen. Selbstorganisation endet an der Hierarchiegrenze!«

Der Teamleiter beharrte auf seinem Machtmonopol und machte alles, was wir bereits getan hatten, noch einmal. Er führte Einzelgespräche, organisierte einen Gruppenworkshop und führte penibel Buch über alle Aktivitäten und deren Resultate. So aktiv hatte ihn niemand von uns jemals gesehen! Die Teams nahmen es mit Humor und stellten wiederholt die Frage, ob der Teamleiter denn bei der Wiederholung der exakt gleichen Maßnahmen ein anderes Ergebnis erwartete. Die Antwort blieb aus, am Ende kam er aber zum gleichen Schluss wie die Teams. Doch statt dem Mitarbeiter klar und offen die Optionen aufzuzeigen, bemerkte der Teamleiter, dass es ja kurz vor den Sommerferien war. Die Sonne schien länger, die Hosen wurden kürzer und die Urlaubsanträge flatterten reihenweise in sein Postfach. Der Teamleiter weigerte sich, davor noch Maßnahmen zu ergreifen und erzählte mir unter vier Augen: »Dominik, das ist doch gar kein Problem. Der Entwickler geht morgen in den Urlaub. Wenn er weg ist, schicke ich seinem Key Accounter einfach eine Mail, dass er seinen Mitarbeiter nicht mehr zu uns zu schicken braucht. Schon ist das Problem erledigt!« Mein Ruf nach Mut und Offenheit verhallte ungehört. Also ging ich als externer Scrum Master zum betroffenen externen Mitarbeiter und sprach die inoffizielle Kündigung aus. Der Mitarbeiter nahm es gelassen, zuckte mit den Achseln, räumte seinen Schreibtisch und ging. Der Teamleiter zog seinen Plan im Übrigen durch: Der Key Accounter des externen Mitarbeiters erhielt während dessen Urlaubs eine E-Mail mit dem Hinweis, dass der Entwickler nicht wieder beauftragt werden würde.

Leider hatte diese Geschichte kein Happy End. Die Denkweise in Strukturen, Prozessen und Macht war so tief im Unternehmen verwurzelt, dass sich die Muster unabhängig von den jeweils amtierenden Führungskräften ständig wiederholten. Es kostete die Entwickler unglaublich viel Kraft, dort zu arbeiten, jede Konversation hatte einen sarkastischen Unterton. Wann immer ich an diese Zeit zurückdenke, ziehe ich meine Stirn in Falten und schüttle den Kopf. Heute kenne ich nahezu niemanden mehr von den Menschen, die dort arbeiten – fast alle guten Mitarbeiter von damals haben das Unternehmen verlassen. Die Produkte sind wirtschaftlich weit weniger erfolgreich als sie es sein könnten und mehrere Projekte sind komplett gescheitert. Beim krampfhaften Versuch, ihre Macht zu erhalten, haben die Führungskräfte die Teams zerstört und damit das Unternehmen geschwächt. Auch wenn ich dort oft an meinem Verstand gezweifelt habe: Aus heutiger Sicht muss ich sagen, dass mit meinem Verstand alles in Ordnung war. Nur im Team können wir erfolgreich sein – individuelles Machtstreben dagegen schwächt die Menschen und damit ein Unternehmen so sehr, dass dieses auf lange Sicht um sein Überleben fürchten muss.

Dominik Maximini

ist ein erfahrener Scrum Master, Agile Coach, Trainer und Autor. Früher hat er zunächst ein agiles Start-Up aus einem Konzern ausgegründet und dort einen Innovationspreis für „Innovative Business Design" gewonnen. Danach war er als Führungskraft und Agile Coach bei einem Beratungsunternehmen angestellt. Heute hat er alle Unternehmens-Fesseln abgestreift und fokussiert sich darauf, echte Agilität zu fördern und Projekte zu vermeiden, bei denen es nur darum geht, den Status Quo mit neuen Etiketten zu verzieren. Er ist Professional Scrum Trainer der Scrum.org und Management 3.0 Facilitator. In seinen Trainings gibt er nicht nur die Theorie, sondern auch sein Wissen aus dreizehn Jahren Praxis weiter.

www.valuerise-consulting.de

Von einer die auszog, das Agile zu lernen

Für 150.000 Euro entwickeln wir eine schöne neue Website und sind in vier Monaten damit live.«

Das waren die blumigen Aussagen des Vertrieblers unserer neuen Software-Agentur, die wir für den Relaunch unserer Website projektmagazin.de engagiert hatten.

Es war mein erstes agiles Projekt in der Rolle des Product Owners und ich war skeptisch. Die Projektdauer von vier Monaten kam mir mehr als unrealistisch vor. Aber auch nach mehrmaligem Nachhaken bestätigten uns der Vertriebsleiter und der Scrum Master den Zeitraum als absolut valide. Nun gut, dachten wir, schließlich deckte das System in Drupal ja bereits in seiner Standardversion viele Anforderungen ab, die wir nur noch an unsere Voraussetzungen anpassen mussten.

Wir hissten die Segel und waren bereit für unser Abenteuer

Nach einem knappen Jahr Konzeption, Layout-Entwicklung und der mühsamen Suche nach einem geeigneten Entwicklungspartner ging es endlich los. Die Suche nach der passenden Software-Agentur hatte den Projektstart um ein halbes Jahr verzögert. Wir waren überrascht, dass es so schwierig war, eine kompetente, vertrauenswürdige Software-Agentur zu finden. Doch endlich hatten wir unseren perfekten Partner: Die deutsche Niederlassung befand sich in München, das Headquarter in Lettland.

Das Team bestand zu Beginn aus einem Scrum Master, einem Tech Lead, zwei Entwicklern, mir als Product-Owner-Newbie und Tobias, unserem Online Marketing Manager, der mich bei der Erstellung der Epics und User Storys stark unterstützte.

Plötzliche Flaute

Die Velocity war anfangs erschreckend schlecht. Das sei normal, versicherte mir der Scrum Master, denn die Entwickler müssten sich ja erst einmal mit dem System vertraut machen. Das Team wurde bald um zwei Entwickler erweitert und das Projekt nahm allmählich Fahrt auf.

Dank meines theoretischen Vorwissens in Scrum wuchs ich bald in meine Product-Owner-Rolle hinein und fühlte mich durch die Dailys gut informiert. Im Gegensatz zu unserem letzten Website-Entwicklungsprojekt, das wir klassisch mit 100 Seiten Lastenheft durchgeführt hatten, wusste ich zu jeder Zeit, woran die Entwickler arbeiteten und mit welchen Herausforderungen sie konfrontiert waren.

Um für das Projekt, dessen Probleme und das Team ein Gefühl zu entwickeln, war ich als Product Owner täglich beim Daily dabei. Es war zu Beginn sehr ungewohnt für mich, dass die Entwickler erzählten, woran sie gerade arbeiteten, welche Probleme sie hatten und wo sie Unterstützung brauchten. Dennoch fand ich schnell Gefallen an der Offenheit und wertschätzenden Art des Teams. Was sich anfangs als Rechtfertigung angefühlt hatte, wurde für mich bald zur Normalität.

Drei Monate und kein Horizont in Sicht

Projektstatus nach drei Monaten: 30 Prozent des Projektumfangs geschafft, ein Monat Restlaufzeit und 80 Prozent des Projektbudgets verbraucht.

Dass das prognostizierte Budget von 150.000 Euro nicht ganz reichen würde, war schon früh absehbar, denn wir hatten uns im Projektverlauf dazu entschlossen, unsere Kundendatenbank und unser Abrechnungssystem durch SaaS-Software zu ersetzen. Die Anbindung an die neuen Systeme, so die Argumentation des Tech-Leads, wäre dadurch viel einfacher und schneller als die Schnittstellenentwicklung an das bestehende, individuell entwickelte Datenbanksystem.

Dennoch war das Missverhältnis »Projektergebnis zu verbrauchtem Budget« zu groß. Es war Zeit für klare Worte! In einem Eskalationsgespräch rückte der Tech-Lead nach mehrmaligem Nachhaken zögerlich damit heraus, dass er sich im Vorfeld nur oberflächlich mit dem Projektumfang und den Anforderungen beschäftigt hatte. Er hatte die Komplexität unserer Website völlig unterschätzt. Auch der Vertriebler gab kleinlaut zu, die Sache falsch eingeschätzt zu haben. Nur der Scrum Master meinte lapidar: »Wir müssen uns endlich auf die wichtigsten Funktionalitäten konzentrieren, der Rest muss raus!« Es herrschte ratloses Schweigen.

Nach einer kurzen Kaffeepause einigten wir uns auf die Halbierung des Stundensatzes für die restliche Projektdauer – unter der Voraussetzung, dass ich als Product Owner den Umfang nochmals drastisch reduzierte und alles, was nicht absolut zwingend für den Betrieb der Website in der Startversion war, aus dem Projektumfang nahm. Für das bestehende, kostenpflichtige Angebot von projektmagazin.de war das eine schwierige Gratwanderung. Welchen Service, welche Leistung konnte ich – wenn auch vorübergehend – streichen, obwohl unsere Abo- und Werbekunden (vermeintlich) dafür bezahlten?

Ein Sturm zieht auf

Nach weiteren zwei Wochen der große Knall: Unser Entwicklungspartner eröffnete uns, dass er Insolvenz anmelden musste. Leider würde die Agentur die Website nicht mehr fertigstellen können, da sie die Entwickler nur noch bis zum Monatsende bezahlen konnte. Bumms! Da saßen wir und überlegten fieberhaft, was wir jetzt tun könnten.

Das Geld war fast komplett ausgegeben, aber von einer funktionierenden Website waren wir meilenweit entfernt.

Glücklicherweise hatten wir in der Zwischenzeit den Kontakt zu einer weiteren Drupal-Agentur aus der Ukraine vertieft, die sofort in das Projekt einsteigen konnte. Und wieder ging die Velocity in den Keller, da der Fokus nun auf der Projektübergabe und Einarbeitung der neuen Agentur lag.

Die Verzögerung brachte uns in eine kritische Situation: Unsere Werbekunden legten ihre anstehenden Buchungen für das Folgejahr auf Eis, da wir – bedingt durch die Insolvenz – den Termin für den Relaunch wiederholt verschieben mussten. Zusätzlich begann mit Hochdruck die Vermarktung unseres jährlichen Events, der PM Welt (PMWelt.com). Genau das wollten wir ursprünglich unbedingt vermeiden. Zusätzlich zum Tagesgeschäft wurde das Team also mit zwei großen Projekten doppelt belastet. Die Stimmung war entsprechend angespannt.

Endlich: Hafen in Sicht!

Nach zehn Monaten harter Arbeit und einer emotionalen Achterbahnfahrt gingen wir mit unserer neuen, modernen Website erfolgreich online. Die Projektdauer hatten wir um sechs Monate überschritten, das Projektbudget hatte sich verdreifacht und ein Drittel des ursprünglichen Umfangs war noch gar nicht umgesetzt.

Und dennoch: Viele Leser und Kunden waren vom neuen Layout und der Benutzerführung begeistert. Die Arbeit hat sich gelohnt, denn wir haben damit eine moderne und stabile Basis für die Zukunft geschaffen.

Mein persönliches Fazit zu unserer agilen Reise

Dieses Projekt war durch die Turbulenzen extrem anstrengend und zeitaufwendig. In die Rolle des Product

Owners in einem internationalen Team mit Kollegen aus Deutschland, England, Lettland und der Ukraine musste ich erst mühsam hineinwachsen. Ich verstand zu Beginn meist nur Bahnhof, wenn die Techies mit ihren Software-Fachtermini in Englisch loslegten und war sehr froh, meinen Kollegen Tobias an meiner Seite zu haben. Ohne ihn und seine technische Expertise hätte ich das Projekt nicht in diesem Umfang stemmen können.

Ich habe in keinem Projekt so viel gelernt wie in diesem. Inzwischen wende ich agile Vorgehensweisen und Methoden, die ich zuvor zwar ausprobiert, aber nicht regelmäßig eingesetzt hatte, konsequent auch in anderen Arbeitsbereichen an: In der Produktentwicklung arbeite ich mit MVPs und Meetings werden durch eine strikte Timebox begrenzt. Ohne Timebox gehe ich in kein Meeting mehr – damit wir uns auf das Thema konzentrieren und nicht in Detaildiskussionen abschweifen.

Sehr interessant war für mich, als Scrum-Newbie, der kulturelle Unterschied in der Zusammenarbeit: von der lockeren Offenheit und Direktheit des deutsch-lettischen Teams hin zur zurückhaltenden, eher hierarchisch geprägten Denkweise der Ukrainer. Um ein Beispiel zu nennen: Das deutsch-lettische Team adressierte offen und schnell, wenn es bei einem Problem nicht vorankam und fragte nach Unterstützung. Für das Team aus der Ukraine war dies zu Beginn unvorstellbar und hätte einen totalen Gesichtsverlust bedeutet. Da kam es schon einmal vor, dass ganze Personentage mit Überlegen, Recherchen usw. verstrichen, weil sich ein Entwickler nicht zuzugeben traute, dass er nicht weiter wusste. Mit wachsender Sicherheit, zunehmendem Vertrauen und viel Humor wurden die ukrainischen Kollegen aber immer lockerer und entspannter und hatten richtig Spaß an der Zusammenarbeit. Das zu beobachten, war eine schöne Erfahrung.

Ein Kapitän kann nur ein Schiff gut steuern

Die Arbeitsbelastung eines Product Owners ist – projektabhängig – immens. Für mich war es ein Vollzeitjob, und das bei der zusätzlichen Arbeitsbelastung als Geschäftsführerin. Andere Aufgaben außerhalb des Projekts waren in dieser Zeit nur schwer zu bewältigen, und diese mangelnde Aufmerksamkeit wirkte sich negativ auf die Stimmung im projektmagazin-Team aus. Gleichzeitig half mir die Arbeitslast sehr bei der Priorisierung von Aufgaben. Das Neinsagen fiel mir plötzlich leicht und ich delegierte Aufgaben, die ich früher ohne nachzudenken selbst gemacht hätte.

Meine Geschäftspartnerin und ich versuchten, den immensen Druck, der auf uns lastete, so gut wie möglich von unseren Mitarbeitern fernzuhalten. Dadurch fielen wir in alte Verhaltensmuster zurück. Wir verstärkten unseren Tunnelblick und verloren dadurch unsere Mitarbeiter ein Stück weit aus den Augen. Den wachsenden Unmut bemerkten wir deshalb erst, als die Stimmung schon hochkochte. Unsere Kolleginnen und Kollegen fühlten sich nicht ausreichend informiert und eingebunden. Heute würde ich in einer vergleichbaren Situation mein Team früher und stärker einbeziehen, auch wenn nicht alle direkt in das Projekt involviert sind.

Die wichtigste Frage der Welt: Wozu?

Die konsequente Frage nach dem »Wozu?« ist mein größtes Learning, das ich aus diesem Projekt gezogen habe: Ist diese Anforderung wirklich nützlich, ist diese Detaillierung wirklich notwendig, kommen dadurch mehr Besucher auf die Website, verkaufen wir damit mehr Abos, sind die Leser damit glücklicher? Das hat meinen Blick geschärft und dafür bin ich sehr dankbar. Es ist jedoch ein Lernprozess und es fällt mir zunehmend leichter, mich von vermeintlich wichtigen Anforderungen oder liebgewonnenen Funktionalitäten zu verabschieden. Durch dieses Projekt habe ich diese Denkweise verinnerlicht und ich versuche auch, sie in meinem Team zu verankern.

Auch wenn das Projekt länger gedauert und mehr gekostet hat als prognostiziert, bin ich überzeugt, dass wir mit der klassischen Vorgehensweise das Projekt nicht in der kurzen Zeit gestemmt hätten. Wir haben innerhalb von zehn Monaten unsere komplette IT-Infrastruktur ausgewechselt und damit die technische Voraussetzung geschaffen, um allen unseren Mitarbeitern flexibles Arbeiten im Homeoffice zu ermöglichen. Die Mitarbeiterzufriedenheit hat das spürbar gesteigert.

Unser Mindset war schon immer agil, jetzt haben wir mit diesem Projekt unsere Methodenkompetenz erweitert und die agile Arbeitsweise stärker strukturiert und verbessert. Das fühlt sich für uns stimmig an, deshalb werden wir den Weg zum selbstorganisierten und agilen Unternehmen konsequent weitergehen. Eine andere Arbeitsweise ist für mich nicht mehr denkbar, denn wir haben noch viel vor.

Petra Berleb

Die Wirtschaftsinformatikerin Petra Berleb war bis 1997 Redakteurin in einem IT-Verlag und arbeitete danach als freiberufliche IT-Beraterin und Journalistin. Im Jahr 2000 gründete sie in München das Fachportal projektmagazin.de und ist als geschäftsführende Gesellschafterin der Berleb Media GmbH für die inhaltliche Ausrichtung sowie Produktentwicklung und Strategie verantwortlich. Seit 2016 organisiert sie mit ihrem Team auch die PM Welt, ein jährliches Projektmanagement-Event mit mehr als 700 Teilnehmerinnen und Teilnehmern.

www.projektmagazin.de

Unter Wasser

Im Aquarium sitzend schnappe ich nach Luft. Ich fühle mich falsch hier. Ein Territorium der ganz besonderen Art, in das ich nicht gehöre. Ich verstehe die Worte nicht, weiß nicht, was ich antworten soll, damit ich verstanden werde. Es ist, als wäre die Realität in diesem Aquarium verzerrt, als würden hier ganz andere Gesetze gelten. Ich schaue durch zwei mal vier Scheiben Fensterglas. Verzerrt sich hier die Realität gleich doppelt? Oder wächst sie exponentiell? Ich sehe mich mehrfach im Glas. Aus unterschiedlichen Perspektiven. Durch mich hindurch laufen Menschen im Anzug mit Aktentasche, Jugendliche mit Jeans und T-Shirt, Produktionsmitarbeiter mit schweren Sicherheitsschuhen an den Füßen. Ich sehe mich selbst im Raum sitzen, mir gegenüber sitzt ein Manager im dunkelgrauen Anzug, hellgraue Krawatte, graues Haar, rahmenlose Brille. Er schaut an mir vorbei, während er redet. Als wäre ich gar nicht Teil des Geschehens, sondern nur Zuschauer.

»Nun bleiben Sie mal auf dem Boden! Wir sind ein Industrieunternehmen und nicht die Wohlfahrt! Am Ende müssen wir Geld verdienen!«

Geld. Wofür brauchen wir Geld, wenn nicht, um zu leben? Und wenn wir im Job jeden Tag ein bisschen sterben, kann Geld eine Entschädigung dafür sein? Nur einzelne Wörter bleiben in meinem Kopf hängen und sorgen für wilde Assoziationen. Seit Wochen habe ich nicht mehr richtig geschlafen. Ich versuche, meine Aufmerksamkeit zurück in den Raum zu ziehen. Durch all die Fensterscheiben zurück. Mir wird übel. Es dreht sich alles. Ein gut bekanntes Gefühl.

Wenn ich morgens im Bad in den Spiegel schaue, wird mir übel. Das Abbild der Person, die ich morgens im Spiegel sehe, ist nahezu identisch mit der Person, die sich hier im Aquariumsglas spiegelt. Nur das Umfeld ist ein anderes. Mir wird übel, alles dreht sich. Alles um mich herum, und mein Magen auch. Wie sehr ich mich auch jeden Tag von neuem bemühe, alles gut und richtig zu machen – es reicht nie aus. Es geht immer nur ums Kämpfen.

Mir hat mal jemand erzählt, dass ein Goldfisch sich in einem kleinen runden Glas nicht übergibt, weil er nach zwei Sekunden vergessen hat, dass er hier bereits entlang geschwommen ist. Ich bin kein Goldfisch. Ich vergesse nicht so schnell.

Es ist gerade erst fünf Wochen her, dass mir dieser Manager gegenübersaß und zu mir sagte: »Wir wollen, dass Sie dieses Projekt leiten.« Auf meine Bemerkung, ob er mich gleich noch fragen wolle, ob ich das denn möchte, ertönte schallendes Gelächter. »Wir wissen, dass Sie die Richtige für den Job sind.« Warum? Ich will das nicht. Nur weil ich Psychologie studiere? Oder weil alle anderen abgelehnt haben, weil sie nicht in die Fußstapfen eines Toten treten wollen? Körperlich tot, psychisch tot oder stimmlich tot? Weil sie kein Fischfutter sein wollen?

»Ich brauche aber Ihre Unterstützung, um all die Hindernisse zu beseitigen, die dieses Projekt ausbremsen«, hörte ich mich sagen. Von meiner eigenen Kraft überrascht, sah ich auch noch ein Kopfnicken. »Sie werden die Unterstützung erhalten, die Sie brauchen, um das Projekt zum Erfolg zu führen. Machen Sie gerne eine Liste.«

Eine Wende? Sollte sich jetzt im Projekt wirklich etwas ändern? Endlich die Unterstützung durch das Management, die wir brauchen!

Das ist nun fünf Wochen her. Vor zwei Wochen habe ich mich beschwert, dass ich keine Unterstützung erhalte und mir wurde vorgeworfen, dass ich erstmal selbst etwas leisten müsse, bevor ich etwas fordere. Vor einer Woche wurde mir vorgeworfen, dass ich zu viele Wellen erzeuge. Da erfuhr ich, dass ich doch bitte eine Weile Däumchen drehen solle, da das Projekt bereits vor zwei Monaten gestoppt wurde – das Team dürfe das aber nie erfahren.

»Ziehen Sie mal Ihre Joggingschuhe an und laufen Sie eine Runde um den Block. Mir hilft das, um wieder klar zu sehen.« Sehe ich nicht klar? In meiner Welt ist es er, der das Menschsein hier vergisst. Wie kann man kalt bleiben, wenn mehrere Mitarbeiter monatelang krank zu Hause bleiben und ein Projektleiter Selbstmord begeht? Hilft da noch Joggen, um den Menschlichkeitsschalter umzulegen? »Um wieder klar zu sehen« – seine Worte hallen in meinem Kopf. Selbstmord – natürlich aus privaten Gründen. Aber warum haben wir, die bis zu zehn Stunden am Tag mit ihm verbracht haben, das nicht »klar gesehen«?

In diesem Projekt arbeiten lieb gewonnene Arbeitskollegen, langjährige Studienfreunde – Menschen! Und nun muss ich versprechen, niemandem davon zu berichten, wie es wirklich um das Projekt steht. Darf man als Führungskraft Versprechen fordern?

Mein Herz hämmert wild in meiner Brust, die Last des Versprechens droht mich zu erdrücken.

»In diesem Projekt erleben wir so manchen Schicksalsschlag. Aber wir werden liefern – auch wenn's weh tut.« Keine Managementphrase wurde in diesem Projekt häufiger gedroschen als diese. Wir werden liefern? Wir? Wenn jemand liefert, dann die kleinen Fische. Die Haie sind an der Umsetzung nicht beteiligt.

Seit dem 20. Jahrhundert gilt das Halten von Fischen im Goldfischglas als Tierquälerei. Zu wenig Bewegungsfreiheit, zu wenig Schutz, zu wenig Sauerstoff, zu wenig Licht, zu hohe Temperaturschwankungen – absoluter Stress.

»Durch die Krümmung des Glases sehe der Fisch in jeder Richtung sein verzerrtes Spiegelbild. Außerdem würden sämtliche Bewegungen des Fisches von den gekrümmten Wänden zurückgeworfen. Der Fisch könne diese mit seinem Seitenlinienorgan wahrnehmen und erhält den Eindruck, es sei ständig um ihn herum sehr viel Bewegung, was den Fisch zusätzlich belaste.« (Wikipedia)

Zurück im Raum, im Hier und Jetzt. Der Manager mir gegenüber rutscht näher an den Tisch heran und lehnt sich vor.

»Sie haben mich sehr enttäuscht. Ich habe alle meine Hoffnungen in Sie gesetzt, dass Sie das Projekt retten.«

Seine Worte sind mir schon bekannt. Er hat das schon am Telefon gesagt, nachdem ich ihm geschrieben hatte, dass ich kein totes Pferd weiterreiten werde und dass ich allen Mitarbeitern sagen werde, dass das Projekt schon seit Wochen gestoppt ist. Ich habe ihm auch mehrfach gesagt, dass ich keinerlei Unterstützung vom Management erhalten habe. Ich brauche nichts zu sagen, ich würde mich nur wiederholen.

Er redet ununterbrochen weiter, lässt seinem Frust über meinen Misserfolg freien Lauf.

»Sie sollten Ruhe und Leistung im Team erzeugen, pragmatisch und agil an die Dinge rangehen. Das ist ein agiles Team! Warum ist es nicht schnell und agil? Sie müssen eindeutig pragmatischer werden! Selbst anpacken! Handeln!«

»Dann müssen Sie sich einen pragmatischen, unvorbelasteten Draufgänger als Projektleiter besorgen, und nicht mich. Agil heißt doch nicht fahrlässig. Ein Projektplan, der nicht einzuhalten ist, und ein agiles Team, das keines ist, mit Arbeit zu überfordern, die niemand mehr braucht? Agil heißt doch nicht herzlos. Ich weiß, was das Team erlebt hat, welche Schicksalsschläge. Hier geht's nicht länger darum, zum Mond zu fliegen. Es geht darum, die Mannschaft heil zurück zur Erde zu bringen.« Meine Stimme zittert bei jedem Wort, überwältigt von Kummer bin ich zu keinem klaren Gedanken fähig.

»Sie haben gar nichts gemacht! Nur erzählt, was alles nicht geht!«, schreit er voll Inbrunst. Mein Versuch, ihn zu besänftigen, ist so leise und schwach, dass selbst ich nicht weiß, ob ich es überhaupt laut gesagt habe. »Wissen Sie, was ich zum Beispiel gemacht habe, im Vergleich zu allen anderen Managern hier? Als die vielen externen Mitarbeiter von einem Tag auf den anderen rausgeworfen wurden, war ich da und habe ihnen gedankt und sie verabschiedet. Kein anderer Manager war da.«

»Das ist hier nicht wichtig! Sie sollten das Produkt zur Marktreife bringen. Einfach mal machen!«

»Pragmatisch heißt doch nicht leichtsinnig. Das Wichtigste sind die Menschen. Menschen machen uns aus.«

»Das waren Externe.«

»Einige darunter waren seit vielen Jahren hier. Länger als die meisten Internen.«

»Noch einmal: Wir sind ein Wirtschaftsunternehmen, nicht die Wohlfahrt!«

»Aber draußen am Gebäude steht's doch angeschlagen: Menschen machen uns aus!«

»So ist das Leben! Wer hier nicht arbeiten will, kann ja gehen!«

»Wenn man arbeiten darf und kann! Wir müssen die Leute doch befähigen!«

»Die haben genug Budget, die Weichen wurden gestellt. Wir haben sogar auf neue, agile Arbeitsmethoden gewechselt. Jetzt will ich Erfolge sehen!«

Seine Zunge ist wie eine dornenbesetzte Peitsche, die mit jedem Wort Wunden reißt. Seit zwei Jahren bin ich nun in diesem Projekt und Intrigen sind hier an der Tagesordnung. Führungskräfte verweigern mir jegliche Unterstützung, weil ihnen das Projektumfeld zu politisch ist. Und ein Teamleiter fängt an, uns gegeneinander aufzuhetzen, indem er mich bei allen Entscheidungen völlig außen vorlässt. Er lässt sich über jeden Schritt von mir auf dem Laufenden halten, aber ich bekomme keinerlei Hintergrundinformationen von ihm. Es gibt keine Informationsgleichheit. Meine Fragen darf ich nicht stellen, denn sie halten nur von der Arbeit ab.

Ich glaube nicht, dass mich dieser Manager, der mir da gegenübersitzt, jemals verstehen wird. Für ihn sind die Lebensbedingungen besser denn je, für mich sind sie eine Qual. Das Team hat tausend Probleme und muss zusätzlich die Arbeitsweise und Prozesse ändern. Agil werden. Um die Probleme hat sich niemand gekümmert. Hätte man das Team gefragt, was es will, hätte niemand gesagt: »Ich will hier Scrum einführen.« Wir machen hier nichts agil, es hängt lediglich ein Taskboard an der Wand. Die Wahrnehmung des Teams ist: Sobald wir uns bewegen, bewegt sich alles um uns herum. Eine Seifenblase zerplatzt in 1000 Probleme, eine falsche Bewegung und die Projektziele haben sich verändert. Es ist, als würde jemand die Zielscheibe immer dann verschieben, wenn wir den Pfeil gerade abgeschossen haben.

Zu wenig Bewegungsfreiheit, zu wenig Schutz, zu wenig Sauerstoff, zu wenig Licht, zu hohe Temperaturschwankungen – absoluter Stress.

»Welche Aufgabe haben Sie als Manager denn bei diesem Projekt?«, frage ich, um die Aufmerksamkeit auf ihn zu lenken.

»Aufpassen, dass mit unserem Budget keine Dummheiten angestellt werden! Und das Budget der letzten zwölf Monate war vergeudet!«

»Seit den letzten Schicksalsschlägen im Projekt können wir auch nur noch Risiken reduzieren und Sicherheit geben. Arbeiten ist nicht mehr wirklich möglich. Und der externe Berater, der ‚jeden Stein umdrehen und Komplexität rausnehmen' will, sorgt nur für Unruhe und Zynismus.«

Der Manager mir gegenüber schaut auf die Uhr.

»Ich muss jetzt in den nächsten Termin.« Er steht auf, tritt auf mich zu und reicht mir die Hand. »In einigen Jahren werden Sie auf dieses Projekt zurückschauen und sagen, dass Sie viel gelernt haben.«

Ich bin überrascht. Das ist ja schon fast etwas persönlich. Im Rausch der Emotionen antworte ich: »Sie hoffentlich auch.«

Ups, war das vielleicht zu direkt? Sein Blick gefriert. Er setzt eine undurchdringliche Miene auf und geht ohne ein Wort. Er will wohl so tun, als ließe ihn das alles hier kalt.

Ich jedoch werde nie den Kummer vergessen, den ich in diesem Moment empfinde.

Ein paar Minuten lang sitze ich noch allein im Aquarium. Welche Realität will ich leben? Wie viel Kraft werde ich noch haben, um mich weiterhin für die Mitarbeiter einzusetzen? Mir ist übel. Ich packe mein Notizbuch ein, werfe noch einen Blick auf das Cover mit Firmenlogo. Bin ich hier zu Hause? Versteht man mich? Spricht man hier meine Sprache?

Mir wird noch übler. Ich gehe raus, hinüber zur Cafeteria und bestelle mir einen Chai. Der Geruch von Weihnachten, den der Tee verströmt, heitert mich für gewöhnlich auf. Heute nicht. Während ich dort sitze, in mich gekehrt und an meinem Chai nippend, tippt mir jemand auf die Schulter. »Schön Sie hier zu sehen! Wie läuft das Projekt?« Übel. Sehr übel.

Ich springe auf, renne zur Tür. Ein Kollege, der mich rennen sieht, hält mir die Tür auf und gerade noch rechtzeitig schaffe ich es bis zur Toilette.

Die nächsten Wochen waren hart. Alles wurde in Frage gestellt. Wofür sollte man mich nun noch »nutzen«? Ich hörte von mehreren Seiten, man würde sagen, ich hätte das Projekt zum Scheitern gebracht. In nur fünf Wochen.

Zu Hause ist dort, wo du dich verstanden fühlst.

Dr. Miriam Sasse

arbeitete bereits fünf Jahre in der Forschung und zehn Jahre in unterschiedlichen Unternehmen, als sie hörte, dass Agile Leadership genau das vertritt, was sie damals so vermisst hat: einladen statt verpflichten und den Mitarbeiter mit seinen Stärken befähigen. Heute arbeitet Miriam in einem internationalen Medienkonzern als Senior Agile Transformation Consultant. Sie begleitet intern und extern Teams und Führungskräfte zu mehr Agilität und Resilienz, und ist als Speaker, Lehrbeauftragte und Autorin international unterwegs.

www.miriamsasse.de

Echte Führung im Change-Prozess

Wir stehen gemeinsam im Seminarraum des Hotels und warten auf die Ankunft der Vorstandsvertreter des IT-Unternehmens, das wir begleiten. Meine beiden Trainerkollegen sind gerade dabei, die letzten Flipcharts vorzubereiten. Wie witzig, den beiden Männern so beim Arbeiten zuzusehen. Und was tue ich? Ich rücke mal hier, mal da die Stühle zurecht, damit von jedem Platz aus jeder jeden sehen kann. Genau so mag ich es. In diesem Moment stürmt die junge Personalentwicklerin sichtlich aufgeregt in den Raum und keucht: »Ich habe eben einen Anruf bekommen, der Vorstandsvorsitzende ist krank, er wird nicht kommen!« Sie dreht sich zu mir. »Und nun?«, frage ich. In meiner Stimme schwingt Sorge mit. Ihre Miene hellt sich auf: »Die stellvertretende Vorsitzende wird kommen«, sagt sie und flüstert mir verschwörerisch zu: »Und das ist wahrscheinlich sogar besser.« »Warum das?«, möchte ich wissen. Während sie nun den Vorsitzenden mit seiner konservativen Art in den schlimmsten Grautönen und in umfassendster Weise beschreibt, driften meine Gedanken ab: zu einer anderen Situation, in der mir ein Vorsitzender begegnet ist, der alles ruinierte, was ein Team aus Personalern und Kommunikationsexperten jahrelang vorbereitet hatte. In dieser Firma kam ich eines morgens in das Büro, in dem ein Workshop stattfinden sollte, und kam

aus dem Staunen nicht mehr heraus. In einer Nacht-und-Nebel-Aktion hatte der neu eingestellte Geschäftsführer alle Strategieposter von den Wänden abhängen lassen und durch »seine« neue Vision des Unternehmens ersetzt. Ein Schauder läuft mir über den Rücken, als ich an die Situation zurückdenke.

»Jetzt wird alles gut«, tönt die laute Stimme meines Kollegen und reißt mich aus den Gedanken. Er strahlt mich freudig an. Überrumpelt nicke ich nur. Ich bin ja mal gespannt, was der Abend bringen wird.

///

Kaum eine halbe Stunde später sitzen etwa 30 Führungskräfte in einem großen Halbkreis vor mir in dem hellen Raum mit den bodentiefen Fenstern. Links neben mir sitzt die Personalentwicklerin, die nervös an ihrem Ring herumspielt, rechts von mir sitzt die Vorstandsdame. »Sagt man das so? Vorstandsdame?«, flüstere ich meiner Nachbarin zu. »Ich glaube, Vorständin heißt es richtig«, flüstert sie zurück und grinst. Mein Trainerkollege startet mit der Anmoderation des Abends, auf den alle gewartet haben: »Wir haben in den letzten Tagen von vielen von euch gehört, dass es offene Fragen und auch Ängste rund um das Zukunftsprojekt gibt. Nach einer kleinen Übung zum Einstieg, die direkt auf unserer Arbeit der letzten Tage aufbaut, bekommt ihr gleich die Möglichkeit, eure Fragen loszuwerden. Wir freuen uns auf eine rege Diskussion rund um das Change-Projekt hin zur agilen Unternehmenskultur.« Er schaut mich erwartungsfroh an.

Das war mein Stichwort. Ich bitte die Teilnehmer aufzustehen und schreite auf dem Boden eine fiktive Achse ab. »Wenn ihr denkt, dass ihr noch mehr Informationen rund um das Projekt braucht, dann stellt euch bitte an dieses Ende der Achse.« Ich laufe auf die andere Seite des Raumes: »Und wenn ihr denkt, dass ihr euch emotional noch nicht abgeholt fühlt, stellt euch bitte an dieses Ende. Dazwischen verlaufen alle Positionen, die eurem Empfinden am heutigen Abend entsprechen.« Ich bitte die Anwesenden, sich jetzt zwischen diesen Bodenankern einen Ort zu suchen, der ihre innere Einstellung am besten abbildet. Auf den Eckpunkten am Boden liegen Kärtchen mit der Aufschrift »Informationen fehlen« und »Ich fühle mich emotional noch nicht abgeholt«. Fast 80 Prozent der Teilnehmer wandern Richtung »Emotionspol«. Ich gehe auf einige Teilnehmer ganz am Ende der Achse zu und stelle ihnen Fragen, die ihnen erlauben mit der Gruppe zu teilen, wo sie stehen: »Bei wieviel Prozent stehst du hier? Und weshalb stehst du hier? Welche Fragen treiben dich um?«

Die Antworten, die ich bekomme, spiegeln die Bandbreite an Themen wider, die wir schon an den vorherigen Seminartagen gehört haben: »Wie wird das, wenn ich nur noch People Manager bin? Zählt dann mein Fachwissen gar nicht mehr?« »Bin ich austauschbar?« »Was soll ich meinen Mitarbeitern sagen, wohin die Reise geht?« »Meine Mitarbeiter haben Angst vor der Umstrukturierung!«

Die Vorständin hört sich all das geduldig an. Während die Teilnehmer berichten, wie es ihnen geht, habe ich Zeit, mir die Dame genauer anzusehen. Sie ist etwa Mitte Vierzig, gut gekleidet, dynamisch, aber ansonsten nicht auffällig. Ja, ich würde sie auf den ersten Blick sogar als unauffällig bezeichnen. Doch der Schein trügt.

Mit ihrer offenen Körpersprache vermittelt sie, dass sie ganz anwesend ist und genau zuhört. Nach etwa fünf Kommentaren aus dem Teilnehmerkreis ergreift sie zum ersten Mal das Wort. Sie steht selbst mittlerweile irgendwo zwischen Information und Emotion auf der imaginären Skala. »Ich kann verstehen, dass ihr euch so fühlt.

Genauso ging es mir in den vergangenen Wochen auch. Wir sind mitten in einem Prozess, der erst angefangen hat und bei dem wir Schritt für Schritt unsere Erfahrungen machen. Das Ziel ist klar, nämlich den Kunden glücklicher zu machen. Das ‚Wie' können wir aber nur gemeinsam nach und nach erarbeiten. Wir wissen noch nicht genau, wohin die Reise geht. Das ist für uns alle, auch für mich, ungewohnt.«

An den Gesichtern merke ich, dass sie die Zuhörer für sich gewonnen hat. Ein Nicken hier, ein Raunen da … sie hat es geschafft zu vermitteln, dass sie die Ängste der Führungskräfte ernst nimmt. Ich möchte den Prozess nicht stören und trete unauffällig einen Schritt zurück, um das Feld ganz der Vorständin zu überlassen.

Mit ihrer Reaktion hat sie mich echt überrascht. Alles, was wir seit Jahren den Führungskräften in unseren Trainings zu vermitteln versuchen, verkörpert diese Dame: Dass es wichtig ist, genau zuzuhören, empathisch zu reagieren und gleichzeitig knapp und souverän auf den Punkt zu kommen. Ich bin beeindruckt.

Ich warte auf die alles entscheidende Frage. Diese wird zeigen, ob sie es schafft, die Leute mitzunehmen. Und wenige Minuten später kommt sie. Ein Teilnehmer – ein junger, hochgewachsener Mann – tritt mutig einen Schritt nach vorne und fragt: »Warum müssen wir denn unsere Strukturen so radikal ändern? Und warum jetzt? Ich dachte, unsere Kunden sind zufrieden und wir schreiben hohe Verkaufszahlen?«

Die Vorständin bittet die Teilnehmer sich hinzusetzen und nimmt selbst ebenfalls wieder Platz. Aufrecht sitzend, mit wachem Gesichtsausdruck, gibt sie die Frage in die Runde zurück: »Ich würde diese Frage gern in die Runde stellen. Was hören Sie von Ihren Kunden? Welches Feedback bekommen Sie draußen am Markt?«

»Bingo!«, denke ich. Ich predige immer wieder, wie wichtig es ist, die Gruppe in die Interaktion zu bringen und sie zum Mitdenken anzuregen, anstatt jede Antwort im Monologstil vorzukauen. Danke, danke, danke! Große Erleichterung durchströmt mich, die Veranstaltung läuft super.

Die letzten Sonnenstrahlen scheinen in den Raum und lenken meine Aufmerksamkeit zurück ins Hier und Jetzt. Eine Teilnehmerin berichtet gerade, dass sie im Vertrieb leider sehr oft von den Kunden zu hören bekomme, dass die Firma zu unflexibel und zu langsam sei. Sie würde sich wünschen, man wäre intern so aufgestellt, dass man schneller und flexibler auf Kundenanfragen reagieren könne.

»Genau das ist es ja, warum Unternehmen agile Strukturen brauchen«, denke ich, und die Vorständin spricht aus, was ich denke. »Sie haben Recht, genau das sind die Rückmeldungen unserer Kunden bei unseren Befragungen. Ja, wir schreiben derzeit noch hohe Verkaufszahlen. Es ist aber nur eine Frage der Zeit, bis unsere Systeme nicht mehr abbilden können, was an Modernisierungen und globalen Anforderungen auf uns zukommt. Der Trend geht weg von langen Projektlaufzeiten und starren Hierarchien hin zu agilen Strukturen. Und warum das Ganze? Damit diejenigen, die unsere Gehälter bezahlen, nämlich unsere Kunden, schnelle und qualitativ hochwertige Lösungen bekommen.«

Es geht wieder ein Nicken durch die Reihen. Die Frau verbreitet Dynamik und Leidenschaft. Mit ihrer Stimme betont sie die wichtigsten Wörter. Gleichzeitig redet sie kurz und knackig und ist klar in ihren Aussagen. Zwei Dinge, die wenige Redner vereinen können: Emotionalität und Fakten. Ich mag diese Frau. Wie klasse wäre es, mit ihr mal ein Video zu drehen und es in den nächsten Führungskräfte-Workshops vorzuführen, geht es mir durch den Kopf.

Die zwei Männer aus dem Change-Projekt, die am Vortag da waren, um den aktuellen Stand zu präsentieren, haben es hinbekommen, jeweils 30 Minuten Monolog zu halten und damit alle zu Tode zu langweilen. Dass ein Dialog die Menschen stärker einbindet, wissen wir auch nicht erst seit ein paar Wochen.

Kaum eine Minute hat die Antwort gedauert und sie wirft den Ball wieder zurück in die Runde: »Was meinen Sie, was uns helfen könnte, schneller zu werden?«

Die Diskussion ist in vollem Gange, die Führungskräfte sind beteiligt und ich bin begeistert. Indem die Vorständin nicht mit einem vollständigen Plan vorgeprescht ist, sondern die Leute unterwegs abgeholt hat, hat sie sie auch emotional mitgenommen.

Ich schaue meine beiden Trainerkollegen an, die rechts einige Meter entfernt von mir nebeneinandersitzen und sehe in ihrem Blick das Gleiche, was ich spüre. Ein echtes Lächeln, große Zufriedenheit.

///

Zwei Stunden später sitzen alle beim Abendessen und die Vorständin dreht ihre Runde von Tisch zu Tisch, um auch mit den ruhigeren Leuten ins Gespräch zu kommen.

Ich löffle gedankenverloren in meiner Kürbissuppe mit Crème-fraîche-Häubchen. In der Vorbereitung zu dieser Veranstaltung hatte ich mich erstmals ernsthaft mit dem Thema Agilität auseinandergesetzt. Ich hatte mich eingelesen und mich vor Ort mit vielen Leuten unterhalten. Der Abend hat nun dem ganzen Thema für mich das Krönchen aufgesetzt: Ich durfte erleben, wie eine progressive Führungskraft etwas vorlebt, das meiner Vorstellung von agiler Führung sehr nahekommt. Wir nennen das in unseren Trainings das »Prinzip der minimalen

Führung« – das ist eine Führungskraft, die an die Selbstorganisation ihrer Teams und Mitarbeiter glaubt. Eine Führungskraft, die verstanden hat, dass sie heute nicht mehr alles wissen kann, die strategisch die Kompetenzen ihrer Mitarbeiter einsetzt, einen konstruktiven Umgang mit Fehlern lebt und ihre Prioritäten klar am Kunden und Mitarbeiter ausrichtet. Eine Führungskraft, die ein guter Prozessmanager ist und Probleme zurück ins Team gibt, um die Menschen zum Mitdenken zu bewegen. Ich löffle weiter in meiner Suppe, als die Vorständin an unseren Trainertisch tritt. Sie fragt ganz offen heraus: »Wie haben Sie den Abend wahrgenommen? Haben Sie ein Feedback für mich?«

Ja, und wie gerne gebe ich ihr dieses Feedback. Ich lasse sie wissen, wie dankbar bin, dass sie extra angereist ist, um mit allen Anwesenden in den Austausch zu gehen. Ich sage ihr, dass sie meiner Meinung nach wirklich mit mitreißender Leidenschaft rübergebracht hat, dass sie an das Projekt glaubt! Dass sie die Menschen gut abgeholt hat und strukturiert und klar auf Fragen geantwortet hat. Ihre Aussagen haben vermittelt, dass die Veränderung bitter nötig ist, um den Kunden nicht zu verlieren und das Unternehmen am Leben zu halten. Dass aber das gesamte Unternehmen sich in einem Lernprozess befindet und es daher momentan mehr Fragen als Antworten gibt. Sie war transparent, ehrlich und offen. Und genau das hat mich überzeugt – und mein Gefühl sagt mir, dass das auf mindestens 95 Prozent der Zuhörer zutrifft.

Als sie sich wenig später verabschiedet hat und ich etwas verloren herumstehend an meinem Glas Wein nippe, knufft meiner alter Trainerkollege mir in die Schulter. »Und was hast du mitgenommen?« Mit einem Augenzwinkern antworte ich: »Seit eben bin ich überzeugt davon, dass agiles Arbeiten viel mehr aus Kultur und Mindset und viel weniger aus Methoden und Werkzeugen besteht, als manches Unternehmen sich vorstellen mag.« Er lacht. »Jaja, so ist es«, raunt er und hebt sein Glas zum Anstoßen – und ich weiß, am liebsten würde er hinzufügen: »Und das predigen wir schon seit Jahren – ein bisschen mehr agile Führung würde jedem Team und jedem Unternehmen guttun.«

Claudia Eisinger

wohnt mit ihrem Mann und ihren zwei Kindern in Eschborn bei Frankfurt. Seit zehn Jahren ist sie selbstständige Trainerin und Coach mit den Schwerpunkten Führung und Vertrieb. Sie arbeitet für das Institut für Sales- und Management-beratung und bietet u.a. Fortbildungsreihen zum »Prinzip der minimalen Führung« in Deutsch und Englisch an. Als Lehrcoach ist sie auch bei Dr. Migge Seminare tätig. Zuvor hat die gebürtige Münchnerin Psychologie und Wirtschaftswissenschaften studiert und war sieben Jahre lang im Banking tätig. Menschen zu entwickeln und mit Gruppen zu arbeiten, ist ihre Leidenschaft.

Der Tunnel

Montag, 09:30 Uhr. Start des Teamtages. Es ist einer der letzten warmen Tage, an denen sich der Sommer in den Oktober hinübergestohlen hat. Ungewöhnlich warm, aber nicht drückend. Das Braun einiger Blätter kann der vergangenen Hitze oder bereits dem Herbst geschuldet sein. Zehn Coaches sitzen in der Runde. Sie hat sich mit dem Rücken zur Sonne in den Stuhlkeis gesetzt. Ihre Stimmung ist ähnlich unentschlossen wie das Wetter. Gestern hat es geregnet. Sie hat auch für heute Regen erwartet.

Der Teamtag startet mit einem Ritual. Alle Coaches tragen die Ereig- und Erlebnisse der letzten vier Wochen in ihren »Fünf Minuten für jeden Menschen« zusammen. Mit diesen fünf Minuten kommen alle Teammitglieder im monatlichen Teamtag an. Sie erklären den anderen, was für die anderen über die Zeit seit dem letzten Teamtag wichtig zu wissen ist. Da ist alles drinnen: Persönliches, Emotionales, Faktisches, Erlebnisse mit Kunden und Kundinnen, Selbstorganisation und Erkenntnisse – alles hat seinen Raum in diesen fünf Minuten. Es ist der gemeinsame Start in einen gemeinsamen Tag eines verteilten Teams.

Sie hört die anderen Coaches, während diese referieren: »Die Zeit ist seit dem letzten Teamtag wie im Flug vergangen. Ich habe den Kunden weiter begleitet. Es ist ganz schön viel, aber mit eurer tatkräftigen Unterstützung bekomme ich das gut hin.« Nein, sie bekommt gerade nicht viel hin. Das Leben ist zäh und groß. Ein Teammitglied freut sich: »Ich habe zum ersten Mal in einer Führungsrunde einen Design-Thinking-Prozess moderiert. Das war für mich eine ungewöhnliche Runde, aufregend, lehrreich und groß. Es hat geklappt. Freue mich aufs nächste Mal. Da hätte ich gerne einen Schatten dabei.« Schatten? In letzter

Zeit war sie immer nur Schatten. Und auch dafür hat sie gerade wenig Zeit. Sie muss Prioritäten setzen!

Manche der Geschichten kennt sie schon, die von den Teammitgliedern vorgetragen werden. Während die anderen berichten, überlegt sie, welche Punkte sie vortragen möchte. Normalerweise referiert sie über Termine bei Kunden und Kundinnen, neue Produktideen und Experimente. Beiläufig würde sie dabei erzählen, wie es ihr geht. Gedanken an ihre Großmutter schießen ihr durch den Kopf. Die ist krank. Aber sie hat in letzter Zeit auch ganz schön was geschafft. Während sie noch überlegt, was sie genau sagen möchte, fliegt ihr der Puschel entgegen. Das kam unerwartet, sie ist dran mit ihren fünf Minuten! Es bricht ohne Vorwarnung aus ihr heraus: »Mir geht es nicht gut. Meine Großmutter ist krank. Die ist wichtig für mich. Wir waren immer sehr innig und es ist nicht klar, wie lange ich sie noch haben werde. Vielleicht wird es. Vielleicht nicht.«

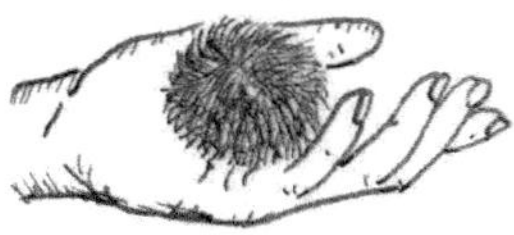

Mit dieser Eröffnung hat sie sich selbst überfordert. Sie kämpft mit den Tränen. Mit leicht nasser Stimme trägt sie vor, was sie gerade neben den Terminen und Aufgaben alles getan hat. Sie erzählt auch von Terminen bei Kunden und Kundinnen. Sie fängt sich während ihrer Erzählung. Sie berichtet, dass sie über einen Blogartikel nachdenkt. Sie erzählt, wie sie zwischen den Terminen Kontakt zu ihrer Großmutter und ihrer Familie hält. Wie sie Besuche möglich macht. Wie sie täglich telefoniert. Wie sie ihre Familie in ihre Arbeit einschließt. Wie auf einem Bindfaden sagt sie die Termine auf, die sie für das Team wahrgenommen hat. Sie endet mit: »Es ist gerade viel, aber ich bekomme das hin!«, und in ihrer Stimme ist Stolz zu hören, dass sie die aktuell schwierige Situation gut meistert. Sie schließt damit, dass sie heute den Teamtag vorzeitig verlassen wird, weil sie sehr kurzfristig noch einen Vortrag angenommen hat. Es warten siebzig Teilnehmer und Teilnehmerinnen auf sie.

Der Teamtag verläuft in der üblichen Routine. Die Teammitglieder schauen sich zusammen den Forecast an, besprechen anstehende Urlaube und stellen sich für zukünftige Anfragen auf. Der Forecast zeigt eine gute Auslastung. Die Teammitglieder diskutieren, wer bei zukünftigen Anfragen diese Vertriebsthemen übernehmen kann. Innerhalb der nächsten vier Wochen gibt es Freiräume bei einzelnen Teammitgliedern. Sie merkt, dass sie leicht aufgeregt ist, als sie sagt: »Ich kann keine weiteren Termine annehmen. Ich habe viel auf dem Zettel.« Als Inhaberin des Unternehmens fällt es ihr nicht leicht, Aufgaben nicht anzunehmen und sich abzugrenzen. Sie spürt auch bei dieser Ansage ein schlechtes Gewissen aufkeimen, das sie aber zu ignorieren versucht. Das Team ist schließlich selbstorganisiert. Das sollte schon gehen!

Während der Lerneinheiten hält sie sich zurück. Ein Teammitglied hat ein neues Gruppenspiel mitgebracht. Sie spielt mit, mehr wie ein Automat als eine Mitspielerin. In der Auswertungsrunde zeigen sich die Teammitglieder begeistert: »Was für eine einfache Aufgabenstellung! Sie zeigt die Unterschiede zwischen komplex und kompliziert so einfach auf!« Sie ist nicht gerne auf diesem Teamtag. Ihr Mailfach ist voll und sie muss das noch hinbekommen, um den nächsten Besuch bei ihrer Großmutter einzurichten. In Gedanken geht sie ihre Aufgabenliste durch. Was kann sie noch schieben? Und wann wird klar werden, ob Oma das schafft? Sie sieht so wenig krank aus und sie backt immer noch so gerne. Irgendwie wäre alles wie immer, wenn da nicht die anderen Symptome wären. Sie würde gerne morgen zu ihr fahren, aber sie wird das nicht leisten können. Erst am Wochenende wird sie die zweistündige Fahrt machen können. Bei der Auswertung der zweiten Spieleinheit beteiligt sie sich nicht.

Als sie zu ihrem Vortrag aufbricht, ist sie zufrieden mit sich. Sie hat sich abgegrenzt. Sie hat keine weiteren Aufgaben angenommen. Den Rest bekommt sie schon hin. Die Woche wird anstrengend werden, aber sie wird das hinbekommen.

Sie fährt dreißig Minuten durch die Stadt, während die Teammitglieder ihren Teamtag mit der Gruppensupervision beenden. Die Sonne flirrt. Sie merkt, dass sie die falschen Klamotten angezogen hat. Inzwischen ist es draußen warm wie im Hochsommer. Sie ist auf Regen und Kälte eingestellt. Sie schwitzt. Während der Autofahrt blitzt in ihr der Gedanke auf, dass sie zum ersten Mal den Teamtag früher verlassen hat. Seit vier Jahren ist sie bei jedem Teamtag dabei, stützt und fördert die Selbstorganisation des Teams.

Der Vortrag funktioniert gut. Routiniert spricht sie. Mit Begeisterung erläutert sie aktuelle Fälle ihres Teams. Nachdem dem Vortrag ist sie zufrieden mit sich. Das Publikum hat viele Fragen gestellt. Die Interaktion war lebendig. Das Feedback der Zuhörenden und der Veranstalterin war gut.

Als sie zu Hause ankommt, ist es später als sie geplant hatte. Eigentlich wollte sie abends noch bei ihrer Großmutter anrufen, aber das passt jetzt nicht mehr. Es ist zu spät. Ihre Großmutter geht früh zu Bett. Mit den neuen Symptomen noch früher.

Sie kommt schlecht in den Schlaf. Die Aufgaben kreisen in ihrem Kopf. Wenn ihr Kopf die Aufgaben losgelassen hat, folgt die Sorge um ihre Großmutter. Die Ungewissheit ist nicht hilfreich fürs Ein- und Durchschlafen.

Nach einer unruhigen Nacht öffnet sie zum morgendlichen Kaffee ihren Rechner. Sie möchte ihr Daily posten. Ihr Rechner gibt das Signal für eine persönliche Nachricht von sich.

Sie folgt der Benachrichtigung und liest im Chat: »Meine liebe Lieblings-Chefin. Wir haben gestern gemerkt, dass du im Tunnel bist. Das ist kein guter Ort. Du sagst immer: ‚Zusammen geht es leichter aus dem Tunnel raus.' Wir tun unseren Teil. Folgende Aufgaben haben wir von dir übernommen …«

Es folgt eine lange Liste mit Aufgaben und Namen dahinter. Sie sieht ihre Aufgaben, die sie – wie alle Teammitglieder – im Ticketsystem führt. Die Aufgaben haben neue Besitzer und Besitzerinnen. Als die Teammitglieder das Ticketsystem einführten, hat sie lange überlegt, ob sie dabei mitmacht. Neben operativen Aufgaben erfüllt sie auch strategische und normative Aufgaben. Sie wollte für Transparenz sorgen. Diese Transparenz sorgt dafür, dass ihre Teammitglieder nun ihre Aufgaben übernehmen können.

Aus ihrem gestrigen Stolz wird Verwunderung. Das wollte sie alles schaffen? Jetzt erst merkt sie, wie groß die Last ist. Was für eine Liste. Sie kämpft mit ihren Gefühlen.

Die Chatnachricht endet mit: »Ich melde mich gleich noch telefonisch bei dir. Wir klären dann den Rest.« Das Telefonat verläuft deutlich: »Wir haben gemerkt, dass du im Tunnel bist. Offensichtlich warst du nicht in der Lage, zu dem Vortrag nein zu sagen. Das ist nicht gut. Du brauchst mehr Zeit für dich – und für deine Familie.«

Die Teammitglieder sind in ihrer Abwesenheit am gestrigen Teamtag ihre offenen Aufgaben durchgegangen. Für jede Aufgabe haben sie einen Vorschlag. Die meisten operativen Aufgaben sind neu vergeben, das hatte sie bereits in der Chatnachricht gelesen. Auch ein Teil der strategischen Aufgaben hat neue Besitzer und Besitzerinnen gefunden. Bei einigen Aufgaben haben die Teammitglieder Vorschläge erarbeitet, wie die Aufgaben anders oder später bearbeitet werden können. Einige Aufgaben bleiben bei ihr. »Bitte guck nach, ob das Maß an Aufgaben für dich stimmt.«

In ihr keimt ein warmer Gedanke. Sie ist Teil des Teams. Sie ist Teil der Selbstorganisation und in einem Team arbeiten die Beteiligten entsprechend ihrer Stärken und Schwächen. Sie kann ihre Aufgaben aktuell nicht wie sonst meistern. Das macht jetzt das Team. So wie sie Aufgaben übernehmen würde, wenn andere Teammitglieder Unterstützung brauchen, übernehmen die Teammitglieder jetzt Verantwortung für sie und ihre Aufgaben.

Nachdem sie das Telefonat beendet hat, schaut sie aus dem Fenster. Der Oktober zeigt sich strahlend schön. Die Sonne spielt in farbigen Blättern. Sie war im Tunnel. Im Tunnel geht es ums Funktionieren.

Außerhalb des Tunnels weiß sie, was wichtig und richtig ist. Sie greift wieder zum Handy: »Hallo Oma! Du, eigentlich hätte ich erst am Wochenende Zeit für einen Besuch gehabt. Aber das sieht nun anders aus. Was hältst du davon, wenn wir heute zusammen einen Kuchen backen?«

Judith Andresen

ist Agile Coach und Organisationsentwicklerin. Als Mitglied eines Teams aus achtzehn Agile Coaches unterstützt sie Teams und Unternehmen bei der Einführung agilen Arbeitens, agilen Denkens und Führens. Schwerpunktmäßig begleitet sie Unternehmen durch ihre agilen Transitionen.

Judith bloggt regelmäßig, schreibt Fachartikel und Bücher. Ihre Erkenntnisse und Erlebnisse aus der Arbeit in der BERATUNG JUDITH ANDRESEN *gibt sie gerne in Vorträgen weiter.*

www.judithandresen.com

Agile Transformation

Es ist Zeit, agil zu werden!

Wissen Sie, ich kenne da jemanden, einen mittelständischen, bisher erfolgreichen Unternehmer. Er hatte erst sehr spät bemerkt, dass sein Unternehmen in die Jahre gekommen war. Innovationskraft, Dynamik, Struktur und die Unternehmenskultur passten nicht mehr zu den Markanforderungen und in die heutige Zeit. Der Umsatz ging deutlich zurück und er stand mit seinem Unternehmen kurz vor dem Aus. Jetzt hat er aber die Kurve gekriegt, hat sich an seine Anfangstage erinnert und sein Unternehmen umgekrempelt. Es ist jetzt dezentral, agil und anpassungsfähig aufgestellt, er hat seine Verantwortung sinnvoll verteilt und ebenfalls dezentralisiert. Das hat der Motivation der Mitarbeiter einen mächtigen Schub gegeben und ungeahnte Energie und Tatendrang freigesetzt. Seit kurzem ist er aus der Krise raus und blickt sehr zuversichtlich in die Zukunft.«

»Hat er die Veränderung ganz allein bewältigt?«

»Nein, er hatte kompetente Begleitung. Einen, der ihm zugehört hat und ungewöhnliche, aber irgendwie doch bodenständige Vorschläge gemacht hat. Sein Begleiter hat aber nicht nur geredet, sondern gleich mit angepackt. Zusammen haben sie es jetzt geschafft.«

Es war einmal …

… ein traditionell hierarchisch geführtes Unternehmen, erfolgreicher Mittelstand. Entscheidungen wurden zentral durch den Chef, Herrn Weidenmüller, und seine Managementkollegen getroffen. Eigene Interessen, Visionen und Vorstellungen der Mitarbeiter sämtlicher Ebenen konnten nur durch politisches Handeln und durch »Treue« gegenüber dem Chef oder einem Vorgesetzten in kleinen Schritten durchgesetzt bzw. umgesetzt werden. Veränderungen waren ohne die Zustimmung einer großen Gruppe von Mitarbeitern oder Kollegen nicht möglich. In Zeiten stabiler Märkte und guter Beziehungen zu den Auftraggebern war das auch nicht weiter schlimm. Der Erfolg der Vergangenheit gab keinen offensichtlichen Anlass zur Veränderung.

Die Krise

So bemerkte anfangs keiner, dass die Strukturen immer starrer und die Beziehungen und gegenseitigen Abhängigkeiten unter den Mitarbeitern immer komplexer und undurchdringlicher wurden. Kompromisse beherrschten das Bild. Kompromisse, die sich vor allem an den Bedürfnissen der Mitarbeiter und ihrem erreichten Status oder persönlichen Zielen orientierten, nicht aber am unternehmerischen Gesamtziel.

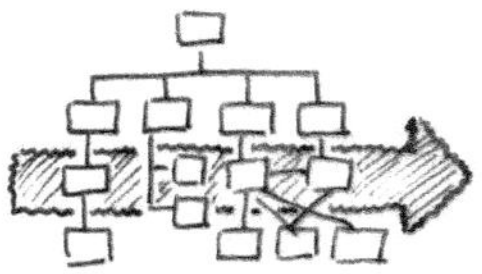

Doch in der letzten Zeit tat sich etwas – etwas, das keiner wirklich fassen oder begreifen konnte. Die Mitarbeiter fühlten eine zunehmende Arbeitslast, Aufgaben wechselten immer öfter oder mussten parallel erledigt werden. Der Druck und am Ende auch der Stress nahmen zu. Wo früher noch Raum für persönliche Gespräche und die Pflege des persönlichen informellen Netzwerks war, trat jetzt immer mehr die Abarbeitung von vorgegebenen, kleinteiligen Aufgaben in den Vordergrund. Weil die persönlichen Kontakte immer stärker vernachlässigt wurden, konnten auch dringende, plötzlich auftretende Aufgaben nicht schnell am steuernden System vorbei erledigt werden.

Das Schlimmste

Der Kollaps des Unternehmens stand, von außen betrachtet, kurz bevor. Obwohl jeder Einzelne immer mehr tat und oft über die Grenzen der Belastbarkeit ging, erwirtschaftete das System immer weniger positive Ergebnisse. Der Chef und die Hierarchie waren zum Flaschenhals geworden. Die Motivation und die Beteiligung der Mitarbeiter am großen Ganzen war fast auf den Nullpunkt gesunken, das Unternehmen wurde immer träger und war nur mit sich selbst beschäftigt. Die Entscheidungsprozesse waren langwierig, der Markt wurde bei weitem nicht systematisch, sondern lediglich punktuell beobachtet. Dass sich der Markt inzwischen verändert hatte, kam beim Chef erst an, nachdem die negativen Rückmeldungen von Kunden nach langer Eskalation auf seinem Tisch gelandet und die Umsätze bereits gefallen waren. Alles befand sich im Wandel: der Markt, die Player, die Produkte, die Ansprüche der Kunden. Vor allem begannen sich die Mitbewerber zu wandeln – in einer Dimension, Geschwindigkeit und Dynamik, die bisher nie da gewesen war. Das Unternehmen von Herrn Weidenmüller stand mit dem Rücken zur Wand. Es war sprichwörtlich fünf vor zwölf.

Aber was sollte geschehen, in welche Richtung sollte es gehen? Die Last der Entscheidung lag, bedingt durch die Unternehmenskultur, auf den Schultern eines einzelnen Mannes. Würde er die alles entscheidende Idee haben, oder würde das Lebenswerk mehrerer Generationen einfach verschwinden?

Zu allem Überfluss wurde Herr Weidenmüller unverschuldet in einen Autounfall verwickelt. Totalschaden, Schleudertrauma und mehrere Tage zur Beobachtung im Krankenhaus – Zwangspause. Am ersten Tag hing Herr Weidenmüller mit seinen Gedanken noch völlig am Unfall und versuchte diesen zu verarbeiten. Doch schon am zweiten Tag drängten sich das Unternehmen und dessen kritische Situation unweigerlich in den Vordergrund. Was sollte er tun? Wie konnte er sein Unternehmen retten? Konnte er es überhaupt alleine schaffen?

Die Entdeckung

Herr Weidenmüller begann über die Entwicklung des Unternehmens nachzudenken. Er dachte an die Anfangszeit, an den Aufbruch, die Kraft und den Glauben, der von der Vision ausging. Er erinnerte sich an die Erzählungen seiner Vorfahren und die Emotionen, die er seit seinen Kindertagen erfahren hatte. Im Vergleich zu heute ein sehr deutlicher Unterschied, wie er bemerkte. Doch was war geschehen? Aus dem kleinen Familienbetrieb, der nicht das Risiko scheute, etwas Neues zu probieren, war ein ansehnliches Unternehmen geworden. Strukturen hatten sich gebildet und das Wachstum begünstigt. Immer seltener wurden Risiken eingegangen und Neues probiert. Wenn, dann beschränkte es sich auf die Details bestehender Produkte und Abläufe, mit dem Ziel, vor allem im Preiskampf überleben zu können. Wenn Herr Weidenmüller ehrlich war: Große Innovationen waren nicht darunter. Sein Unternehmen war zu einem Spezialisten im Markt geworden. Klar, es war ein sehr erfolgreicher Spezialist, wie die Umsätze und Verkaufszahlen der Vergangenheit immer wieder gezeigt hatten. Die Struktur des Unternehmens gab Halt, Stabilität, Sicherheit und Möglichkeiten der Optimierung. Jeder ging seiner Aufgabe nach, konzentrierte sich auf seinen Bereich und hatte seinen spezifischen Fokus. Als er so die momentane Situation mit den Anfangsjahren verglich, stellte sich Herr Weidenmüller die Frage: »Wer hat eigentlich die Übersicht? Wer beobachtet die Wechselwirkungen und greift gegebenenfalls korrigierend ein? Eigentlich ist das doch meine Aufgabe, oder?« Vor lauter Tagesgeschäft, Schlichtung, Zielvereinbarung, Budgets und Statusberichten hatte aber auch er die Übersicht verloren. Zumindest hatte er sich nicht bemüht, die Übersicht zu behalten. Berichte und Status-Meetings ergaben kein wirklich gutes, geschlossenes Bild, wie er jetzt bemerkte.

In diesem Moment fasste Herr Weidenmüller einen entscheidenden und in der Auswirkung schweren Entschluss: Er wollte zu den Emotionen, zu dieser Kraft, diese Energie, dieser Menschlichkeit der Anfangsjahre zurück. Aber wie?

Er trug Verantwortung für seine Mitarbeiter und deren Familien. Er konnte doch sein Unternehmen nicht einfach verkaufen und neu anfangen. Er konnte und wollte auch nicht einfach Mitarbeiter entlassen, um zur alten Größe und Überschaubarkeit zurückzukehren. Herr Weidenmüller brauchte eine Idee. Ihm war bewusst, dass es eine Idee sein musste, die das ganze Unternehmen und dessen aktuelle Kultur stark beeinflussen würde. Er erkannte auch, dass er selbst sich verändern musste, um als Vorbild mit gutem Beispiel vorangehen zu können. Der Wandel würde also in erster Linie bei ihm selbst beginnen. Er war selbst einer der Schlüssel zum Erfolg.

Der Traum

Bedingt durch die verordnete Bettruhe, fiel Herr Weidenmüller mehrmals am Tag in einen traumähnlichen Zustand. In einem seiner Tagträume zeigten sich jene Bilder und Emotionen, die er sich wünschte.

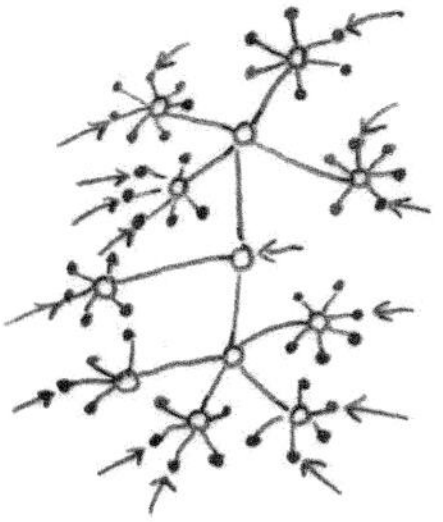

Er sah sich in einem Team und er spürte sofort das gegenseitige Vertrauen, den gegenseitigen Respekt, aber auch Mut, Offenheit und eine gewisse Risikobereitschaft waren dabei. Die Teammitglieder sprachen über Fortschritt und Ergebnisse, sie informierten sich gegenseitig über

Hindernisse und Maßnahmen auf dem Weg zum Ziel. Jeder schien das Ziel klar vor Augen zu haben und war in der Lage, ohne die anderen Entscheidungen zu treffen. Nur sehr weitreichende Entscheidungen wurden noch gemeinsam getroffen. Im Team waren vielfältige Kompetenzen vorhanden, Aufgaben wurden ganzheitlich betrachtet und nach ihrem Wert für das Erreichen der Ziele bewertet. Bei den Zielen fiel auf, dass sie die Kunden und den Markt in den Mittelpunkt stellten. Aufgaben, die nicht direkt einen Wert für den Kunden schufen, Hindernisse beseitigten oder zur mittelfristigen Verbesserung beitrugen, wurden verworfen. Das Team von Herrn Weidenmüller war nicht allein – im gesamten Unternehmen waren ähnliche Teams etabliert. Sie schienen eigenständig zu agieren, hatten aber eine große Gemeinsamkeit: das Wohl des Unternehmens – und damit das Wohl jedes Einzelnen. Jeder im Unternehmen war angetrieben durch eine gemeinsame Vision, die sich – so dynamisch wie die Ziele – am Markt und dessen Veränderung orientierte. Dabei wurden Ziele und Visionen nicht ständig angepasst, sie waren langfristig konstant. Es lag an der Art, wie diese Ziele formuliert waren: Die Formulierungen schufen Kontinuität, die gleichzeitig eine dynamische Reaktion auf Änderungen zuließ. Überall im Unternehmen war ein Rhythmus zu spüren: Dynamik und Anpassungsfähigkeit in der Planung wechselte mit Ruhe und Konzentration, um die Aufgaben umsetzen zu können. Bevor Ergebnisse präsentiert und neue Aufgaben vereinbart wurden, gab es Rückbetrachtungen. In allen Bereichen wurden Möglichkeiten zur Optimierung und besseren Zusammenarbeit identifiziert. Das Unternehmen war wie ein lebendiger, anpassungsfähiger Organismus: Ständig wurde auf der persönlichen Ebene, in den Abläufen und Strukturen angepasst und verändert, wenn es notwendig war.

Die Rückkehr

Monate später war das Unternehmen von Herrn Weidenmüller nicht wiederzuerkennen. Dabei war gar nicht so wichtig, wie sich für Außenstehende die Zahlen, Daten und Fakten präsentierten. Darin war einzig zu beobachten, dass der Abwärtstrend gestoppt war. Viel spannender war das, was mit dem »Organismus« Unternehmen passiert war. Mit kompetenter Unterstützung hatte Herr Weidenmüller einen nicht einfachen Veränderungsprozess in Gang gesetzt. Er folgte seiner Vision und hatte damit auch unter seinen Mitarbeitern eine ungeahnte Kraft und Ener-

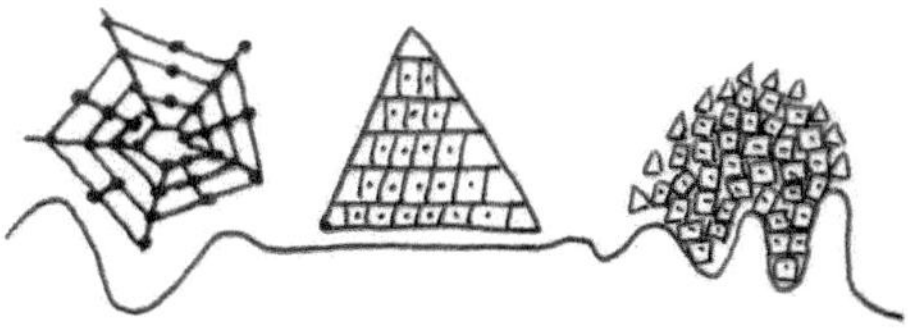

gie freigesetzt. Ja, es hatte Kündigungen gegeben, doch vermeintliche Lücken wurden durch gemeinsame Kreativität, gegenseitige Inspiration und die freigesetzte Energie geschlossen. Ideen wurden geboren, ausprobiert, weiterentwickelt. Es wurde gelernt, intensiv gelernt auf allen Ebenen und in allen Bereichen. Die formellen Strukturen wichen mehr und mehr informellen Kommunikationswegen, soweit sie aus der Vergangenheit noch vorhanden waren. Schnell bildeten sich aber auch ganz neue Kommunikationsstrukturen innerhalb und zwischen den Teams und Bereichen. Kommuniziert wurde dort, wo es notwendig war. In den Teams fanden sich Menschen mit vielfältigen Kompetenzen, die eine gemeinsame Aufgabe zu erfüllen hatten – dadurch entwickelte jeder und jede Einzelne einen ganzheitlichen Blick. Das erwies sich als wesentlicher Vorteil bei Entscheidungen, Verbesserungen und in der Kundenorientierung – und es stärkte den Zusammenhalt und die Motivation. Die Mitarbeiter erkannten nun den Sinn ihres Handelns und konnten gerade deshalb unabhängig, selbstbestimmt und dynamisch im Sinne der gemeinsamen Vision agieren.

Die Lektion

Auszeiten und Rückbetrachtungen gehören inzwischen zum Alltag von Herrn Weidenmüller. Einen Anstoß von außen oder gar einen Unfall braucht er zum Glück nicht mehr. Er nimmt sich mit seinem Team die Zeit, das System und seine Zusammenhänge als Ganzes zu betrachten. Dabei sieht er sein Unternehmen als Teil eines übergeordneten Systems, und dadurch kann er die dynamischen Zusammenhänge der Branche oder des Marktes auf seine Organisation übertragen.

Die Ideen für neue Produkte, neue Märkte und neue Kundengruppen, die aus den unterschiedlichen Teams kommen, stimmen Herrn Weidenmüller sehr zuversichtlich. Durch den deutlich intensiveren Kundenkontakt haben seine Mitarbeiter jetzt Einblick in den Markt. Ihre Sicht von unterschiedlichen Ebenen und verschiedenen Perspektiven aus ist noch breiter und wertvoller als der Blick eines einzelnen Teams. Die Vision lenkt ihren Blick in eine gemeinsame Richtung und bündelt ihre Kräfte für den gemeinsamen Erfolg. Gemeinsam sind sie stark.

Frank Sazama

begleitet Organisationen, Gruppen, Teams und Menschen auf ihrem Weg der Entwicklung und des Lernens. Er ist ein kreativer Chaot, der alternative Vorgehensweisen aufzeigt und ein aufmerksamer Gesprächspartner im schöpferischen Dialog, der am liebsten ungewöhnliche und unerwartete Fragen stellt. Und schließlich ist Frank einfach ein Mensch mit einem ganzheitlichen Blick aufs Leben, der die Wirkung echter Führung und einer inspirierenden Umgebung selbst erfahren hat und diese als Vorbild in seiner Vision nutzt.

Was kann dein Kunde für dich tun?

Am Schreibtisch sitzend, in den Versuchsbericht der letzten Woche vertieft, bekommt Tom die Outlook-Benachrichtigung zu einem Termin: kommender Dienstag, »Einführung in Scrum«. Angesetzt auf zwei Stunden, mit anschließendem Mittagessen. Nach dem Öffnen der Nachricht ist klar: Der Termin ist für das ganze Team gedacht und »zusagen« ist die einzig zulässige Antwort.

Tom öffnet seinen Kalender. »Scrum« hat er in letzter Zeit immer häufiger gehört. »Das ist etwas Methodisches, wie Lean für indirekte Bereiche damals«, geht es ihm durch den Kopf. Laut den Kollegen im zweiten Stock, die schon einige Monate so arbeiten, ist das ein furchtbarer Zeitfresser. Ein Tag Planung für vier Wochen Arbeit? Das kann nichts bringen. Viele weitere Termine, aufwendige Aufgabenpflege in Jira und noch mehr Abstimmungsaufwand. Damit bleibt immer weniger Zeit fürs Entwickeln. So wie er Anton als treuen Teamkoordinator kennt, wird er das einführen, ungeprüft und wie vorgegeben. Was von oben kommt, wird gemacht! Egal, ob dabei etwas rauskommt. Lustlos klickt Tom auf »zusagen«. Er schließt Outlook und schreibt weiter an dem Versuchsbericht.

In der Frühstückspause kommt die Termineinladung unter den Kollegen zur Sprache und wie erwartet ist Anton als Teamleiter für den Termin verantwortlich. Der promovierte Maschinenbauer ist schon lange für das Team und dessen Arbeit zuständig. Als pflichtbewusster, loyaler und detailverliebter Entwickler ist ihm viel daran gelegen, seine Aufgabe gewissenhaft auszuführen. Sein Chef, der Bereichsleiter, wünscht schon lange eine Umstellung der Teams. Es soll agil gearbeitet werden. Nun packt auch Anton die Aufgabe an. Er hat eine Expertin eingeladen, die sich mit dem Thema auskennt und die anderen Teams bereits begleitet hat.

Während Tom an seinem Kaffee nippt, bringt er seine Skepsis zum Ausdruck: »Vor drei Jahren haben wir Tische aufgeräumt und Fächer beschriftet, seitdem arbeiten wir lean. Unser Board zeigt, was wir diese Woche vorhaben – und wenn wir es nicht erreichen, passiert nichts. Machen wir etwas anderes, hat das auch keine Auswirkungen. Das Ergebnis spielt hier doch keine Rolle. Das wird Scrum auch nicht ändern.« »Ist Scrum wie Lean?«, fragt einer seiner Kollegen. »Auf jeden Fall ist es wohl agil und wir sollen agil werden«, erwidert ein weiterer Kollege. Angesteckt von Toms kritischer Wahrnehmung tauschen sich die Kollegen über die neuesten Nachrichten des Flurflunks aus und stellen fest: Bisher hat niemand gehört, dass dieses Scrum etwas bringt.

Am Dienstag um 10.00 Uhr findet der Termin wie geplant statt. Der Schulungsraum ist gerade groß genug für die acht Personen und die fremde Frau, die ihnen Scrum beibringen soll. Sie stellt sich als »Agile Coach« vor und will sich als Scrum Master einbringen. Die nächsten beiden Stunden geht es um Sprints, Commitments, um Backlogs, noch mehr Sprints und Product Owner. An der Wand entsteht ein Bild, das Scrum erklären soll. Begriffe werden definiert und Rollen abgegrenzt. Lean ist es jedenfalls nicht, aber auch etwas Methodisches. Manches scheint sinnvoll und anderes unsinnig. Zu guter Letzt werden neue Regeltermine vereinbart: Sprintwechsel mit

allen möglichen Inhalten, Jira als Arbeitstool und tägliche Stehungen.

»Jeden Tag eine Abstimmung? Das kann nicht effizient sein und schon gar nicht notwendig. Was soll ich denn da jeden Tag berichten?«, platzt es aus Tom heraus.

»Es geht um die Abstimmung im Team, gemeinsames Planen der nächsten Aufgaben und die Beseitigung von Problemen«, antwortet die fremde Frau.

»Aber doch nicht bei uns! Jeder arbeitet an seiner eigenen Technologie, wozu müssen wir uns abstimmen? Wir vertreten uns nicht gegenseitig und unsere Aufgaben sind zu klein, als dass man zu zweit daran arbeiten sollte«, entgegnet Tom ärgerlich.

»So viele weitere Termine? Wir sind doch froh, wenn wir noch zum Entwickeln kommen!«, ergänzt ein anderer.

Bisher ist es der Frau gut gelungen, die Änderungen zu erläutern und die neue Arbeitsweise zu erklären. Aber nun scheint sie etwas ratlos, verunsichert. Verwundert fragt sie zurück: »Wer hat die Entscheidung getroffen, Ihre Arbeitsweise umzustellen?« Anton ergreift das Wort und bemüht sich, die Wogen zu glätten: »Wir stellen alle um auf Agilität. Das wird von uns erwartet. Als Team haben wir wenig Chance, einen anderen Weg zu gehen.« »Haben wir es denn versucht, mal nicht einfach auszuführen, sondern zu prüfen, ob es uns etwas bringt?«, hinterfragt Tom mit kräftiger Stimme. »Lasst es uns doch mal einfach ausprobieren. Nächste Woche geht es los«, beendet Anton die Diskussion, offensichtlich ungeduldig von den kritischen Rückfragen. Die anderen Kollegen hören der Auseinandersetzung gespannt zu, denn sie kennen die Diskussionen zwischen Tom und Anton schon lange. Toms Ergebnisorientierung und Antons Ausführungstreue prallen zum wiederholten Male aufeinander.

So wird am nächsten Tag mit Scrum begonnen. Am Ende der ersten drei Wochen steht ein ganztägiger Termin im Kalender: Arbeitsfortschritt präsentieren, Zusammenarbeit reflektieren und Planung der nächsten drei Wochen. Während der drei Wochen hat jeden Morgen um acht Uhr eine kurze Besprechung stattgefunden, um Fortschritte abzugleichen. Nach den nächsten drei Wochen wieder: Präsentation des Arbeitsfortschritts, Wohlergehen des Teams und Planung der nächsten Wochen. Dazwischen jeden Tag die Besprechung. Die fremde Frau ist mittlerweile vertraut geworden. Sie fragt nach dem, was entwickelt wird und erweckt den Eindruck, dass ihr wirklich daran gelegen ist, etwas zu verbessern. Als sie wieder nach dem Wohlergehen des Teams fragt, diesmal in Bezug auf Scrum, bricht es aus einem der jüngsten Kollegen heraus: »Scrum passt nicht zu uns! Wir verbringen alle drei Wochen einen Tag mit der Vorbereitung der nächsten drei Wochen, dann treffen wir uns täglich. Was soll das bringen? Was hat die viele Abstimmung gebracht? Für uns ist das nichts!« Und ein weiterer Kollege setzt lautstark nach: »Noch dazu bereite ich mindestens einen Tag die Präsentation der Arbeitsergebnisse vor.«

Anton rechtfertigt sich, das Team habe seine Aufgabe gut gelöst, die neue Arbeitsweise sei eingeführt. Er scheint zufrieden. Doch die Mitarbeiter haben wenig Verständnis. Ein anderer ist deutlich unfreundlich: »Was, unsere Aufgaben erfüllt? Was ist denn unsere Aufgabe? Jira-Punkte erstellen und sie verschieben? Termine einhalten? Ist das unsere Aufgabe? Werden wir dafür bezahlt?«

Tom sitzt im Besprechungszimmer ganz hinten, am Eck der u-förmigen Tischformation, nach hinten gelehnt, die Arme verschränkt, die Stirn in Falten gelegt. Er hört zu, während die Kollegen ihrem Unmut Luft verschaffen und Anton mühevoll versucht, die Termine, Jira und die Anweisungen von oben zu verteidigen. Er scheint das Anliegen nicht zu verstehen. Welche Möglichkeiten haben sie nun? Entweder mitmachen, schlucken und nicht weiter darüber nachdenken, oder sich äußern, kritisch sein und sich mit dem Vorgesetzen anlegen. Bei Lean gab es diese Stimmung nicht, aber es wurde auch nie danach gefragt. Heute wurden sie gefragt, und darauf bekommt man dann auch eine Antwort.

Nun unterbricht die weibliche Stimme das Wortgefecht. Bestimmt und fest fragt sie nach den Wünschen: Was brauchen die Teammitglieder? Sie bittet jeden, seine drei drängendsten Wünsche zu notieren, um sie anschließend zu sammeln. Viele Klebezettel und ein paar erklärende Worte ergeben drei übergeordnete Wünsche: Erstens wollen alle Produkte entwickeln und nicht vorwiegend sich selbst verwalten. Zweitens wollen sie mit ihren Komponenten die Entwicklung neuer Anlagen unterstützen und nicht im Nachgang Altes reparieren. Und drittens will das Team mit anderen Bereichen zusammenarbeiten und weniger in der Isolation wirken.

Die Diskussion ist beim Sammeln der Wünsche ruhiger, gefasster geworden, zuhören fällt leichter und es darf ausgesprochen werden. Drei Wünsche, aber was tun damit? Wie kann nach Scrum gearbeitet und auf die Wünsche eingegangen werden? Vor allem ist das doch auch das Anliegen des Unternehmens, oder?

Die nachdenkliche Stille im Raum wird vom Papiergeraschel der Frau unterbrochen. Sie holt eine große weiße Papierrolle hervor und hängt diese auf. Für alle ist sofort erkennbar: Das ist das Scrum-Bild aus dem ersten Termin. Sprints, Commitment, Backlogs, Product Owner. Ja, das stammt aus dem ersten Termin. Sie schaut sich das Bild an und fragt in die Runde: »Welches Ereignis hat Scrum vorgesehen, um sich mit den Entwicklungsergebnissen zu beschäftigen?«

Die Anwesenden betrachten das Bild, sichtlich bemüht, sich an die einzelnen Elemente zu erinnern. Tom antwortet zuerst: »Das Review.« Die Frau fragt zurück: »Was passiert in einem Review laut Theorie?« »Man stellt seine Ergebnisse vor«, bekommt sie als knappe Antwort zurück. Sie diskutieren über die Idee des Reviews, darüber, dass Kunden die Möglichkeit haben, die Ergebnisse zu erleben, auszuprobieren, anzuwenden. Es ist der Zeitpunkt, an dem die Kunden die entwickelten Produkte kennenlernen und ihre Wahrnehmung dazu schildern können.

»So findet das bei uns ja nicht statt«, gibt Anton offen zu, »das passiert viel eher in unserem Produktboard.« »Aber wann kommen schon unsere Kunden ins Produktboard?«, kann Tom nicht an sich halten. Gegen Ende des Gesprächs ergreift die Frau wieder das Wort. Sie zeigt auf die drei Wünsche und dann wieder auf das Scrum-Plakat und fragt, ob ein echtes Review mit Kunden und dem Zeigen der Produkte ein erster Schritt sein könnte, um die Anliegen zu berücksichtigen. Der Großteil der Teammitglieder nickt sachte, und Anton spricht es aus: »Das ist eine gute Idee.« So identifizieren sie die wichtigsten Kunden, legen fest, wer wen kontaktiert, stellen die nächsten Termine ein und besprechen, wie die Vorbereitung ablaufen wird. Der Anspruch des Teams ist, es von Anfang an sehr gut zu machen, um die regelmäßige Teilnahme sicherzustellen. Es soll kein weiteres, langweiliges und folienlastiges Meeting sein.

Drei Wochen später, kurz nach 9.00 Uhr, ist das ganze Team eifrig dabei, den großen Besprechungsraum mit der Videoübertragungsanlage vorzubereiten. Stühle werden angeordnet, der Beamer getestet, Stifte verteilt und Anschauungsteile ausgepackt. Die Teammitglieder sind ungewöhnlich vornehm gekleidet und bestens auf den Termin in zwanzig Minuten vorbereitet. Auf einem Tisch am Rande des Raumes sind Teile aufgebaut. Die einzelnen Vorstellungen wurden in der letzten Woche mit mindestens zwei Kollegen geübt. Dabei haben manche Kollegen anstatt zehn ganze fünfundvierzig Minuten vorgetragen, andere wollten Versuchsberichte zeigen oder Tabellen mit Messergebnissen vorlesen. Der hohe Anspruch an das Review hat Überarbeitungsschleifen erfordert, doch nun sind alle gut vorbereitet und gespannt auf die nächste Stunde.

Um 9.30 Uhr füllt sich der Raum. Es kommen der Kollege aus dem Produktmanagement, drei Monteure aus der Produktion, der Außendienstmitarbeiter vom Vertrieb, zwei Damen aus dem Marketing, der Bereichsleiter für den Anlagenbau, zwei Servicetechniker und weitere Kollegen aus angrenzenden Teams. Die Agenda des Reviews ist straff und informativ gestaltet, um Einblick in die Ergebnisse und Ziele des Teams zu geben. Tom beginnt damit, eine neue Technologie für die Entwicklung der neuen Anlage vorzustellen. Er zeigt die Anwendung, reicht die Komponente herum und beantwortet Fragen. Die Anwesenden sind begeistert von der Anschaulichkeit und der Reife des Entwicklungsstandes. Diesen Fortschritt hatten sie nicht erwartet. »Damit können wir noch eine ganz andere Kundengruppe ansprechen«, stellt der Außendienstmitarbeiter fest. »Wie aufwendig ist die Wartung?«, fragen die Kollegen aus dem Service. Der Bereichsleiter der Anlagenentwicklung hat noch eine weitere Idee, um die Komponente zu ergänzen. Nach zwanzig Minuten wird die Diskussion von Anton mit dem Hinweis abgebrochen, dass noch weitere Teile gezeigt werden wollen und man nur eine Stunde Zeit habe.

So zeigt auch der jüngste Kollege seine Entwicklung und bekommt einen entscheidenden Hinweis aus der Produktion, was er noch bedenken sollte. Zuletzt stellen zwei Kollegen eine Sonderanwendung vor, die in sterilen Räumen eingesetzt werden kann. Die Eingeladenen beteiligen sich rege an der Diskussion, probieren die Teile aus, fragen zurück und geben Anregungen. Nach Antons Schlusswort und dem Dank für das zahlreiche Erscheinen meldet sich sein Bereichsleiter zu Wort: »Das war ein ausgezeichneter Termin, genauso habe ich mir das vorgestellt.« Einige stehen jetzt auf, um zum nächsten Termin zu eilen, andere gehen nochmals zu dem Tisch mit den Teilen. Es wird noch einige Zeit weiterdiskutiert und gemeinsam an Lösungen getüftelt.

Nachdem sie aufgeräumt haben, stehen die Teammitglieder in ihrem Büro zusammen und lassen den Termin heiter, begeistert und zufrieden Revue passieren. Das Review war für sie ein voller Erfolg, für den sich der ganze Vorbereitungsaufwand gelohnt hat. »Wir haben doch tatsächlich Ergebnisse gezeigt«, sagt Tom erleichtert.

In der nächsten Teamreflexion hat die Frau, die das Team schon bald wieder verlassen wird, wieder ihr Scrum-Bild und die drei Anliegen des Teams dabei. Sie will wissen, wie das Review die drei Anliegen aufgegriffen hat. Das Team ist sich einig: Ja, mit dem Review wurde der Fokus auf die Produktentwicklung gelenkt, die Anbindung an die Anlagenentwicklung wurde gestärkt und es kamen gute Hinweise von anderen Bereichen. Zusätzlich beschließt das Team: Aufgrund der Produktstruktur ist ein solches Review alle drei Wochen wenig nutzenstiftend, daher wird es nur alle acht bis neun Wochen stattfinden.

Am Ende der Reflexion fasst Tom seine Wahrnehmung zusammen: »Wir werden im Unternehmen jetzt wahrgenommen und ernten Respekt und Anerkennung für unsere Arbeit.«

Dina Kohler

wirkt als Agile Coach im Maschinenbau bei der TRUMPF GmbH & Co. KG im Stuttgarter Raum. Sie begleitet einzelne Teams sowie ganze Bereiche auf ihrem Weg von einer klassischen hin zu einer agilen Arbeitsweise.

Als Betriebswirtin hat ihr beruflicher Weg im Maschinenvertrieb begonnen. Interessiert am Projektmanagement, ist sie in den Bereich Corporate Social Responsibility gewechselt. Das hat sie mit Agilität in Berührung gebracht und seitdem ist sie von den Prinzipien und der starken Werteausrichtung dieser Arbeitsweise begeistert.

Einfach mal loslassen

Liebe Miriam,

heute schicke ich dir eine kleine Geschichte zu meinen Erlebnissen und Gedanken zur agilen Transformation, wie ich sie während unseres Transformationsprogramms erfahren habe. Ich freue mich, wenn sie Platz in eurem Buch findet und euch – und später die Leser – inspiriert. Viel Spaß beim Lesen!

///

In den letzten Jahren habe ich das Transformationsprogramm eines IT-Unternehmens begleitet und bin in diesem Kontext – nicht zum ersten Mal – auf »Agile« gestoßen. Die ersten Erfahrungen hatte ich in der Entwicklung von Software bzw. der Abwicklung von Projekten gesammelt. Statt vom Anfang bis zum Ende zu planen und auf das große Ziel hinzuarbeiten, steckten wir uns in kurzen Sprints überschaubare Ziele und erreichten sie auch. Klingt logisch, aber zunächst hat es mich verunsichert, dass das Gesamtziel zu Beginn eines Projekts nicht bis ins letzte Detail definiert war.

Während der Transformation lernte ich, dass dieses neue, agile Vorgehen nicht nur für die Softwareentwicklung gilt, sondern auch für die Strategieumsetzung im Unternehmen. Eingefordert als Antwort auf eine sich schneller drehende »VUCA-Welt«, ergibt das allen Sinn der Welt.

Das bedeutet agiles Handeln für mich: Haben wir bisher als Perfektionisten gerne minutiös geplant, gesteuert, gemanagt und das Risiko minimiert, um mit dem »Go live« in der neuen Welt durchzustarten, verlassen wir jetzt diese vertrauten Strukturen und nähern uns in iterativen Schleifen der neuen Welt. Allerdings wissen wir noch gar nicht so genau, wie diese aussieht. Wir lassen Raum für Kurskorrekturen, deren Notwendigkeit sichtbar wird, weil schon früh mit ersten Ergebnissen gearbeitet werden kann. Die neue Welt wird auf diese Weise schnell in ersten Zügen greifbar und wir können sie stetig weiterentwickeln, gestalten und verbessern. Jeder Schritt ist ein Ergebnis, von dem aus wir den nächsten Schritt als neues Ziel stecken.

In Projekten wurde mir früher ein fertiges System gemäß Anforderungskatalog vor die Nase gesetzt. Es dauerte lange, bis das neue System zu sehen war, geschweige denn bis wir damit arbeiten konnten. In dem Moment, wo wir loslegen konnten, haben wir auch direkt das System kosten- und zeitintensiv über Change Requests angepasst. Damit hat sich ein Projekt gerne nach hinten raus verlängert. Das war für mich, einen eher ungeduldigen Menschen, teilweise wirklich eine Nervenprobe.

Und heute? In den letzten Projekten sind wir nicht mit einem fertigen System, sondern mit einem »Minimum Viable Product« gestartet. Anhand dieser Minimalversion konnten wir uns bereits früh mit dem neuen System vertraut machen. Wir sahen sehr schnell, wohin die Reise ging und nahmen dafür in Kauf, dass noch nicht alles funktionierte. War es vorher so, dass Änderungen am fertigen System teuer und langwierig waren, können wir heute bereits in einem frühen Stadium mitgestalten. Neu ist auch, dass wir uns kontinuierlich verbessern. Wir erreichen Meilensteine, aber ein Ende ist erst einmal nicht in Sicht. Für mich fühlt es sich noch ein wenig ungewohnt an, dass an manchen Projekten eine gefühlte Ewigkeit weitergearbeitet wird. Gleichzeitig merke ich, dass uns das die Chance bietet, neue Entwicklungen zu berücksichtigen und wir wirklich immer besser werden.

Übertragen auf die Strategie oder Transformation unseres Unternehmens wissen wir in einer so schnelllebigen Zeit nur ungefähr, in welche Richtung wir uns entwickeln müssen. Wir sind gefordert, uns auf unbekannte Ziele und Rahmenbedingungen einzulassen. Welche neuen Technologien setzen sich durch? Was können wir tatsächlich langfristig planen? Überhaupt, was ist mit der Planungssicherheit? Wie sehen neue Organisationsformen, die Kultur und Prozesse aus, um sich schneller an neue Gegebenheiten anpassen zu können? Die neue Welt zwingt uns, viel stärker loszulassen und in kleineren, planbaren Schritten zu denken. Genauso, wie es sich bei der Einführung neuer Systeme angefühlt hat, habe ich bei der Umstellung auf ein agiles Vorgehen im Transformationsprozess eine ähnliche Unsicherheit gespürt.

In unserem Transformationsprogramm haben junge Menschen mit ihren Teams neue Geschäftsmodelle aufgebaut. Dazu wurden Business-Pläne erstellt, auf die das Management seine Entscheidungen gestützt hat. Auf der Reise wurde klar, dass wir uns mal etwas mehr nach rechts oder links bewegen mussten, weil sich Märkte und Technologien weiterentwickelt haben – und das Ganze in hohem Tempo. Ein KPI-getriebenes Management, das sichere Entscheidungen treffen wollte, stieß auf Teams, denen es wichtig war, etwas zu bewegen, voranzukommen, erste Erfolge zu sehen. Über Jahre geprägte Strukturen trafen auf agile Methoden, langfristige Planungen auf kurze Entscheidungszyklen, junge, ungeduldige Menschen auf gestandene Manager. Das hat naturgemäß für Reibung gesorgt. Auf die zahlreichen Experimente mussten wir uns bewusst einlassen, alte Pfade verlassen und an der einen oder anderen Stelle einfach mal loslassen.

Diese Zeit empfand ich als extrem spannend. Ich konnte viel lernen und habe erlebt, wie unterschiedlich alle Beteiligten in ihren vielfältigen Rollen mit der Situation

»klassische trifft agile Welt« umgegangen sind. Bewegt waren unsere Mitstreiter auf der einen Seite von der Unsicherheit, vom Festhalten an Bestehendem, von der Sorge, in die richtigen Themenfelder zu investieren. Auf der anderen Seite standen Ungeduld, Neugierde, der Drang zum Fortschritt, um keine Chancen zu verpassen. Manchmal wirkte das wie ein Tauziehen auf mich und beide Seiten konnten zu Recht ihre Meter für sich gewinnen. Parallel dazu war zu spüren, dass in vielen von uns beide Pole verankert waren und wir für uns selbst einen Weg finden mussten, uns durch die Themenlandkarte zu navigieren. Jeder von uns war gefordert zu entscheiden: Wo ist es gefragt, schnell Neuland zu betreten, und wo muss Bestehendes mitgenommen oder zurückgelassen werden?

Die neuen Methoden und die agilen Menschen haben in unserem Transformationsprogramm viel bewegt. Ich bin davon überzeugt, dass wir, wenn wir alle bereit sind, einfach mal loszulassen und das Abenteuer zu wagen, viel erreichen können. Dazu braucht es positive Erfahrungen, die bestätigen, dass viele kleine Schritte am Ende zu großen Erfolgen führen können. Ich habe gelernt, dass es hilfreich ist, wenn sich junge Teams auf die Bedenken eines erfahrenen Managements einlassen. Auch wenn sich die Welt da draußen gerade sehr schnell dreht, haben noch so manche »alte« Prozesse, Regeln, Messgrößen etc. ihre Berechtigung und tragen zum Gesamterfolg eines Unternehmens bei. Im Sinne von Ambidextrie finde ich es wichtig, eine Zeit lang in beiden Welten zu Hause zu sein, um am Ende mit einem guten Gefühl wieder ein Stückchen mehr loszulassen. Denn die agile Reise ist noch lange nicht zu Ende.

///

Was meinst du? Passt meine Geschichte und habe ich sie verständlich geschrieben? Melde dich mit einem Feedback. Darüber hinaus freue ich mich, wenn du mich in unseren kurzen und immer wieder interessanten Updates über die spannenden Entwicklungen im Thema Agile auf dem Laufenden hältst.

Liebe Grüße
Marion

Liebe Marion,

Deine Metapher des Tauziehens zu unserer agilen Transformation hat mich sehr inspiriert. Sie ging mir tagelang nicht mehr aus dem Kopf, weshalb ich ein kleines Gedicht dazu verfasst habe. Ich hoffe, es macht dir Freude. Ich würde mich sehr freuen, mehr über deine Erfahrungen in unserer agilen Unternehmenstransformation zu hören. Vielleicht bei einem Kaffee? Vielleicht darf ich deine Geschichte in unser Buch »Agile Short Stories« einbringen? Du bist zu beidem herzlich eingeladen.

Herzliche Grüße

Miriam

Wir stemmen uns gegen die Kraft –
ein Sinnbild, das auseinanderklafft.
Was gewinne ich, wenn ich ziehe?
Was verliere ich, wenn ich fliehe?

Was wir hier machen, ist uns nicht vertraut.
Was, wenn mein Kollege alles versaut?
Die Kraft, die er einbringt, ist ein Segen,
rutscht er aus, kommt alles zum Erlegen.

Schritt für Schritt zwischen den Welten.
Der Zweifel ist groß und Mut ist selten.
Unbekannte Ziele und kurze Sicht.
Ein Teamgeist, der uns alle besticht.

Das Ergebnis kennen wir alle nicht.
Die Verbindung hält uns im Gleichgewicht
Hier geht es um mehr als ums Gewinnen.
Veränderung spüren mit allen Sinnen.

Hallo Miriam,
schön zu hören, dass dir meine Geschichte gefällt! Ich finde sie absolut in deinem emotionalen und bewegenden Gedicht wieder und bin begeistert, dass du Geschichte, Gedicht und unseren anregenden Austausch im Buch miteinander verbinden willst. Machen!

Liebe Grüße
Marion

Marion Janotta

hat in ihrem Berufsleben bereits in vielen Positionen in unterschiedlichsten Rollen gearbeitet, und das prägt ihren Erfahrungsschatz. Nach Stationen im Marketing und in der Werbung in mittelständischen Unternehmen und auf Agenturseite arbeitet Marion inzwischen seit über zehn Jahren in einem IT-Unternehmen. Sie hat zahlreiche kreative Projekte umgesetzt, heute liegt ihr Schwerpunkt aber auf strategischen Projekten. In ihrem dynamischen Umfeld geht sie begeistert neue Herausforderungen, Aufgaben und Projekte an und kann in ihrer aktuellen Position im Corporate Development Menschen mit auf die Reise in eine spannende Zukunft nehmen – und umgekehrt!

Wie man Agilität möglichst unagil einkauft

Eins Komma zwei Millionen Euro Gesamtvolumen. Wow, da musste ich schon schlucken. Fast eine Woche hatte es gedauert, ein Konsortium aus erfahrenen Agilberatern, Agile Coaches und Organisationsentwicklern zusammenzubringen und ein Angebot für diese Ausschreibung zu erstellen: »Einführung Agil«. Jetzt war das Angebot fertig, und es war aufregend. Diesen Auftrag wollten wir unbedingt haben.

Kurze Zeit später wurden wir zu den Auswahlgesprächen eingeladen, in denen der Einkauf, die Personalabteilung und die Abteilung Projektmanagement darüber befanden, wer die 170 Teams auf das Agile Arbeiten vorbereiten und sie dabei begleiten sollte. Wir waren es jedenfalls nicht! Was war passiert?

Ich hatte einen Fehler gemacht. Die Ausschreibung war so formuliert worden, als hätte die ernsthafte Absicht bestanden, Agiles Arbeiten[7] in der gesamten Organisation einzuführen. Im Team hatten wir dies so interpretiert, dass die dazu nötige Organisations- und Führungskräfteentwicklung geleistet werden sollte, obwohl dies im Ausschreibungstext nicht explizit erwähnt wurde. In den Gesprächen wiederum wurde, vor allem von den Vertreterinnen der Personalabteilung, stark darauf verwiesen, dass es »nur« um eine Einführung in die Methode ginge. Der Einwand, dass eine Methodik alleine nicht nachhaltig wirken könne, wurde eher widerwillig geschluckt – die Stimmung war nachhaltig im Eimer. Die erhoffte Unterstützung durch das Projektmanagement blieb aus. Wir hatten vorgeschlagen, die Teams darauf vorzubereiten, dass die Organisation ihre neue Art zu arbeiten nicht so-

7 Ich schreibe »Agiles Arbeiten« bewusst als fixen Terminus, weil Arbeitsorganisation, Methoden etc. nicht agil sein können. Das Adjektiv »agil« ist hier missverständlich.

fort unterstützen könne – damit hatten wir uns jedoch selbst rausgekickt. Der Frust war entsprechend groß.

Der Auftrag ging an einen der jungen Wilden der Agile-Szene, der sich selbst sehr gut vermarkten konnte. Die Abwicklung der Beratung und der Teamcoachings wiederum gab er an noch jüngere Berater im eigenen Haus weiter, die bei den Kundenteams vehement auf die strikte Einhaltung der Methodenregeln drängten. Was sollten sie auch anderes machen, denn eigene Berufserfahrung war eher wenig vorhanden. Es kam, wie es kommen musste. Die in Agilen Methoden qualifizierten Teams erzielten sehr gute Anfangserfolge, die positive Energie ließ aber schnell wieder nach, als klar wurde, dass agile Teams alleine genau Null Agilität erzeugen können. Die im Agilen Arbeiten so wichtige End-to-end-Logik war mit punktueller Qualifizierung einfach nicht zu erzielen. So wie wir es prophezeit hatten.

Da ich bereits an anderer Stelle für das Unternehmen tätig war, konnte ich den gesamten Verlauf von der Außenlinie verfolgen, und das war kein Spaß. Da steht man, um zuzusehen, wie dieses Spiel aus dem Ruder läuft, ohne direkt eingreifen zu können. Man wird immer nervöser und noch viel frustrierter als nach dem Verlust des Auftrages. Es war doch so offensichtlich, wie es laufen müsste. Warum machten die das nicht?

Diese Situation unterstrich eine Erfahrung, die ich in meiner Beratungspraxis immer wieder gemacht hatte. Der Kern war wie so oft, dass die Aufträge in einem klassischen Organisationssetting nach den bestehenden Regeln vergeben wurden. Es wäre viel besser gewesen, den Einkauf von Menschen abwickeln zu lassen, die in Agilität erfahren sind und selbst agil denken – aber: Eine Organisation, die sich dem Thema erstmals ernsthaft nähert, kommt nicht einmal auf diese Idee. Und so beauftragt sie Menschen mit der Auswahl, die keine eigene Vorstellung von Agilem Arbeiten oder gar Erfahrung damit besitzen. Wie sollen die Beteiligten also entscheiden können, was richtig und gut ist? Können sie nicht, und das wissen sie innerlich auch. Also werden die bestehenden Regeln und bekannten Muster bemüht und auf dieser Basis wird eine Entscheidung getroffen. Hier war es ein durchkonzipiertes Programm mit einheitlichem Curriculum und strikten Abläufen.

Eigenverantwortung der Teams? Null. Verschiedene Ansätze parallel ausprobieren, um Erfahrung zu sammeln und zu dokumentieren? Null. Schrittweise Beseitigung von Impediments und daraus folgende Organisationsentwicklung? Null. Einbindung der Führungskräfte in die Teams? Null. Diese Reihe ließe sich fortsetzen. Und der Berater? Der sagte sich offensichtlich: »Wie bestellt, so geliefert.« Kann man verstehen, auch wenn dies bedeutete, die eigenen Predigten zur Agilität zu ignorieren. Obwohl ich ihn verstehe, ärgere ich mich heute noch über den Kollegen. Als Berater müssten wir doch der Logik folgen, dass wir geholt werden, um dem Kunden an jenen Stellen zu helfen, an denen er keine eigene Expertise hat. Dazu gehört, in die Auseinandersetzung zu gehen und die eigene Expertise aktiv einzubringen. Auch im Konflikt – natürlich konstruktiv und respektvoll – mit dem Kunden. Wer hier kneift, macht in meinen Augen seinen Job nicht.

Nach einiger Zeit reifte im Unternehmen die Erkenntnis, dass der eingeschlagene Weg nicht zu den gewünschten Ergebnissen führte. Wir wurden angefragt, ob wir uns der schlimmsten Fälle annehmen könnten. Ich habe abgelehnt. Vielleicht war es verletzter Stolz (die Trekkies unter uns würden Sternenflottenvorschrift 619 zitieren). Die offizielle Begründung ist aber, dass ich keine Lust habe, als Reparaturmechaniker eingesetzt zu werden. Wir wollen Unternehmen unterstützen, die eine Agile Transformation vom Ende her denken, sich auf die Agilen Prinzipien einlassen und uns Experten vertrauen. Diese Haltung ist betriebswirtschaftlich heikel, aber zumindest bleiben wir integer.

Wie kann es besser laufen? Wie wäre es mit einem langsamen Herantasten an eine Agile Arbeitsorganisation? So hätte ich es gerne gemacht. Dieses Vorgehen ist vor allem dann sinnvoll, wenn den Entscheidern klar ist, was Agilität für das Unternehmen bedeutet: eine komplett neue Art zu arbeiten und zu denken. Die Mitarbeiter würden die nötige Zeit bekommen, um sich daran zu gewöhnen, sie würden die Vorteile im Alltag erleben und möglichst früh in die Eigenverantwortung kommen. Gestartet wird mit einem kleinen Pilotprojekt, dann wird nach und nach (aber sehr zügig) auf den Rest der Organisation skaliert. Auch hier ist es die nötige Organisationsentwicklung, vor der sich viele scheuen. Denn in diesem Punkt bestehen offensichtlich die größten Konflikt- und Fehlerpotenziale – es ist hier also die meiste Arbeit zu leisten. Dabei kann die Agile Arbeitsorganisation übrigens sehr helfen: Wenn die von einem Team identifizierten Hindernisse systematisch ausgewertet und genutzt werden, kann eine Organisation entstehen, die Agilität unterstützt. Auf diese Weise erarbeitet sich die Organisation nach und nach jene Handlungsfähigkeit, um die es am Ende ja geht. Also los, so machen wir es!

Dr. Frank Edelkraut

ist Geschäftsführer der Mentus GmbH, zudem ist er im Projekt- und Transformationsmanagement sowie als Interim Manager in HR-Leitungsfunktionen tätig. Der Führungskräfteentwickler ist Experte für die Nutzung digitaler Medien und sozialer Lernformate. Er publiziert regelmäßig online und hat bereits mehrere Bücher zu Personal- und Managementthemen geschrieben.

www.linkedin.com/in/frankedelkraut/

Ein Rettungsplan kämpft gegen den Rollout-Plan

Mit hochrotem Kopf steht eine kleine Frau vor mir und schreit mich an: »Das darfst du nicht! In diesem Projekt nutzen wir keine agilen Methoden!« Mich quält der Umstand, dass sie einen größeren Einflussbereich hat als ich. Als ich vor einigen Wochen meinen ersten Arbeitstag hier hatte, sagte sie zu mir: »Ich muss nicht verstehen, worum es bei Agile geht. Meine Aufgabe ist die Steuerung des Rollouts.« Mir war nicht wohl dabei, als ich von ihrer klaren Position hörte. Ich hätte nie gedacht, dass mir genau das so schnell auf die Füße fallen würde.

Warum habe ich nur *warum* gefragt. Nun fühlt sie sich persönlich angegriffen. »Das kannst du nicht machen! Du machst mir alles kaputt!«, protestiert sie. Dabei hat alles so harmlos begonnen. Es war ein Teammeeting wie jede Woche: Jeder erzählt, was er macht, es gibt kaum Schnittmengen untereinander, kaum Interesse an den Problemen des anderen. Und dann erzähle ich von dem Krisenprojekt, das ich unterstützen darf. Vier Wochen vor dem Go-Live, wichtige Funktionen fehlen noch, die Tester sind total überlastet, der Überblick fehlt. Die Hoffnung auch. Unser Teamleiter lehnt lässig an der Wand neben dem Fenster und beobachtet uns. Er versucht zu verhandeln und wendet sich an meine Kollegin:

»Was möchtest du denn? Was soll sie jetzt tun?«, fragt er mit ruhiger Stimme.

»Sie soll sofort aufhören, agile Methoden in irgendwelchen Projekten zu verwenden! Sie macht meinen Rollout kaputt!«, empört sie sich und presst voller Wut ihre Lippen zusammen, bis die Lippen weiß werden.

»Ich mache deinen Rollout doch nicht kaputt. Ich versuche nur, mit dem Team gemeinsam das Projekt zu retten.

Irgendwie müssen wir einen Überblick schaffen und dem Team die Möglichkeit geben, sich zu fokussieren«, antworte ich.

»Aber nicht mit agilen Methoden! Nimm irgendetwas anderes!«

»Was soll ich denn nehmen? Das eignet sich einfach am besten.«

»Mir egal. Das Projekt erfüllt weder den Agile Fit noch den Strategic Fit – agile Methoden eignen sich hier nicht!«

»Das ist deine Meinung, nicht meine.«

Oh Mann! Tief durchatmen.

»Hey! Was erwartest du von ihr?« Seine drängende Stimme reißt mich aus meinen Gedanken. Offenbar versucht er nicht zum ersten Mal, mich in die Realität zurückzuholen. »Sie verantwortet die agile Transformation. Sie tut ihr Bestes, um den Rollout-Plan umzusetzen und ein Team nach dem anderen zu transformieren. Wir müssen sie unterstützen, wo wir nur können.« Er fährt sich durch die Haare und schaut erwartungsvoll immer wieder zwischen uns hin und her.

Sie macht das Beste, was sie tun kann. Ja, natürlich. Warum bekommt jemand ohne jegliche Ahnung von »Agile« eigentlich die Verantwortung für die agile Transformation eines ganzen Konzerns? Und das Management hält sich raus, hat keine eigene Meinung. Hauptsache sie können unter ihren Kollegen und auf Konferenzen sagen: »Selbstverständlich sind wir agil!«

Sie verschränkt die Arme vor der Brust, ein schwacher Versuch so etwas wie professionelle Distanz aufzubauen. »Du solltest dir gut überlegen, welche Position du hier beziehst. Ich bin zuständig für die Anwendung agiler Methoden. Nicht du.«

»Vielleicht ist es wirklich besser, wenn ihr andere Methoden wählt?«, sagt mein Chef und blickt mich eindringlich an. Nun hat er die Seite gewählt. Auf dem Gesicht meiner Konkurrentin breitet sich ein zufriedenes Lächeln aus.

»Wir haben im Team gemeinsam entschieden, dass wir diese Methoden einsetzen möchten, und es funktioniert. Ein erneuter Wechsel der Methoden würde das Team gewaltig ausbremsen. Wo ist das Problem?«, sage ich mit letzter Contenance.

»Du darfst kein Scrum in einem Projekt einführen, das nicht im Rollout-Plan steht!«

»Das ist kein Scrum. Wir machen nur ein Taskboard, ein Daily, Planning, Review, Retro und ein Backlog.«

»Das ist doch Scrum!«

»Nein, ist es nicht. Das sind nur einzelne Elemente, nicht das komplette Framework. Und schon gar nicht sind wir dadurch agil.«

»Spar dir die Fachsimpelei!«

»Dann brauchen wir ja nicht weiterzureden.«

Die Zeit ist um, unser Teamleiter erklärt das Meeting für beendet. Ohne Entscheidung, ohne Lösung. – Ich stürme aus dem Raum.

Es dauert einige Zeit, bis ich mich wieder abgeregt habe. Ich kann es nicht fassen, wo hier die Prioritäten gesetzt werden. Agile Tools anzuwenden heißt doch nicht, agil zu sein.

Ich habe ein Gefühl wie tausend Nadelstiche auf der Haut, während ich rastlos umherwandere. Mein Herz rast. Wenn sie mich wirklich davon abhalten wollen, hätten sie es mir eben verboten, agile Methoden anzuwenden. Verbieten können sie es mir nicht, oder doch? Ich bin mir nicht sicher. Ich will für meine Überzeugung eintreten, trotzdem will ich weitere Debatten vermeiden – erst recht während meiner Probezeit.

///

Eine sanfte, warme Brise trägt Lavendelduft zu uns herüber. Der Duft ist so intensiv, dass er die Sinne vernebelt. Am Rande des Weges breitet sich ein violetter Teppich aus, darüber thront Allium wie ein Zepter, das auf das Hoheitsrecht hinweist. Auf manche mag das beruhigend wirken, aber ich finde keine Entspannung in den kunstvoll angeordneten Lila-Tönen. Ein alter Studienkollege sitzt mir gegenüber und betrachtet, so wie ich, das violette Stillleben. Er muss mit einem seiner drei Projekte gerade als agiler Prototyp herhalten. Jedes der drei Projekte würde ihn zu 100 Prozent auslasten. Wir trinken einen Schluck aus unseren großen Milchkaffee-Schalen. Der Kaffee schmeckt, der Rest ist bescheiden – so viel hatten wir bereits geklärt nach der ehrlichen Antwort auf das gegenseitige »Wie geht's dir?«. Sein Gesicht wirkt blass und eingefallen, die Augenringe gehen in die Wangenknochen über, sein Bein wippt auf und ab, die Kaffeetasse hält er mit beiden Händen. Seine Haare werden an den Schläfen bereits grau. Der Kummer in seinen Augen nimmt ihm den jugendlichen Ausdruck. Obwohl wir gleich alt sein müssten, wirkt er mindestens zehn Jahre älter als ich.

Ich frage ihn, ob er überhaupt Zeit hat für den Austausch.

»Ja klar. Da bleibe ich lieber heute Abend eine Stunde länger.«

»Das ist eine große Ehre. Vielen Dank! – Wie lange bleibst du denn abends immer so?«

»Och, bis zehn.«

»Dann kommst du aber erst mittags?«

»Nein, wenn ich komme, ist der Parkplatz noch leer.«

Ich bin sprachlos. Nur arbeiten? Kein Privatleben? Das habe ich schon mal erlebt. Der Kollege war danach längere Zeit in der Klinik. Herzprobleme.

»Hast du schon deine Hausschuhe unter dem Schreibtisch stehen?«

Der Kollege schaut mich entsetzt an. »Nein! Wieso fragst du?«

»Nur so.« Ich zwinkere ihm künstlich zu. »Du kennst mich doch. Ich mache mir gerne Sorgen um Freunde, die sich selbst nicht gut genug behandeln.«

Seine Augen glänzen. Ich bin mir nicht sicher, ob er vielleicht Tränen in den Augen hat. Er, der doch so selten Gefühle zeigt. Seine Lippen zucken. Sein Bein wird noch unruhiger.

Wir nehmen ein paar Schlucke aus unseren Kaffeetassen.

»Weißt du, in Japan nennt man den Tod durch Überarbeitung Karōshi[8].«

War dies mein kläglicher Versuch, das Gespräch zu wenden, oder ein Versuch, meiner Sorge Nachdruck zu verleihen? Ganz so sicher bin ich mir selbst nicht, warum ich das gerade gesagt habe. Mein Kollege schaut mich an. Er reißt die Augen auf und schluckt.

»Ich pass schon auf«, sagt er leise und schaut in seine leere Tasse.

»Ja, bitte«, antworte ich leise, und aus dem Gespräch wächst ein langes Schweigen.

Wir sitzen da und schauen uns an.

»Noch einen Kaffee?«

»Ja. Diesmal zahle ich.«

Während ich den Milchschaum von meinem Latte Macchiato löffle, fällt mir ein, was ich ihn noch fragen wollte.

8 jap.: 過労死

»Sag mal, warum wurde euch eigentlich Scrum aufgedrückt? Ihr erfüllt doch überhaupt nicht den Agile Fit? Bei euch arbeitet doch niemand mehr als 30 Prozent im Team und ihr seid 14 Leute – viel zu viele!«

»Stimmt. Und niemand hat Zeit und Lust darauf. Aber wir erfüllen den Strategic Fit – Prestigeprojekt mit einem Produkt, das eine Herausforderung bei der inkrementellen Entwicklung darstellt. Dass wir uns darum auch noch kümmern müssen, raubt uns das letzte bisschen Kraft im Projekt.«

»Warum macht ihr es dann?«

»Unter uns: Wir machen es gar nicht. Wir sind nur fürs Protokoll agil. Und wenn der teure Berater vorbeischaut, spielen wir Theater für ihn.«

»Das klingt wahnsinnig kraftraubend!«

»Ja, ist es. Zu sehr. Aber die Meetings sind für viele von uns überflüssig. Die Einkäuferin ist nur zu fünf Prozent im Projekt. Es gibt zu wenig Fortschritt. In den meisten Meetings können wir nichts Neues erzählen.«

»Das klingt nach vielen Hindernissen. Wer kümmert sich bei euch darum?«

»Niemand. Einen Scrum Master haben wir nicht. Wir sollen uns selbst um die Probleme kümmern. Und so mache ich fast nichts anderes, als Probleme zu beseitigen.«

»Überarbeite dich nicht.« Mein Kollege lacht.

»Über-arbeiten … Nach Arbeit fühlt sich das gar nicht an. Eher nach dem Roman mit dem Kampf gegen die Windmühlen! Gibt es dafür auch ein japanisches Wort? Überarbeitung durch Nicht-Arbeit?«

Da stockt mir der Atem. Das ist es! Die Lösung! Japanisch! Mein Unterbewusstsein hat genau die richtigen Dinge verbunden! Ein Hoffnungsschimmer auf eine Lösung, ohne viel böses Blut zu schaffen. Mehr als einen Schimmer kann ich nicht erwarten, das weiß ich. Das Wichtigste ist jetzt, dass das Team im kritischen Projekt in Ruhe gelassen wird, damit es das Produkt bis zur Deadline fertigstellen kann.

»Warum grinst du so?« fragt mein Kollege.

»Du hast gerade mein Problem beseitigt!«, triumphiere ich. Mein Lächeln bleibt, während ich ihm von meiner Idee berichte.

///

Noch am Abend weihe ich den Leiter des kritischen Projekts in meinen Plan ein: »Ihr macht alles wie gehabt, nur benennen wir es jetzt anders, wenn wir gefragt werden.« Für meinen Chef bereite ich eine Präsentation vor: »Wie gewünscht nutzen wir jetzt andere Methoden. Sie kommen aus dem Lean Development und wurden schon im Toyota Produktionssystem genutzt.« Nicht jeder darf wissen, was ich da eigentlich kreiert habe, denn so einigen müsste ich den historischen Zusammenhang von Lean und Agile erst einmal erklären. Diese Zeit haben wir in dem kritischen Projekt aber nicht. Deshalb präsentiere ich das »House of Lean« und erstelle auf Wunsch meines Teamleiters eine Lean-Toolbox im gleichen Design wie die bestehende Agile-Toolbox.

///

Der Lavendel ist verblüht, das Allium thront nicht mehr zeptergleich über der violetten Wiese. Die Luft ist klar vom Regen und lässt mich tief durchatmen. Die Cafeteria liegt wie eine Insel der Glückseligen zwischen den Bürogebäuden. Der Wind weht zwischen den Gebäuden durch und ich muss ganz genau aufpassen, um die Worte meines Studienkollegen zu verstehen. Ich lege meine Hand um mein Ohr, um ihn hören zu können.

»Also habt ihr das Projekt doch noch erfolgreich beenden können?«, fragt er mich.

»Ja, aber mit verbotenen Methoden.« Er schaut verwirrt.

»Verboten? Wie können Methoden verboten sein?« Gut, dass dank des Windes unser Gespräch von niemandem mitgehört werden kann.

»Agile Methoden durfte ich nicht benutzen, um das Projekt zu retten. Mich dagegen aufzulehnen, während meiner Probezeit, wäre mein Ausstieg hier gewesen. Das Projekt stattdessen im Stich zu lassen, war auch keine Option. Also habe ich mich der japanischen Großväter der agilen Methoden bedient.« Er schaut noch verwirrter als zuvor, ist aber gleichzeitig amüsiert über meinen Vergleich.

»Die japanischen Großväter?«

»Ja, die Werkzeuge des Toyota Produktionssystems, Lean Development.«

»Hatte das Konsequenzen?«

»Nein, den Zusammenhang kennt hier niemand. Nur fragt heute das Management mehr nach Lean Development als nach Agile Development. Unser Erfolg im Projekt war gleichzeitig ein Dämpfer für die agile Transformation.«

»Klar, wenn euch die Lean-Methoden zum Erfolg geführt haben.«

»Haben sie nicht.«

»Haben sie nicht?«

»Nein. Das haben ganz allein die Mitarbeiter hinbekommen. Mit ihrem Fokus auf das Wesentliche und ihrem festen Willen. Ganz ohne Management.«

Umbenennung der Methoden

Taskboard	**Andon** アンドン ein Brett mit Schildern für jede Aufgabe, das den aktuellen Zustand mit Farbsignalen visualisiert, z. B. fertig = grün, fehlerhaft = gelb, Funktionsstörung = rot.
Backlog	**Zen-ten-atama-dashi** 全点頭出し nach Priorität sortierter Stapel der zu bearbeitenden Aufgaben oder Artikel. Nur das oberste Teil ist für den Mitarbeiter zugänglich. Dies erhöht die Fokussierung und somit die Effizienz.
Daily	**Gemba** 現場 Mitarbeiter treffen sich täglich am Ort des Geschehens, hier im Testzentrum, um die aktuellen Ergebnisse und Hindernisse zu besprechen.
Planning	**Hei-junka** 準化 die Arbeitsplanung wird harmonisiert, nivelliert, mit dem Ziel, eine gleichbleibende nachhaltige Arbeitsleistung verteilt auf allen Mitarbeitern zu erreichen.

Review	**Seihin Handan** 製品判断 das Produkt und die Art der Erstellung des Produkts wird beurteilt. Dies erfolgt gerne nach YWT (やったこと yatta koto: Was wir getan haben; わかったこと wakatta koto: Was wir gelernt haben; つぎにやること tsugi ni yarukoto: Was wir als nächstes tun werden.
Retrospektive	**Hansei** 反省 Ablauf der Selbstreflexion, Übernahme von Verantwortung und Verpflichtung zur Verbesserung.
Collocated team	**Obeya** 大部屋 ein großer Raum mit Platz für das ganze Projektteam, in dem alle Mitglieder zusammenarbeiten, nicht nur für Meetings. Im Laufe der Zeit füllt sich der Raum normalerweise mit Daten und Diagrammen an der Wand.

Dr. Miriam Sasse

widmet sich der Aufklärung agiler Mythen. Sie möchte anderen zeigen, was wirklich hinter dem Thema Agile steckt und welche Reichweite es haben kann. Zusammen mit Joachim Pfeffer fördert und trainiert sie »OpenSpace Agility«, einen Ansatz der einladungsbasierten Transformation. Heute arbeitet Miriam bei einem internationalen Medienkonzern als Senior Agile Transformation Consultant. Sie begleitet intern und extern Teams und Führungskräfte zu mehr Agilität und Resilienz und ist als Speaker, Lehrbeauftragte und Autorin international unterwegs.

www.miriamsasse.de

Geschichten schreiben Geschichte

Diese Geschichte enthält Zitate aus »Der Herr der Ringe« von J.R.R. Tolkien – diese sind kursiv gesetzt.

Die Unternehmenswelt ist im Wandel. Wir haben es gespürt, die Signale waren deutlich. Vieles, was einst war, ist nun nicht mehr. Und bevor bald niemand mehr lebt, der sich erinnert, werde ich es zu Papier bringen.

Alles begann im Jahr 2018 mit einer 80 Personen starken Abteilung eines großen Unternehmens, das sich eine bessere Unternehmenswelt im Agilen Land erhoffte. Sie erwählten ein internes Transition Team, eine Gruppe treibender,

geschätzter und interessierter Gefährten, die das Agile Land erkunden sollten. Die Gemeinschaft der fünf Gefährten wurde durch Delegation Poker begründet, ein altehrwürdiges Werkzeug zur Entscheidungsfindung. Unter den Gefährten waren furchtlose Abenteurer, die zum Aufbruch aufriefen: »Die Veränderung als Gewissheit … *geringe Aussicht auf Erfolg … worauf warten wir noch?*« Andere antworteten skeptisch: »Ich will keine Veränderung. *Aber auf eine zu warten, der man nicht entgehen kann, ist noch schlimmer.*«

Doch sie wussten nicht, wie sie diesen steinigen und unbekannten Weg beschreiten sollten. Niemand von ihnen hatte jemals zuvor auch nur einen Schritt in das Agile Land gesetzt. Alleine trauten sie sich nicht aufzubrechen. *Es ist eine gefährliche Sache, aus deiner Tür hinauszugehen. Du betrittst die Straße, und wenn du nicht auf deine Füße aufpasst, kann man nicht wissen, wohin sie dich tragen.*

Und so erwählten sie einen erfahrenen Begleiter. Gemeinsam wagten sie den Aufbruch und die ersten schwierigen Schritte der Reise mit unbekanntem Ziel.

Als Wegweiser auf dieser Reise wurde ein gemeinsames Backlog angelegt. Jeder durfte seine individuellen Bedürfnisse und Wünsche an den erfahrenen Begleiter richten, der diese sammelte, gruppierte und sorgsam im Backlog ablegte. Schließlich, um gut vorbereitet auf den Weg zu gehen, wurde diese Liste mit Anforderungen von möglichst vielen relevanten Stammesmitgliedern des Unternehmens erweitert. Da die Gefährten bei der Sammlung an jedem Tag involviert waren, waren ihnen all die verschiedenen Wünsche und die Intentionen dahinter bekannt. So begannen sie ihre Reise in das Agile Land, indem sie das Backlog priorisierten und nach und nach umsetzten – immer entlang der Bedürfnisse und Wünsche. Der Begleiter redete jedem einzelnen Gefährten Mut zu und verwies auf das Backlog als Wegweiser: »*Möge es dir ein Licht sein an dunklen Orten, wenn alle anderen Lichter ausgehen.*«

Jedoch kam es, wie es kommen musste. Nach einiger Zeit verstand nicht mehr jeder der Gefährten das Gleiche unter den unterschiedlichen Formulierungen. Die Gefährten stritten immer häufiger über die nächsten Schritte. Manchmal spürten sie die Ablehnung ihrer Ideen durch das 80-köpfige Abteilungsvolk stärker. So mancher Gefährte fühlte sich alleingelassen auf der Reise. Denn eine Transformation in die Wege zu leiten, bedeutet, allein zu sein. Diese Aufgabe ist für die Gefährten bestimmt. Und wenn sie keinen Weg finden, findet ihn niemand. Zwei Gefährten wollten die Reise sogar abbrechen. Sie waren zwar erwählt worden, aber sie wollten der Veränderung nicht mehr mutig begegnen. Doch sie blieben in der Gemeinschaft der fünf Gefährten, weil die Worte des Begleiters sie nachdenklich machten. »Viele wollen aussteigen, die eine beschwerliche Reise antreten. *Aber es liegt nicht in ihrer Macht, das zu entscheiden. Wir müssen nur entscheiden, was wir mit der Zeit anfangen wollen, die uns gegeben ist.*«

Sie entschieden zu bleiben und ihre Zeit weiterhin der Unternehmensveränderung zu widmen. Doch so wie es jetzt lief, konnte es nicht weitergehen. Es war an der Zeit, das Backlog für jeden einzelnen im Volk verständlich zu machen. Der weise Begleiter gab den Gefährten den Rat, die Wünsche als Geschichten, sogenannte User Storys, zu erzählen: kurze Sätze, in denen die jeweilige Rolle ihren Wunsch mit einer Begründung erläutern würde.

»Als <Rolle> wünsche ich mir <Wunsch>, um zu <Grund>.«

Auch wenn die Gefährten dieses in der agilen Welt gebräuchliche Format schon kannten, waren einige argwöhnisch und skeptisch: »Das funktioniert doch nur für klassische Entwicklungswünsche!« Aus ihrer Sicht konnte dieses Format nur wiedergeben, was sich der Kunde von einem Produkt wünschte – aber doch nicht, was sich die Gefährten von der Transformation wünschten. Der Begleiter blieb bei seinem Ratschlag und argumentierte: »Die Gefährten sind hier die Kunden und die Transformation ist das zu gestaltende Produkt. Wir müssen alle damals gesammelten Wünsche und Anforderungen für das Reise-Backlog als User Storys formulieren.« Die Gefährten stimmten ihm etwas beunruhigt zu und entschieden, in zwei Halbtages-Workshops die Formulierungen zu überarbeiten. Nicht nur die Gefährten hatten ein mulmiges Gefühl, auch der Begleiter empfand Respekt vor der nächsten Etappe, in der sie seinen Ratschlag umsetzen wollten. Er wusste: *Ratschläge sind eine gefährliche Gabe, selbst von den Weisen an die Weisen, und alle Wege mögen in die Irre führen.*

Es kam der Tag, an dem sie im Workshop zusammensaßen. Der Begleiter lehrte die Gefährten die Kunst des Schreibens guter User Storys. Zunächst war er es, der die ersten Wünsche als User Storys formulierte. Verschwörerisch erklärte er dabei die Einfachheit: Der Wunsch sei schon immer vorhanden und für die Rolle müsse man sich nur in Erinnerung rufen, welche Person des Volkes diesen genannt hatte. So ergab sich zum Beispiel folgende User Story:

»Als aktueller Projektleiter wünsche ich mir eine Schulung zum agilen Anforderungsmanagement.«

So geschah es, dass auch hier die Begründung des Wunsches, wie vom erfahrenen Begleiter schon viel zu häufig gesehen, fehlte. Dies ist der wichtigste Teil für das Verständnis: Wie kommt es zu diesem Wunsch? Und warum fehlt dieser Teil so oft? Speziell im genannten Beispiel ist es einfach zu begründen, dass die Person in diesem Fall den Wunsch hat, von der Rolle des Projektleiters in die Rolle des Product Owners zu wechseln. Doch die Erfahrung zeigt, dass der tieferliegende Grund nicht so einfach zu ergründen ist. Daher wird sie häufig weggelassen, oder der Wunsch wird einfach noch einmal anders formuliert.

Die Lieblingsbeschäftigung des Begleiters wurde das Fragen nach dem »Warum?«, »Wozu?« bzw. »um was zu erreichen?«. Gerne auch mehrmals hintereinander (die sogenannte »5-Times-Why«-Methode, um den eigentlichen Grund zu identifizieren und zu verstehen). Zum Abschluss jenes ersten Nachmittages begab es sich, dass zirka die Hälfte der Wünsche inklusive ihrer Begründungen und Beweggründe als Geschichten für die Reise formuliert waren. Es war ein harter, steiniger Weg. Einige Gefährten waren immer noch skeptisch und es fiel ihnen schwer, ein einheitliches Verständnis der Wünsche zu erhalten. *Es ist in einer langen Geschichte nicht möglich, alle an allen Punkten zufriedenzustellen oder alle an den gleichen Punkten zu verärgern.* Auch wenn der fromme Wunsch aller bestand, alle zufriedenzustellen.

Am darauffolgenden Morgen kam der Hauptskeptiker der Geschichtenvorlage nach seiner 1,5-stündigen Anreise ein paar Minuten früher und erzählte freudetrunken seinen Gefährten folgende Episode: Er hatte sich nach dem gestrigen Tag auf die Rückfahrt in sein Lager begeben und nutzte diese Rückfahrt, wie auch die heutige Hinfahrt, um einen großen Teil der fachlichen Anforderungen seines Stammes der Systemtester mit Hilfe der Geschichtenvorlage umzuformulieren und damit besser verständlich zu machen. – *Die Nacht verändert viele Gedanken.* Gestern noch hoch skeptisch, zeigte er sich heute hellauf begeistert. Seine Augen leuchteten, als er sein Werk den Mitstreitern vorstellte: »Das, was wir hier verändern wollen, wird uns alle überdauern.« Dem konnte niemand widersprechen. »*Und doch wird nichts dabei herauskommen, denke ich, als lauter Hätte-sein-können*«, sagte der Begleiter, »wenn wir nicht immer wieder auf unsere Stämme zugehen und sie nach ihren Beweggründen befragen.«

Ein Sturm der Euphorie ging durch die Gemeinschaft. Seit diesem Augenblick waren die Gefährten sowie das Volk vom Wert und Nutzen der Vorlage und speziell der Begründung überzeugt. Seit einem Monat unterstützte der Begleiter die Gefährten nun bereits und dies bewies ihm erneut: *In einem Monat kann man alles Wissenswerte über sie lernen, und doch können sie einen nach hundert Jahren, wenn man in Not ist, noch überraschen.*

Zum Ende des zweiten Tages war ein gut priorisiertes Backlog vorhanden. Die Gemeinschaft beschloss, dass das paarweise Vergleichen einer Geschichte mit den bisherigen

Geschichten am einfachsten zur Priorisierung diente. Und damit begann die eigentliche Reise dieser Abteilung erst.

Mit dieser Euphorie im Rücken war es ein Leichtes, die restlichen Wünsche umzuformulieren und zu ergänzen. Seit diesem Tag wird das Nutzen dieser Vorlage durch alle Gefährten vorangetrieben und weiter in die Organisation hineingetragen.

Es war erstaunlich, wie sich nach und nach nicht nur die Arbeitsweise der Gefährten, sondern die Kultur der gesamten Abteilung veränderte. *Selbst der Kleinste vermag den Lauf des Schicksals zu verändern.* Auch der größte Skeptiker unter ihnen.

Und wenn Sie nicht gestorben sind, dann schreiben sie heute immer noch ihre Geschichten und arbeiten an ihrer Reise. Sie befinden sich auf einem guten Weg, der in ihrem Großunternehmen noch länger andauern wird. Und sie bleiben auf ihrem Weg, so hart dieser auch manchmal sein mag, und können sich gar nicht vorstellen, wieder zur alten Arbeitsweise zurückzukehren oder zurück in das bekannte Heimatland zu gehen. Bis heute wird bei der Identifikation bzw. Überlegung des Grundes für die einzelnen Geschichten heiß über die Beweggründe diskutiert. Viele, nicht mehr nur die Gefährten, erkunden immer weiter das Agile Land.

Wie ein Gefährte damals sagte:

»*Wie soll man den Faden des alten Lebens wieder aufnehmen? Wie soll es weitergehen, wenn du in deinem Herzen zu verstehen beginnst, dass es kein Zurück gibt?*«

Philipp Diebold

ist dein #GenauMeinAgil-Macher und Gründer von Bagilstein. Er begleitet Unternehmen verschiedenster Branchen bei agilen Transformationen, auf dem Weg zu ihrer individuell passenden Agilität. Er nutzt dabei die in seiner Doktorarbeit entwickelte Methodik zur Identifikation der passenden Agilen Bausteine (ach, das ist neben Agil der zweite Begriff in Bagilstein!) und seine langjährige Erfahrung aus Wissenschaft und Praxis.

#GenauMeinAgil

Entwicklungszeit halbe!

(Die Ähnlichkeit mit lebenden Personen und real existierenden Organisationen ist beabsichtigt)

Ich sitze im ICE auf dem Weg zu einem Kundentermin. Dicke Regentropfen prasseln gegen das Fenster. Ich klappe meinen Laptop auf, um mich vorzubereiten. Schon der erste Kontakt war spannend. Die Einkaufsleiterin eines mittelständischen Gerätebauers hatte mich angerufen und war nach der Begrüßung direkt auf den Punkt gekommen: »Unser Geschäftsführer möchte die Entwicklungszeiten halbieren. In diesem Zusammenhang sind die Buzzwords ‚Lean' und ‚Agile' gefallen.« Nach drei Sekunden Pause fuhr sie fort: »Mir erscheint das äußerst anspruchsvoll. Natürlich kenne ich Lean in der Produktion und Agile in der Softwareentwicklung. Aber funktionieren diese Ansätze auch in der mechatronischen Systementwicklung? Als ich diese Frage in meinem Netzwerk gestellt habe, ist Ihr Name gefallen.«

Während ich vor meinem Laptop sitze, sinniere ich über das Ziel des Kunden. Meine Gedanken schweifen in die Vergangenheit ab. Entwicklungszeit halbieren! Im Non-IT-Bereich ist mir dieses Ziel in meiner mehr als zehnjährigen Praxis mit Lean und Agile erst zwei Mal begegnet.

Das erste Mal war es ein Flop – eine bittere, aber wertvolle Erfahrung. Die Geschäftsführung stellte eine »Forderung«, und das hatte zu extremem Widerstand im Unternehmen geführt. Damit wurde jede Veränderung schon im Keim erstickt und mein Auftrag war schnell beendet. Das zweite Mal war es eine Vision. Nicht eine jener Visionen, mit denen man laut Helmut Schmidt zum Arzt gehen sollte. Es war eher eine wie die von Greta Thunberg, der 16-jährigen Klima-Aktivistin: ein Bild von einer erstrebenswerten Zukunft. In diesem Fall hatte Herr Willen[9] das Bild entworfen, der damalige Entwicklungsleiter eines Maschinenbau-Unternehmens: »Meine engagierten Mitarbeiter arbeiten ohne Stress und bewältigen Projekte in der Hälfte der Zeit.« Zweieinhalb Jahre später war die Vision Wirklichkeit geworden und strahlte noch heller als in den kühnsten Träumen. Die Key Performance Indicators waren eindeutig: Projektlaufzeit verkürzt auf ein Drittel, variable Entwicklungskosten halbiert – bei gleichgebliebener Qualität.

Und die Mitarbeiter? 2018 war ich auf der New Work Konferenz, um dort meinen Ansatz »agilean« vorzustellen: eine neue Form der Zusammenarbeit, die im Kern archaisch ist. Freudestrahlend sprach mich eine junge Dame an: »Hallo Herr Erretkamps, Sie werden mich wahrscheinlich nicht mehr kennen. Ich bin Entwicklerin im Bereich von Herrn Willen und war dabei, als Sie bei uns agilean eingeführt haben. Wissen Sie, was wir geschafft haben? Wir brauchen nur noch ein Drittel der Zeit für die Projekte und haben auch unseren Aufwand pro Projekt deutlich reduziert. Keine Überstunden mehr, keine Wochenendarbeit. Bei der Qualität sind wir noch nicht wirklich besser geworden. Daran arbeiten wir. Das hat nicht unser Chef gemacht. Das haben wir gemacht. Er hat uns nur den Rücken freigehalten. Das wollte ich Ihnen unbedingt sagen.«

---

9 Alle Namen in dieser Geschichte wurden geändert.

Wie war es dazu gekommen? Herrn Willen hatte ich einige Jahre zuvor ebenfalls auf einer Konferenz getroffen. Er sprach mich nach meinem Vortrag an, zum damaligen Zeitpunkt war er noch Teamleiter. Wir entdeckten schnell Gemeinsamkeiten in unseren Vorstellungen von New Work und in einem früheren Leben waren wir sogar in einem ähnlichen Arbeitsumfeld tätig gewesen. Ein Teil unserer Sozialisation hat in der Produktentwicklung der Automobilzuliefererindustrie stattgefunden. Ein hartes Geschäft. Der Endtermin des Projekts – Start of Production (SoP) – ist unumstößlich. Die Beauftragung erfolgt oft so spät, dass das Projekt theoretisch schon nicht mehr machbar ist. Die Qualitätskriterien sind hart. All das führt, neben den hausgemachten Problemen, fast unweigerlich zum Feuerlöschen. Das Erstaunliche ist, dass es in den meisten Projekten funktioniert. Warum: absoluter Fokus, ein dediziertes, crossfunktionales Team dort, wo es brennt, Transparenz durch konsequente Visualisierung, tägliche Abstimmung und hohe Freiheitsgrade, um das Ziel zu erreichen. Aber das Ganze hat einen hohen Preis: Mitarbeiter, die bis an die Grenzen der Belastbarkeit und oft darüber hinaus getrieben werden.

Bei unserem Austausch auf der Konferenz waren wir uns sehr schnell einig, dass vieles von dem, was ich in meiner Präsentation der agilean Produktentwicklung vorgestellt hatte, im Feuerlöschmodus intuitiv zur Anwendung kommt. »Wenn wir das gleich von Beginn an in unseren Projekten systematisch umsetzen könnten, müssten wir überhaupt kein Feuer mehr löschen. Aber was viel wichtiger wäre: keine ausgebrannten Mitarbeiter«, rekapitulierte Herr Willen. Besonders hatte ihm das Abschlussstatement meines Vortrags gefallen: »Mit Freude gemeinsam jeden Tag die richtigen Dinge richtig tun. Getting projects done!«

Einige Monate später rief mich Herr Willen an. Er war am Tag zuvor zum Entwicklungsleiter befördert worden. Seine Motivation war quasi durchs Telefon spürbar. »Jetzt habe ich die Position, um meine Vision Wirklichkeit werden zu lassen.« Nach meinen Glückwünschen fuhr er fort: »Das wird allerdings nicht einfach. Es gibt viele Widerstände. Mir ist klar, dass eine solche Veränderung Zeit und einen langen Atem braucht. Aber ich muss jetzt meine Duftmarken setzen. Ich habe etwas Budget für mein persönliches Coaching herausgehandelt. Ich brauche Hilfe.«

Sechs Monate später waren alle seine 40 Mitarbeiter in der Produktentwicklung in agilean geschult und fünf Teams arbeiteten strukturiert nach der Methode, mit Product Owner Teams und einem agilean Team-Coach. Den jungen Coach, Herrn Hansen, hatte Herr Willen für ein halbes Jahr aus der Personalabteilung losgeeist. Für Herrn Hansen war das die langersehnte Möglichkeit, um konkrete Coachingerfahrungen im alltäglichen Projektgeschäft zu sammeln und sich zu beweisen. Übrigens hat man ihm einige Jahre später die Leitung der Personalabteilung übertragen.

Im Nachhinein betrachtet war es entscheidend, dass die Teams nachweisbar schnell produktiver wurden. Nichts gibt mehr Rückenwind als Erfolg. Trotzdem war die Veränderung auch für Herrn Willen, vor allem für seinen Führungsstil, eine große Herausforderung. Herr Willen ist nämlich eine dominante Führungspersönlichkeit. Er hat ein ausgeprägtes Verantwortungsgefühl gegenüber dem Unternehmen wie auch gegenüber den Mitarbeitern. Wie jeder, der Führung ernst nimmt, braucht er die Sicherheit, seinen Bereich lenken und steuern zu können. Er legt viel Wert darauf, dass seine Mitarbeiter sich mit ihm abstimmen.

Mittlerweile hat es aufgehört zu regnen und die Sonne bahnt sich ihren Weg durch die Wolken. Ich klappe meinen Laptop zu, schaue aus dem Fenster und erinnere mich an ein Telefonat mit Herrn Willen. Er rief mich an einem Montagnachmittag völlig unerwartet an. »Als ich heute Morgen entspannt das Büro betrat, traf mich fast der Schlag. Das Team hatte den gesamten Entwicklungsbereich umgestaltet. Ohne mein Einverständnis. Ich musste mich sehr beherrschen. Ich musste raus. Ich flüchtete aus dem Raum, um mich abzuregen. Ich konnte nicht glauben, was ich gerade gesehen hatte: Die Teams hatten die gesamte Sitzordnung geändert. Sie haben mich nicht einmal gefragt!« Nachdem er tief durchgeatmet hatte, fuhr er fort: »Als ich den ersten Schock überwunden hatte, habe ich Herrn Hansen zum Gespräch kommen lassen. Seine ruhige Art war für mich fast unerträglich. Er erklärte mir, dass die Teams erkannt hatten, dass die bisherige Sitzordnung die Zusammenarbeit massiv behindert hat. Gemeinsam hatten sie beschlossen: Wir gestalten den Bereich um!« Wieder ein tiefes Durchatmen, bevor er weitersprach: »Plötzlich fiel es mir wie Schuppen von den Augen. Das war ein Test. Meint der Chef das mit der Selbstbestimmung wirklich ernst? Das hat mich wie ein Blitz getroffen.« Gebannt fragte ich nach: Und dann? »Nachdem mir das klar geworden war, bin ich mit Entschlossenheit zurück in den Teamraum gestürmt. Herr Hansen konnte mir kaum folgen. Sofort als ich den Raum betrat, hatte ich die volle Aufmerksamkeit. Mein Abgang schien Spuren hinterlassen zu haben. Ich schaute mich im Raum um. Alle waren da. Sie wirkten verunsichert. Ich war die Ruhe selbst. Ich lobte die Eigeninitiative. Sie schauten mich überrascht an. Ich habe ausdrücklich betont, dass sie natürlich nicht meine Erlaubnis einholen müssen, um ihre Arbeit zu optimieren. Wirklich nicht! Aber ich habe auch einen Wunsch geäußert: Es wäre schön, wenn sie mich bei solchen gravierenden Änderungen vorher informieren würden.«

Eine Woche später saß ich mit Herrn Willen beim Abendessen. Ich hatte ihn dazu eingeladen. Mir war wichtig, dieses Ereignis zu feiern. Für mich sind das die magischen Momente, in denen sich Transformation manifestiert. Dieser Tag vor einer Woche war für Herrn Willen und sein Team ein weiterer Durchbruch gewesen. Das beiderseitige Vertrauen hatte eine neue Dimension erreicht. Wir rekapitulierten den Veränderungsprozess, der zu diesem Punkt geführt hatte und waren uns einig, dass organisatorische Veränderungen von Menschen gestaltet oder verhindert werden. Im Nachhinein betrachtet, gibt es nicht den einen Erfolgsfaktor. Es ist ein Willensakt, der einer emotional tief verankerten Vision bedarf. Es bedarf eines gewissen Gestaltungsspielraums, der Stückchen für Stückchen erweitert werden muss. Es bedarf der Kontinuität und oft externer Unterstützung. Aber vor allem ist es die ureigenste Aufgabe der Führung und nicht delegierbar!

Wenn ich mich an dieses Szenario zurückerinnere, muss ich ebenfalls daran denken, wie die Ablehnung einzelner Personen auf der mittleren Managementebene den Veränderungsprozess nicht leichter gemacht hat. Die spürbar bessere Energie in den Teams und die gesteigerte Produktivität konnten den Widerstand zu diesem Zeitpunkt zumindest in Schach halten. Durch die Retrospektiven hatten sich die Teams kontinuierlich verbessert und die Etablierung einer übergeordneten Steuerung der Projekte, das Multiprojektmanagement, war nun ein wesentlicher nächster Schritt. Bis zu diesem Zeitpunkt wurden die Projekte direkt vom Vertrieb in die Entwicklung hineingedrückt (Push). Jetzt gibt es eine klare, mit allen Verantwortlichen abgestimmte priorisierte Projektliste. Damit ist gewährleistet, dass die begrenzten Ressourcen an den »richtigen Dingen« – also an den Dingen mit dem größten Wert – arbeiten. Erst wenn ein definiertes Arbeitspaket eines Projekts geliefert ist, zieht das Projektteam das nächste Paket von der Projektliste (Pull). Visualisiert wird die Situation durch Post-its an einem Kanban-Board. Dieses Board wird alle 14 Tage von den drei beteiligten Bereichen – Vertrieb, Projektmanagement Office und Entwicklung – aktualisiert. Diese von Herrn Willen mit Vehemenz initiierte Vorgehensweise hat wesentlich dazu beigetragen, den Projektdurchsatz zu erhöhen.

Der nachhaltige, sichtbare Erfolg ist natürlich nicht ohne Folgen geblieben. Für Herrn Willen bedeutete das den nächsten Schritt auf der Karriereleiter. Er wurde zum Technischen Leiter befördert. Das hat die Gegner aus dem mittleren Management, die plötzlich seine Mitarbeiter wurden, veranlasst, sich Positionen außerhalb seines Einflussbereichs zu suchen. Die geschickte Nachbesetzung führte zu einer weiteren signifikanten Verbesserung der Wertschöpfungskette und des Energieflusses.

In früheren Zeiten war die Produktentwicklung der Engpass gewesen, nun war es die Produktion. Somit war es fast vorhersagbar, dass man Herrn Willen auch die Verantwortung für diesen Bereich übertragen würde. Dort lag die besondere Herausforderung in der stark schwankenden Kundennachfrage. Beim letzten Coachingtreffen konstatierte er: »Produktion im Griff!« Damit hatte er die gesamte Wertschöpfungskette optimiert, von der Anfrage bis zur Auslieferung. Um darauf hinzudeuten, wie hervorragend die Prozesse nun ablaufen und aus lauter Enthusiasmus, stellte mir Herr Willen folgende Frage: »Wie hoch ist die Steigerung des Gewinns bei dreifachem Durchsatz, halbierten variablen Kosten und gleichen Fixkosten?« Eine Antwort war nicht nötig.

Nun sitze ich wieder im ICE, auf dem Weg nach Hause. Der Kundentermin ist sehr positiv verlaufen. Die Teilnehmer haben verstanden, dass es nicht darum geht, einzelne Bereiche zu optimieren. Es geht nicht darum, die Entwicklung oder das Vorgehen in einzelnen Projekten zu verbessern. Es geht auch nicht darum, Scrum, Agile oder Lean einzuführen. Es geht darum, den gesamten Produktentstehungsprozess (PEP) auf ein neues Niveau zu heben, vom Kundenbedarf, über die Idee, hin zur Realisierung – und letztlich bis zum Produkt. Mein Abschlussstatement hat ein Schmunzeln hervorgerufen, ist aber auf breite Zustimmung gestoßen: »Pep your PEP«.

Heinz Erretkamps,

geschäftsführender Gesellschafter der agilean GmbH, lebt sein Herzensthema: Organisationsentwicklung zwischen den Leitplanken Agile, Lean und klassischem Projektmanagement. Er ist anerkannter Autor, Speaker, Visionär, Trainer und Coach und beschäftigt sich mit der Entwicklung von Produkten und Dienstleistungen. Sein Ziel ist es, ein organisatorisches Umfeld zu schaffen, in dem sich Menschen entfalten, Teams zur Hochleistung finden und Projekte fertig werden.

www.agilean.de

Hürdenlauf zur agilen Hardwareentwicklung

Wir haben uns als Außenseiter gefühlt! Wie konnte unser hochkarätiges Hardware-Team seine Projekte nur nach wie vor nach den Regeln des klassischen Projektmanagements durchführen? »Hochtechnologie und veraltete Vorgehensmodelle – wie soll das funktionieren?«, fragten sich die Kollegen aus der Softwareentwicklung, die seit Jahren mit Scrum arbeiteten. Wir Hardwareentwickler waren die Wasserfallinsel im agilen Meer. Unsere Projekte dauerten immer zu lange, waren unglaublich teuer – und alles nur, weil wir nicht agil waren. So sahen es zumindest viele unserer Kollegen aus anderen Bereichen.

Das Management half mit, den Leidensdruck noch größer zu machen, und so entstand im Hardware-Team extrinsisch die Motivation, sich endlich agiler aufzustellen. Doch schon der Begriff »Agile« teilte die Menge. Viele waren kollektiv dagegen, da sich »Agile« als Unwort etabliert hatte, und die wenigen Befürworter im Team hatten nur wenige Ideen dazu, wie Systementwicklung mit Scrum aussehen könnte.

Dieses Thema beschäftigte selbstredend auch mich als Projektleiter. Ich hatte mich in der Vergangenheit bereits des Öfteren mit agilen Ansätzen in der Systementwicklung beschäftigt. Jahre zuvor war ich bei der Einführung von Scrum in einem Hardware-Team gescheitert. Immer wieder stieß ich gedanklich an diese eine Hürde: Scrum fordert nach jedem Sprint ein Potentially Shippable Product Increment. Dieses entsteht in der Systementwicklung nicht einfach so nebenbei – unter Berücksichtigung von Layout und Produktionszeiten, Continuous Integration über alle Architektur-Ebenen, Berechnung einer Velocity mit inkonstanten Teamgrößen und Kompetenzen. Wie soll das gehen? Immer wieder stand ich vor dieser Frage, die mich mehr und mehr an agiler Systementwicklung mit Scrum zweifeln ließ. Das Problem war, wie sich später herausstellte, dass ich den Ansatz der Software in genau gleicher Weise auf die Hardware umlegen wollte.

»Na gut, geht halt nicht«, dachte ich mir. Zu diesem Zeitpunkt steckten wir mit dem Großteil der Mannschaft – 120 Leute – in einem der größten Projekte der Firmengeschichte. Entstehen sollte ein Messgerät, das aus über zwanzig Einzelmodulen bestand und technologisch aus dem Vollen schöpfte. Dieses Messgerät hatte nicht einmal das halbe Volumen einer Bierkiste, aber darin waren so viele Mikroprozessoren verbaut wie in einem Kleinwagen. Mechaniker, Layouter, Elektroniker, Firmware-, Linux- und Applikationssoftware-Entwickler, Marketing, Vertrieb – alle waren gefordert, dieses Mammut zu stemmen.

Trotz der hohen Komplexität lief die Entwicklung ganz gut – bis wir einen bedeutenden Meilenstein erreichten. Es ging darum, die Module und Technologien miteinander zu verheiraten. Die Modulteams, die bis dahin Konzepte und funktionelle Prototypen entwickelt hatten, mussten sich plötzlich mit anderen Teams abstimmen. Themen wie Schnittstellendefinitionen, Abmessungen, gemeinsame Kühlkonzepte und dergleichen brachten das Projektteam an seine Grenzen. Zudem warf das Produktmanagement nach wie vor Änderungswünsche ein, die für viel Wirbel sorgten. Die parallel und größtenteils unabhängig voneinander agierenden Sub-Teams, die bis dahin von Motivation und Eigendynamik getrieben waren, krachten regelrecht aufeinander. Die unterschiedlichen Konzepte wurden auf turbulente Rüttelstrecken gestellt: Zum Teil passten sie nicht zueinander, zum Teil fehlte das gegenseitige Vertrauen, und dann kam auch noch der Kampf um die Ressourcen auf. Doch allen war klar: Da müssen wir jetzt durch! Es standen Diskussionen und Entscheidungen an – nicht fünf, nicht zehn, es waren dutzende. Nun war ich als Projektleiter gefordert. Ich hatte zu wenig Augenmerk auf die frühe Synchronisation und Abstimmung der Teams gelegt. Zudem hatten wir ein massives Kommunikationsproblem!

Das war Grund genug, um unser Transformationsprojekt anzustoßen.

In erster Linie fokussierten wir uns auf die Kommunikation. Mir war klar, dass das unsere Low Hanging Fruits waren, also ein Punkt, in dem wir schnelle Erfolge erzielen konnten. Wir setzten einen extern moderierten Workshop auf, redeten über die Stärken und Schwächen unserer Kommunikation und leiteten Aktionen ab. Eine der ersten Aktionen war die Einführung eines modul- und disziplinübergreifenden Standup-Meetings (die Agilen aus der Software nannten es Scrum of Scrums). Es war ein Meeting, bei dem die neuen Modulverantwortlichen wöchentlich über den Fortschritt berichteten und die erhaltenen Informationen zurück in die Modulteams spielten. Zusätzlich führten wir eine »Andon Cord« ein, ein Tool aus der Lean Production. Dabei handelte es sich um eine Reißleine für die Modul-Teams, mit der sie signalisieren konnten, dass sie Hilfe brauchten oder dass es Probleme gab. Nach anfänglicher Skepsis wurde das Meeting recht schnell positiv angenommen.

Zwei Monate nach Einführung unseres »System Standups«, wie wir es nannten, führten wir ein Review-Meeting durch, um zu reflektieren, ob die abgeleiteten Aktionen ihren Zweck erfüllten. Das Feedback war überraschenderweise sehr positiv. Lediglich ein Team sträubte sich gegen diese offene Art der Kommunikation. Eines von sechs Teams – klang im ersten Moment ganz gut, aber es brachte das gesamte System zum Kippen. Viele, auch für die anderen Teams relevante Themen blieben unbehandelt. Zudem funktionierte die Kommunikation mit den sogenannten Shared Resources – also Layoutern, Mechanikern, Prototypenbauern, Produktion etc. –, die von den Modulteams phasenweise hinzugezogen wurden, nicht wirklich. Nun stand ich also vor dem nächsten Problem: Wie konnte ich die Kommunikation so hinbiegen, dass alle zur richtigen Zeit die relevanten Informationen bekamen, die Shared Resources richtig eingeteilt waren und es übergreifende Transparenz gab?

Da erinnerte ich mich an etwas. Im Herbst des Vorjahres hatte ich das Lean-Startup-Konzept von Eric Ries kennengelernt, und dieser Ansatz faszinierte mich so sehr, dass ich mich damit weiter auseinandersetzte. Diejenigen, die das Konzept kennen, wird es nicht verwundern, dass ich dabei über Kanban stolperte. Als ich mich intensiver mit dieser Methode befasste, löste sich bei mir ein riesiger Knopf im Kopf. Im Gegensatz zu Scrum fordert Kanban keine Luftschlösser, um überhaupt starten zu können. Kanban startet beim Ist-Zustand und entwickelt sich dann weiter. Kaizen – die Veränderung zum Besseren. Es ist vielmehr ein Mindset als ein starrer Methodenkoffer, wie man es aus Scrum oder dem Project Management Body of Knowledge (PMBOK) kennt. Zudem bringt Kanban Transparenz und fördert die Zusammenarbeit. Genau das war es, was wir brauchten!

Einen möglichen, theoretischen Lösungsansatz hatte ich nun. Doch wie konnte ich das Team davon überzeugen? Da es neben meinem Projekt noch weitere gab, die auf denselben Ressourcenpool zugriffen, war mir klar, dass ich Kanban nicht eben schnell über mein Projekt stülpen konnte. Für dieses Vorhaben brauchte ich die Linienverantwortlichen. Glücklicherweise hatte ich einen super Kontakt zu den zwei zuständigen Coaches. Ich skizzierte also einen möglichen Prozess, der mein Projekt, die Modul-Teams, die Linie und sämtliche anderen Projekte berücksichtigte. Diesen Prozess stellte ich den Coaches vor. Wirklich überzeugt waren sie nicht – zu kompliziert, lange Einführungszeit und die Vermutung »da macht das Team bestimmt nicht mit!«.

Gut, also musste ich es anders angehen. Ohne die Coaches an Bord brauchte ich erst gar nicht zu versuchen, den Prozess auszurollen. Vielleicht fehlte ihnen der Hintergrund zur Methodik? Ich hatte große Visionen, was mit Kanban alles möglich sein würde, doch sie teilten diese Sicht nicht. Ich ließ aber nicht locker und überzeugte sie, mich zu einer zweitägigen Kanban-Schulung zu begleiten. Es war eine tolle Möglichkeit, um mit ihnen abseits des Tagesgeschäfts über das Projekt, meine Pläne und Ideen zu sprechen. Das Training war turbulent und wir stellten uns gefühlt alle zwei Stunden die Grundsatzfrage, ob Kanban wirklich geeignet war – oder wir einfach zu dumm, um es zu verstehen. Am Ende dieser zwei Tage hatte ich aber erreicht, was ich wollte: Die Coaches und ich hatten das gleiche Verständnis und ich bekam ihr Commitment! Einige Details waren zwar noch unklar, aber sie sagten mir ihre Unterstützung zu.

In der folgenden Woche machte ich mich an die Finalisierung des Konzepts. Ich baute digitale Kanban-Boards, fütterte diese mit Beispielen und stellte sie den Teams vor. Die Vorteile überzeugten sehr schnell. Ich war überrascht, dass das Team es so gut annahm. Doch einen Faktor hatte ich radikal unterschätzt: Der Mensch ist ein Gewohnheitstier. Der Ingenieur ist vielleicht etwas experimentierfreudiger, aber am Ende des Tages bleibt er gerne in seiner

Komfortzone. Dieses Mal stellte sich ein anderes Team quer. Seltsamerweise genau jenes, das ich von Anfang an stark eingebunden hatte, weil es seit drei Jahren mit einem digitalen Board arbeitete, das es selbst administrierte. Mein Fehler: Ich hatte im Alleingang das Tool für die digitalen Boards ausgewählt. Mir war dieses Risiko bekannt, als ich mit der Auswahl startete – doch ich wollte einfach nicht zu viel Zeit mit der Selektion verschwenden. Zudem wurde dieses Tool offiziell von unserer IT unterstützt und gewartet.

Schlussendlich konnte ich das Team aber davon überzeugen, dass das Tool nur ein Mittel zum Zweck war, wir erstmal Erfahrungen sammeln mussten und jedes Tool Vor- und Nachteile hat. Ich glaubte, dass ich nun wirklich alle im Boot hatte. Wir entwickelten die Boards fleißig weiter, definierten Regeln für die Zusammenarbeit und bauten noch ein paar nette Gadgets ein.

Nun ging es darum, die übergreifenden Linien-Themen auf Schiene zu bekommen. Ich startete mit dem Firmware-Review-Prozess und stellte dafür ebenfalls digitale Kanban-Boards zur Verfügung. Diese wurden einerseits aus den Projekten und andererseits direkt aus dem Review-Prozess gefüttert. Es war eine runde Sache, doch dann grätschten plötzlich die Coaches dazwischen. Ich verstand die Welt nicht mehr. Das Commitment schien vergessen zu sein, als ich den Prozess im Firmware-Team vorstellte. Dem Firmware-Team gefiel der Ansatz, den Coaches plötzlich nicht mehr. Was war da los? Nach der Vorstellung schnappte ich mir die Coaches, um den Grund in Erfahrung zu bringen. Ich nahm das fast ein wenig persönlich – sie sahen es jedoch als »kritisches Hinterfragen«. Der Wirbel war aber zum Glück nur von kurzer Dauer. Ich erklärte ihnen, dass ich doppelte Überzeugungsarbeit im Team leisten müsse, wenn sie nicht hinter mir standen.

Dank der guten Beziehung brachten wir die Linien-Themen dann aber doch noch recht rasch über die Bühne.

Nachdem ich den Prozess noch mehrere Wochen begleitet hatte, die Boards mit den Teams gepflegt, Anpassungen durchgeführt und viele Stunden inhaltliche Diskussionen geführt hatte, war es an der Zeit, die Teams eigenständig an den Boards arbeiten zu lassen. In unserem System-Standup und in den Jour fixes der einzelnen Disziplinen, die ich moderierte, schauten wir regelmäßig auf die Boards, um die Projektfortschritte zu besprechen. Doch bereits nach kurzer Zeit schienen einige Boards wie eingefroren. Es handelte sich genau um jene, für die es keine dedizierten Meetings gab. Die Maßnahme war dann aber recht einfach: Wir definierten Board-Verantwortungen, setzten regelmäßige Meetings auf, in denen die Boards gepflegt wurden und synchronisierten den Status dieser Boards im übergeordneten System Standup Meeting. Im Core Team pflegten wir das Device- und Change-Board[10], im Mechanik-Jour-fixe das Board für die Mechanik-Themen und die Firmware-Jungs kümmerten sich fleißig um das Firmware-Board. Für die Modul-Teams installierten wir sogenannte Modul-Standups, die einmal pro Woche stattfanden. Zusätzlich zu den betroffenen Entwicklern stießen in diesen Standups auch Vertreter der Shared Resources dazu. Nun war viel getan – die Boards lebten, die Kommunikation lief scheinbar ohne mein Zutun, die Shared Ressources waren eingebunden und synchronisiert, die Transparenz war da und der Informationsaustausch passierte on the fly. Ich hatte das Gefühl, dass wir nun ein Umfeld geschaffen hatten, das autark und lebensfähig war.

10 Die Einführung eines Change-Boards war äußerst hilfreich. Wir stellten in den Spalten unseren Entscheidungsprozess (Idee, Evaluierung, Entscheidung, Dokumentation etc.) dar, versahen die Karten mit Deadlines, Zuständigkeiten und Tasks und synchronisierten diese wöchentlich im System-Standup mit dem gesamten Team.

Dass ich mich hierbei unglaublich geirrt hatte, zeigte sich bereits wenige Monate später. Der Sommer stand bevor und wie jedes Jahr gingen die Teammitglieder über alle Sommermonate verteilt in den Urlaub.

Da sie sich im Vorfeld abgestimmt hatten, war das weiter kein Problem. Auch ich hatte mir drei Wochen Urlaub genommen, denn nach dieser aufreibenden Phase war es echt an der Zeit. Super entspannt startete ich also in meinen ersten Urlaubstag, soweit ich mich erinnern kann, waren wir auf einer Mountainbike-Tour. Am Abend checkte ich – wie üblich – noch einmal meine Mails, um mich zu vergewissern, dass im Projekt alles auf Schiene war. Was sollte nach einem Tag Urlaub schon großartig passiert sein? Doch der Posteingang war voll! Layouter waren nicht eingeplant, Stückzahlen für Prototypen unklar und unsere Produktion war nicht darüber informiert worden, dass es noch Module zu produzieren gab. Dieses Dilemma zog sich durch meinen gesamten Urlaub. Das Resümee waren vier Tage Urlaub in den geplanten drei Wochen. War der Ansatz doch nicht das Gelbe vom Ei?

Nachdem ich erst im Frühjahr die Mannschaft mit Kanban und den digitalen Boards aufgewirbelt hatte, hielt ich den Ball flach. Doch mehr und mehr stellte sich heraus, dass ich durch meine Bemühungen, das Team von unnötigen Themen zu entlasten, zu einem Flaschenhals im Projekt geworden war. Die Teammitglieder fokussierten sich auf ihre Hauptaufgaben und ich machte den Rest. Die Abstimmung zu den anderen Teams, die Layout- und Produktionsplanung, Dokumentation etc. – einfach alles, was nicht unmittelbar auf den Entwicklertisch gehörte. Zehn Meetings am Tag waren für mich zu dieser Zeit keine Seltenheit. Für die Entwickler war es eine tolle Sache, doch ich stieß dadurch an meine Belastungsgrenzen. Als ich das bemerkte, vertrat ich nach wie vor die Meinung, dass dies zu den Aufgaben des Projektleiters gehörte. Nach diversen Gesprächen mit Projektleiter-Kollegen aus anderen Projektteams sah ich die Sache jedoch mit anderen Augen. Ich hatte die Teams nicht entlastet – ganz im Gegenteil. Ich hatte den Teams ihre Eigenständigkeit und Fähigkeit zur Selbstorganisation geraubt. Ich konnte keine drei Wochen in den Urlaub fahren, ohne dass es zu eskalieren schien. Spätestens jetzt war mir klar, dass ich mit der Einführung der Kanban-Boards noch lange keine Agilität geschaffen hatte! Wir bauten zwar agile Ansätze ein, aber im Kern hatte sich genau gar nichts verändert.

Nun war es an der Zeit, radikalere Maßnahmen zu setzen. Mir war klar, dass ich mit der bestehenden Arbeitsweise kein halbes Jahr mehr durchhalten würde. Meine Arbeitsbelastung war bereits hoch, doch immer mehr neue Themen kamen dazu, die ich zusätzlich zu bewältigen hatte. Die Vorarbeit mit Kanban und den digitalen Boards war zwar hilfreich, kratzte jedoch nur an der Oberfläche. Jetzt musste was Tiefgreifendes kommen.

Schon länger beschäftige ich mich gemeinsam mit einem unserer Hardware-Coaches mit einem hybriden Entwicklungsansatz, der Methoden aus dem Stage-Gate-Prozess, Scrum, Extreme Programming, Holacracy und klassischem Projektmanagement vereinte. Auf dem Papier ein Ansatz, der bei uns wie die Faust aufs Auge zu passen schien. Zudem war er per Definition schon für Systementwicklungen ausgelegt. Doch er war radikal – zu radikal? Ich war mir anfänglich nicht sicher, ob ich es dem Team zutrauen konnte. Es würde ihre Arbeitsweise grundlegend verändern. Doch genau das war nötig.

Dazu holten wir einen erfahrenen Kollegen ins Boot, der bereits als externer Projektleiter für uns tätig war und aktiv bei der Entwicklung dieses Ansatzes mitwirkte. Nach kurzer Vorbereitungsphase stellten wir das komplette Projekt innerhalb eines Tages auf diesen hybriden Entwicklungsansatz um. Es zog mir den Boden unter den Füßen weg. Ich fühlte mich komplett aufgeschmissen. Doch ich wusste: Das muss jetzt sein. Mein hart erarbeiteter und wöchentlich aktualisierter Balkenplan, der mir in der Vergangenheit stets vorgegaukelt hatte, das Projekt im Griff zu haben, wurde von heute auf morgen ersetzt. Meine unzähligen Synchronisationsmeetings wurden obsolet und aus meiner tiefen Flughöhe stieg ich in die Adlerperspektive auf. Ich hatte das Gefühl, dass mir das Projekt völlig aus den Händen glitt. Doch eines hatten wir gewonnen: »brutale« Transparenz, Fokussierung, Commitment, kurzfristige und abgestimmte Ziele, regelmäßiges Feedback und zudem war der Ansatz noch unglaublich einfach, was die Einführung anbelangte. Das aus meiner Sicht Wertvollste und zugleich anfänglich Schmerzvollste war jedoch, dass nun alles breiter aufgestellt war und ich in diesem Prozess nicht mehr die limitierende und alles kontrollierende Schlüsselrolle innehatte. Es hat mich im ersten Moment einiges an Mut gekostet, so viel Verantwortung an das Team zurückzugeben. Obwohl ich dadurch viel Kontrolle aus meiner Hand gab, sehe ich das Projekt heute deutlich besser aufgestellt, da es in seiner Führung jetzt auf die kollektive Intelligenz des Teams bauen kann.

Auf die Methodik selbst möchte ich hier nicht allzu tief eingehen, da sie noch ein paar Seiten im Buch verschlingen würde. Kurz zusammengefasst: Wir arbeiten in der langfristigen Planung mit dem Planning Game aus Extreme Programming. Operativ organisieren wir uns aus einer Mischung von Scrum, Detailplänen und Daily Standups. Die Planung findet im Rahmen der Sprintwechsel alle vier Wochen statt. Neben den Projektrisiken und Chancen werden dabei auch die sich stetig ändernden Schlüsselressourcen berücksichtigt. Zudem sieht der Ansatz ein wöchentliches Voting vor, das die Zuversicht zum aktuellen Sprint, den Masterplan und die Teamzufriedenheit widerspiegelt. Google spuckt bestimmt ein paar Details dazu aus, wenn ihr nach »STAGILE®« sucht.

Die Einführungsphase liegt erst einige Wochen hinter uns und die Schockphase ist noch nicht ganz überwunden, doch die Vorteile überwiegen bereits deutlich. Aktuell befinden wir uns in der Anpassungsphase, in der wir uns damit beschäftigen, wie wir das Gute aus der alten Welt mit dem neuen Ansatz verheiraten können. Auf jeden Fall sind wir sehr gespannt, wohin die Reise geht. Ist dies die letzte große organisatorische Änderung in unserem Projekt oder war es wieder nur eine Zwischenetappe? Die eingebauten Retrospektiven werden uns dieses Mal hoffentlich helfen.

Gerne hätte ich dieses Kapitel erst in einem halben Jahr fertiggestellt. Dann hätte ich euch erzählen können wie die Welt nach dem Schock ausgesehen hat, wie ich die digitalen Boards eingebaut und die Software-Teams in den Prozess integriert habe. Heute dürft ihr euch an der Aktualität der Geschichte erfreuen. Wenn ihr mehr von meinem Hürdenlauf oder der eingesetzten Methoden erfahren möchtet, schreibt mir einfach über einen der Kanäle auf meiner Website. In diesem Sinne: Bleibt dran – auch wenn es weh tut.

Philipp Hammerer

ist Projektleiter im Technologiesektor. Vormals als Hard- und Softwareentwickler tätig, leitet er heute Teams und Projekte in der Hard-, Software- und Systementwicklung. Neben aktuellen Produktentwicklungsmethoden beschäftigt er sich intensiv mit UX, IoT-Anwendungen, DevOps, Lean Startup und digitalen Disruptionen. Er ist Verfechter von Open Innovation und glaubt an die Power der Crowd. Er ist ausgebildeter Elektroniker und Informatiker und hält zwei Executive Master in Betriebswirtschaft sowie in Innovationsmanagement und Wirtschaftspsychologie.

www.philipp-hammerer.at

Über agile Transformation und das Bergsteigen

Um alle wachzurütteln, ging Annes Team die Transformation mit einer Bestandsaufnahme an – von allem, was gut und schlecht lief. Das Ergebnis rüttelte auf, die Dringlichkeit war hoch, so auch die Erwartungen. Dass sich die Zusammenarbeit in der Organisation massiv verändern musste, war klar. Doch das Unternehmen stand vor einer Wand aus dichtem Nebel: Warum, wohin und wie? Es gab unzählige Visionen und genau so viel Frust.

»Wenn ihr den Laden hier ändern wollt, brauchen wir eine klare Ansage von der Geschäftsleitung. Ihr müsst das Ziel genau vorgeben und erklären, wie wir es erreichen!« Peter wusste, wovon er sprach, denn als Bereichsleiter der Backend-IT hatte er schon einige Transformationen erlebt. Wie viele Kollegen war er schon lange im Unternehmen und »neuen Strategien« gegenüber skeptisch-aufgeschlossen. Doch ganz so einfach war es nicht. Die Geschäftsleitung war an Bord, aber das reicht in einem 4000-Menschen-Unternehmen nicht aus, um eine jahrzehntelang gewachsene Kultur zu verändern – dies hatten die Reorganisationen der letzten Jahre gelehrt. Viele Kolleginnen und Kollegen wollten gern agiler arbeiten und den Teams mehr Verantwortung geben. Aber das Daily Business hatte Vorrang vor Neuem, nicht nur bei Peter. Und: Warum sollte es ausgerechnet dieses Mal klappen?

///

Ein Jahr später sitzt Anne mit ihrem zweiköpfigen Team zusammen – es hat sich viel verändert. Anne lehnt sich in ihrem Bürostuhl zurück, die Cappuccino-Tasse fest in der Hand. »Unsere agile Transformation war letztlich wie eine Bergtour … wir haben uns etappenweise zum Gipfel durchgearbeitet«, resümiert sie. Die anderen nicken zustimmend. Hendrik, Agile Coach im Projektteam, ergänzt: »Gut, dass wir beim Start noch nicht wussten, wie steinig der Weg wird.« An Annes Bürowand hängt ein eindrückliches Alpenpanorama mit der Überschrift: Change-Management nach Kotter in acht Etappen. Kotter erklärt in »Leading Change«, wie man Transformationsprozesse in acht Etappen erfolgreich meistert – auch wenn es sinnbildlich mühsam bergauf geht und die Oberschenkel brennen.

Rückblickend kann das Kernteam über vieles lachen. »Könnt ihr euch noch an unsere erste Etappe erinnern, daran wie alles begann?«, fragt Ricardo. Ja, es begann mit Peter. Genauer gesagt: mit Peters Gejammer.

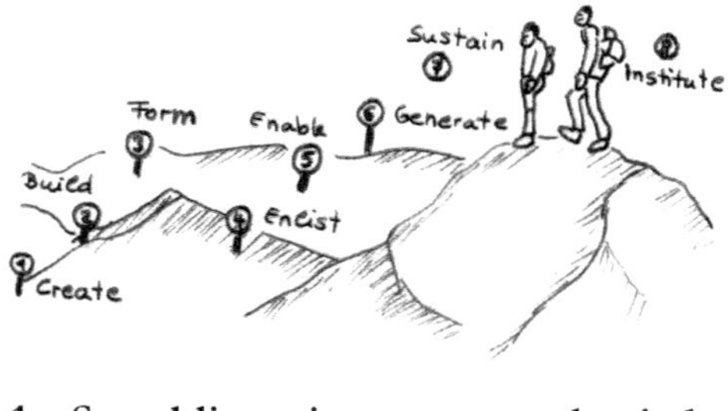

Etappe 1: »So schlimm ist es nun auch wieder nicht«

Sein Körper verharrte in einer starken Abwehrhaltung. Peter jammerte wie so oft: »Naja, wir haben uns eben arrangiert … mussten wir ja. Und am Ende hat es auch funktioniert!« Peters Blick schweifte zur Seite, um den umrissenen Problemen auszuweichen. Selbst wenn manche Prozesse ziemlich verkorkst waren, hatte er sich doch mit ihnen angefreundet. Das gilt für die meisten Menschen: Sie sind mit ihrem Leben grundsätzlich zufrieden und lehnen größere Veränderungen ab, was (agile) Transformationen unglaublich erschwert. Umso wichtiger war es, vor der Transformation zunächst die Notwendigkeit für die geplanten Erneuerungen deutlich zu kommunizieren.

Etappe 2: »Wir brauchen eine tatkräftige Truppe ...«

Die Mehrheit der Geschäftsleitung war glücklicherweise schnell an Bord, doch man braucht weitere Überzeugungstäter, um ein Unternehmen zu agilisieren. Als Teil der Bestandsaufnahme fragte Anne daher nach Mitstreitern: Wer möchte unsere Zusammenarbeit neu und die zukünftige Organisation mitgestalten? So fand sich eine tatkräftige Truppe aus 25 Visionären. Zu den 25 Kolleginnen und Kollegen verschiedener Abteilungen, die mit ihrem Wissen, ihren Ideen und ihrer Energie das Unternehmen voranbringen wollten, gehörte auch Peter. Das Team kam rasch zu den Kernfragen »Was macht uns erfolgreich?« und »Wie schaffen wir es, Dinge nachhaltig zu verändern?«.

Etappe 3: »... und eine Vision!«

Gemeinsam und iterativ, bottom-up und top-down, über Hierarchien und Abteilungen hinweg entwickelte das Team Vision und Mission für die Transformation. WARUM gab es die Transformation, WOHIN sollte sie führen und WIE sollte das Unternehmen zukünftig funktionieren? Mit einem Fokus auf Kunden und Mitarbeiter gleichermaßen. »Ein mühsamer, aber sinnvoller Prozess,« gestand Peter ein. Das Transformations-Team war voller Neugier und Tatendrang. Sehr schnell war klar, dass das 25-köpfige Team selbst Vorreiter sein und nach agilen Prinzipien arbeiten wollte. Das war ein guter, aber nur ein erster Schritt.

Etappe 4: »Wir brauchen mehr als Lippenbekenntnisse!«

Peter war angetan von den neuen, agilen Konzepten: »Das ist nicht schlecht, aber wie bekommen wir die PS jetzt auf die Straße?« Er unterstützte Annes Team mit großem Tatendrang dabei, agile Pilot-Teams aufzusetzen. Die Pilot-Teams durften agile Praktiken drei Monate lang ohne Erfolgsdruck erproben: »… und ich garantiere euch, dass meine Leute zu 100 Prozent dabei sind!« Er verschränkte die Arme vor seiner breiten Brust und schaute triumphierend in die Runde des Transformations-Teams. Ein echter Gänsehautmoment. Vom Saulus zum Paulus gewandelt, nahm Peter als Führungskraft sogar an den agilen Schulungen seines Teams teil, um zu verstehen, »wie diese Daylys, Reviews und Retros funktionieren«.

Etappe 5: »Hindernisse wegräumen«

Die Kraft der Euphorie trug Annes Team viele Monate. Ricardo, eigentlich Projektmanager alter Schule, gehörte jetzt zu ihrem Team: Als agiler Überzeugungstäter räumte er mit Agile Coach Hendrik unermüdlich und monatelang Hindernisse aus dem Weg. Die beiden waren sich einig: »Es beginnt damit, dass wir gut zuhören und verstehen, welche Bedenken die Kollegen haben. Sind sie wütend, weil sie sich übergangen fühlen? Haben sie Angst vor der Veränderung in ihrem Bereich? Dann müssen wir das in unser Konzept einbeziehen. Schließlich wollen wir, dass sie sich neue Muster zulegen.« Trotz viel positiver Energie und großem Arbeitseinsatz ging die Agilisierung nur langsam voran. Warum war es für manche so schwierig, Neues anzunehmen? Das Tal der Tränen sollte noch kommen.

Etappe 6: »Wenn‘s stressig wird, machen wir alles wie gehabt«

»Es ist aber auch schwierig: In der Theorie wissen wir ja, wie es geht, aber dann werden wir vom Daily Business überrannt«, sagte Jeanine, eine Treiberin im Transformations-Team. Sie kannte die Organisation von der Grasnarbe an und platzierte immer wieder gemeinsame Belange bei der Geschäftsführung. Doch wenn selbst sie entmutigt war, stand es schlecht um das Team. Peter pflichtete frustriert bei: »Ich versuch's ja, aber insgesamt ändert sich einfach zu wenig. Und wenn es stressig wird, machen wir alles wie gehabt … und nix agil. So kommen wir nicht weiter!« Es war zum Haare raufen. Eigentlich wollten sich alle gut abstimmen und sich kontinuierlich verbessern. Regelmäßig und mehr kommunizieren. Newsletter schreiben, Videobotschaften in die Organisation senden, anstatt immer wieder diesen vielen kleinen Zeitfressern (»Kannst du mal …«) nachzugeben. Aus Zeitnot setzte das Team von all den guten Vorsätzen wenig um. Workshopweise gelobten alle Besserung – und das wochenlang! Beim vierten Workshop machte Cemil einen Punkt: »Wir gehen zwei Schritte vor und einen zurück. Um wirklich voran zu kommen, müssen wir unser neues Wissen viel häufiger weitergeben und mehr Leute begeistern. Wie machen wir das?«

Etappe 7: »Endlich: Es geht voran!«

»Können wir nicht Workshops zu unseren agilen Team-Werten organisieren?«, fragte er. »Also, für alle?« Endlich, der Knoten war geplatzt! Die Erleichterung lag in der Luft: Das war der Durchbruch. Cemil krempelte die Ärmel hoch, entwickelte und veranstaltete mit anderen Mitstreitern und viel Feuereifer eine ganze Workshop-Reihe in der Organisation. Die neuen, selbst gesetzten Werte – Offenheit, Teamwork und Engagement, Mut und Leidenschaft – lebte das Team dabei par excellence vor, und das zusätzlich zum normalen Arbeitspensum. »Das war ganz okay«, schmunzelte Cemil später stolz, und der Pfad wurde wieder breiter.

Etappe 8: »Die letzten Meter – durchhalten!«

Auch auf der letzten Etappe der Transformation hat es noch einmal deutlich geknirscht – eine große Lücke zwischen »etwas verändern wollen« und »Zeit und Energie für die Umsetzung haben« klaffte selbst beim Überzeugungstäter Peter. Veränderungen beizubehalten und neue Ansätze in der Unternehmenskultur zu verankern, war auch neun Monate nach Projektstart noch schwierig. Es gab einzelne, agil arbeitende Teams, über die sich das Transformations-Team riesig freute: »Die Backend-IT hat gestern nach Fertigstellung des Projekts selbst beim Kunden angerufen und gefragt, ob alles läuft. Wahnsinn!« Dennoch war das neue, agile Setting kein Selbstläufer. Um das Buy-in für die Skalierung zu sichern, belegte Anne die Erfolge durch Zahlen: Statistiken zur gesteigerten Effizienz und Zufriedenheit der agilen Pilot-Teams waren elementar, um die Geschäftsleitung zu überzeugen. »Denn mit den Zahlen konnten wir den Mehrwert des agilen Vorgehens auch für die Geschäftsleitungsebene greifbar machen«, erklärt Anne. Über Multiplikatoren gelang dem Team zudem, nach und nach weitere (Teil-)Prozesse zu agilisieren.

Nach den vielen Anstrengungen konnte das Team letztlich Dank eines Glückfalls den Gipfel erklimmen: Meinungsmacher (»Influencer«) gibt es in jedem Unternehmen, meistens auf den höheren Management-Ebenen oder in Innovationsfunktionen. Wenn sie unterstützen, folgen die meisten. Als sich zwei Influencer – Gott sei Dank! – zu einer Fortbildung in »Agile Leadership« anmeldeten, zog ein großer Teil der Organisation endlich nach.

Fazit: Aktivieren, durchhalten und erleben lassen!

Zurück zu Anne und ihrer Cappuccino-Tasse. Sie lächelt zufrieden. Heute ist ihr der Mehrwert von Kotters Vorgehen noch stärker bewusst als damals. Ohne das klare Problembewusstsein zu Beginn der Transformation hätte ihr Team sicherlich noch größere Widerstände erlebt; ohne die 25-Mensch-Koalition und die klare Vision vom Gipfel hätte es das Ziel niemals erreicht. Die schwierigste Etappe der agilen Bergwanderung – so Annes Learning – war jedoch nicht der Anfang, sondern das Dranbleiben, trotz Umwegen und Schlechtwetter: die (gefühlt) hundert Berichte vom Ziel, das »Durchziehen« der definierten Maßnahmen, das kontinuierliche Mitnehmen aller Unternehmensebenen … Peter nickt. Das war kräftezehrend!

Ricardo stimmt nachdenklich zu: »Wir haben auch viele Fehler gemacht. Als wir nicht weiterkamen, haben wir zum Beispiel noch mehr Calls und Workshops angesetzt, um agile Tools und Change-Wissen rüberzubringen. Alles alte Schule! Stattdessen hätten wir mehr Erfolge in die Organisation kommunizieren müssen, um Tempo zu bekommen. Da wurde unser Transformationspfad ganz schön schmal und steinig!« Coach Hendrik – die personifizierte Agilität – erinnert an die gemeinsamen Retros: »Da konnten wir stehenbleiben und Abstand nehmen. Das hat wirklich geholfen, immer strahlend ‚Prima, weiter so!' zu rufen … und so den Gipfel zu erklimmen!« Anne notiert die gemeinsamen Erkenntnisse auf großen Post-its:

Aufrütteln
Starke Koalition und Vision aufstellen
Influencer früh(er) identifizieren und überzeugen
Durchhalten
Kleine wie große Erfolge kommunizieren
Mehrwert des agilen Vorgehens für alle Ebenen greifbar machen (inkl. Zahlen!)
Gemeinsam Pause machen

Ein Jahr nach dem Start ist die agile Transformation in vollem Gange. »Aber vielleicht erreicht man den Gipfel nie komplett«, meint Peter. »Der nächste Berg kommt bestimmt. Für den sind wir jetzt sehr, sehr gut gerüstet!«

Dr. Kathinka Best

ist Teil der Bertelsmann Management Consulting (BMC). BMC ist ein neu geschaffenes Inhouse-Beratungsteam, das die Geschäftsbereiche und den Vorstand von Bertelsmann in strategischen und organisatorischen Grundsatzfragen berät. BMC unterstützt unter anderem bei der Strategieentwicklung und -implementierung, bei Transformations-Projekten, sowie bei Innovations- und Wachstumsinitiativen. Kathinkas Freizeit dreht sich um Musik, Yoga, Hummus und Reisen

Agile Mythen, Scrum und andere Märchen

Prolog

Ein sonniger Abend auf einem Balkon irgendwo in Süddeutschland.

Hier sitze ich jetzt mit meiner Kaffeetasse in der Hand. Leckerer Kaffeeduft liegt in der Luft – vor mir ein Stapel mit leeren Blättern. Was habe ich mir nur dabei gedacht, als ich ohne zu zögern bei diesem Projekt zugesagt habe.

Das Buchprojekt »Agile Short Stories«. Agile-affine Kollegen schreiben Geschichten, die sie selbst erlebt haben und die sie zu den Agilisten gemacht haben, die sie heute sind. Mittendrin soll meine Geschichte zum Thema »Agile« ihren Platz finden. Lustig sollte die Geschichte sein, kurzweilig zu lesen, und nicht zu vergessen: Eine gewisse Message sollte die Story am Ende auch noch haben.

Dabei ist unterhaltsames Schreiben eigentlich nicht mehr mein Ding. Was habe ich mich in meiner Dissertationszeit bemüht, meine Veröffentlichungen wissenschaftlich zu verfassen und keinen Roman zu schreiben. Wo es früher in Review-Kommentaren noch hieß: »Herr Hohl, wir schreiben hier keinen Blogeintrag, bleiben Sie wissenschaftlich«, erlebe ich jetzt das komplette Kontrastprogramm. Warum wähle ich dann auch noch einen fancy Titel wie »Agile Mythen, Scrum und andere Märchen«?

Während ich an meinem Kaffee nippe, frage ich mich, ob die Geschichte nun ein Märchen, ein Mythos oder gar ein Drama in sechs Akten werden wird. Wie verpackt man die Message in eine Story, bei der die Leser nicht einschlafen? Eine Agile Short Story sozusagen. Ich entscheide mich, meinem »Agile Mindset« folgend, einen »hybrid-short-story-development-approach« anzuwenden, um etwas zu Papier zu bringen. Entschlossen, die Erzählformen zu mixen, nehme ich den Stift in die Hand und fange an zu schreiben.

Anmerkung: Gedanken zum Text sind in eckige Klammern und kursiv gesetzt. Bitte beachten Sie: Etwaige Ähnlichkeiten mit lebenden Personen sind rein zufällig. Lesen Sie diese Short Story bitte mit einer gehörigen Portion Ironie. Ich hoffe, Sie können darüber lachen.

1. Akt: Was ist eigentlich dieses »Agile« und wieso funktioniert es nicht?

Es war einmal ein kleines Softwareentwicklungsteam, das saß in einem kleinen Softwareentwicklungsbüro am Bodensee. Die Teammitglieder hatten allesamt noch nie etwas über Agile, Design Thinking, Retrospektiven oder Product Owner gehört. Dennoch war das Team hervorragend organisiert, lieferte fristgerecht Software für die Testautomatisierung und hatte kurze Entscheidungswege. Auch ich war Teil dieses Teams. Tagein tagaus entwickelten wir Software in kurzen Zeitintervallen und beglückten damit unsere Kunden und Kollegen der Testabteilung und Fertigung. Alles war gut, bis irgendjemand auf die Idee kam, das Management auf Scrum zu trimmen. »Scrum« – der Heilige Gral funktionierender Softwareentwicklung. Ein Allheilmittel, um die Performance zu steigern. Die Lösung, um starre, unflexible Entwicklungsprozesse endlich abzuschaffen.

[Habe ich gerade gehört, wir dokumentieren ab jetzt nicht mehr?]

Alle waren beflügelt. Scrum – die neue Religion, die bessere Funktionen, mehr Features in noch kürzerer Zeit und das hoch dynamisch und flexibel und mit weniger Mitarbeitern versprach. Wir versuchten also, neue Wege einzuschlagen, Sprints zu etablieren und uns von unseren Kollegen während eines Sprints nichts mehr sagen zu lassen. Seien wir ehrlich, es funktionierte irgendwie nicht. Hatte uns hier vielleicht jemand ein Märchen erzählt, machten wir es einfach falsch, hatten wir es nicht verstanden, oder taugte das ganze Agile am Schluss überhaupt nichts?

Irgendwie verspürte ich das Verlangen, eine Veränderung in meinem Arbeitsalltag herbeizuführen. Rückblickend könnte man wohl behaupten, dass ich damals schon Agile unterwegs war.

[Ja klar, das ist dieses agile Mindset, voll open-minded, da gehört Continuous Learning und Continuous Improvement einfach dazu.]

Da ich meinen Masterabschluss schon hatte, dachte ich über eine Promotion nach, um mich weiter fort- und auszubilden.

2. Akt: Wir finden ein Promotionsthema und lernen von den Agile Coaches

Gesagt, getan – eine Promotionsstelle musste her. Am besten aber in der Industrie. Also Industriepartner gesucht, Vertrag bei einem OEM unterschrieben und die Betreuungsvereinbarung mit den Doktorvätern unterzeichnet. Easy … Na ja, ganz so easy war es dann doch nicht, ich musste noch ein paar Prüfungen nachholen, dazu aber später.

Nun startet ja eine Promotion nicht damit, dass man sein Thema bereits kennt und genau weiß, was man bearbeiten sollte. Ich wusste, dass die Automobilbranche agiler werden sollte, gleichzeitig aber die bestehenden Vorteile nicht über Bord werfen wollte. *[Das wird wohl nicht so schwer sein, das kenne ich ja von meiner vorigen Stelle.]* Wichtig für eine Promotion ist, seine Lücke zu finden und schlussendlich etwas zu erschaffen, was Wissen schafft. Nach Gesprächen mit unzähligen Consultants, nach vielen Stunden des Lesens, der Literaturanalyse und dem Wälzen von Studien, die einem erzählen, wie AGILE doch alles schon ist, überkam mich ein ungutes Gefühl. *[Hatte ich etwa auf das falsche Pferd gesetzt? In der Automobilbranche sind ja schon alle agil unterwegs.]* Ich besuchte dennoch weiterhin Agile-Konferenzen, um schlussendlich hoffentlich doch noch jene Lücke zu finden, die ich in meiner Promotion behandeln könnte.

Immer wieder hörte ich mir von »Agile Coaches« an, wie toll doch Scrum mit der ISO 26262 harmoniere und wie die großen OEMs alle dem Untergang geweiht seien, wenn sie nicht auf eine agile Arbeitsweise umschwenken würden. Scrum in seiner Schönheit, als auch in allen erdenklichen Abarten, lief mir in dieser Zeit immer und immer wieder über den Weg. Eines hatten alle vorgestellten Lösungen gemeinsam: Vorteile gegenüber dem alten Schei**.

Mal versprach man sich eine bessere Planbarkeit, dann wieder glücklichere Mitarbeiter, oder aber eben beides und noch viel mehr. Was mich in dieser Zeit am meisten irritierte, waren die, nennen wir sie »agilen Trainer« oder »Weltverbesserer«. Die selbsternannten Retter, die agile Transformationen ganzer Unternehmen vorantrieben.

[Denken Sie an die Ironie und die überspitzte Form der Darstellung.] Diese Trainer, Möchtegern-Nerds und Agile Hipster. Fancy und hip sind sie, in Röhrenjeans mit Hemd und Hosenträgern, den Vollbart ordentlich mit Bartöl gepflegt, meist ganz lässig eine dunkle, dickwandige Brille tragend und zu jedem Thema eine Meinung habend. Agilität in der Automobilbranche einzuführen ist ja kein Problem. Ach, und Agilität hat ja nichts mit der Software zu tun, da geht es immer um das große Ganze.

Je mehr ich mich mit der Thematik beschäftigte, desto komplexer wurde es. Ganz so Agile wie von allen angepriesen, waren wir noch lange nicht. Weder in der Entwicklung noch irgendwo sonst im Unternehmen. Hatte ich es vielleicht nicht gesehen? Ich fragte mich, ob hier Märchen erzählt wurden. War es ein Mythos, dass die Automobilbranche agiler werden wollte? Wie soll es denn funktionieren, wenn man Freigaben und Milestones hat und Millionen Testkilometer auf die Autos fahren sollte, um die Software zu validieren? *[O-Ton: »Man muss sich nur mal vorstellen, was passiert, wenn wir continuously deployen und dann eine Beta-Software im Auto rumfährt … Am Schluss sieht mein Auto ein Hindernis nicht und es kommt zum Unfall. Wir sind hier in Deutschland, wir bauen sichere Autos, da sollen keine Leute sterben.«]*

Eines stellte ich fest: Scrum in allen Variationen wurde immer dann einzusetzen versucht, wenn es unkritisch war. Zum Beispiel in der Telematik, wo es darauf ankommt, schnell auf Marktgegebenheiten reagieren zu können. In sicherheitskritischen Bereichen, wie zum Beispiel einer Entwicklung für die Motorsteuerung, hieß es eher: »Lass mich mit dem neumodischen Zeug in Ruhe.« Hurra, ich hatte endlich meine Lücke gefunden! Wie bringt man eine bestehende Softwareproduktlinie und eine agile Denkweise zusammen, wenn man die Vorteile der alten Entwicklung weiterhin erhalten möchte, gleichzeitig allerdings flexibler und agiler werden möchte? Soweit war alles geregelt: Ich hatte ein Ziel. Wenn da nicht noch die Zulassungsklausuren zur Annahme der Dissertation gewesen wären.

3. Akt: Wie ich erkannte, dass ich überhaupt keine Ahnung habe

Yes, Jackpot! Eine Zulassungsklausur zum Thema Agile. Ich war vorbereitet. Ich hatte mich mit agilem Arbeiten beschäftigt und mit allen möglichen Leuten über Agilität gesprochen. Was sollte also schiefgehen? Das war dann leider ein Trugschluss. »Herr Hohl, haben Sie schon einmal was über das Agile Manifest gehört?« »Ja, habe ich.« »Was sagt es denn aus?« »Ja also, insgesamt gibt es vier Leitsätze und 12 Prinzipien. Individuen und Interaktionen, funktionierende Software, die Zusammenarbeit mit dem Kunden und die Reaktion auf Veränderungen sind das Wichtigste.« Die 12 Prinzipien fielen mir nicht mehr ein. Hier hatte ich mich wohl zu sehr auf das Prinzip der Einfachheit gestützt. Allerdings war hier dann doch die Menge der nicht getanen Arbeit zu groß. »Wissen Sie eigentlich, wer damals mitgewirkt hat und welche Einflüsse diese Personen in das Agile Manifest eingebracht haben?« Das war zu viel. Ich hatte von Ken Schwaber und Jeff Sutherland gehört. *[Wir erinnern uns an die Agile Hipster, die sich damit profilieren, ihren Scrum-Master-Kurs direkt bei Jeff Sutherland gemacht zu haben.]* Zum damaligen Zeitpunkt wusste ich noch nichts über die anderen 15 Unterzeichner des Manifests. Allerdings erkannte ich, dass hinter Agile wohl mehr steckte als ein zweitägiges Scrum-Training.

4. Akt: Continuous Learning von agilen Gurus

Nach der Prüfung wollte ich mir unbedingt die Hintergründe und die Entstehungsgeschichte des Agilen Manifests genauer anschauen. Sucht man nach Informationen zum Agilen Manifest, so findet man unzählige Deutungen, Weiterentwicklungen, Interpretationen und Kritik. Wie also lernt man etwas über die Hintergründe, ohne selbst eine Interpretation zu liefern? Man fragt bei den Unterzeichnern an. Genau das habe ich dann auch getan.

Das war der Eye-Opener zum Thema Agile. Scrum ist hierbei nur eine der vielen Methoden, die zum Manifest und der agilen Bewegung beigetragen haben. Jeff Sutherland begann mit Scrum irgendwann Mitte der 1980er und arbeitete damals eng mit Ken Schwaber zusammen. Mike Beedle *[leider viel zu früh von uns gegangen]* setzte dann Scrum erfolgreich ein und bezeichnete es als »miracle drug«.

Einfluss auf das Manifest nahm auch XP oder »Extreme Programming«, mit Praktiken wie Pair Programming und Continuous Integration. Weitere Einflüsse kamen aus dem Adaptive Software Development, dem Test Driven Development, der Dynamic Systems Development Method, dem Design Driven Development, Crystal, dem Pragmatic Programming, verschiedenen Modeling Languages und dem Feature Driven Development.

Jede einzelne Methode, auch wenn sie heute nicht mehr angewendet wird oder hip ist, hat zum Manifest für agile Softwareentwicklung beigetragen. Gemeinsam verfolgen und verfolgten die Unterzeichner das Ziel, die Entwicklung zu einem sicheren Ort für die Entwickler zu machen, den Mensch in den Vordergrund zu rücken und dabei qualitativ hochwertige Software zu entwickeln. Wenngleich die agilen Urväter uneins mit der momentanen Entwicklung von Agile sind, so entwickelt es sich doch kontinuierlich weiter. Mittlerweile durchdringt es auch andere Bereiche fernab der Softwareentwicklung. Dennoch, oder gerade deshalb, ist es wichtig, die Hintergründe und die Entstehungsgeschichte des Manifests zu kennen.

5. Akt: Mach mal deine Promotion fertig

Die Einblicke und Erfahrungen aus meinen Gesprächen mit den agilen Urvätern halfen mir beim Schreiben der Dissertation. Auf der Suche nach Wegen, um mein anfängliches Problem zu lösen, entwickelte ich schlussendlich ein Assessment und Verbesserungsmodell, das nicht auf einzelnen Methoden aufbaut, sondern alle Praktiken und Vorteile der agilen Welt mit aufnimmt. *[Ich höre schon die Agile Coaches stöhnen: »Wie kann man denn bitte Agile mit einem Assessment-Modell einführen …«]* Ich kann nur sagen: Es geht! Denn wer nicht weiß, wo er gerade steht und kein Ziel vor Augen hat, läuft unweigerlich ziellos in irgendeine Richtung. In meiner gesamten Dissertation habe ich zudem Wörter und Begriffe vermieden, die zu unterschiedlich interpretiert werden können. Wenn, dann spreche ich über agile Praktiken und betone dabei ein »context specific cherry-picking«, um die richtige Praktik auszuwählen. Wichtig ist dabei, aus dem bunten Blumenstrauß der agilen Praktiken das Passende auszuwählen. Der Rest der Dissertation im Zeitraffer: Lösung gefunden, Entwicklungsbereiche assessiert, Verbesserungspotential angegeben, verglichen mit Lösungen von Agile Coaches, Assessment Model in der Entwicklung ausgerollt, Dissertation verteidigt und fertig.

6. Akt: Back in Business

Nach dem Abschluss meiner Dissertation bin ich der Automobilbranche treu geblieben. Ich habe zwar das Unternehmen gewechselt, die Herausforderungen sind allerdings die gleichen. Heute stehen wir ebenfalls vor der Problematik, Agilität einzuführen bzw. richtig zu leben. Wie packt man es an? Wie führt man den Mindset-Change herbei? Wie können wir auch in Zukunft flexible und anpassungsfähige Unternehmensorganisationen realisieren, ohne dabei den Rückhalt über alle Hierarchiestufen zu verlieren? Wie bleiben wir transparent und nehmen gleichzeitig alle Mitarbeiter auf dieser Reise mit?

Wichtig ist es, zu begreifen, dass diese Herausforderungen genereller Natur und nicht firmenspezifisch sind. Die gesamte Industrie müht sich gerade ab, agiler, flexibler und »Industrie-4.0-iger« zu werden. Ich sehe diesen Wandel überall. Allerdings existieren noch unzählige ungeklärte Fragen.

Epilog

Mittlerweile ist die Sonne untergegangen, ich sitze immer noch auf dem Balkon. Ich hatte einen Schreibflash. Ob es nun ein agiles Märchen oder doch ein Drama in sechs Akten geworden ist, darf jeder selbst entscheiden. Ich hoffe, meine Intention, die einzelnen Einflüsse auf das Manifest für agile Softwareentwicklung aufzuzeigen, ist angekommen. Bitte nehmen Sie diese Message aus dieser Geschichte mit: Scrum ist nicht alles! Denken Sie an das context specific cherry-picking von agilen Praktiken und finden Sie Ihren persönlichen agilen Weg.

Und wenn die vollbärtigen Agile-Hipster-Coaches und Scrum-Jünger nicht gestorben sind, verkaufen sie auch heute noch Scrum als alleinige Wunderwaffe für nicht passende Einsatzgebiete und wundern sich, warum es nicht funktioniert.

Philipp Hohl

hat an der Universität Hannover in Software Engineering promoviert. Seine Dissertation mit dem Titel »An Assessment Model to Foster the Adoption of Agile Software Product Lines in the Automotive Domain« hat er in Kooperation mit der Universität in Hannover, der Reutlingen University und der Daimler AG erarbeitet. In seiner Dissertation hat Philipp Hohl untersucht, wie agile Praktiken mit einer Software-Produktlinie kombiniert werden können. Dazu entwickelte er ein angepasstes Assessment- und Verbesserungsmodell auf Basis von ASPICE 3.1, um die Einführung von agilen Praktiken in die Softwareentwicklungsprozesse der Automobilbranche zu erleichtern.

Agile Werte

Und aus der Struktur wächst Flexibilität

2008

Es ist 9 Uhr. Ich stehe an der Ballettbarre. Mein Kopf ist zur Seite gedreht. Ich blicke in den ungnädig ehrlichen Spiegel. Aus der Ferne untersuche ich das Röllchen, das sich an jener Stelle bildet, wo der Strumpfhosenbund sitzt. Das kann nur an der Tüte Haribo von gestern liegen. Meine Füße stehen nach außen gerichtet, gerade so, wie es meine Anatomie ermöglicht. Das Linoleum auf dem Fußboden ist hell und mit Markierungen überzogen.

Meine Ballettschläppchen haben das eigentümliche Rosa, das die Herzen aller Ballerinas sofort höher schlagen lässt. Meine Füße kippen leicht über die Innenkanten. Ich konzentriere mich darauf, den ganzen Fuß wie einen Saugnapf auf den Boden zu bekommen. Meine gesamte Beinmuskulatur gibt sich große Mühe. Ich atme etwas zu laut und etwas zu wehleidig, als ich trotz eingezogenen Bauchs die Schulterblätter nach unten korrigiere und die dabei entstandene Spannung in den Armen wieder loslasse. Chantal, unsere Ballettlehrerin, wirft mir einen vernichtenden Blick zu. Ich schüttle leicht den Kopf, um meinen Nacken noch einmal zu bewegen. Also: Schultern runter, fallen lassen, Brustbein hoch, Rippenbögen geschlossen. Mein rechter Arm sitzt in locker gespanntem Bogen an meiner Hüfte, der linke ruht fest und dennoch entspannt auf der Barre. Tschakaaa. Eine Haarsträhne kitzelt mich an der Stirn.

Die Musikanlage knackt, die ersten Takte der üblichen klassischen Musik erklingen. Preparation. Ein Pianist klimpert ein Intro, ich atme ein. Mein rechter Arm hebt sich mit der Atembewegung etwa 30 Zentimeter von der Hüfte weg, um mit dem Ausatmen wieder herabzusinken und mit einer Kreisbewegung die Hand an meinem Oberschenkel vorbei, hoch auf Höhe des Bauchnabels zu führen. Von dort hebt er sich hinaus, weg von der Stange, und kommt etwas unter Schulterhöhe links von meinem Körper zum Halt. Blick und Kopf folgen der Bewegung meiner Hand, die leicht gebeugte Form des Armes bleibt dieselbe, wenn sie auch atmet mit der Bewegung.

Die Übung beginnt. Routine. Jeden Morgen reihen wir Bewegung an Bewegung zu einer immer gleichen Kette aus Figuren, zusammengesetzt aus kleinsten Korrekturen: Füße auf den Boden, Gewicht auf den Fuß, gleichmäßig, nicht zur Seite kippen, alle Zehen belasten und wie liegt der Ballen auf? Die größere Bewegung ergibt sich aus vielen kleinen Informationen.

Demi Plié – die Füße drücken in der Kniebeuge auf den Boden, schieben ihn geradezu weg. Die Gesäßmuskulatur spannt sich an, Knie nach außen. Knie über die Fußspitzen! Ich beuge sie wie gegen einen Widerstand und strecke sie zurück wie gegen eine Feder, die mich auf dem Boden hält. Grand Plié mit Armbewegung – der Kopf folgt, Knie wieder gerade. Dann streckt sich der Oberkörper, der vom Arm beschriebene Halbkreis wird nach oben verlängert und ich beuge den Oberkörper nach unten, bis meine Hand den Boden berührt, den Arm wieder zum Bogen geformt, und bis meine Nase an mein Knie stößt. Na bitte.

Mein Frühstücks-Latte-Macchiato gluckert gefährlich in meinem Magen und läuft Richtung Hals. Ich ärgere mich wie jeden Morgen, dass ich vor unserem dreistündigen Training Kaffee, Obst und Brötchen mit Käse und Marmelade verdrückt habe. Ich denke beim Aufrichten an die Option, lieber gar nichts zu essen, wie viele meiner Kommilitonen. Hinter mir knurrt der Magen von Janis. Ich verwerfe den Gedanken.

Ob meiner Frühstückserwägungen war ich unaufmerksam in der Aufrichtung. Mein Kopf ist wieder zur Seite gedreht, mein Arm im Rund nach oben gestreckt, die Finger leicht gefächert. Aber meine Wirbelsäule ist nicht gut genug für die Rückwärtsbeuge aufgerichtet. Ich strecke mich noch ein wenig nach oben, lasse die Schulterblätter trotz des erhobenen Arms nach unten gleiten und stütze den Arm von der Seitenmuskulatur aus. Aber ich bin nun zu spät. Ich lehne mich nach hinten und stoße gegen den Arm von Janis, der seinen Arm schon wieder nach vorn und weiter nach unten führt für die nächste Preparation.

»Alise! Good Morning! Bist du erwacht?« Chantal entgeht aber auch nichts. Sie steht neben mir, die kurzen Locken mit einem Tuch zurückgebunden, und sieht mich verständnislos aus 1,55 Meter Höhe an. Ich gucke zurück, entschuldigend. Vor mir drehen sich vier meiner Kameraden mit der Musik an der Stange um, um die Übung in die andere Richtung durchzuführen. Ich seufze und drehe mich so elegant es noch geht.

Noch einmal von vorn. Ich bin aus dem Tritt gekommen und konzentriere mich wieder auf die Basics.

Es ist mühsam.

Während wir Musicalschüler Tag für Tag die gleichen Bewegungsabläufe wiederholen, beschleichen uns alle dann und wann ähnliche Zweifel: Was, wenn ich überhaupt nicht Ballett tanzen möchte? Ich bin Sänger, wofür die Plage, ich werde nie so viel tanzen wie Alma! Muss ich den Arm jetzt genau so halten wie Hanna? Bin ich etwa hier, um Standard zu sein? Wann kann ich meinen eigenen Stil zeigen? Was, wenn ich etwas ganz anderes tanzen möchte?

Was ich damals noch nicht wirklich verstand: Es ging nicht darum, Ballett zu lernen. Ich sollte meinem Körper eine solide Basis antrainieren, damit ich meine Bewegungen aus Gewohnheit gesund führe. Es ging darum zu lernen, wie ich mit meinem Instrument bei jeglicher Art von Tanz und Choreographie umgehen kann, ohne mich zu verletzen. Ziel der Ausbildung war nicht, aus mir eine Ballerina zu machen. Ziel der Ausbildung war, mir das Rüstzeug für alle Eventualitäten auf der Bühne mitzugeben, damit ich Situationen, Bewegungen, Verbesserungen und Verletzungen selbst beurteilen kann und handlungsfähig bin.

Die Technik und die Grundlagen für einen gesunden Umgang mit dem Körper beruhen auf Erfahrung und lang erarbeitetem Wissen. Ich muss das nicht neu erfinden. Vielleicht ist das im Moment nicht mein Tanzstil, aber wenn ich die korrekten, vernünftigen Abläufe verinnerlicht habe, kann ich meinen eigenen Stil finden und umsetzen, im Einklang mit dem Instrument.

Genauso geht es nicht darum, Scrum zu machen oder agil zu arbeiten. Es geht darum, ein System so aufzustellen, dass es flexibel und reaktionsfähig bleiben kann. Es geht darum, Strukturen und Rituale zu finden, die beim Meistern des Alltags und bei der Bewältigung von Unvorhergesehenem helfen. Wir kennen die neue Choreographie noch nicht, aber wir wissen, wie unser Team als Instrument der Verwirklichung arbeiten kann. Und wir wissen, dass wir zur Bewältigung einer neuen Situation oder Bewegung immer wieder neue Strategien erlernen können, die auf dem starken Fundament unserer Erfahrungen stehen.

Die Anlage beschallt uns weiter mit Klaviermusik. Ruhe kehrt in die trainierende Gruppe ein. Die nächste Folge ist gut bekannt, die Bewegungen haben wir lange geübt. Na, vielleicht klappt das doch noch. Die Beine schnellen über den Boden, setzten wieder auf. Alles geschieht wie in einen Atemzug. Für einen Moment ist alles im Fluss. Durch das sorgfältige Üben der Details jeder Bewegung kann ich mich voll und ganz auf die Flughöhe meiner Flunken[11] konzentrieren. Jetzt macht es Spaß! Wie kriege ich mein Bein im Schwung eigentlich noch höher, ohne dass es mich von meinem Standbein haut? Das würde ich jetzt gerne mal wissen.

Ich bekomme einen Tritt von Janis. Chantal guckt entnervt. Janis verzieht das Gesicht zur Grimasse und korrigiert seine Position nach hinten.

2019

Ich bin zu Besuch in einer neuen eduScrum-Klasse.

Manchmal weiß ich selbst nicht genau, wie es mich hierher verschlagen hat.

Gerade hat es geklingelt. Schon vor dem Klingeln sind die ersten Schülerinnen und Schüler nach vorne zum Lehrertisch gekommen, um ihre eduScrum-Boards, die sogenannten Flaps, abzuholen, auf denen sie ihre Aufgaben planen werden. Nacheinander blättern sie durch eine große Mappe mit bunten Flipchartpapieren, die mit Arbeitskriterien, Teamvereinbarungen und den drei Kolumnen »Zu tun«, »In Arbeit« und »Fertig« versehen sind, beklebt mit Post-its, Umschlägen und Teamwappen. Wer das Flap für sein Team gefunden hat, läuft zum Teamtisch und hängt das Board gemeinsam mit den anderen an der Wand auf. Schülerinnen und Schüler recken sich und steigen auf Tische, um das Papier mit Magneten an einer Metallleiste zu fixieren. Sobald das Flap hängt, stehen die

11 Norddeutsch für »Beine«

Teammitglieder zusammen und beraten kurz, was sie fertig bekommen haben und wie viel sie in der heutigen Stunde gemeinsam schaffen müssen. Post-its werden umgeklebt. Aufgrund der schieren Masse an kleinen Aufgaben wandern einige schon länger abgeschlossene ToDos in einen Sammelumschlag in der »Fertig«-Spalte.

Noch ist alles sehr unruhig. Der Lehrer hat sich viel Zeit genommen, um der Klasse zu erklären, warum er eduScrum verwenden möchte und was dabei für die Schüler rausspringt. Wofür wird jedes Meeting und jede Regel gebraucht?

eduScrum hat wenige feste Regeln, die dafür umso genauer eingehalten werden. Sie sind lang erprobt. Diese Leitplanken des Rahmenwerkes ermöglichen überhaupt erst die Flexibilität in der Zusammenarbeit der Teams und die Freiheit mitten im Chaos. Die neuen Praktiken sind das Sicherheitsnetz, das hält und auf das man sich im Zweifelsfall zurückfallen lassen kann. Innerhalb dieser Regeln sind die Schülerteams frei.

Bei einem Team kommt Unruhe im Standup auf. Die Jugendlichen trappeln vor ihrem Flap hin und her, gucken genervt in die Runde. Eines der Teammitglieder hat offensichtlich seinen vereinbarten Teil der Hausaufgaben nicht gemacht, also können die anderen Teammitglieder die Aufgaben nicht auf »Fertig« hängen. Natürlich hat das Team einen Schüler-Scrum-Master. Aber manchmal ist es schwer, gerade am Anfang, in diese Rolle hineinzufinden. Der Lehrer geht zum Team hinüber und sie fangen noch einmal von vorne an. Das Team konzentriert sich zuerst darauf, was es wirklich abhaken kann. Okay, nächster Punkt: Was will das Team gemeinsam noch einmal überprüfen, um zu schauen, ob es jeder verstanden hat? Check. Jetzt bleibt tatsächlich mehr in der »In Arbeit«-Spalte, als erhofft. Die Teammitglieder diskutieren eine Weile. Schließlich finden sie eine Lösung, wie sie weitermachen können. Und vor allem: Wie sie damit umgehen wollen, wenn ein Teammitglied sich nicht an die Absprachen hält. Sehr gut. Beim nächsten Mal wird es dem Team leichter fallen, selbst eine Lösung für einen Konflikt zu finden.

eduScrum an sich hilft nicht. Was hilft, ist das Tun mit eduScrum. Bis die Regeln zu Gewohnheiten werden, die das Team verinnerlicht hat und für sich variieren kann, wird es noch ein bisschen dauern. Aber das macht ja nichts. Neue Handlungsmuster aufzubauen braucht Zeit.

Wenn man aus dem Tritt kommt, helfen die solide Basis und die gesammelte Erfahrung. Back to basics. Wie früher, beim Ballett.

Alisa Stolze

Als ausgebildete Musicaldarstellerin arbeitete ich nach einigen Theater-Engagements zunächst als Pionierin in der deutschen Live-Audiodeskription bei den öffentlich-rechtlichen Fernsehsendern und studierte Audiopädagogik und Gebärdensprache an der Humboldt-Universität in Berlin. Nach dem Besuch meines ersten Scrum-Trainings rutschte ich begeistert in die agile Szene ab. Seit 2016 bin ich verantwortlich für eduScrum in Deutschland. Ich bin zertifizierter eduScrum Trainer, Scrum@Scale Trainer und Licensed Scrum Trainer und Fellow.

Die Scrum-Verschwörung

Ich bin früh dran. Stefan, der Scrum Master des Teams, das ich betreuen werde, hat mich ins Büro gelassen. Stefan muss noch einmal weg, aber ich finde den kleinen Besprechungsraum mit dem lichtgrauen Tisch alleine – schließlich bin ich jetzt zum dritten Mal hier. Wie erwartet, bin ich der Erste. Das ist gut, so kann ich mich in Ruhe gedanklich auf unser erstes gemeinsames Sprint Planning vorbereiten.

Heute soll es also losgehen: der erste Sprint meines Mechanik-Teams, mit dem ich nun schon einige Trainings- und Workshop-Tage verbracht habe. Im Gegensatz zu anderen Teams, die ich bisher begleitet habe, geht dieses Team mit einem aus meiner Sicht etwas schwachen Product Backlog in den ersten Sprint. Die beiden Workshops, in denen wir ein initiales Product Backlog aufbauen wollten, haben in teilweise chaotischen Diskussionen geendet und es blieb nur wenig Zeit, um entsprechende Einträge für das Backlog vorzubereiten, kleiner zu schneiden und abzuschätzen. Doch das Team ist hochmotiviert, und so freue ich mich darauf, endlich produktiv loslegen zu können und keine Zeit mehr mit Diskussionen über den Sinn und Unsinn von Scrum zu vergeuden. Dass ich heute diese netten Menschen zum letzten Mal sehen werde, ahne ich in diesem Moment noch nicht.

Der Abteilungsleiter hatte vor einigen Wochen ein Scrum-Training für dieses Team arrangiert und ich als Trainer durfte zwei tolle Tage mit engagierten Menschen verbringen. Es ging darum, ein komplexes mechanisches Bauteil für den Einsatz in Kraftfahrzeugen zu entwickeln. Daher war die Auflage des Abteilungsleiters, dass alle Teammitglieder am Training teilnehmen mussten. Danach aber sollte das Team entscheiden, ob es mit Scrum und/oder mit mir weiterarbeiten wollte. Ein Ansatz, der mir gefiel. Und so waren in der Tat fast alle Teammitglieder beim Training dabei – außer Niko, der zu diesem Zeitpunkt im Urlaub war. Die Meinung nach dem Training war eindeutig: Lasst es uns mit Scrum versuchen!

In den beiden Workshops, die ich nach dem Training zusammen mit dem Team angesetzt hatte, um das Team-Setup und das erste Product Backlog zu definieren, stieß Niko wieder zu seinem Team. Ständig stellte er Fragen zu den Möglichkeiten und dem Sinn von Scrum in der Mechanikentwicklung. Ich empfand seine Fragen als gut und präzise und damit zunächst auch als Bereicherung für unseren Workshop. Mehr und mehr drang jedoch durch, dass Niko nicht im Entferntesten einen Sinn im Einsatz von Scrum erkennen konnte und auch nicht dazu bereit war, mit diesem Ansatz zu arbeiten. Für alle meine Argumente hinsichtlich des Teamworks, der Komplexität, des Risikos, der Planbarkeit usw. hatte er gute Gegenbeispiele aus seiner Projektpraxis und konnte so allen Anwesenden aufzeigen, wie sinnlos Scrum in diesem Kontext war.

Im zweiten Workshop nahm er mich mit an seinen Arbeitsplatz und zeigte mir ein detailliertes Gantt-Chart, erstellt mit der offiziellen Projektplanungs-Software der Organisation. Im Chart hatte er seine Arbeitspakete für die nächsten elf Monate geplant, also bis zum Ende des Projekts. Niko hatte für sich und seinen Beitrag zum Projekt einen guten Plan gemacht, und nach seiner Aussage war es ihm bisher jedes Mal gelungen, diesen Plan genau einzuhalten. Niko arbeitete pünktlich und lieferte in hoher Qualität. Seine Meinung war: Würden die anderen Teammitglieder nur auch so gut und zuverlässig arbeiten wie er, würde jegliches Risiko aus dem Projekt verschwinden. Nikos Beschreibung eines komplizierten, aber gut planbaren Umfelds war in diesem Moment für mich sehr überzeugend, wenn sie auch im Widerspruch zu dem stand, was ich während des Trainings mit den anderen Teammitgliedern über das Produkt und den Kunden gelernt hatte. Doch mir fehlte der Einblick in die Zusammenarbeit mit den Stakeholdern und die technischen Schwierigkeiten bei der Umsetzung. Daher konnte ich mir selbst kein valides Urteil darüber bilden. Getragen von der Motivation der restlichen Teammitglieder, bereiteten wir einfach den ersten Sprint weiter vor und versuchten, unseren Weg im Rahmen des Scrum-Frameworks zu finden.

Irgendwie schaffte ich es bisher, für jedes auch noch so ungewöhnliche Produkt ein brauchbares Backlog zu erstellen. »Das wird auch heute irgendwie klappen«, mache ich mir Mut. Die anderen im Team und die Aufbruchsstimmung im ersten Sprint werden Niko … naja, vielleicht nicht gerade mitreißen, aber zumindest offen für das machen, was wir zusammen versuchen wollen. Ich hole meine Schreibsachen aus dem Rucksack und lege sie auf den besprechungsraumgrauen Tisch. Hinter mir am Whiteboard hängen immer noch die Haftnotizen, mit denen wir letzte Woche versucht hatten, das erste Product Backlog aufzubauen. Die ersten Teilnehmer betreten den Raum, es gibt ein freudiges Wiedersehen und meine leichte Unsicherheit weicht nun der in den Raum strömenden positiven Gemütslage. Schon bald ist das Scrum-Team vollzählig und die Stimmung ist gut. Ich sage ein paar einleitende Worte über unser erstes Sprint Planning. Wir gehen noch einmal kurz die obersten Einträge in unserem Product Backlog durch und ich bitte das Team, von oben nach unten zu entscheiden, welches Item noch in den nächsten Sprint passen könnte und wann der Sprint »voll« ist. Zum Schätzen kommen wir in unseren Workshops nicht mehr. Schon beim zweiten Item beginnt die Diskussion. Ich versuche mit ein paar Fragen herauszufinden, ob es wohl möglich wäre, ein bestimmtes Item weiter zu unterteilen, damit es noch in den Sprint passt. Niko, der bisher aufmerksam zugehört hat, steigt in die Diskussion ein: »Ich glaube nicht, dass wir das weiter unterteilen können. Das ist schon ein großer Brocken. Eigentlich müssten wir dafür Monate einplanen. Wir müssen nämlich eine FMEA[12] machen und es mit den anderen Bauteilverantwortlichen abstimmen.« Ich habe ein Déjà-vu und frage zurück: »Können wir nicht eine erste Version, ein erstes Inkrement herausschneiden, früh in die Abstimmung gehen und es dann weiter ausbauen?«

»Das würde alles nur komplizierter machen«, entgegnet Niko sofort. »Am besten ist, wir machen das in einem großen Block wie bisher, das ist am effizientesten. Das habe ich schon beim letzten Mal gezeigt.« In der Tat sind wir schon beim letzten Workshop genau an dieser Stelle hängen geblieben und ich habe das alles mehrfach mit Niko durchgekaut. Also ziehe ich jetzt die Experiment-Karte: »Ich kenne deine Sicht und es klingt für mich auch logisch. Egal, ob wir mit Scrum weitermachen, oder ob wir es wieder fallen lassen: Wir würden uns alle sicherer in der Entscheidung fühlen, wenn wir es einmal ausprobiert hätten. Wenn wir also für die nächsten Monate einfach einmal annehmen, dass es funktioniert und uns weiterhilft – dann könnten wir gemeinsam überlegen, ob wir weitermachen.«

Einzelne Stimmen aus dem Team pflichten mir bei, doch alle respektieren Nikos Einstellung. Eine Konfrontation »Team vs. Niko« bleibt daher aus. Irgendwie nimmt dieses Sprint Planning gerade die gleiche Wende wie die zurückliegenden Workshops und ich bin mir nicht mehr sicher, ob wir das alles in den nächsten zwei Stunden hinbekommen. Alle Argumente haben wir schon einmal ausgetauscht und

12 Failure Mode and Effects Analysis: eine Auswirkungsanalyse zur Bestimmung und Erhöhung der Zuverlässigkeit von technischen Produkten

sind nicht weitergekommen. Ich denke darüber nach, was das Team mehr verunsichern würde: Wenn ich jetzt abbreche, oder wenn wir versuchen, das Event gegen Nikos Willen fortzuführen. Stefan, der Scrum Master, fragt mich: »Du kommst doch viel herum. Wie gehen andere Firmen damit um, wenn es keine einheitliche Meinung zum weiteren Vorgehen gibt?« »Das ganze Team muss in diese Richtung gehen wollen. Ich habe Fälle erlebt, in denen Teams zu Scrum gezwungen wurden. Es wurde angeordnet, doch so funktioniert das nicht. Wir sollten also in diesem Raum eine Lösung finden. Euer Chef hat bewusst euch die Entscheidung überlassen.«

»Andere Firmen, andere Firmen … in der Firma, in der mein Schwager arbeitet, führen sie jetzt auch Scrum ein«, grummelt Niko vor sich hin. Inzwischen sieht er mich nicht einmal mehr an, sondern lässt seinen Blick unruhig auf dem mausgrauen Besprechungstisch kreisen. Na gut, dann klammere ich mich jetzt an den letzten Strohhalm: Die ganze Industrie befindet sich in einer Aufbruchsstimmung und macht Experimente. Vielleicht beeindruckt ihn das? Doch Niko wollte mit seinem Kommentar auf etwas anderes hinaus: »Weißt du, ich werde nie in einem Unternehmen arbeiten, das Scrum einsetzt. Das ist für mich das Sinnloseste, was man überhaupt machen kann. Zumindest in meiner Branche, in der Mechanikentwicklung. Und jetzt sehe ich, dass immer mehr Unternehmen auf Scrum setzen. Nicht nur hier in der Region, sondern weltweit. Ich kann also irgendwann nicht einmal mehr meinen Arbeitsplatz wechseln, wenn alle um mich herum mit Scrum arbeiten.«

Das war jetzt ziemlich eindeutig, denke ich mir. Vielleicht ist es doch besser, wenn dieses Team, in dieser Konstellation, nicht gerade heute damit beginnt, es mit Scrum zu versuchen. Nikos Position war von vornherein klar, vielleicht wollte ich es bis jetzt nur nicht hören – oder er ist mir gegenüber, dem Externen, bisher zu diplomatisch geblieben.

Sieben Augenpaare schauen mich erwartungsvoll an, während meine Gedanken rasen und ich überlege, wie ich aus diesem Raum wieder herauskomme. Ja, richtig: In diesem Moment geht es mir gar nicht um Scrum, Teams oder Inkremente. Die Stimmung hier drin, gepaart mit meiner Ratlosigkeit, ist so seltsam geworden, dass mein Fokus gerade nur darauf liegt, aus diesem Raum zu verschwinden.

Gerade als ich vorschlagen will, das Sprint Planning zu verschieben und in der nächsten Woche einen weiteren Teamworkshop anzusetzen, führt Niko weiter aus: »Könnt ihr euch vorstellen, wie es sich anfühlt, wenn man Angst haben muss, schon in wenigen Jahren auf der ganzen Welt keinen Arbeitsplatz mehr zu finden?« Er schaut ratlos in die noch ratlosere Runde.

Niko fährt fort: »Ich kann nicht glauben, dass alles hier ein Zufall ist. Da steckt ein System dahinter. Im selben Moment, in dem mein Arbeitsplatz mit Scrum infrage gestellt wird, wird in allen anderen Unternehmen ebenfalls Scrum eingeführt. Das ist doch irgendwie koordiniert. Und da steckt eindeutig ein großes gemeinsames Ziel dahinter: Ich, Niko, soll auf der ganzen Welt nie wieder ein Arbeitsplatz bekommen. Euch ist das ja alles egal, ihr könnt nicht nachvollziehen, wie ausweglos meine Situation ist. Solange es irgendwie geht, versuche ich zumindest hier zu verhindern, dass wir mit Scrum arbeiten müssen.« Er klingt dabei sehr gefasst. Ich glaube, ich müsste in seiner Situation auf der Stelle losheulen.

Ich versuche, das eben Gehörte einzuordnen. Das war eindeutig nicht als Witz gemeint. Später werde ich mich fragen, was wohl die anderen Teammitglieder in diesem Moment gedacht haben. Oder bin ich in eine Folge der versteckten Kamera geraten? Doch in diesem Moment spüre ich nur drei Dinge: die Totenstille im Raum, Nikos Verzweiflung und meine aufsteigende Panik. Beherrscht, aber mit niedergeschlagener Stimme fügt Niko hinzu: »Aber ich weiß, dass ich es nicht aufhalten kann. Es ist eine weltweite Verschwörung von mächtigen Menschen gegen mich. Sie wissen, dass mir mein Job so viel Spaß macht und sie versuchen, mich zu vernichten. Sie organisieren alles so, damit ich nie wieder ein Arbeitsplatz bekomme.«

Niko verändert nach diesem Satz seine Körperhaltung und lehnt sich im Stuhl zurück. Die Verzweiflung steht ihm noch ins Gesicht geschrieben, aber er wirkt entspannter. Oder ist er nur in sich zusammengesackt? Jedenfalls scheint es, als ob er mit seiner Erklärung fertig ist. Unbewusst schaue ich der Reihe nach den anderen Teammitgliedern jeweils für ein paar Sekunden in die Augen. Es ist der Versuch, ihre Meinung zu erkennen. Nein, eigentlich ist es ein stummer Hilferuf von mir. Später werden mir Kollegen raten, in solchen Momenten »112« anzurufen.

Immer wieder habe ich mit Teams gearbeitet, die sich gegen Scrum entschieden haben. Aber eine solche Begründung und eine solche Emotionalität habe ich bisher noch nicht erlebt. Und so halte ich die Stille im Raum aus und versuche, weiter meine Gedanken zu sortieren. »Wie wollen wir weitermachen?«, spiele ich den Ball zurück in die Runde. Stefan beantwortet meine Frage: »Wir besprechen unser weiteres Vorgehen intern und ich rede mal mit unserem Chef. Wir melden uns dann bei dir.« Ich begrüße den Vorschlag, weil er erst mal Ruhe in die Situation bringt und bedanke mich bei allen Beteiligten. Der Vorschlag birgt natürlich das Risiko, dass Niko jetzt vom Chef oder vom Team Ärger bekommt und in seinen Ängsten bestätigt wird.

Der Raum leert sich rasch. Niko verlässt als Letzter den Raum und geht zurück zu seinem Arbeitsplatz. Soll ich noch einmal das Gespräch suchen oder abwarten, was das Team für sich klärt? Ich packe meine Sachen zusammen und verlassen den Raum mit dem irgendwie noch grauer gewordenen Tisch. Seltsamerweise achte ich darauf, kein Geräusch zu machen – als ob ich etwas angestellt hätte. Ich sehe, dass Stefan an Nikos Arbeitsplatz steht und steuere, trotz meines mulmigen Gefühls, die beiden an. Ich bedanke mich für ihre Zeit heute und verabschiede mich. Niko wirkt erleichtert, schüttelt mir lange die Hand und strahlt mich an. Wir verabschieden uns mit »Bis bald«.

Eine Woche später ruft mich Stefan an und berichtet, dass er mit seinem Chef gesprochen hat. Beide sind der Meinung, dass der Zusammenhalt im Team wichtiger ist als das Experiment »Scrum«. Sie werden diesen Ansatz in diesem Team nicht weiter verfolgen. Stefan fügt hinzu, dass sie es vielleicht später mit einem anderen Team noch einmal versuchen möchten. Aber ihnen ist das Risiko zu groß, in dieser Konstellation Scrum »zu verbrennen«. Sie würden sich dann wieder melden. Ich bin erleichtert. Das ist für alle die beste Lösung.

Sie haben sich nie mehr gemeldet.

Joachim Pfeffer

ist Experte in der agilen Produktentwicklung für physische Produkte. Seit vielen Jahren berät er Unternehmen in der Automobilindustrie und im Maschinenbau, um mit ihnen schlagkräftige Entwicklungsabläufe in einer zunehmend komplexen Welt zu entwerfen. Dabei arbeitet er mit Scrum und Kanban, angereichert mit Konzepten aus dem Lean Development und der Engpasstheorie. joachim-pfeffer.com

Sportlich zur Agilität

Als ich noch Studentin war, bin ich oft an sogenannten »Boxen« vorbeigelaufen. Dieser Platz, wo CrossFitter trainieren, ist eine ganze andere Welt. Die Athleten trinken Eiweißshakes und BCAAs[13] wie andere Bier und Wein, sehen nach dem Training aus wie durchgeschwitzte Saunagänger und verwenden eine Sprache, für die Normalsterbliche ein Lexikon brauchen: »Burpee? Thruster? Snatch? Was?« Vom Gehweg aus beobachtete ich die Sportler. »Wie schaffen die das nur?«, fragte ich mich. »Wie können Menschen, die tagtäglich acht bis zehn Stunden arbeiten, so eine Ausdauer und Disziplin beim Training haben? Sie spezialisieren sich ja nicht mal auf einzelne Fähigkeiten, sondern werden in allen Bereichen immer besser.« Ich erinnere mich nicht, während meines Bachelorstudiums an der Wirtschaftsuniversität Wien je eine schlüssige Antwort darauf bekommen zu haben.

Mit der Zeit vergaß ich das Rätsel um die CrossFitter. Ein Jahr später hatte ich jedoch ein Déjà-vu, im Masterstudium an der Copenhagen Business School, als mein Professor uns Scrum erklärte. »Scrum Master? PO? Refinement? Retrospektive? Sprint? Review? Planning? Backlog? Crossfunktionale Teams? Werte? Eine ganz andere Welt!«,

13 Branched-Chain Amino Acids (dt. verzweigtkettige Aminosäuren)

dachte ich. Ähnlich fasziniert und mit vielen Fragen und Rätseln wie damals beim Vorbeilaufen an der CrossFit Box, ging ich aus dem Kurs für Java-Grundlagen raus. Heute bin ich mir sicher: Unser Professor wusste nicht, dass er uns mit den vielen Vokabeln zusätzlich forderte. Jedenfalls stand das Buch »Scrum für Dummies« in meinem überfüllten Bücherregal und ich dachte mir: »Wie das wohl in der Realität aussieht?«

Als ich meinen ersten Job als Agile Coach annahm, wusste ich noch nicht, worauf ich mich eingelassen hatte. »Was bedeutet denn Refinement? Und was ist dieses Planning?«, eine Männerstimme riss mich aus meinen Gedanken. Ich blickte auf. Vor mir stand ein Mann in einem hellblauen T-Shirt. Max, einer der Softwareentwickler, sah mich verzweifelt an – und das kurz vor Feierabend. Ich musste schmunzeln, denn in diesem Moment fühlte ich mich ertappt. Ich erzählte Max, wie es mir ergangen war, als mir zum ersten Mal Scrum erklärt wurde und ich mit CrossFit angefangen hatte: von den neuen Eindrücken, den unbekannten Vokabeln, der Haltung und den Menschen, und dass ich mir bei beidem Fragen über Fragen gestellt hatte. Max sah erleichtert aus. »Genauso fühle ich mich auch!«, sagte er.

Mein zukünftiger Chef hatte mir zwar beim Vorstellungsgespräch gesagt, dass ich viel zu tun haben würde – aber das sei alles kein Problem, denn es werde bereits agil gearbeitet. Als mich Max an diesem Tag fragte, was Refinement bedeutete, wurde mir jedoch bewusst, wie es um die Agilität in der Organisation tatsächlich bestellt war. »Habt ihr denn noch nie über die Begrifflichkeiten gesprochen?«, fragte ich Max. Er schüttelte energisch den Kopf. Manchmal vergaß ich, wie es mir ergangen war, als ich noch nicht so tief mit der Materie vertraut gewesen war. Vieles, das ich bereits aus anderen Unternehmen und Projekten kannte, betrachtete ich als selbstverständlich – in dieser Organisation war es aber noch nie thematisiert worden. Ich war erstaunt. Eigentlich hatte ich gedacht, dass Begriffe wie Sprint, Refinement und Planning in der IT-Branche fest verankert waren. Max hatte mir an diesem Tag noch einmal aufgezeigt, wie wichtig es ist, Kollegen und Kolleginnen in den gewünschten Referenzrahmen der Organisation einzubinden und diesen transparent zu machen. Schrittweise, mit viel Fingerspitzengefühl. »Jeder Mitarbeitende kommt aus einem anderen Umfeld, hat unterschiedliche Erfahrungen gesammelt, verschiedene Arbeits- und Verhaltensweisen erlernt«, dachte ich. Wie beim Sport. Manche Menschen hatten bereits Berührungspunkte mit Sport, wenn sie beispielsweise in einen Verein eintreten – sie haben schon eine grundlegende Ausdauer. Menschen, die wenig oder keinen Sport gemacht haben, müssen sich zunächst Kondition antrainieren, um das Niveau der anderen zu erreichen. Jeder Körper, jeder Mensch ist unterschiedlich, und jede Muskelpartie wird durch unterschiedliche Reize aufgebaut. Durch Max' Ratlosigkeit fühlte ich mich in mein erstes CrossFit-Probetraining zurückversetzt. Einen Großteil des Probetrainings war ich damit beschäftigt, mir die Bezeichnungen für die einzelnen Übungen und Geräte zu merken. »Dumbbell, Kettlebell, Barbell? What the hell?« Ich war weit von der richtigen Ausführung der Übungen entfernt – doch genau das effektive Setzen der Reize ist notwendig, um die Muskeln gezielt zu trainieren. Die Coaches der CrossFit Box Basis Karlsruhe hatten mir danach einen Fundamentals-Kurs empfohlen. Ganz klar, ein Ziel dieser 12 Fundamentals-Einheiten war, den Neulingen das Vokabular beizubringen. In diesem Kurs lernte ich aber auch Grundlegendes über die körperliche Leistungsfähigkeit. Optimale Bewegungsmuster und eine richtige Technik sind beim CrossFit besonders

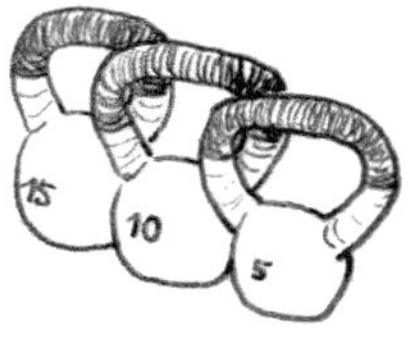

wichtig, um die Performance zu erhöhen, die Verletzungsgefahr zu verringern und die Muskeln bewusst aufzubauen.

Und da fiel es mir ein: Mein erstes Praktikum in der IT-Branche. Nach der Zusage bekam ich sieben Monate lang am Anfang jeden Monats eine Postkarte zugesendet. Darauf standen kurze Botschaften über Kundenprojekte und es gab Gutscheine, die ich bei meinem Eintritt in die Organisation einlösen konnte. Ich freute mich sehr und war neugierig, wie es wohl in diesem Unternehmen sein würde. Diese kleinen Impulse und Reize bereiteten mich optimal auf meinen ersten Arbeitstag vor. Einen Tag vorher bekam ich via E-Mail einen Einarbeitungsplan für meine ersten beiden Arbeitstage zugesendet. Auf dem Plan sah ich viele kleine Slots für Treffen mit unterschiedlichen Ansprechpartnern. Einer hatte den Slot »Vision und Werte-Einweisung«, ein anderer den Slot »Scrum-Einweisung«. Noch viele weitere Slots waren aufgelistet – von der »Projektmanagement-Einweisung« bis hin zur »Tooling-Einweisung«. Das Unternehmen hatte mich damals ab Tag eins optimal in den Referenzrahmen der Organisation eingebunden und transparent gemacht, was auf mich zukommen würde. So wie es die CrossFit Box Basis Karlsruhe mit dem Fundamentals-Kurs gemacht hatte.

Ich drehte mich auf meinem Bürostuhl einmal im Kreis. »Sowas brauchen wir auch«, überlegte ich, »wir müssen in der Organisation eine gemeinsame Sprache sprechen – über alle Abteilungen hinweg. Unsere Vision, Werte, Prinzipien, Vorgehens- und Arbeitsweisen transparent machen. Vokabeln, Haltungen und Ansprüche klären und aufarbeiten. Danach gezielt und gemeinsam darauf hinarbeiten. Wie beim CrossFit, um die Performance zu erhöhen und die Verletzungsgefahr zu verringern. Nach dem Fundamentals-Kurs müssen die verschiedenen Muskelpartien ausgebildet werden, um zur Hochleistung zu gelangen.

Das dauert. Doch wenn wir alle die Basics kennen, haben wir einen Maßstab für die Reflexion. Anhand dieses Maßstabs können wir Erfolge und Fortschritte, aber auch Misserfolge transparent machen. Und wir können uns Maßnahmen überlegen, mit denen wir das Ziel erreichen. Alle kennen den Rahmen und wissen, wo die Reise hingeht.«

///

Als ich Studentin war, faszinierten mich CrossFit und Scrum. Heute lebe ich beides – CrossFit genauso wie die Vielfalt der Agilität. Bei beidem passiert nichts von heute auf morgen. Die Antworten auf meine Fragen habe ich erst bekommen, als ich selbst aktiv wurde und es ausprobiert habe.

Ich habe schnell gemerkt, dass es um Haltungen, Prinzipien und Werte geht, nicht um das »Werkzeug« Scrum alleine.

Eine Haltung, die drauf aus ist zu lernen, um gemeinsam erfolgreich zu sein.

Eine Haltung, die Fehler als Chance begreift, um zu wachsen.

Eine Haltung, die den Fokus auf Individuen, deren Interaktionen und Qualität setzt.

Eine Haltung, die sich verschiedene Methoden zunutze macht.

Eine Haltung, die hohe Selbstreflexion und viel Achtsamkeit erfordert.

Eine Haltung, die einem kontinuierlichen Verbesserungsprozess unterliegt.

Und schließlich eine Haltung, die einen höheren Zweck verfolgt.

Janna Philipp

Fasziniert davon, neue Kulturen kennenzulernen, zog es Janna Philipp nach dem Abitur zuerst nach Australien, dann an die Wirtschaftsuniversität Wien, dann zum Auslandssemester nach Neuseeland und schließlich an die Copenhagen Business School. Noch während ihres Studiums am Department for Digitalization (DIGI) landete Janna in der IT-Branche – und war sofort fasziniert von den Arbeitsweisen, die den Menschen in den Fokus setzten. Seitdem ist sie eine Komplizin des Wandels: Mit viel Leidenschaft unterstützt sie als Agile Coach mutige Entscheidungen, Entwicklung und neues Denken. Ihr Ziel? Unternehmenskulturen menschzentriert zu gestalten, denn das zählt mehr als jedes Buzzword!

Agile Living

Wir befinden uns im Jahr 2011. Constanze, Anfang 30 und Informatikerin, steht bereits seit einigen Jahren im Beruf. Als Softwareentwicklerin hat sie schon mehrere agile Projekte von innen gesehen: gelungene Implementierungen mit großartigen Teams, die kontinuierlich nachhaltig Wert-volles für begeisterte Menschen erschaffen. Genauso hat sie verordnetes, oberflächliches, sogar ausbrennendes »Agile« fernab von den Kerngedanken des Agilen Manifests wie »Individuen und Interaktionen mehr als Prozesse und Werkzeuge« gesehen.

Wenn man Constanze fragt, was aus ihrer Sicht die Geheimzutaten von erfolgreichem, nachhaltigem agilen Arbeiten sind, ist das für sie ganz klar: *Wandelwille* und *Wandelfähigkeit*.

Doch wie ist das mit Agilität jenseits der Arbeit? Wie steht es um die Reflexion im Leben? Wie sieht es mit nachhaltiger Entwicklung aus, um ein gleichmäßiges Tempo auf unbegrenzte Zeit halten zu können? Und gibt es die Einfachheit da draußen im Leben, jenseits des Büros? Das sollte Constanze sehr bald erfahren, und davon handelt diese Geschichte.

Es läuft nach Plan

Constanze ist schon eine ganze Weile Single und lernt eines schönen Frühlingstages im Jahr 2011 Damian kennen.

Damian ist ein ruhiger, achtsamer Mann. Er schätzt Musik und Kunst. Zugleich ist er als Informatiker ebenso analytisch, überlegt und scharfsinnig wie Constanze. Die beiden passen wunderbar zusammen, und so planen sie schon im Spätsommer als Zweierteam fleißig ihr gemeinsames Leben. Schließlich sind sie ja keine 16 mehr.

Auf ausgedehnten Wanderungen im oberschwäbischen Grünen, zwischen Apfelgärten und Bergen – den Bodensee immer in Sichtweite – schmieden sie an ihrer Zukunft. Ihre erste gemeinsame Wohnung im Grünen finden sie auf einer dieser Wanderungen ganz zufällig auf einem wunderschön gelegenen Gehöft am Waldesrand.

Kraft für zwei

Die helle, funkelnde Sommeridylle scheint nahezu perfekt. Doch in den Herbsttagen des ersten gemeinsamen Jahres ziehen Nebelschleier auf. Bleischwere Gedanken, die schon zu lange und tief auf Damians Geist, Herz und Körper lasten. Ein Ausdruck von Überlastung und Erschöpfung zugleich. Erst ist es ein Zusammenbruch, dann sind es Panikattacken und schlussendlich diagnostizieren die Ärzte eine schwere Depression. Wandelwillen hätte Damian noch, und Wünsche, was anders werden sollte, hat er viele. Doch die Wandelfähigkeit, seine gesamte mentale Kraft, ist ihm still und leise abhanden gekommen.

Depressionen sind wie Krebs: Sie halten über lange Zeit unsichtbar Einzug in deinem Körper, bis sie irgendwann dein Leben jäh anhalten und nichts mehr so wie vorher funktioniert. Du kannst nichts dafür, dass sie da sind und niemand kann vorhersagen, ob und wann du sie wieder loswirst. Nur einen kleinen Unterschied gibt es doch: Bei den meisten Krankheiten, wie auch bei Krebs, können andere die Auswirkungen von außen sehen. Sie sehen das Leid, und dieses Sehenkönnen schafft eine scheinbare Akzeptanz in unserer westlichen Gesellschaft.

Bei Depressionen ist das anders: Niemand kann die Depressionen sehen. Niemand kann die Depressionen hören. Depressionen hängen wie ein Schleier über dem betroffenen Menschen, ungreifbar für andere, unnahbar, unsicher. In den Augen der anderen, der Gesunden, ist der Betroffene einfach schwach. Depressionen machen einsam und alleine, in den Momenten, in denen du ein Team am dringlichsten brauchst. So ist es auch mit Damian und seiner Constanze. Zum Glück sind sie zu zweit, sie haben ihre Liebe. Und diese Liebe soll sie tragen – auch durch schwere Zeiten.

Constanze setzt also alles auf eine Karte. Sie versucht ihren Damian jeden Tag mit an die frische Luft zu nehmen, auch wenn wieder einmal dichte Nebelschleier über seiner

Welt liegen. Sie lebt ihr Leben und nimmt ihn an die Hand, mit der tiefen und berechtigten Hoffnung, für ihn mit ihrem Vorbild eine Stütze in dieser schweren Zeit zu sein. Zusammen mit Glücksmedikamenten für den Hirnstoffwechsel erhofft sich das Paar neuen Schwung und Lebensmut für Damian.

So ganz nebenbei feilt die junge, zielstrebige Constanze an ihrer Karriere als Informatikerin und gibt jeden Tag alles und noch ein bisschen mehr in ihrem Job. Wirklich nachhaltig ist das alles schon lange nicht mehr, das weiß sie. Schließlich ist Constanze eine intelligente, reflektierende Frau und durch ihr Doppelstudium in IT und Psychologie hat sie eigentlich das nötige Fachwissen, um die ersten Warnzeichen ihrer schwindenden Wandelfähigkeit zu erkennen. Doch sie braucht den Ausgleich durch die vielen, scheinbar leichten Erfolge und die rasante Geschwindigkeit in ihrem Job, um sich nicht in Damians dunklen Wolken zu verlieren.

Immerhin sichert sie noch aktiv ihren Stand auf diesem ungewiss hohen, unsicheren Nebelberg: Als leidenschaftliche Läuferin schafft sie einen guten Ausgleich beim täglichen Training. Frische Luft, pumpende Lungen und ein freier Kopf – das ist es, was Constanze so schätzt am Laufen. Zu jeder Zeit. An jedem Ort. Auch und gerade im Allgäu, wo Damian seit Herbst zum ersten Mal in einer Akutklinik versucht, den Nebelschleier dauerhaft zu vertreiben. Wandelwillen hat sie unglaublich viel in sich. Liebt sie doch ihren Damian und ihr eigenes Leben.

Keine Kraft für niemanden

Nach einem langen, kalten, harten Winter sowohl in der Natur als auch für Damian und Constanze, streben die ersten Frühlingsblumen dem Sonnenlicht entgegen. Leider macht der Frühling vor Damian Halt. Stattdessen geht er zum zweiten Mal in eine psychosomatische Klinik. Dort sollen sein Körper und sein Geist endlich wieder in Balance kommen. Damians Nebel sollen sich lichten. Er hofft auf Sonne und auf neue, bunte Blumen in seinem Lebensgarten – endlich.

Doch Damian hat schon so unendlich viel Energie in seinen zweiundvierzig Lebensjahren ausgegeben. Er ist müde von der Suche nach der Sonne und müde vom Kämpfen gegen den Nebel. Sehr müde. Lebensmüde. Damian hat den Fokus verloren, das Ziel vor Augen fehlt ihm und das Vertrauen ins Leben schwindet Tag für Tag. Er strauchelt. Und er plant seinen Abschied. Doch das weiß Anfang 2012 nur er.

Constanze handelt wie in einem ungesunden agilen Team: Sie pumpt ihre ganze Energie in das System. Sie versucht weiter, ein Vorbild und Zugpferd zu sein. Sie arbeitet, sie reflektiert. Sie misst und sie ändert. Sie ist bereit zum Wandel. Tag für Tag. Doch sie kann sich nicht mehr recht wandeln. Sie wird starr. Sie macht immer mehr Fehler. Ihren Stand sichert sie schon lange nicht mehr: Die Laufschuhe stehen gut geputzt und unbenutzt in der Ecke. Ihr Überstundenkonto füllt sich, und ihre Angst und Unsicherheit verdrängt sie gekonnt mit Essen und noch mehr Arbeit.

Sie verdrängt so lange, bis sie eines Tages zusammenbricht. Unter all der Last und unter dem Stigma, das psychischen Krankheiten anhaftet wie Frittenbudengeruch, der nur schwer aus der seelischen Klamotte herauszubekommen ist. Der Zusammenbruch ist für Constanze ein Warnschuss, und so erinnert sie sich: Stand sichern! »Setzen Sie zuerst sich die Sauerstoffmaske auf, bevor Sie anderen helfen«, hieß es auf ihrem letzten Dienstflug. So kann es nicht weitergehen!

Inspect and adapt: Loslassen – wollen

Constanze hat keine Kraft mehr übrig. Als Teil eines ausgebrannten Zweierteams und nach langem Überlegen setzt sich Constanze mit schwerem Herzen ins Auto. Sie fährt zu ihrem Damian in die psychosomatische Klinik im Oberschwäbischen. »Er ist dort gut betreut. Menschen passen auf ihn auf. Ich muss jetzt auf mich schauen«, denkt sie sich abwechselnd mit: »Ich hoffe, er verzeiht mir!«

Als Constanze bei Damian ankommt, erwartet er sie schon. Sie sprechen vertraut, verbunden und in Liebe. Wie oft wollte er sie schon wegschicken, wie oft wollte er die Partnerschaft beenden, aus dem Zweierteam aussteigen und im Projekt die Reißleine ziehen – weil sie etwas Sonnigeres, Besseres verdient hat als ihn … und weil »konstante nachhaltige Entwicklung« aufgrund seiner Erkrankung schon lange nicht mehr möglich ist. Jetzt ist Constanze es, die geht. Und sie geht aus Selbstschutz.

Als Constanze an jenem Tag im Juli 2012 alleine vom Hof der Klinik fährt, sieht sie Damian winkend im Rückspiegel. Ausdruckslos, gezeichnet von der Depression. Es ist das letzte Mal, denn dieser »adapt« wird in Constanzes Leben größere Auswirkungen haben, als sie gerade erahnen kann. So ist das mit dem Ausprobieren – nicht nur im Job, sondern auch im echten Leben.

Inspect and adapt: Loslassen – müssen

Inzwischen ist das Jahr fortgeschritten und der einzige Nebel in Constanzes Leben ist der Herbstnebel am Bodensee. Das ändert sich am 28. Oktober 2012. Es ist ein Tag in Constanzes Informatikerbüroalltag wie jeder andere auch. Ein Montag, also etwas mehr Mittagspause als sonst mit dem Team, um die Wochenenenderlebnisse zu teilen. Danach der übliche kurze Check der privaten Mails, bevor es wieder in den Flow des Nachmittags gehen soll. Doch als Constanze an diesem Montag ihre Mailbox öffnet, ist es, als würde die Welt jäh und mit einem Ruck anhalten. Sie erstarrt zu Stein, als sie die Zeilen liest: Damian hat sich das Leben genommen.

Das Lebenstempo auf konstante Zeit halten können

Statt sich an die jäh geänderte Situation anzupassen und sich ausreichend Zeit zum Verarbeiten – zum Trauern – zu nehmen, bedient sich Constanze altbekannter Strategien und stürzt sich wieder in die Arbeit. Die Kontakte zu Kollegen und Kunden, die Aufgaben an sich geben ihr Halt. Das gute Gefühl etwas zu liefern, etwas beitragen zu können, ist eine willkommene Abwechslung zu etwas so negativ Konnotiertem wie der Trauer.

Wie in einem »Todesmarsch-Softwareprojekt« lässt Constanze ihre regelmäßigen persönlichen Retrospektiven immer öfter ausfallen. Bald ist nichts mehr von »adapt«

oder »inspect« zu erkennen. Ohne es zu merken, ist Constanze auf dem besten Weg auszubrennen. Still und leise verliert sie ihre Wandelfähigkeit. Und obwohl sie gerne etwas geändert hätte – etwa weniger Arbeit und wieder mehr Spaß am Leben – hilft ihr alleine der Wille zum Wandel an dieser Stelle nicht mehr weiter.

Einfachheit, Nein und die Kraft der kleinen Schritte

Kennen wir nicht alle einen ausgebrannten Kollegen oder gar ganze unmotiviert wirkende Teams? Teams, die zwar bereit wären, etwas zu verändern, doch deren Batterien einfach zu leer sind, um einen Wandel wirkungsvoll angehen und nachhaltig umsetzen zu können.

Wie kommt man da wieder raus? Für Constanze hieß das Schlüsselwort auf diesem Weg zunächst: Einfachheit. Einfachheit bedeutet, sich aufs Wesentliche zu fokussieren. Einfachheit bedeutet auch, andere Teammitglieder – Freunde und Familie – um Hilfe zu bitten, um gemeinsam das Wesentliche zu identifizieren und sich beim Aufladen der Batterien unterstützen zu lassen. Und wer kennt das nicht, egal ob Product Owner oder anderes agiles Teammitglied: Nein zu sagen und die Menge an nicht Getanem zu maximieren – das ist oft am allerschwersten!

Im zweiten Schritt hieß es für Constanze, das Wesentliche Schritt für Schritt umzusetzen und vor allem: wie ein erfolgreiches agiles Team die einzelnen Erfolge gebührend zu feiern. Sie lernte dabei: Es gibt keine kleinen Schritte. Jeder einzelne Schritt ist es wert, gefeiert zu werden. Das Feiern muss gar nichts Großes sein – das bloße Wahrnehmen und Wertschätzen seiner selbst reicht aus, um die positive Aufwärtsspirale in Gang zu setzen.

Diese Aufwärtsspirale ist es, die einen wieder mit der Energie versorgt, um nächste Schritte zu planen und anzugehen. Diese Aufwärtsspirale war es auch, mit der Constanze sich die Kraft zurückholte, um sowohl das Leben als auch die Arbeit wieder richtig zu genießen. Diese von Dankbarkeit und Wertschätzung befeuerte Aufwärtsspirale ist es, die selbst ausgebrannte Teams wieder in die Lage versetzt, ihre Handlungsfähigkeit zu erkennen und den Wandel im System zu gestalten. Stetig aufwärts, einen Schritt nach dem anderen.

Leben braucht Agilität

Und die Moral von der Geschicht? Mich persönlich hat diese einschneidende Lebenserfahrung einmal mehr und sehr nachdrücklich gelehrt: Agilität ist an der Bürotüre nicht zu Ende, sie beginnt draußen erst richtig.

Agilität ist eine Lebenseinstellung, eine Haltung.

Agilität ist im Kern eine ausgewogene Mischung aus Wandelfähigkeit und Wandelwille, sowohl im einzelnen Menschen als auch in einem System im Ganzen.

Beim Austarieren dieser Mischung hilft uns nur eines: regelmäßiges, ehrliches »inspect« und mutiges, radikales »adapt« – im Job und vor allem im Leben. Das Mischungsverhältnis von Wandelwille und Wandelfähigkeit kann sich im Laufe der Zeit verändern. Das ist okay so, das ist das Leben. Doch eine der beiden Komponenten ganz ohne die andere, da fehlt die Wirkung – das geht nicht gut.

In diesem Sinne wünsche ich dir, lieber lesender Mensch: Mögest du wandelwillig und wandelfähig bleiben. Happy agile living!

Cosima Laube

hat lange als Softwareentwicklerin gearbeitet und dabei immer mehr Führungsaufgaben übernommen. Neugierig auf die Interaktion zwischen Menschen, studierte sie berufsbegleitend Psychologie und hat schon während ihres Studiums den Fokus auf Positive Psychologie gelegt. Heute arbeitet sie als Consultant, (Agile) Coach, Moderatorin und Rednerin und teilt sowohl ihre persönlichen als auch professionellen Erfahrungen mit einem breiten Publikum. Ihre Webseite macht diese Reise deutlich: www.cosima-laube.de

Abraham hat recht

Abraham hat recht, dachte ich und setzte mich auf mein Fahrrad. *Obwohl er ein alter Sack ist. Und gerade wir haben es nicht beherzigt.*

Es war an einem Mittwoch. Wir, das Gründerteam, radelten ganz klassisch von unserem Büro am schönen Münsteraner Hafen zum Mittagessen in die Mensa am Aasee. Das Essen in der Mensa ist ja schließlich nicht schlecht. Wenn man richtig, richtig viel Hunger hat. In allen anderen Fällen ist es zumindest günstig. Wir drei, das sind Robin, Softwareentwickler und ziemlich blass, Jean, BWLer und ziemlich busy, und ich, Psychologe und ziemlich möchtegern-reflektiert.

Außerdem war auch noch Antoine bei uns, der fröhliche Franzose. Er ist YouTuber mit dem Schwerpunkt »Geigen lernen«. Auf meine Nachfrage hin berichtete er, dass er sein Gehalt im letzten Jahr verdoppelt hatte. Na schön. Gerne hätte ich auch von unseren Erfolgen berichtet. Aber das hätte ich zu diesem Zeitpunkt nur wenig authentisch gekonnt.

Wir fuhren also so mit dem Fahrrad und mir ging einiges durch den Kopf, was in der letzten Woche vor sich gegangen war. Mit unserem Baby, dem Startup Echometer, waren wir im dritten Monat. Die meisten Tage endeten – bis vor kurzem – unzufriedenstellend.

Wir sagten »Tschüss« zu den anderen Gründern im Co-Working Space des DigitalHub, fuhren gemeinsam los und kamen auch gemeinsam an. Denn wir hatten nicht nur zusammen gegründet, wir wohnten auch zusammen. Drei

Männer, Gründer, in einer WG. Ob unser Bad sauber ist? Ja, doch, ist es. Dank Jean. Jean ist nicht nur ziemlich busy, sondern Gott sei Dank auch einer dieser seltenen, vom Aussterben bedrohten Waschbären, nach denen sich jede WG sehnt. Trotz unseres sauberen Bads war da aber etwas. Da war eine gewisse Unzufriedenheit mit unserem Startup zu spüren, wenn wir mal nicht in die Arbeit versunken waren.

An einem Abend vor einer Woche waren wir wieder zusammen am Esstisch im Wohnzimmer gesessen, der gleichzeitig unser Konferenztisch ist. Wir aßen unser Eiweißbrot mit vegetarischem Aufstrich, inklusive Gurken und Tomaten. Robin aß Müsli mit extra vielen Rosinen. Neben uns die neuesten HR-Zeitschriften.

Und da sagte Jean, der etwas kränkelte: »Wir müssen reden.«

Totenstille.

»Wir sollten mal eine Retro machen«, fügte er hinzu.

Das macht diese Aussage nicht weniger harmlos, dachte ich und musste schlucken. *Und ob wir reden müssen. Das kann so nicht weitergehen. Wir haben ein ordentliches Stipendium von der EU bekommen, um ein Startup zu gründen. Für dieses Stipendium kommen die Steuerzahler auf. Wir haben also eine Verantwortung, aber immer noch keine scheiß Pilotkunden. Wir haben noch nicht einmal konkrete Ziele, bis wann wir die im Sack haben wollen. Keine Ahnung, ob unser Startup es schaffen wird.*

Laut sagte ich: »Wir sind ein Startup, das ein Software-Tool für Retros verkauft. Wir sollten insgesamt mal anfangen, das jetzt regelmäßig zu machen.« Allgemeines Nicken. Nächsten Samstag, wenn wir wieder eine Working Session machen, gibt es also eine Retro? Alles klar.

Die Tage bis Samstag vergingen langsam. Etwas lag in der Luft. Ein Elefant im Raum. Der im Nebel schwebte.

Dann war endlich Samstag. Wir saßen auf unseren Ledersesseln im Büro. Die Pflanzen im Raum schienen farbloser als sonst zu sein. Ich nippte an meinem Wasser. Wir waren etwas früher gekommen, damit wir noch Zeit für eine Retro hatten – ca. 20 Minuten früher. Und ich dachte: *Als ob so eine kleine Retro uns jetzt helfen könnte.* Aber Jean fing an: »Leute, irgendwas ist da nicht richtig.«

Wir redeten darüber. Wir redeten darüber, dass Jean krank war, weil es vielleicht doch etwas viel Arbeit war in den letzten Wochen und die Priorität von »Gesundheit« vielleicht etwas zu niedrig angesetzt war. Wir redeten darüber, dass Robin Probleme mit seinem Auge hatte. Als Softwareentwickler. Und darüber, dass es so kritisch war, dass sogar die Operation des Auges abgesagt werden musste. Es war zu gefährlich, da jetzt einzugreifen. Holy shit.

Zuletzt redeten wir darüber, was das jetzt für uns hieß. Hier waren wir uns einig: Natürlich konnten wir nicht direkt alles ändern. Es ergab wenig Sinn, gleich fünf riesige Maßnahmen zu ergreifen. Aber es war gut, darüber gesprochen zu haben. Zwei Maßnahmen beschlossen wir dann doch direkt: 1. Gesundheit first. 2. Ein weiteres Treffen, um uns Babysteps zu überlegen, mit denen wir unsere Situation verbessern konnten. So einfach war das.

Das Ganze hat uns 20 Minuten gekostet. Unsere erste Retro, und die Welt war plötzlich ein kleines bisschen anders. Der Elefant war in diesem Moment klar sichtbar. Es war auch gar kein Elefant mehr. Eher ein Nasenbär. Viel kleiner.

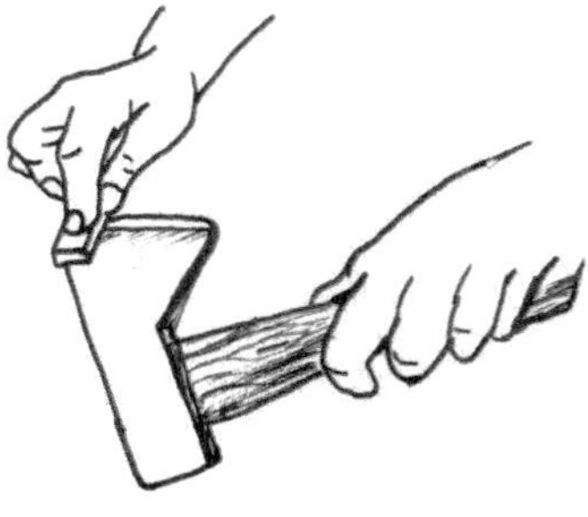

Abraham Lincoln hat schließlich schon gesagt: »Wenn ich acht Stunden Zeit hätte, um einen Baum zu fällen, würde ich sechs Stunden die Axt schleifen.« Als wir darüber geredet haben, haben wir die

Axt geschliffen. Es war das Richtige, diese Zeit zu investieren. Abraham hat recht.

Ob es unser Startup also schaffen würde? Naja, jetzt machen wir regelmäßig Retros. Auf diese Frage würde ich inzwischen also eindeutig mit dem Ausruf reagieren, mit dem Angela Merkel 2015 die Flüchtlingskrise kommentiert hat. Auch wenn 90 von 100 in der Zwischenzeit nicht mehr existierender Startups das anders sehen würden.

Ja, man kann wirklich sagen, wir haben Momentum aufgebaut. Es läuft gut bei uns, auch wenn wir das Puzzle und dessen Bedeutung erst im Nachhinein als solches erkannt haben.

All das wurde mir an jenem Mittwoch bewusst, auf der kleinen Tour zur Mensa. Gefühlt sind wir ziemlich schnell an der Mensa angekommen – und freuten uns schon. Denn heute war ein guter Mensa-Tag. Wir hatten richtig, richtig viel Hunger.

Christian Heidemeyer

ist Psychologe und Mitgründer von Echometer – ein Startup, das ein Tool für agile Retrospektiven und Unternehmensentwicklung entwickelt hat. Echometer beginnt übrigens gerade erst zu florieren – auch, wenn uns auf dem Weg noch einige Missgeschicke gelungen sind (und gelingen werden), wie ihr in der Story meines Mitgründers Jean erfahrt. #Fuckup

Wenn ich nicht gerade für Echometer tätig bin, esse ich wahrscheinlich Stracciatella-Eis oder Pizza, vielleicht lese ich auch etwas, und zwar am liebsten in der Sonne an einem stillen Ort in der Natur.

www.echometer.de

Ein Fuck-up kommt selten allein

Mein Kaffee ist noch schön heiß und ich puste leicht auf den Milchschaum, nachdem ich meinen Laptop aufgeklappt habe. Mein Blick gleitet über die Liste, die am Bildschirm erscheint. Es sind genau die in dieser Liste beschriebenen Missgeschicke, die unser »Projektchen« zu dem aufstrebenden Startup gemacht haben, das es heute ist.

Ich scrolle zum Anfang der Liste, um den ersten Punkt genauer zu lesen. Es kommt mir wie gestern vor: unser erster Kundentermin mit Geschäftsführern, nachdem wir uns selbstständig gemacht hatten. Christian hatte den Termin eingefädelt. Alles war durchgeplant, die Unterlage, die wir telefonisch durchgehen würden, war mehrfach gecheckt worden, nichts konnte schiefgehen. Ich klopfte Christian auf die Schulter: »Du machst das schon, beziehungsweise wir machen das schon.«

Er wählte die Nummer; es piepste zwei Mal, bevor jemand abnahm. Auf dem Handydisplay begann die Uhr zu laufen. 0:01 – der Startschuss. Wir waren uns sicher: In einer halben Stunde würden wir die erste mündliche Zusage für ein Pilotprojekt haben.

»Hallo?«

»Guten Tag, Frau Behms. Schön, Sie zu hören.«

»Herr Heidemeyer, was ist denn los? Ist irgendwas?«

»Ehm. Wie? Was meinen Sie?«

»Nun, Sie wollten doch herkommen.«

»Ehm, oh. Ja. Hm, das tut mir leid, aber da hat es offensichtlich ein Kommunikationsproblem gegeben. Da habe ich Ihre E-Mail

wohl falsch verstanden. Ich dachte, dass wir telefonieren.«

»Na toll, das ist wirklich nicht optimal. Herr Janssen, der Geschäftsführer, hat sich extra Zeit genommen und sitzt neben mir …«

Die Erinnerung an diesen Fuck-up tut immer noch ein bisschen weh. Aber vielleicht sorgt genau diese lebhafte Erinnerung dafür, dass uns so etwas nicht noch einmal passieren wird?

»Warum schmunzelst du?«, fragt Christian, der mir gegenübersitzt. Ich blicke vom Bildschirm hoch und antworte: »Ach, ich wollte gerade unseren neuesten Fuck-up eintragen und habe mir dabei die Liste angeschaut. Weißt du noch, was der erste Eintrag ist?« Christian grinst und überlegt kurz: »Ist es unser Prakti-Fuck-up?«

Oh ja, unser Prakti-Fuck-up. Tatsächlich ist das der zweite Eintrag in der Liste. Ein Eintrag, der unser Selbstverständnis als »Wir machen alles besser«-Startup in Frage gestellt hat. Denn gerade als HR-Startup wollten wir von Anfang an ein attraktiver Arbeitgeber für Münsteraner Talente sein. Angesichts der schwerfälligen und langwierigen Bewerbungsprozesse in vielen Unternehmen sollte es für uns leicht sein, positiv herauszuragen.

Wir setzten also eine kleine Landingpage für unsere offenen Praktikantenstellen auf und verlinkten ein Bewerbungsformular in Google Forms. Nach zwei Monaten fragten wir uns, wieso wir über diesen Kanal eigentlich noch keine Bewerbungen erhalten hatten. Also schauten wir nochmals genau hin und stellten fest: Es gab Bewerbungen, nur leider hatten wir scheinbar die Benachrichtigungen für das Formular nicht aktiviert. #FuckUp. So bekam unsere zweite Bewerberin nach einer Wartezeit von 2,5 Monaten die erste Rückmeldung. Unsere Vorstellung, der perfekte Praktikumsgeber zu sein – sie zerfloss einfach.

Ich grinse Christian wieder an und sage: »Nein, unser Prakti-Fuck-up ist Nummer 2. Nummer 1 war unser Vor-Ort-Telefonat.« In dem Moment spüre ich, wie Christian kurz zusammenzuckt, ehe ihm wieder ein entspanntes Lächeln entgleitet. Er scheint sich zu erinnern und nickt. Genau wie mir geht ihm wohl gerade die Situation nochmals durch den Kopf und er fragt mich: »Wie viele Fuck-ups haben wir mittlerweile gesammelt? Das müsste doch locker für einen ganzen TED-Talk reichen?« Ich scrolle an das Ende der Liste und überschlage: »Ja, um die 20 werden es wohl schon sein.« »Stark«, erwidert Christian und senkt den Blick wieder auf seinen Laptop.

Stark. Er hat recht. Wir scheinen es geschafft zu haben, unsere Fehler nicht voreinander zu verstecken, sondern sie in der Gruppe zu teilen, damit alle am daraus entstehenden Lernprozess partizipieren können. Ich bin mir nicht sicher, wie selbstverständlich das ist. Wenn ich mich an die Zeit vor der Selbstständigkeit mit unserem Startup erinnere, war es im Konzern gang und gäbe, bei Problemen nach Schuldigen zu suchen und die Geschichte so auszulegen, dass zumindest eine Teilschuld nicht bei einem selbst, sondern bei jemand anderem lag.

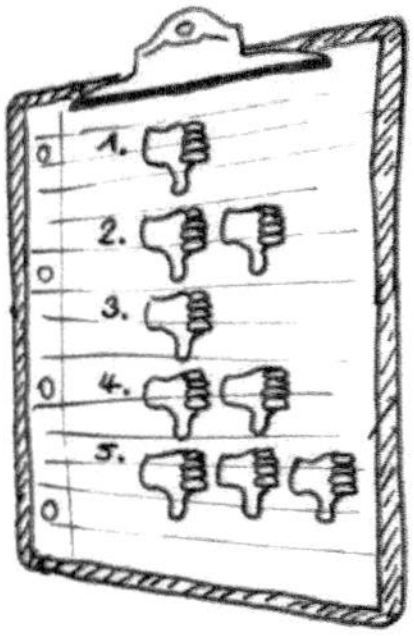

Schon als wir im Februar 2019 als richtiges Startup gestartet waren, war uns bewusst, dass wir immer wieder Fehler machen würden. Manche Fehler würden der Außenwelt (zum Glück) für immer verborgen bleiben, andere dafür umso öffentlichkeitswirksamer die Runde machen. Die meisten, egal welcher Art, sind uns so unangenehm, dass wir unbedingt sicherstellen wollen, sie in Zukunft zu vermeiden.

Genau aus diesem Grund hatten wir uns schon in der ersten Woche nach der Gründung dazu entschlossen, eine Fuck-up-Liste einzuführen. Seitdem tragen wir alle unsere Missgeschicke direkt nach Eintreten eines Fuck-ups ein – und zwar macht das immer der Betroffene selbst. So dient jeder Eintrag der kritischen Selbstreflexion und Ursachenanalyse.

Jetzt bin ich wieder damit an der Reihe, genau diese Verantwortung zu übernehmen. Ich scrolle wieder zum Ende der Liste, schnaufe kurz durch und klicke »Enter«. Ein neuer Eintrag. Beim Gründen kommt ein Fuck-up eben selten allein.

Jean Michel Diaz

Mein Name ist Jean Michel Diaz und ich bin einer der drei Gründer von Echometer. Wie ihr in Christians Geschichte zu unseren Retros lesen könnt, bin ich ein ordnungsliebender Mensch – gerade was das Leben in unserer Gründer-WG angeht. Bevor ich mit Robin und Christian Echometer gegründet habe, habe ich als Assistent der Geschäftsführung in einem Joint-Venture eines DAX-Konzerns sowohl Mitarbeiterbefragungen als auch »Continuous Improvement«-Projekte begleitet. Daher war es naheliegend, mit Echometer ein Unternehmen zu gründen, das mit seiner Software genau diese Schritte für Organisationen vereinfacht.

www.echometer.de

Terror. Überleben. Neuordnung.

Schüsse, Schreie, schemenhafte Gestalten, die zwischen steinernen Hütten durch die Dunkelheit huschen – nein, nicht jetzt! Nicht zurück in der Zeit, zurück an diesen Ort! Seit Jahren schaffe ich es, die in mir manchmal hochkommende, tiefsitzende Erinnerung einzubremsen, mich im Hier und Jetzt zu halten. Ich bin also in Stuttgart, es ist Juni 2019, der zweite Tag des Scrum Day.

Ich bin zum ersten Mal da. Ins Auge gefasst habe ich diese Veranstaltung schon Jahre. Und offenbar ist es höchste Zeit. Schon gestern habe ich viele außergewöhnliche Persönlichkeiten kennengelernt und spannenden Vorträgen beiwohnen dürfen. Vor allem aber habe ich mich darüber gefreut, dass doch so einige Teilnehmer auch Themen wie Gesundheit, Resilienz und den Menschen an sich in den Mittelpunkt ihrer Gedanken, Fragen, Vorträge und Angebote stellen.

Mein Leben hat mir viele Erlebnisse bereitet, sodass mich heute in der Arbeitswelt ein Prinzip leitet: »Auch Agile ist ein Mittel und Weg, damit es Menschen in den Systemen und Organisationen besser gehen kann, von denen sie umgeben sind.« Vorausgesetzt, wir nutzen es entsprechend. Und wenn wir das tun und es den Menschen gut geht, dann können wir auch die anderen uns wichtigen Ziele erreichen. Warum ich das so sehe? Dafür kann ich eine Reihe von Gedanken aufzählen, dazu aber vielleicht später. Sicher ist: Ich selbst bin seit Jahren Facilitator und dank meiner Lebensgeschichten sind meine Antennen daueraktiv und ich erspüre früh Spannungen und Ungereimtheiten, von denen es bei Transformationen so einige geben kann. Früherkennung, Frühansprache und Frühbehebung, das sind die Chancen. Hypervigilance – Überwachsamkeit – nennen es manche. Obwohl das nicht immer nur angenehm ist für andere, so habe ich doch den Mut, meine Wahrnehmungen anzusprechen. Davon profitieren zum Beispiel die Teilnehmer meiner Workshops oder Menschen und Organisationen, die Veränderung anstreben.

Hier beim Scrum Day zeigt sich deutlich, dass sich offenbar schon viele mit weit mehr als Produktentwicklung, Kundenbedürfnissen und Beschleunigung beschäftigen. Das gibt auch mir ein gutes Gefühl hier. Unter Menschen sein, hier und da im Imperfektionismus, lernen und teilen, all das steht ganz weit oben und erlaubt die Entstehung von neuem Gedankengut. Gestern Abend habe ich Dahm kennengelernt. Er kommt aus den USA und hat hier einen Zwischenstopp auf seiner Europatournee gemacht. Ein angenehmes Tischgespräch entstand. Ein spontaner Erstkontakt, bei dem er sagte: »We need more women as speakers. Also keynote speakers!« Ja, dieses Jahr sind es drei Herren. Mhm. Will er gerade inspirieren und motivieren? Speaker. Eine von mir schon länger gehegte Idee, umklammert von meinen kleinen oder auch großen Ängsten. »Aber warum eigentlich nicht?«, denke ich mir. Vielleicht ist die Zeit langsam reif fürs Reden? Habe ich nicht doch vielleicht einiges zu sagen? Erlebt, gedacht, zugehört habe ich so viel über die Jahre … Vielleicht ist es langsam an der Zeit?

Am Morgen des zweiten Konferenztages sitze ich nun in Dahms Keynote. Schon seine Erzählungen zu seinem Lebensweg der letzten Jahre lassen mich in mir Parallelen finden. Und jetzt sagt er:

»I don't know if I will wake up tomorrow. Or if I will die in my hotel bed tonight. I know that I was born 17th of May 1980. I know my birth day but I don't know my death day. I don't know if I will have enough time to dedicate my life to communities. This is why I set up this project.«

»Will I wake up tomorrow?« Was? Wie bitte?

Was für eine gute Frage! Und aus meiner Sicht gar nicht sicher mit einem Ja zu beantworten. So trifft mich die Frage doch ein wenig ins Mark. Ein paar Erinnerungen und Bilder lasse ich noch einmal für ein paar Minuten hochkommen. Damals, im Januar 2012 …

Laute Diskussionen, Schreie, auseinanderstiebende Menschen. Ich muss mich sammeln, innerhalb von Bruchteilen von Sekunden. Es ist irgendwann nach Mitternacht. Wo bin ich? Ah, in einem Häuschen aus Vulkansteinen, am Ertale, einem daueraktiven Vulkan, inmitten der Danakil-Wüste in Äthiopien, mehrere Tage Fahrt von Addis Abeba entfernt. Ich liege am Boden auf meiner Thermarest-Matte, in meinem dünnen Schlafsack, kaum bekleidet. Es hat selten unter 30 Grad hier, tagsüber sogar meist 40 und mehr. Wir schreiben den 17. Januar 2012, irgendwann in der Nacht, vielleicht zwei Uhr.

Die Diskussionen draußen werden heftiger, ich verstehe kein Wort, es ist die Landessprache oder eine der zahlreichen Regionalsprachen, keine Chance, auch nur ein Wort zu verstehen. Das ist auch nicht nötig. Klar ist: Die Situation ist nicht gut … Ich höre Menschen, höre meine mit mir reisenden Touristen, spüre ein großes Durcheinander dort draußen. Worte, Schreie, Diskussionen. Mittlerweile liege ich an die Wand gepresst, im Schatten, nicht mehr im Licht des Mondes, wo mich jeder sehen kann. Die 2x2 Meter kleine Hütte hat ein Dach aus Holz und Plastikplanen – und sie hat keine Tür. Da ist einfach ein Durchlass, und dort fällt das Mondlicht in Kegelform auf meine jetzt leere Thermarest-Matte. Meine Kleider liegen daneben.

Ich bin im Alarmmodus. Notfallmodus. Schüsse … viele, viele Kugeln. Es wird aus halbautomischen oder automatischen Waffen gefeuert, das weiß ich nicht genau. Jedenfalls viele Patronen, sehr viele.

Ein Inferno. Schreie, noch mehr Schreie, meine Reiseteilnehmer scheinen geschlagen und anderweitig bedroht zu werden. Aufforderungen … zu was? Keine Ahnung. Ich bin damit beschäftigt, selbst zu überleben. Verstecken heißt das für mich. Luft anhalten. Nicht rühren, hoffen, dass die da draußen ihren Kopf nicht hier reinstecken oder einfach hineinschießen. Ich laufe noch immer im Automatikmodus. Ich habe nur ein T-Shirt an. Oh nein! Was, wenn ich jetzt draußen stehen muss? Es ist kurz ruhig. Sind sie davongerannt nach der ersten Schießerei mit unseren bewaffneten Begleitern? Ich greife schnell zu meiner Hose und ziehe sie an. Sie lag im Licht des Mondes, riskant. Dann wieder Stimmen, laute Stimmen, Durcheinander, Aufforderungen, Geschrei, Schüsse, Schmerzensschreie. Offenbar wurde jemand getroffen. In mir starre Todesangst.

Schreie, Schüsse, Schreie, Schüsse. Immer wieder, immer mehr. Und da war sie, die eine Kugel in meine Hütte. Sie hat mich nicht getroffen. Ich sehe den Schützen, wie er vor meiner Hütte steht, und klar, er sieht ja meine Matte und den Rucksack. Da war jemand. Wo ist diese Person?

Ich. An die Innenwand der Hütte gepresst.

Plötzlich wird es ruhiger. Sind sie weg? Ich warte. Wimmern ist zu hören, leise Stimmen, gedämpfte Geräusche von allen Seiten, aber keine lauten, bedrohlichen Schreie mehr. Wann wage ich mich aus meinem Versteck?

Irgendwann. Ich stehe in der Nacht unter dem Sternenhimmel, ein Paradies eigentlich, dafür sind wir doch hierhergekommen. Einmalige Naturschauspiele, aktive Vulkane, farbenreiche Schwefelfelder, spannendes lokales Leben, aber eben auch nicht einfach. Aus dem Paradies ist innerhalb weniger Minuten die Hölle geworden. Wir waren zur falschen Zeit am falschen Ort.

So stehe ich jetzt vor meiner Hütte, in der ich eben noch alleine in einer Ecke gekauert lag. Vermutlich meine Rettung, alleine versteckt es sich besser. Leiser.

Ich schaue mich um. Drei meiner Reiseteilnehmer laufen im Zickzack umher, zwei liegen am Boden. Wir sind alle verwirrt, nein, geschockt, die Frauen geschlagen, die Männer angeschossen. Einige schwer verletzt, alle seelisch verletzt. Und manche tot. Oder kurz vor dem Tod. Und: Es sind nur fünf! Fünf von neun meiner Mitreisenden! Das ganze Begleitteam – weg! Auch aus dem unteren Teil des Lagers dringen Stimmen und Schmerzensschreie. Wir sind rund 20 Touristen im Camp ... gewesen. Einige fehlen jetzt – und mir wird schnell klar: Sie wurden entführt.

Wir haben Todesangst. Sind zerrissen zwischen Kümmern um die Verletzten und Versteckenwollen, weil irgendwo wieder Stimmen zu hören sind und Todesangst jetzt unser Dauerzustand ist. Irgendwann ein kleiner Lichtblick in dem Wirrwarr. Zwei meiner Reiseteilnehmer tauchen wieder auf und einige unseres Teams, die Kameltreiber, Köche, Guides, Miliz. Es fehlen noch zwei Teilnehmer aus meiner Gruppe und einer meiner Fahrer. Wir informieren die Zurückkehrenden ... sie haben das Drama im Camp noch gar nicht mitbekommen. Brechen beinahe zusammen, mindestens aber erstarren sie in Unglauben und Schock. Wie alle im Camp. Immer noch Automatikmodus. Was tun? Den Schwerverletzten Wasser geben, Wunden verbinden, richtig lagern, alles was an Erster Hilfe und Seelenfürsorge geht.

Handy? Keine Chance. Nicht mal Satellit funktioniert. Das stellt 36 Stunden später auch der erste deutsche Soldat fest, der mit einem ehemaligen russischen Frachthelikopter ankommt. Nach dem Morgengrauen ist mir klar: Neben dem Bau von Tragen aus Holz und Plastik müssen wir Hilfe holen. Beten allein hilft nicht, auch wenn unsere Begleiter das fleißig getan haben.

Der Entschluss fiel: Ich würde loslaufen. Eine internationale Hilfsaktion auslösen. Dafür meine Reiseteilnehmer zurücklassen, teils schwer verletzt, teils apathisch. Mir schien, dass ich die einzige einigermaßen entscheidungs- und handlungsfähige Person im Camp war. Ich notierte noch die Namen, Nationalitäten und Passnummern aller Touristen. Und dann verabschiedete ich mich. Was sagt man zu jemandem, den man vermutlich nicht mehr lebend wiedersehen wird? Auch das hatte ich nicht üben können. Nein, sagte ich zu denjenigen, die mit mir laufen wollten. Klar, alle wollten weg. Doch hier ging es um die Rettung der Verletzten, von mindestens fünf Schwerverletzten, da wollte ich so schnell wie möglich sein. Und doch wusste ich schon jetzt, dass es für manche vermutlich trotzdem nicht reichen würde. Ich rannte. Durch die Wüste. Mit drei lokalen Begleitern. Etwa zehn Kilometer, bis zu unseren Jeeps. Als ginge es um mein Leben, doch es ging um das der anderen im Lager. Sicher fühlte ich mich nicht, vermutlich trieb mich sogar die Angst voran. Wir wussten nicht einmal, wer uns überfallen hatte und hier waren viele schwer bewaffnet. Jeder konnte es also gewesen sein. Doch wer auch immer uns überfallen hat: Lässt sich solch eine Situation planen oder gar üben? Niemals! Und so trafen wir alle Entscheidungen nur jetzt, alle unsere ergriffenen Maßnahmen entstanden im Moment.

Ich rannte, um möglichst viele Leben zu retten. Unterwegs begegnete mir ein Trupp Soldaten, zu Fuß unterwegs, und sie wussten schon Bescheid. Woher? Keine Ahnung! Ich erreichte gegen 9 Uhr das Camp mit den Jeeps. Noch immer kein Telefonat in Sicht. Zwei weitere Stunden mit dem Jeep durch die steinige Wüste. Erst gegen 11 Uhr konnte ich endlich nach Deutschland telefonieren und eine internationale Rettungskette aktivieren. Bislang war das ganze Geschehen, hoch politisch, offenbar nicht nach außen getragen worden. Zumindest nicht von offizieller Seite an internationale Institutionen! Von den Medien schon, wie sich später zeigen sollte. Am Ende sollte es nach dem Telefonat weitere 25 Stunden dauern, bis der helfende Helikopter eintraf. Zwei weitere Menschenleben und eine weitere angstvolle Nacht inmitten der Danakil-Wüste sollte dies noch kosten.

Ich hatte Glück. Glück im Unglück. Ich durfte am Morgen danach und noch an vielen weiteren Morgen aufwachen. Andere nicht.

Dahms Keynote. Ich sehe seine Bilder, seine Worte höre ich nicht alle, in mir ist wieder etwas aufgewühlt, Präsenz und innere Reise überlappen sich. Dann klatschen alle im Saal. Ich bin wieder vollständig im Hier und Jetzt. Dahm ist am Ende seines Vortrags. Ich werde ihn mir wohl im Netz nochmal anschauen. Meine innere Reise, manche nennen es Flashback, hat einen Teil meiner Aufmerksamkeit im Außen gekostet. Und doch hat es hier einen Gewinn gegeben … und den lest ihr gerade. Einen Entschluss. Erzählen und Schreiben.

Persönliche Anmerkungen. Ende Juni 2019.

Wie Goethe schon sagte: »Zwei Seelen wohnen, ach! in meiner Brust.« Bleib still! Sprich endlich!

Als ich diese Zeilen schreibe, befinde ich mich an einem meiner absoluten Wohlfühlorte. Es hilft. Dahm war einer von vielen Anstößen zu diesem Ja. Ja, ich schreibe jetzt. Auch Miriam spielt eine große Rolle, denn sie lud mich noch auf dem Scrum Day dazu ein, zu diesem Buch beizutragen. Ja, die Zeit scheint einfach reif dafür. Nun sitze ich also hier und schreibe. Und dennoch, bei jeder Zeile frage ich mich, wie bereits die letzten Wochen, Monate, Jahre: »Tue ich es? Schreibe ich es? Erzähle ich es?« Es spricht viel in mir dafür, viel aber auch dagegen. Fragen wie: Alles? Wenn nein, was nicht? Wie schütze ich andere Betroffene? Wie schütze ich mich? Warum und wozu tue ich es? Agilität, Achtsamkeit, Selbstmanagement, Resilienz? In welchen Zusammenhang setze ich es? Ich vertraue, ich fange an, es wird entstehen. Es ist das erste Mal, dass ich es schreibe. Und es wäre das erste Mal, dass ich öffentlich erzähle.

Ich tue es jetzt. Erst einmal diese Zeilen schreiben. Und später entscheide ich, ob ich es versende. Das zu frühe Entscheiden habe ich mir abgewöhnt. Es gibt noch einige andere relevante Geschichten von meinen Reisen. Was lehrt uns mehr Agilität als das Reisen in Ländern der Welt, wo nicht alles so vorhersehbar ist wie bei uns? Von Unwetter bis Überfall, vieles hat schon meine Reisepläne komplett umgeworfen. Ja, jetzt schreibe ich erst einmal. Und sehe dann weiter. Je nachdem, wie es mir geht. Das brauche ich, es ist ein Teil meines Selbstmanagements zu diesem Thema. Ich weiß einfach manchmal nicht, wie es mir später, besonders bei diesem Thema, Äthiopien, gehen wird – wie also sollte ich so früh entscheiden können, was ich später tue?

Die ersten Jahre nach dem Januar 2012 waren schwer. Mein Körper und meine Seele schwer gestresst, Angst- und Stresshormone tobten ohnegleichen. Begleiter, ja, die hatte ich, teilweise. Es waren Jahre in einem Auf und Ab. Der Terror des IS kam und wirkte auf mich. Heute kann ich sagen, auch mit dieser Geschichte (oder sogar gerade dank dieser Geschichte) lebe ich ein erfülltes Leben, auch wenn sie immer sehr mitbestimmend ist und sein wird. Mein Wertesystem, meine Arbeitsinhalte, meine Arbeitsorte, mein Umgang mit mir, vieles hat sich verändert. Tief erschüttert war ich. Hatte ich doch vorher den Glaubenssatz: »Es wird schon gut gehen.« Jetzt weiß ich: »Nein, es kann auch mal nicht gut gehen. Jeder kann mal zur falschen Zeit am falschen Ort sein.« Und dann wacht man vielleicht nicht als der oder die Gleiche auf – wenn überhaupt. Wenn man plötzlich weiß: »Ab jetzt ist vieles anders.« Man weiß nur noch nicht wie. Terror, Überleben und dann kommt diese innere und äußere Neuordnung. Ein zweites Leben. Wohlwissend, dass Leben ein Geschenk und keine Selbstverständlichkeit ist, lebt man vielleicht auch anders. Ohne das in vielen von uns tiefsitzende Allmachts- und Unsterblichkeitsgefühl.

Unvorhersehbares, Angst, Mut, Fokus, Regenerationskraft, Anpassungsfähigkeit. Mein Leben zuvor hat mich bereits so geprägt, dass ich auch durch dieses Erlebnis gehen konnte und heute hier stehe. Facilitator bin ich, begleite von Herzen und mit Mut Menschen, vornehmlich Menschen. Vieles in meiner Lebens- und Arbeitsweise hat sich nicht verändert, manches schon. Reiseleiterin war ich zunächst drei Jahre lang nicht mehr und den erneuten Anlauf stellte ich nach fünf Reisen wieder ein. Manchmal denke ich darüber nach, erneut zu führen. Ab und zu. Mein Rucksack ist ziemlich voll und auch schwer. Ich weiß noch nicht, ob und wann ich den passenden Rahmen für erneutes Führen in aller Welt wiederfinde. Die Geschehnisse von 2012 waren die schlechte Krönung so manch eines vorangegangenen schlechten Moments auf den Reisen. Gesundheit, körperliche und seelische Sicherheit, Achtsamkeit, Leichtigkeit, Menschen, Wiederaufstehen am Morgen – all das ist mir heute noch wichtiger als früher. Meine Werte musste ich neu sortieren. Es war, nein, es ist ein Prozess. Fortbildungen zu Gesundheitsmanagement, Agilitätsthemen, Scrum & Co. folgten. Was ich bei meiner Arbeit nie aus dem Fokus lassen möchte, ist der Mensch und sein Wohlergehen. Ich bin sensibilisiert für Stresszustände und Spannungen. Und ich benenne sie. Meine Arbeit hat sich komplett in die DACH-Region und ab und zu Spanien verlagert, dort wo es relativ sicher ist beziehungsweise Hilfe in kurzer Zeit da ist. Geschlossene Räume mit einer Rezeption davor und einem Rettungsdienst, der in sieben Minuten vor Ort sein kann, erschienen mir damals plötzlich sehr erstrebenswert und manchmal sogar als paradiesische Arbeitsumstände.

Ich bin noch immer beziehungsweise wieder weltweit auf Reisen und finde dabei nach wie vor meine schönsten Lern- und Lebemomente. Vielleicht jedoch ein wenig anders als damals. Stiller. Ruhiger. Etwas vorsichtiger. Die Grenzgänge sind seltener. Herausforderung und das Übernehmen von Verantwortung suche ich anderweitig. Mein Leben hat neue Geschichten geschrieben, doch dieses Mal habe ich die Regie übernommen. Die Ereignisse von 2012 haben mir den Mut zu Begegnungen gegeben, die ich davor gescheut habe. Und sie brachten mir und anderen Menschen gute Überraschungen und ein Happy End!

Es ist getan, fürs Erste. Es tut mir gut, es niederzuschreiben. Es ist ein kleiner Beginn. Danke fürs Zuhören bzw. Lesen. Und nur Mut, ich bin offen für Fragen oder Interesse. Ich bin sehr gespannt, wie es euch mit dieser Geschichte geht, was ihr davon mitnehmen könnt, und ich freue mich auf gute Gesprächsrunden.

Bis bald. Eure Alexa.

Alexa Lorenz

– viersprachig, weltgewandt, mutig und krisenerprobt. Seit 1999 begleite ich Menschen und Organisationen. Bis 2007 vornehmlich als Bergwanderführerin in den Wüsten und Bergen der Welt bis über 6000 Meter. Seit 2007 als Trainerin, Coach und Rednerin in Klein- und Großgruppenformation im Rahmen von Personal- und Organisationsentwicklung. Hehre strategische oder transformatorische Ideen? Ungereimtheiten im System? Neue Menschen, Ziele, Arbeitsweisen? Mein Themenspektrum und die Branchenbreite sind groß. Generalist statt Spezialist, Erfahrungsexperte für Überleben, Angst und Mut, Profi für Mindset und Workshop-Methoden sowie die Fähigkeit, Menschen in eine vertrauensvolle, zuversichtliche Austauschkultur zu führen. Let's go!

www.alexa-lorenz.de

Das Experiment

Soll ich das wirklich machen? Die halten mich doch alle für bescheuert, wenn ich das mache.

Meine Hand in der Hosentasche hielt einen kleinen Stein fest. Es war der kleinste Schotterstein, den ich in der Auffahrt zum Haus meiner Eltern finden konnte. Mittlerweile war er in der Hand ganz warm geworden. Ich fühlte seine spitzen Kanten und glatten Flächen.

Die Idee, die ich mit mir herumtrug, reifte bereits eine ganze Weile. In meiner Coaching-Ausbildung hieß es immer wieder: »Ihr müsst eingefahrene Muster durchbrechen. Manchmal sind dafür rabiate Mittel nötig.« In der Woche darauf las ich in einer Zeitschrift einen Business-Comic und damit war die Idee für mein Experiment geboren.

Mein Blick fiel auf die grauen Betonwände. Niemand hatte sich die Mühe gemacht, in diesem Meetingraum die Wände zu streichen oder Bilder aufzuhängen. Klein, eng, ohne Tageslicht. Wenn die Leinwand für den Beamer heruntergelassen war, so wie jetzt gerade, konnte man den Raum weder verlassen noch betreten. Die Leinwand war genauso breit wie die kurze Seite des Raumes und versperrte den Ausgang. Man musste den Notausgang auf der anderen Seite nehmen. Auf der linken Seite des Raumes war die Raumtrennung aus Glasfenstern, die aber nicht den Blick zum Himmel zuließen, sondern den Flur und die dahinterliegenden Arbeitsbereiche verschwimmen ließen. Dieser Raum war für mein Experiment perfekt. Wie eine Höhle, in der alle um den Besprechungstisch herumsaßen.

Mein Kollege Sebastian klickte auf seinem Laptop herum und die nächste PowerPoint-Folie erschien auf der übergroßen Leinwand.

»Aufgrund der Ungewissheit, was die Produktvision betrifft, möchten wir vom klassischen Projektvorgehen abweichen. Für uns ergibt es wenig Sinn, ein Lastenheft zu erstellen, da wir noch keine genauen Anforderungen an das Produkt kennen. Wir versuchen in diesem Projekt etwas vollkommen Neues und Innovatives zu schaffen. Dazu brauchen wir auch ein neues und innovatives Vorgehen.«

Niemand sagte ein Wort. Alle rutschten tiefer in ihre wippenden Polsterstühle und machten es sich im Kino-Modus bequem. Unserem Abteilungsleiter fielen die Augen zu. Nach wenigen Sekunden riss er sie wieder auf – kein Wunder bei dem geringen Sauerstoffgehalt im Raum.

Sebastian klickte erneut.

»Wir möchten in diesem Projekt mit einem Backlog arbeiten.«

Keine Reaktion. Niemand rührte sich. Ich wusste genau, dass niemand außer Sebastian und ich mit dem Wort »Backlog« etwas anfangen konnte. Es war also sogar noch schlimmer als vermutet. Statt eines mürrischen Raunens gab es gar keine Reaktion. Alle wirkten wie betäubt oder in Trance.

»Ein Backlog ist ein lebendes Artefakt. Ein Lastenheft wird zu Beginn des Projekts einmalig erstellt und dann mit Änderungsanträgen ergänzt. Das Backlog erreicht hingegen nie einen endgültigen Zustand. Es wird kontinuierlich mit Anforderungen ergänzt, ausgearbeitet und verfeinert.«

Wie aufs Stichwort bewegte sich die Qualitätsmanagerin. Tina war jung, aber trotzdem seit Ewigkeiten im Unternehmen. Sie hatte hier ihre Ausbildung gemacht, dann ihr duales Studium und wusste, wie der Laden lief. Sie verschränkte die Arme und legte den Kopf schräg, während sie mit zugekniffenen Augen auf die Leinwand starrte. »Sebastian, was meinst du mit kontinuierlich neuen Anforderungen? Woran wollt ihr dann die Qualität festmachen? Wie sollen wir die Testfälle für das Produkt ausarbeiten?«

Meine Hand drehte den Stein hin und her. Die spitze Kante des Steines erinnerte mich in diesem Moment an die Qualitätsmanagerin. Sie eckte an. Ihre Spitze war gewollt. Für gewöhnlich sagten sonst alle: »Wenn du irgendetwas nicht fertigbekommen möchtest, musst du nur die Qualität einladen. Die wissen das schon zu verhindern.« Doch jetzt schienen sie sehr erleichtert, dass Tina das Wort ergriffen hatte. Davon ermutigt wagte sich auch ein Entwickler vor, der Sebastian von einer Antwort abhielt.

»Müssen wir denn das Rad neu erfinden? Können wir uns nicht an den bestehenden Entwicklungsprozess halten?«

Genau diese Aussage hatten Sebastian und ich erwartet. Sebastian und ich lächelten uns zu. Wir hatten vorher gemeinsam überlegt, wie wir die Präsentation aufbauen wollten. Welche Informationen bringen wir zuerst? Welche Diskussionen werden wohl aufkommen? Sebastian war viel jünger als ich, aber als Systemadministrator schon ein alter Hase. Da ich als Projektleiterin noch ganz neu an Bord war, freute ich mich über seine Einblicke in die ungeschriebenen Regeln und verschiedenen Persönlichkeiten, mit denen wir es im Projekt zu tun hatten.

Mit genau dieser Aussage hatten wir gerechnet. Oha. Sollte unser Plan wirklich aufgehen? Wenn sich das Frage-Antwort-Spiel so entwickelt wie geplant, dann habe ich in wenigen Minuten meinen Einsatz. Der Stein in meiner Hand wurde auf einmal schwerer und gewaltiger.

»Wir werden in kleinen Zeitintervallen arbeiten, uns eine begrenzte Anzahl an bereits feststehenden Anforderungen vornehmen und für diese auch gleich die Tests erarbeiten und durchführen. So werden wir in einem Zeitintervall von drei Wochen nicht nur die Entwicklungstätigkeiten abdecken, sondern auch die Tests.«

»Nein. Wo kommen wir denn da hin?« – Unser Abteilungsleiter war auf einmal hellwach.

»Was genau gefällt Ihnen an unserem Vorschlag nicht?« Sebastian blieb ruhig und diplomatisch.

»Alles! Entwicklung in Zeitintervallen, kein Lastenheft. Jetzt zeigen Sie uns erstmal den Projektplan!«

Das war mein Einsatz. Als Projektleiterin war ich für »den Plan« zuständig. Ich stand auf und ging nach vorne, den Stein immer noch in meiner Hosentasche. Sebastian nickte mir zu und setzte sich auf meinen Platz.

»Ich möchte Ihnen zuerst den Plan unseres letzten Projekts zeigen, in dem wir die Entwicklung eines ähnlich komplexen Produktes abgebildet haben. Wir sehen, dass die kurzfristig aufeinanderfolgenden Arbeitspakete immer außerordentlich konkret waren und gut eingehalten wurden. Alle langfristig geplanten Arbeitspakete waren reine Spekulation und wurden sowohl zeitlich als auch finanziell immer überschritten. Wenn wir den initialen Projektplan mit dem Projektplan nach einem Jahr und dem Projektplan nach zwei Jahren vergleichen, sehen wir massive Änderungen.«

»Worauf wollen Sie hinaus?«

»Ein Projektplan ist nur ein frommer Wunsch. Er vermittelt uns das Gefühl von Sicherheit, aber wir halten ihn doch nicht ein.«

»Wenn Sie keine Zeit hatten, um einen Projektplan zu erstellen, dann geben Sie es zu.« Mir war nicht ganz klar, ob unser Abteilungsleiter mit diesem Angriff mich persönlich treffen wollte, oder ob er nur seine eigene Angst vor der Unsicherheit erkannte und mittels Humor Dampf ablassen wollte. Ich lächelte ihn an und fuhr fort.

»Wir haben eine Agile Roadmap erstellt, die grob darstellt, welche Stationen wir nacheinander anfahren wollen. Wir werden in den ersten Monaten beobachten, mit welcher Reisegeschwindigkeit wir unterwegs sind. Somit können wir unsere Ankunftszeit an den einzelnen Stationen genauer abschätzen. So eine Station ist zum Beispiel das erste nutzbare Release für unsere Maschinen.«

Sebastian ergänzte meine Antwort: »Wir möchten nach jedem Zeitintervall ein nutzbares Produktinkrement schaffen. Etwas, das wir ausliefern können. Deshalb priorisieren wir die Einträge im Backlog und arbeiten immer an den Features, die für die Maschinenentwickler – unsere Kunden – die aktuell wichtigsten sind.«

»Wir entwickeln unsere Maschinen jetzt seit 30 Jahren nach unserem Produkt-Entstehungs-Prozess. Könnt ihr euch als Elektroniker und IT-ler nicht einfach mal an unseren PEP halten? Braucht ihr immer eine Extrawurst?« Genau diese Aussage hatten wir von Thomas, unserem Process Owner, erwartet und Sebastian konnte selbstsicher behaupten: »Der PEP passt für unser Vorhaben nicht.« Nur konnte er Thomas damit nicht beschwichtigen. Jetzt kam meine vorher zurechtgelegte Metapher.

»Thomas, wenn der BVB einen Spielerwechsel macht, würde der Trainer auf keinen Fall seine Spieltechnik beibehalten. Ein Spielerwechsel bedeutet immer: andere Aufstellung, andere Spielzüge, anderer Trainingsplan. Und du würdest auch nicht bei jedem Gegner die gleichen Spielzüge anwenden. Du passt dich deinem Gegner an und du willst alles sein – nur nicht berechenbar.« Thomas nickte. Gegen seinen Lieblingsverein wird er wahrscheinlich nichts sagen. Ein Nicken war wohl das höchste Maß an Zustimmung, das ich erwarten konnte. Sebastian und ich sind beide Ost-Westfalen und haben es in diesem Meeting nur mit Ost-Westfalen zu tun. Wie sagte doch Rüdiger Hofmann, der Ur-Paderborner: »Der Ost-Westfale geht zum Lachen in den Keller. Selbstverständlich, denn da steht ja auch das Bier.« Ich wartete auf eine Aussage, irgendeine Bestätigung von Thomas.

»Okay. Das verstehe ich. Aber Fußballspielen ist keine Produktentwicklung. Und warum sollte etwas, was wir seit 30 Jahren so machen, jetzt auf einmal falsch sein? Das haben wir schon immer so gemacht!«

Mein Stichwort.

Auf »Das haben wir schon immer so gemacht« hatte ich gewartet. Sebastian und ich wussten, dass es kommen würde. Entweder brachte ich mein Experiment jetzt, oder gar nicht mehr. Mein Herz schlug mir bis zum Hals. Ich umklammerte den Stein in meiner Tasche, hielt mich an ihm fest. Jetzt oder nie.

Die Chancen für das Gelingen dieses Experiments standen 50:50. Das Verhalten der anwesenden Führungskräfte und Kollegen konnte ich nicht vorhersehen. Ich hoffte, dass dieses Experiment nicht total affig, albern und kindisch rüberkommen würde. Im Business würde man mir sonst jegliche Seriosität abstreiten.

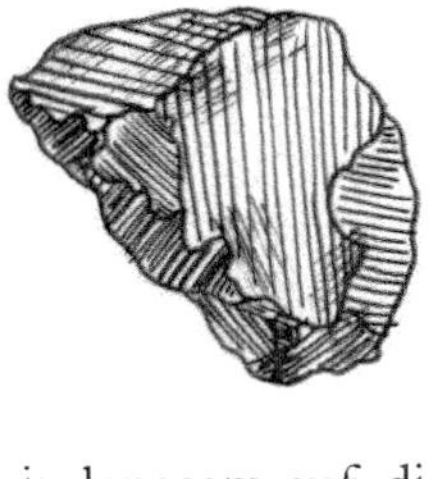

Ich ging wie in Zeitlupe in die Hocke. Jetzt kam der Stein in meiner Hosentasche zum Einsatz. Ich nahm den Stein aus der Tasche und merkte, wie alle Augen auf mich gerichtet waren. Jemand schob seinen Stuhl zur Seite, um mich sehen zu können. Meine Hand bewegte den Stein langsam auf die graue Betonwand zu und ich begann mit dem Stein an der Wand zu kratzen. Es hinterließ, wie vorab erprobt, keinen sichtbaren Strich. Ich malte mit unsichtbarer Steinfarbe.

»Was machen Sie da?« Verwunderung, Empörung, Irritation und Unglaube – alles zur gleichen Zeit.

»Wenn wir alles so machen, wie wir es schon immer gemacht haben, dann sollten wir auch weiterhin mit Steinen an der Felswand malen.«

Stille. Für Sekunden, die sich wie Minuten anfühlten. Dann das erlösende Lachen und Prusten. Thomas klopfte mit seiner Faust auf dem Tisch. Sebastian hielt sich den Bauch und wischte sich mit der Hand die Freudentränen aus den Augen. Auf einmal war Leben in der Bude. Die Seelen waren in die vorher leblos dasitzenden Körper zurückgekehrt.

»Okay, okay«, unterbrach Thomas das nicht aufhörende Lachen. »Wir sollten hin und wieder auch mal etwas Neues wagen. Da habt ihr recht. Und in diesem Projekt können wir ruhig mit neuen Ansätzen experimentieren. Also: Agile Roadmap statt Projektplan, Backlog statt Lastenheft und kurze Iterationen statt langfristige Scheinsicherheit. Was brauchen wir noch, um das Experiment rund zu machen? Was habt ihr euch überlegt?«

Dr. Miriam Sasse

arbeitet bei einem internationalen Medienkonzern als Senior Agile Transformation Consultant. Sie begleitet intern und extern Teams und Führungskräfte zu mehr Agilität und Resilienz und ist als Speaker, Lehrbeauftragte und Autorin international unterwegs. Sie nutzt vor allem den Ansatz des Schema-Coachings und der Positiven Psychologie, um Denk- und Handlungsmuster nachhaltig zu verändern. Das Experimentieren mit Neuem ist sowohl im Coaching als auch in agilen Ansätzen essenziell.

www.miriamsasse.de

Day 1 – Ctrl Alt Delete

Voll motiviert machte ich mich auf zu meinem ersten Arbeitstag. Die Sonne schien, die Bahn kam pünktlich und alles wirkte farbenfroh. Am Ende des Tages kam ich nach Hause. Mein Mann saß mit unserem kleinen Sohn auf dem Sofa, lächelte mich an und fragte: »Na, Schatz? Wie war dein erster Arbeitstag?« Ich blickte ihn an, wurde kreideblass und bekam glasige Augen. »Ich kündige morgen früh«, war meine Antwort.

Mein Day 1 begann mit Day 0, dem Bewerbungsgespräch. Oder in meinem Fall: drei Interviews. Ich freute mich auf die Chance, bei einem namhaften produzierenden Großkonzern ein On-Site-Bewerbungsgespräch zu haben. Nachdem ich die beeindruckende Vorhalle betreten und einen Besucherausweis erhalten hatte, wurde ich vom HR Recruiting Manager abgeholt und in ein lauschiges Café auf dem Gelände geführt. Der erste Eindruck des Unternehmens und des Cafés war positiv. Wir setzten uns hin und ich bekam einen hippen, entkoffeinierten Latte Macchiato (Grande) mit Hafermilch, ohne Extra-Shot. Noch drei weitere Herren, eher konservativ gekleidet, angegraute Haare und recht unauffällig, setzten sich zu uns und das Interview begann. Head of Development, Agile Project Manager und Cloud Admin – das waren die Positionen der drei Herren. Es wurden Fragen zu meinen bisherigen Tätigkeiten und einigen Fallbeispielen gestellt, zum Beispiel: »Was machst du, wenn ein Stakeholder auf dich zukommt und während eines Sprints einen grünen statt eines grauen Telefonhörer-Buttons entwickelt haben möchte?« Recht merkwürdige Fragen, die meist ohne Zusammenhang waren oder wild drauflos gestellt wurden. Zumindest konnte ich das große Ganze nicht erkennen. Nach dem ersten erfolgreichen Interview erhielt ich Einladungen zu zwei weiteren. Sie liefen gleich ab, nur mit zwei anderen Personen. Ich sollte das Projekt als Product Owner von jemandem übernehmen, der zum Ende des Monats gekündigt hatte. Es handelte sich um ein Forschungs- und Entwicklungsprojekt, in dessen Rahmen Daten von einem System in Realtime in ein anderes übertragen werden sollten. Die bisherige Software unterstützte das wohl nicht. Stattdessen wurden die Daten täglich von 20 Mitarbeitern manuell in eine Excel-Liste übertragen. In den Interviews versprachen die Interviewpartner (ihre Interpretation von) Arbeiten in einem agilen Umfeld, mit moderner Technologie, inspirierenden Räumlichkeiten und einer dynamischen Umgebung in einem Innovation Lab, wo ich mit meinem agilen Wissen neue Horizonte für mich und das Unternehmen anstreben konnte … »Wenn das Geld noch stimmt, sollte alles super sein«, dachte ich mir. Mehr als glücklich fuhr ich nach Hause und erzählte meinem Mann von den angenehmen Interviews und dem schönen Café auf dem Gelände des Unternehmens. Einige Tage später entschied ich mich dazu, das Angebot anzunehmen. Eine Woche später startete ich.

Meinen ersten Arbeitstag begann ich um 8:30 Uhr, wieder in dem hippen, lauschigen Café mit den fancy Kaffeevariationen. Kein schlechter Start – ich war happy. Als ich im Büro ankam, wurden zwei meiner neuen Kollegen gerufen, die mich durch die Abteilungen führen sollten und mir die Niederlassung zeigen würden. Die Kollegen waren vom Schlag »never change a running system«. Weißes Hemd, am Kragen und an den Handgelenken schon etwas abgewetzt. Kugelschreiber in der Brusttasche, Gesundheitsschuhe und wenig kommunikativ. Wie sich schnell herausstellte, hatten die beiden nichts von ihrem Glück gewusst, den ganzen Tag meine Babysitter sein zu müssen. Das erklärte natürlich die gedämpfte

Freude über meine Anwesenheit. Wir gingen durch viele stille und graue Büros. Damit meine ich jene Büros, die einem das Blut in den Adern gefrieren lassen, selbst wenn man nicht an Karma glaubt. Diese Büros bedeuteten das Ende der Laufbahn, die völlige Perspektivlosigkeit, und das Warten auf die Rente war hier mehr als präsent. Sie erinnerten mich an eine Sackgasse, die auch »Beamtenlaufbahn« heißt (googelt es). Innerlich hat man hier schon aufgegeben. Zuletzt gelangten wir in einen Raum, auf dessen Tür »DEMO-Test« stand. Mein Kollege öffnete die Tür und wir standen in einem Zimmer, in dem lediglich vier Tische, Stühle, Rechner und Monitore zu sehen waren. Dort wurde noch nicht genehmigte Software getestet (vorzugsweise on premise). An einem dieser Plätze saß eine Dame, die Fragen beantworten sollte – falls Kollegen Fragen zum »Test-Arbeitsplatz der Zukunft« haben sollten. Sie arbeitete dort in aller Ruhe seit gut sechs Monaten und war mehr als überrascht, dass meine Kollegen mit mir im selben Raum das Projekt durchsprechen wollten. Denn einen festen Arbeitsplatz hatte ich noch nicht, genauso wenig wie einen Laptop, Diensthandy, VPN oder ähnliches.

Meine Kollegen und ich begannen unser Gespräch und nach etwa zehn Minuten sprang die Dame auf, verließ sichtlich wütend den Raum und knallte die Tür hinter sich zu. Fünf Minuten später kam sie zurück und sagte: »Ich weiß, ihr könnt nichts dafür, aber ich bin mehr als sauer, dass ihr einfach so in meinen Raum reingesetzt werdet. Da muss ich mich jetzt erst mal darüber aufregen. Ich brauche noch zehn Minuten, dann geht's auch wieder besser.« Sie holte endlich Luft. »Also tut es mir jetzt schon mal leid,

dass ich so rumschreie.« »Wat ick schon alles erlebt habe … Leute, Leute«, dachte ich mir, »und dat allet noch vor der Mittagspause.« Sie fuhr fort mit den Worten: »Da ihr mir zu viel redet, habe ich im Nebenbüro für euch Platz gemacht. Bitte geht dorthin.«

Für meinen ersten Arbeitstag stand nicht unbedingt »Diskutiere mit Kollegen« auf meiner Agenda, also zogen wir ins Nebenbüro. Was soll ich sagen? Ratet mal, was das für ein Raum war … Ein Erste-Hilfe-Raum mit Arbeitsplatz am Fenster. Drumherum waren eine Liege, Notfallkoffer und Defibrillator angeordnet. Ein Schrank in Buche-Furnier-Optik rundete das Ganze ab. Ich war jetzt schon gespannt, wie das im Bewerbungsgespräch erwähnte »Innovation Lab« aussehen würde. Nachdem meine zwei neuen Kollegen und ich uns hingesetzt hatten und sie schon mit internen Abkürzungen um sich warfen, fragte ich sie, wie es überhaupt zu diesem Projekt gekommen war und wieso einer der beiden, der Agile Project Manager, gekündigt hatte bzw. »sich einem anderen Projekt zuwenden wollte«. Nach allem, was ich bisher schon erlebt hatte, überraschte mich die Antwort nicht mehr sonderlich. Er meinte: »Ich habe dieses Projekt drei Jahre lang konzipiert und noch immer haben wir nur wenige User Storys. Wir haben einfach so ein Feature nach dem anderen anhand des Konzeptplans entwickelt. Es war für mich nicht mehr zielführend, ins Blaue zu entwickeln.« Von Scrum, Kanban oder überhaupt einer Art von agiler Methode wurde nie gesprochen. Nicht mal vom klassischen Projektmanagement Prince2.

Die spannenden agilen Projekte, die wir mit unterschiedlichen Scrum-Teams angehen sollten, waren noch nicht hundertprozentig genehmigt. Eine der extern zu entwickelnden User Storys beinhaltete Funktionen, die nur noch in einer bestehenden Software freigeschaltet werden mussten. Also war die Perspektive für eine neue spannende Aufgabe auch dahin. »Aber solange die Menschen um mich herum motiviert sind, bekomme ick allet hin. Sie brauchten nur noch etwas Zeit«, beruhigte ich mich selbst.

Nachdem ich einzelne Abteilungen kennengelernt hatte, freute ich mich, meine neuen Stakeholder zu treffen. Wir trafen uns in einem Konferenzraum. Die Freude beruhte nicht ganz auf Gegenseitigkeit. Nein, es war mehr die Tatsache, dass ich bereits die dritte neu vorzustellende Person war, die als Scrum Master oder Agile Coach oder Product Owner Projekte im agilen Stil forcieren sollte. Es war nun also das dritte Mal, dass viele der Stakeholder innerhalb kürzester Zeit mit jemandem in meiner Position sprechen mussten. Verständlicherweise kann das recht belastend für den Arbeitsalltag und den gemeinsamen Austausch sein. Einige der neuen Projekte betrafen auch direkt Kollegen, die schon seit 20 Jahren ein und denselben Prozess vollzogen: Sie gaben Daten manuell in eine Excel-Liste ein und sendeten diese per E-Mail an den Vorgesetzten. Ihre Arbeit sollte jetzt digitalisiert werden. »Oh nein, nicht mit mir«, sagte einer. »Susanne, du bist ganz nett, aber ich habe keine Zeit dafür, alles nochmal zu erzählen. Vielleicht nächste Woche.« »Wo soll sie überhaupt sitzen?«, fragte einer den anderen. »Keine Ahnung. Hat sie überhaupt schon einen zugewiesenen Platz oder soll sie nur im Homeoffice arbeiten?« »Ist sie direkt bei uns angestellt oder ist sie Freelancer?«, fragte ein anderer. »Hallo, ick stehe jenau neben euch. Ihr könnt mich auch direkt fragen«, wunderte ich mich. Während meine Teamkollegen und ich nach dem

Meeting durch die Niederlassung liefen, von einem Büro zum anderen trotteten und ich mir die grauen Wände ansah, auf denen nicht einmal lustige Werbekalender von Distributoren hingen und mich auf den kalten, langen Fluren kein einziger Kollege grüßte, bekam ich immer stärkere Bauchschmerzen.

Es war mehr als Zeit für die Mittagspause.

Ein guter Zeitpunkt für einen ersten Zwischenstand: »Habe ich meine bisherigen Beobachtungen zu krass bewertet? Übertreibe ich vielleicht? Habe ich einen Fehler gemacht?« Am meisten hatten mich die Menschen überrascht, die dort arbeiteten. Das Unternehmen machte sich mit seiner technischen Kompetenz und hochwertigen Qualität seit Jahrzehnten einen Namen. Es stellte sich nach außen als international, agil und modern dar. Selbst wenn es an geschmackvoller Einrichtung und Farbe fehlte: Wenn die Mitarbeiter und Teamkollegen motiviert sind, brauche ich nicht viel, um glücklich und produktiv zu sein. Aber was ich bisher zwischenmenschlich erlebt hatte, setzte einen neuen Negativ-Benchmark.

»Einmal mit Profis arbeiten!« Hand hoch, wer das an seinem Arbeitsplatz schon mal gesagt oder wenigstens gedacht hat! Was ist damit eigentlich gemeint? Ich interpretiere das so: Jemand ist fachlich genauso kompetent, verbindlich und in puncto Persönlichkeit ähnlich gestrickt wie man selbst. Man ergänzt sich perfekt. Fachliche Kompetenz lässt sich erlernen – die Persönlichkeit anzupassen oder gar zu ändern, bleibt jedem selbst überlassen. Wenn man versucht, sich an etwas anzupassen, das der eigenen Natur nicht entspricht, wirkt es schnell nicht mehr authentisch. Und wenn es nicht authentisch ist, kann es auf Dauer nicht erfolgreich sein. Wer denkt da nicht gerade an die letzte Beziehung oder Ehe? Während ich beim Essen diese Gedanken hatte, fiel mir plötzlich auf, wie verhältnismäßig ruhig es in der Kantine war. Niemand lachte laut, es schien keine interessanten Diskussionsthemen aus dem Privatleben zu geben. Alles recht sachlich, zu hören waren nur berufsbezogene Gespräche. Große Lust zu essen hatte ich nicht.

Bis zum Ende meines ersten Arbeitstages unterhielten wir uns über die noch anstehenden Projekte, die nicht ganz so große Bereitschaft zur Digitalisierung im Unternehmen und einige Kollegen, die nicht viel Neues – sprich: Agiles – erleben wollten. Manche hatten schlichtweg Angst, durch digitale Prozesse ihre Arbeit zu verlieren. Langsam fragte ich mich, ob ich das alles nur träumte. Waren das hier Aufnahmen für »Versteckte Kamera«? Schon in den ersten 60 Minuten hatte ich das Gefühl gehabt, gleich wieder gehen zu wollen. Aber während des ganzen Tages sagte ich mir: »Ick übertreibe sicherlich und es wäre ein Fehler, voreilig zu handeln. Jib dem Unternehmen noch ne Chance. Sieh et dir mal ne Woche an und dann kannste immer noch entscheiden.« Es gab sicherlich auch viel Gutes über das Unternehmen zu berichten: zum Beispiel über die hervorragende Qualität der Produkte, das solide Wachstum und die richtigen agilen Ideen. Nur in der Umsetzung und im Mindset gab es sicherlich noch Verbesserungsmöglichkeiten. »Ick hätte ein jeregeltes jutes Einkommen, ein sicheres Unternehmen und eine schöne Aufgabe. Aber will ick den Kampf gegen Windmühlen antreten?« Windmühlen, die mit ihren Prozessen, ihrer Veränderungsangst und Motivation in der Steinzeit festsaßen. Ein Unternehmen, das fremdgesteuert war und mehr delegierte, statt einfach mal umzusetzen. »Immerhin habe ick eine Familie. Jeder, der Familie hat, weiß wovon ick spreche. Ick will meine Familie ernähren können und ihr dat geben, wat sie verdient.« Auf der anderen Seite war es genau dieser Zwang, dem ich mich nie unterwerfen wollte. Ich wollte nicht mit Bauchschmerzen zur Arbeit gehen. War ich da zu egoistisch? »Nein«, dachte ich mir. »Der erste Eindruck zählt«, sagte mein Mann. »Das gilt nicht nur für Personen, sondern auch für Unternehmen. Stell dir doch mal vor, du hättest deinen ersten Arbeitstag bei Google, Microsoft oder Amazon gehabt. Meinst du, dein Day 1 wäre genauso abgelaufen?«

Wahre Worte. Wenn ich schon beruflich zurückstecken musste, dann wollte ich das wenigstens bei den Mitarbeitern nicht tun müssen. Ich hatte mir geschworen, in einem Unternehmen zu arbeiten, in dem man Menschen um sich hat, die motiviert und engagiert im Team arbeiten. Menschen, die eine berufliche Perspektive haben und bereit sind, sich zu verändern, damit das Unternehmen am Markt agil sein kann.

Auch wenn das für mich kurzfristig Arbeitslosigkeit bedeutet, werde ich auf meinen hohen Standards für eine erfolgreiche Teamzusammenarbeit bestehen. Agilität wird gelebt und in manchen Unternehmen oder Startups ist es Teil der Persönlichkeit jedes Mitarbeiters. Ich quäle mich nicht in Projekte oder Unternehmen, die nicht meinen (agilen) Werte entsprechen. Das (Arbeits-)Leben ist zu kurz, um sich mit konservativen Impediments zu beschäftigen.

Gesagt. Getan.

Nachdem ich abends nach Hause zurückgekehrt war, mit meiner Familie gegessen hatte, meinen Sohn ins Bett gebracht und noch einige Minuten mit meinem Mann gesprochen hatte, nahm ich Stift und Papier und formulierte meine Kündigung. Am nächsten Tag überreichte ich sie dem Teamleiter. Darauf kam mit Unverständnis der Kommentar: »Ich halte das für einen Fehler. Du solltest es dir nochmal überlegen. Wir sind der beste Arbeitgeber, den es hier im Raum gibt. Bei uns kündigt man nicht.«

Einen Monat später erhielt ich die Zusage von meinem Wunschunternehmen. Ich arbeite nun in einem Umfeld, wo schnelles, agiles Handeln zur Philosophie gehört und man motivierte Menschen um sich hat, die gemeinsam konstruktiv an einem Ziel arbeiten. Man stellt nicht die beste Person für die Position ein, sondern die Person, die am besten zur Unternehmenskultur und zum Team passt. Ein Team, das völlig natürlich und authentisch »commitment, courage, focus, openness and respect« im Privaten, wie im Beruf auslebt. So wie andere ehemalige Kollegen und Freunde, die diese fünf Werte schon verkörpert haben, bevor sie Mainstream wurden.

Susanne Bretfeld

ist eine Tochter Berlins, dreifach Scrum-zertifiziert (Agile CTO) und hat schon vom Vertrieb bis zum Projektmanagement in der Softwareentwicklung ihre Stärken erfolgreich unter Beweis gestellt. Um Abstand von der Digitalen Transformation zu bekommen, backt sie in ihrer Freizeit gerne und nimmt jede Möglichkeit wahr, um mit ihrer Familie zu reisen und ihrem Hobby, dem Tauchen, nachzugehen.

Learning to love them

The year is 2011. I am coaching inside a division of a large and well-known software company. I am coaching several teams. We are using Scrum.

There is this one team. This team is rather unique: they have 9 or 10 members, and they are all female. They are led by two of the team members, Donna and Venessa, who tend to strongly influence most team decisions. The Product Owner is a man named George. George is from Russia and speaks in a thick Russian accent. This team does not really like George, and it is fairly obvious George is not too thrilled with them either. The whole situation is odd when working with this team. It's oddly awkward, and oddly tense. People don't like each other. It's not good.

So here we are on a tuesday, in a meeting room, in a big office complex. It's 10 AM. We are all supposed to be in this room for one hour, for the purpose of developing and refining some product backlog items. The two women who run things on the team have this protocol: when I address the group and make a statement like »no estimate is perfect and estimates do not need to be exact,« they look at each other and send and receive what appears to be telepathic messages. Then they shake their head together »no« or »yes« in a way that is hard to notice unless you know exactly what you are looking for. It is as if they have a rich, secret, non-verbal language. The whole team seems to know this language, and they defer to Venessa and Donna all the time. Donna and Venessa run the show. George also understands this language, but he's not too thrilled about it.

So here we are. The room has a table that seats five people and there are about four or five others sitting in seats away from the table. I'm at the table and so is George.

Donna and Venessa are sitting next to each other. I'm facilitating, and I'm getting up to shut the door. »Well,« I ask, »shall we get started?« It's obvious that no one is thrilled to be here.

We walk through estimating a few stories, and the whole thing is totally off. I've been working with the team for a couple of weeks and understand the problems. They are familiar and comfortable with me. But they do not really know me.

The feeling is kind of tense. I'm guessing there was probably some kind of argument recently between the two team leaders and George, their Product Owner. I later find out that this guess is totally correct. There has been a recent and very heated argument.

So under the cover story of teamwork, and product backlog refinement, and estimating, there is this really negative undertone in the room. The atmosphere has this feeling like there is a huge issue everybody knows but no one is talking about. The team totally dislikes George. George himself looks quite uncomfortable and may even be disgusted. Everyone is looking to Donna and Venessa for signals as we estimate stories. This is a team with a whole lot of problems and it's clear I am not going to be solving any of these problems anytime soon. We just finished estimating the first story and we are now getting ready to do the next one.

I decide to make a play. To take a shot. To take a risk.

Clearing my throat to signal I am about to speak, I start talking, making a sweeping gesture with my right arm. »Well, you know, real Agile, and real Scrum, is all about love. Did you guys know that?« As I say this, I sit up a little straighter, and look across the room from left to right.

Everyone stops. Some people are looking curious. Others look dubious. Donna and Venessa are looking at me blankly, as if unimpressed by where this could possibly go next.

»Did you know that?« I say to the group, making eye contact with each team member. »On truly great Scrum teams, the team always loves their Product Owner!« I exclaim. The whole room breaks out in spontaneous laughter. Now I have their attention. Donna and Venessa are smirking at each other. Donna makes a dubious face and looks toward the ceiling. Everyone is listening now.

»No, I'm serious,« I say. »Agile is about love.«

»On every good Scrum team I have seen, the Product Owner loves their team, and the team loves their Product Owner.«

Now everyone is making dubious yet mildly amused facial expressions, as if to say »where is this going? Where can this conversation possibly go from here?«

Shifting in my seat, I now spread my arms wide. I ask dramatically. »And so, team: Scrum is about love. And so it is that I ask you, team: Do you love your Product Owner?«

The whole room erupts in uncontrollable laughter. It's a big, huge, therapeutic laugh. A cathartic laugh! It rolls for at least 30 seconds. Everyone is laughing, everyone is smiling, elbowing each other, enjoying the irony of the situation.

Then it quiets down. And everyone is looking to Donna and Venessa for the answer to this question. Venessa looks a Donna. Donna looks back. Venessa signals with her textbook micro-nod-of-the-head. Donna micro-nods back. The room is silent: there is this dramatic pause.

»Yes. We absolutely love him,« Venessa exclaims.

More laughter and hilarity ensues. Everyone is in on the joke now! They are all giggling and smiling now, George included.

But he looks nervous. He senses he's going to have to take the next question. And he's right.

»And George,« I ask. »Do you love your team?«

Now there is more uncontrollable waves of hilarity and laughter that sweep across the room. And the laughter just keeps going, for a very long time. I do nothing to stop it. Donna and Venessa have lost their leadership composure, and are being swept along. Donna is smiling, she is covering her face with her hand, shaking her head and giggling uncontrollably. Everyone is having a good time.

George is at the head of the table. He is looking at me. I am looking at him. His face is red, and he is not blinking. But he is definitely smirking. He is in fact smiling. He knows what I am up to now. He now gets the joke.

The waves of laughter subside. It trails off, but people are still giggling. Everyone is looking at George. I'm looking at George. George is looking at me. He pauses and waits for the laughter to die down. The room goes silent.

I repeat the question: »Well, George: tell us. We all want to know. Do you love your team?«

And George says, and after a pause he says, matter-of-factly:

»Yes. I am learning to love them.«

The whole room erupts in laughter again. It looks like some of the people are laughing so hard they are going to pee their pants.

We go on to have a very great meeting. We accomplish our work. At the end, everyone lingers and leaves the room laughing and chatting. The tone and tempo is up.

After that meeting, whenever I pass one or more of the team members, I get a big smile from them. Donna and Venessa also warm up to me, and even George is looking happier.

But no one is happier than me.

Daniel Mezick

Coaching executives and teams since 2006, Daniel Mezick is a ScrumAtScale Trainer, an expert on business agility, and an author of three books on organizational change. A frequent keynote speaker at industry conferences, Daniel's list of clients include Capital One, INTUIT, Adobe, CIGNA, Pitney Bowes, SIEMENS Healthcare, Harvard, and dozens of smaller enterprises.

Agiles Ende

Epilog - Nachgeschichte

Geschafft! Das waren 48 Geschichten, jetzt kommt die Nachgeschichte.

Welche Geschichte ist dir am besten in Erinnerung geblieben?

An welche Details kannst du dich erinnern?

Welche Geschichte findest du am besten?

Welche Geschichte hat in dir Zustimmung oder Ablehnung hervorgerufen?

Wie hättest du anstelle des Helden oder der Heldin reagiert?

Mit welcher Autorin oder welchem Autor würdest du dich gerne über die Geschichte austauschen?

Schick uns einfach eine Mail, wenn wir den Kontakt mit einer Autorin oder einem Autor herstellen sollen. Schreibe uns gerne auch deine Gedanken zu den Fragen oben.

Hast du auch eine agile Kurzgeschichte zu erzählen? Dann erzähle sie!

Die nächste Geschichte – die Nachgeschichte zu diesem Buch – kannst du selbst schreiben.

Was kann zum Thema deiner Geschichte werden?

Viele Schreibende machen ein positives oder negatives Lebensereignis zum Thema ihrer Geschichte. Andere schreiben über ein Problem, das sie bewältigen konnten oder über eine Situation, die sie nachhaltig ins Grübeln gebracht hat. Wieder andere schreiben darüber, wann sie sich ihrer Zeit voraus gefühlt haben: über einen Moment, in dem sie um etwas gekämpft haben, das andere nicht verstehen konnten. Sie erzählen von wichtigen Augenblicken in ihrem Leben, in denen sie Farbe bekennen mussten, in denen Zusammenhänge sichtbar wurden oder ihr Bewusstsein eine wichtige Erweiterung erfahren hat.

Was bewirkt deine Geschichte bei anderen?

Wenn du dich den Menschen öffnen kannst und ihnen erlaubst, sich mit deiner Geschichte zu verbinden, baust du eine unglaubliche Brücke des Vertrauens.

Hinter den Zahlen, Daten und Fakten ist es deine Geschichte, die am wichtigsten ist. Ob es eine Geschichte ist, die ihn anspricht und eine Bedeutung für ihn hat, entscheidet der Leser. Wenn er sich gerade in einer ähnlichen fachlichen oder emotionalen Lage befindet, kann deine Geschichte genau jene Hilfe und Inspiration sein, die er benötigt, um weiterzukommen. Geschichten nennen nicht immer alles direkt beim Namen – sie deuten an. Oft ist das Wenige, was du in einer Geschichte umreißt, von einer faszinierenden und irritierenden Eindringlichkeit, so dass es Augen öffnet.

Über die Tonart deiner Geschichte kannst du entscheiden, welche Stimmung erzeugt wird. Du kannst deine Geschichte lustig, ironisch, dramatisch, empört, distanziert, als Metapher oder Fabel erzählen. Eine Geschichte zu lesen erzeugt die gleichen Gefühle und Hirnströme, wie das Erleben der Situation im wirklichen Leben. Der Lesende wird in die Haut der Protagonistin und des Protagonisten schlüpfen und wird fühlen und erleben, was sie erlebt haben. Durch die Kraft der Geschichte wird er eine andere Welt erleben. Deine Welt.

///

Wenn du deine Geschichte in Band 2 von Agile Short Stories lesen möchtest, dann melde dich gerne unter info@agile-short-stories.de – wir werden dich kontaktieren, wenn ein zweiter Band Gestalt annimmt.

»People will forget what you said, people will forget what you did, but people will never forget how you made them feel.«

MAYA ANGELOU

Glossar

Agile Ansätze bringen viele neue Worte und Ausdrücke mit sich. Um etwas Licht in das semantische Dunkel zu bringen, haben wir für die wichtigsten Begriffe kurze Erläuterungen zusammengetragen.

ASPICE
: Abkürzung für »Automotive SPICE«, eine Variante des internationalen Standards ISO/IEC 15504 für die Automobilindustrie, der die Leistungsfähigkeit von Entwicklungsprozessen bewertet.

Adaptive Software Development
: Ein agiler Softwareentwicklungsprozess nach dem Prinzip der kontinuierlichen Anpassung an immer neue Anforderungen. Fortschritte werden gemeinsam mit dem Kunden durch die Phasen »Spekulieren«, »Zusammenarbeiten« und »Lernen« erarbeitet.

Agile (Software-)Entwicklung
: Vorgehensweisen in der Software- oder Produktentwicklung, die auf hohe Transparenz, Flexibilität und kleinschrittige, regelmäßige Lern- und Entwicklungsschleifen setzen.

Agile/Agilität
: Sammelbegriff für verschiedene Ansätze der agilen Software- und Produktentwicklung sowie der agilen Organisations- und Teamführung.

Agile Coach
: Eine Person, die Teams und Organisationen auf dem Weg zu nachhaltiger Agilität begleitet und die individuelle Lösungskompetenz fördert.

Agile Führung
: Ein mitarbeiterzentrierter und kundenorientierter Führungsansatz, der flexibel, in kleinen Schritten, antizipativ und initiativ agiert.

Agiles Manifest bzw. Manifest für Agile Softwareentwicklung

Von 17 Softwareentwicklern unterzeichnetes Dokument zu den Werten und Prinzipien einer neuen Schule der Softwareentwicklung, die häufige Kommunikation mit dem Kunden und das Reagieren auf Veränderungen im Entwicklungsprozess in den Mittelpunkt stellt. Das Agile Manifest gilt als der kleinste gemeinsame Nenner aller agilen Vorgehensmodelle. Nachzulesen unter agilemanifesto.org

Andon Cord

Im Toyota Production System eine Reißleine für Mitarbeiter, mit der sie signalisieren können, dass es ein Qualitäts- oder Prozessproblem gibt.

Approval

offizielle Genehmigung

Backend

Komponenten eines IT-Systems, die für den User nicht sichtbar sind, aber die wesentliche Leistungsfähigkeit einer Software ausmachen (z. B. Datenbank, Application-Server).

Backlog

Liste mit zu erledigenden Arbeiten, sortiert nach eindeutigen Prioritäten.

Balkenplan

Grafisches Hilfsmittel zur Darstellung und Überwachung von Terminen und Aufgabenabfolgen.

Barbell

Langhantel

BCAA

Abkürzung für Branch Chain Amino Acids, ein Nahrungsergänzungsmittel, das unter anderem den Muskelaufbau fördert.

Best Practice

Erfolgreich erprobte und etablierte Methode zur Durchführung bestimmter Maßnahmen.

BI

Abkürzung für »Business Intelligence«. Verfahren, um Unternehmensdaten zu sammeln, systematisch zu analysieren und Erkenntnisse für Managemententscheidungen abzuleiten.

bikablo®

Abkürzung für »Bilder-Karten-Block«. Ein Bild-Wörterbuch zur einfachen Darstellung von Sachverhalten in der Kommunikation und Moderation. bikablo® ist eine eingetragene Marke.

Bodenanker

Bodenanker sind eine Grundtechnik im Coaching. Räumliche Positionen werden mit Bedeutung belegt, zum Beispiel Ereignis, Probleme oder Ressourcen. Dies geschieht oft mit Karten auf dem Boden, auf denen die Begriffe notiert sind.

Bug

Fehler in einer Software. Der Begriff (engl. für Wanze oder Käfer) stammt aus der Zeit, als Rechner mit Relais aufgebaut waren und Insekten Funktionsfehler verursachen konnten.

Build Server

Ein Server, der in bestimmten Intervallen aus aktuellem Quellcode lauffähige Software kompiliert (»baut«). Im Rahmen eines »Build« führt der Server oft auch weitere automatisierbare Aufgaben durch, wie z. B. die Ausführung von Tests oder die Generierung von Dokumentation.

Build Tools

Mit Build Tools werden aus dem von Softwareentwicklern erstellten Quellcode automatisch jene Anwendungen erstellt, die ein Nutzer verwenden kann.

Burpee

Fitnessübung, bei der Kniebeuge, Liegestütze und Strecksprung aneinandergereiht werden.

Business Owner

Der Business Owner ist für die Maximierung des Gesamtwerts der Unternehmensergebnisse zuständig. Die Bezeichnung kann ein Synonym sein für den »führenden« Stakeholder, den Sponsor des Teams oder den Chief Product Owner.

Change Board

Ein Taskboard, auf dem die anfallenden Anforderungsänderungen visualisiert werden.

Change Request

Auch »Änderungsanforderung« – ein Änderungswunsch, der mitgeteilt wird, nachdem alle umzusetzenden Anforderungen in einem Projekt bereits festgelegt wurden.

CMS

Abkürzung für »Content Management System«. Mit Hilfe eines CMS können die Inhalte von Webseiten auch ohne Programmierkenntnisse gemeinschaftlich erstellt und verwaltet werden.

Continuous Integration

Kontinuierliche Integration. Bezeichnet den Prozess des fortlaufenden Zusammenfügens von (Software-)Komponenten zu einer Anwendung.

Core-Team

→Kern-Team

Cost of Delay

Verzögerungskosten. Bezeichnet eine Verschlechterung des finanziellen Ergebnisses, wenn sich der Markteintritt für ein Produkt(feature) oder ein Projektabschluss verzögert.

Coworking Space

Räumlichkeiten für Arbeitsplätze und Infrastruktur, die zeitlich befristet von Freiberuflern, Startups und Arbeitsgemeinschaften gemietet werden können.

CRM

Abkürzung für »Customer Relationship Management«. Bezeichnet das Management der Interaktionen und der Kommunikation mit den Kunden.

CrossFit
Fitnesstraining, das Gewichtheben, Eigengewichtsübungen, Sprinten und Turnen kombiniert.

CrossFit Box
Trainingsfläche für →CrossFit Trainings.

CrossFitter
Bezeichnung für Menschen, die in einem →CrossFit-Studio trainieren.

crossfunktionales Team
Eine Gruppe von Personen verschiedener Fachrichtungen, die als Team die Fähigkeit haben, ein funktionsfähiges Produktinkrement zu erstellen.

Crystal bzw. Crystal-Familie
Ansatz mit dem je nach Projektumstand ein passender Regelsatz und passende Varianten von →agilen Softwareentwicklungsmethoden ausgewählt werden können.

Customizing
Anpassung/Konfiguration einer Standardsoftware auf Kundenbedürfnisse.

Daily
Tägliches Abstimmungsmeeting eines agilen Teams.
In →Scrum: →Daily Scrum

Daily Scrum
Tägliches Planungsmeeting des Entwicklungsteams in →Scrum.

Definition of Done
Legt fest, nach welchen Kriterien eine Aufgabe oder ein Produkt als fertiggestellt gilt.

Definition of Ready
Legt fest, wann eine Aufgabe klar genug formuliert ist, um die Arbeit daran beginnen zu können (Qualitätskriterien für eine Aufgabe).

Delegation Poker
Mit Delegation Poker definiert ein Team schnell und trans-

parent die Verantwortungen seiner Mitglieder sowie den Grad der Entscheidungsbefugnisse.

Design Driven Development (D3)

Agiler Prozess, der das Design einer Anwendung in den Vordergrund stellt.

Design Thinking

Ein Prozess der kreativen Problemlösung und Entwicklung von Ideen für Produkte und Dienstleistungen. Design Thinking betrachtet nicht die geäußerten Wünsche (potenzieller) Kunden, sondern beobachtet die menschlichen Bedürfnisse, die hinter den Verhaltensweisen stecken. Was aus menschlicher Sicht wünschenswert ist, wird mit dem verbunden, was technisch und ökonomisch machbar und sinnvoll ist.

Dev

Kurz für »Development« (engl. für Entwicklung).

Device Board

Ein →Kanban-Board, auf dem die für die Produktentwicklung zu erledigenden Aufgaben abgebildet werden.

DevOps

Kunstwort aus Development (Entwicklung) und Operations (Betrieb). Beschreibt die effiziente und effektive Zusammenarbeit von Softwareentwicklung und Systemadministration durch gemeinsame Prozesse und Werkzeuge. Ziel ist die höhere Qualität und schnellere Bereitstellung von Software.

DigitalHub

Förderinitiative in Nordrhein-Westfalen zur Vernetzung von Unternehmen, Wissenschaft, Institutionen, Verbänden und Startups. https://www.digitalhub.ms

DoD

→Definition of Done

Drupal

Ein Content Management System (→CMS).

Dumbbell
Kurzhantel

Durchlaufzeit
Zeitspanne, die bei der Erstellung eines Produkts oder einer Dienstleistung zwischen dem Beginn des ersten Arbeitsvorganges und dem Abschluss des letzten Arbeitsvorganges vergeht. Neben der Bearbeitungszeit werden auch Transport- und Wartezeiten eingerechnet.

Dynamic Systems Development Method (DSDM)
Ein agiles Projektlieferframework, das ursprünglich als Softwareentwicklungsmethode verwendet wurde.

Earliest Testable Product
Auch Earliest Loveable Product und Earliest Useable Product (nach Hendrik Kniberg). Die erste Produktversion, die von Kunden getestet werden kann.

Echometer
Ein Tool für Mitarbeiterfeedback und Team-Retrospektiven des gleichnamigen Unternehmens echometer.
Siehe echometer.de

eduScrum
Eine Variante von Scrum für alle Arten von Unterricht und Lehre. Die Lernenden bestimmen in Teams ihre Aufgabenschritte selbst und planen diese in einem festen Rhythmus.

Epic
Formulierung von Anforderungen auf einem hohen Abstraktionslevel.

Extreme Programming (XP)
Die Softwareentwicklung mit XP basiert auf fortlaufenden Iterationen und dem Einsatz mehrerer bewährter Einzelmethoden aus verschiedenen Disziplinen der Softwareentwicklung.

FAQ
Kurz für »Frequently asked questions«. Zusammenstellung von Informationen zu besonders häufig gestellten Fragen.

Feature Driven Development (FDD)
Eine Sammlung von Arbeitstechniken, Rollen und Methoden für die →agile Softwareentwicklung, die den Feature Plan in den Mittelpunkt stellt.

Firmware
Software (z. B. Betriebssystem), die in elektronischen Geräten und Anlagen eingebettet ist. Sie ist nicht oder nur mit speziellen Mitteln austauschbar, da Firmware funktional fest mit der Hardware verbunden ist und das Installieren von Anwendungen ermöglicht.

Flap
Ein Board im Rahmen von →eduScrum, auf dem die Lernenden ihre Aufgaben während des Sprints chronologisch darstellen.

Flaschenhals
Auch Engpass oder »Bottleneck«. Eine organisatorische Schwachstelle, die bei hoher Auslastung den Arbeitsablauf hemmt.

Forecast
Prognose, Vorhersage

Frontend
Vom Benutzer wahrgenommene Komponenten eines IT-Systems (Benutzungsoberfläche).

Fuck-up
Missgeschicke im Arbeitsalltag

Führungsboard
Eine Gruppe von Stakeholdern, die Aktivitäten eines Projekts oder Produktteams steuert und Zielvorgaben überprüft.

Gantt-Chart
Balkenplan. Grafisches Hilfsmittel für die Darstellung und Überwachung von Terminen und Aufgabenabfolgen.

Gemba Walk
Genaues Beobachten der Wertschöpfungsprozesse durch

das Management vor Ort (bei produzierenden Unternehmen zum Beispiel die Fertigung, bei Dienstleistungen der Kontaktpunkt mit den Kunden), um die Funktionsweise der Organisation zu verstehen (Gemba = japanisch für »der eigentliche Ort«).

Go-Live

Bereitstellen einer Softwareversion für die produktive Nutzung.

Good Practice

Eine Vorgehensweise, die mindestens einmal gut funktioniert hat und daher ein vielversprechender Ansatz ist.

Hackathon

Kunstwort aus Hack (engl. für Programmieren) und Marathon. Veranstaltung mit Wettbewerbscharakter, bei der durch zeitlich und örtlich fokussierte Teamarbeit nützliche und innovative Softwareprodukte hergestellt werden.

Hinterbühne

Mit »Hinterbühne« bezeichnet Gerhard Wohland die unsichtbare Wertekultur einer Organisation.

Höchstleister

Mit »Höchstleister« bezeichnet Gerhard Wohland eine dynamikrobuste Organisation. Diese setzt auf Führung statt Steuerung, Können statt Wissen, Prinzipien statt Regeln, Talentorientierung und Kulturbeobachtung.

Holacracy

Holokratie. Eine dezentrale, netzwerkorientierte Management- und Entscheidungssystematik, mit der durch alle (hierarchischen) Ebenen des Unternehmens hindurch Transparenz und Beteiligung erreicht wird.

HR

Human Resources – Synonym für »Personalabteilung«

Hybrider Entwicklungsansatz

Produktentwicklung mit einem Mix aus klassischen und →agilen Ansätzen.

Impediment
Hindernis in der Organisation, das die Geschwindigkeit eines agilen Teams beeinträchtigt (z. B. Prozesse, Infrastruktur, Organisation).

Industrie 4.0
»Vierte industrielle Revolution«. Umfassende Digitalisierung der industriellen Produktion durch das Internet der Dinge und Künstliche Intelligenz. Die ersten drei industriellen Revolutionen passierten durch die Dampfmaschine, die Fließbandfertigung und die Automatisierung durch speicherprogrammierbare Steuerung.

Information Radiator
Ständig präsente, visuelle Darstellung von arbeitsrelevanten Informationen. Schafft die Transparenz für →»Inspect and Adapt«.

Inspect and Adapt
Bei agilen Ansätzen verwendete Kurzform für die Grundlage ständiger Verbesserung: transparency, inspection, adaptation.

Item
Eintrag in einem →Backlog

Java
Objektorientierte Programmiersprache

Jira
Eine Webanwendung des Unternehmens Atlassian für das Aufgabenmanagement, die Fehlerverwaltung, Problembehandlung und das operative Projektmanagement.

Kanban
Aus dem Toyota Production System stammendes Steuerungssystem, um Lagerbestände klein zu halten und den Fluss von Material oder Aufgaben zu optimieren.

Kern-Team
Personengruppe, die ständig in das Projekt bzw. die Produktentwicklung eingebunden ist und die Steuerung übernimmt.

Kettlebell
Kugelhantel

KPI
Key Performance Indicator. Eine Leistungskennzahl, mit der der Fortschritt und/oder der Erfüllungsgrad von wichtigen Zielen oder kritischen Erfolgsfaktoren erfasst wird.

Lastenheft
Spezifikation, die gewünschte Produkteigenschaften beschreibt.

Lean
Bezeichnung aus dem Amerikanischen für die bei Toyota in den 1950ern eingeführte Philosophie zu Entwicklung, Produktion und Management.

Lean Startup
Ein Lean Startup verfolgt das Prinzip, dass jede Idee als unbewiesene Hypothese betrachtet werden sollte, die erst empirisch validiert werden muss. Hypothesen, die widerlegt wurden, müssen durch neue ersetzt werden. →Startup

Linux
Ein frei zugängliches (Open Source) Betriebssystem

Lösungsorientiertes Coaching
Eine von der Gesprächstherapie abgeleitete Coaching-Richtung, die sich auf Wünsche, Ressourcen, Ziele und »Ausnahmen vom Problem« fokussiert, statt auf Probleme und Ursachenanalysen.

Meetup
Eine Plattform, um lokale Interessengemeinschaften zu finden und im Rahmen von Veranstaltungen aufzubauen (meetup.com).

Minimum Viable Product
Produkt mit dem minimalsten Funktionsumfang, der bereits einen Kundennutzen erzeugt.

Modeling Language
Modellierungssprache, mit der komplexe Systeme über

Struktur- und Verhaltensdiagramme beschrieben und analysiert werden.

MVP

→Minimum Viable Product

New Work

Eine von Friethjof Bergmann gegründete Bewegung mit dem Ziel der »Neuen Arbeit«: ein Arbeitsumfeld, in dem sich der Mensch verwirklichen kann, weil er Arbeit macht, die er wirklich machen will.

OEM

Original Equipment Manufacturer (Erstausrüster). Ein Hersteller von Komponenten oder Produkten, der diese nicht selbst in den Einzelhandel bringt. In der Automobilindustrie ist OEM ein Synonym für Fahrzeughersteller.

Open Space

Open Space Technology. Eine Moderationsmethode für Großgruppen, bei der die Agenda für die Arbeitsgruppen von den Teilnehmern selbst vorgeschlagen und organisiert wird.

Österreich

Kleines, aber cooles Land in Zentraleuropa, in dem die beste Lektorin der Welt wohnt.

Pager

Gerät, mit dem man mobil erreichbar war, lange bevor es Mobiltelefone gab.

Pitch

Bezeichnet die sehr kurze Präsentation einer Produkt- oder Geschäftsidee vor potenziellen Interessenten oder Geldgebern.

Planning

Gemeinsame Planung der Aktivitäten für den nächsten Planungsabschnitt (meist ein fester Takt von wenigen Wochen).

In →Scrum: →Sprint Planning

Planning Game

Auch Planning Poker genannt. Methode aus dem →Extreme Programming, mit der der Aufwand für die Umsetzung einzelner Anforderungen im Team gemeinsam abgeschätzt werden kann.

PMBOK

Project Management Body of Knowledge. Ein Projektmanagement-Standard und zentrale Referenz des US-amerikanischen Project Management Institute.

PO

→Product Owner

Potentially Shippable Product Increment

Potenziell auslieferbares Produktinkrement, das am Ende eines Sprints potenziell an die Endkunden weitergegeben werden könnte (muss es aber nicht).

Pragmatic Programming

Ansatz abgeleitet aus dem Buch »The Pragmatic Programmer« von Andrew Hunt.

Product Backlog

→Backlog, das den aktuell absehbaren Umfang eines Produkts beschreibt.

Product Owner

→Scrum-Rolle, verantwortlich für die Ausprägung des Produkts sowie für Zeit und Kosten im Entwicklungsvorhaben.

Produktentstehungsprozess (PEP)

Ein Prozess, der die Arbeitsschritte von der Produktidee über die Produktentwicklung bis zur Herstellung und den Verkauf beschreibt.

Project-Lead

Projektleiter, Projektmanager

Projektmanagement Office (PMO)

Häufig eine Stabsabteilung, die Projekte unterstützt, koordiniert und sich um deren Infrastruktur kümmert.

Pull

Auch Pull-Prinzip oder Hol-Prinzip. Bezeichnet ein Materialflussprinzip, bei dem die Leistung erst dann geliefert wird, wenn sie von der nachgeordneten Station angefordert wird. Auf diese Weise werden Lagerhaltung und Umlaufbestand verringert.

Push

Auch Push-Prinzip. Bezeichnet ein Materialflussprinzip, bei dem der Materialfluss durch eine zentrale Einheit gesteuert wird. Arbeitsergebnisse/Produkte werden nach einem vorgesehenen Plan durch die Stationen geschoben/gedrückt.

Refinement

Meeting, in dem das Product Backlog aktualisiert wird und die Inhalte für das nächste Sprint Planning vorbereitet werden.

Retro

→Retrospektive

Retrospektive

Ein regelmäßig stattfindendes Event, bei dem das Entwicklungsteam die bisherige Zusammenarbeit reflektiert, Erfahrungen teilt und Maßnahmen zur Verbesserung der Teamarbeit plant.

Review

Gemeinsame Begutachtung der Arbeitsergebnisse. In Scrum: →Sprint Review

Rollen-Matrix

Beschreibung von Rollen anhand der Zuordnung zu Aktivitäten in einer Matrix und dem Grad der Verantwortung (verantwortlich, mitwirkend oder beratend).

Round-Tables

Gesprächsrunden

SAP

Börsennotierter deutscher Softwarehersteller mit Schwerpunkt auf Software für die Abwicklung von Geschäftsprozessen.

Scrum

Ein von Jeff Sutherland und Ken Schwaber erschaffenes, agiles Rahmenwerk für die Produktentwicklung. Mehr auf: www.scrum.org

Scrum Master

Eine Rolle in →Scrum, die dafür sorgt, dass Scrum verstanden und gelebt wird, das Team effektiv und ungestört arbeiten kann und Hindernisse beseitigt oder eskaliert werden.

Scrum of Scrums (SoS)

Ursprünglich: Abstimmungsmeeting von →Scrum Mastern verschiedener Scrum Teams. Inzwischen eine Organisationsstruktur der Scrum Master, mit der Aufgabe, die Organisation zu verbessern.

Scrumban

Hybrides Rahmenwerk aus der Kombination von →Scrum und →Kanban. Es reichert Scrum an, indem es den Prozess kontinuierlich verbessert, ein →Pull-System hinzufügt, Engpässe reduziert und Durchlaufzeiten optimiert.

Shared Resources

Konsolidierung und Zentralisierung von Ressourcen, die von allen genutzt werden können.

Sketchnotes

Notizen bestehend aus Texten, Bildern und Strukturen. Die Visualisierung sorgt dafür, dass man die Inhalte klarer versteht und besser erinnern kann.

Skype

Kommunikationssystem für (Video-)Telefonie und Chat.

Snatch

Übung aus dem olympischen Gewichtheben, bei der eine Langhantel mit ausgestreckten Armen in die Luft gerissen wird.

Spike

Aufgabe in einem Backlog, mit der technische Lösungen bzw. deren Machbarkeit erforscht werden.

Sprint
Intervall für die Planung und Abarbeitung von Aufgaben in Scrum, gemäß Definition kürzer als ein Monat.

Sprint Backlog
→Backlog, das die für einen Sprint ausgewählten »Items« enthält.

Sprint Planning
Planungsevent in →Scrum zu Beginn eines →Sprints

Sprint Review
Event in →Scrum gegen Ende eines →Sprints, bei dem das im Sprint erstellte Inkrement betrachtet wird und Anpassungen in das →Product Backlog übernommen werden.

Sprintwechsel
Übergang von einem →Sprint in den nächsten, bestehend aus →Sprint Review und →Sprint Retrospective aus dem abzuschließenden Sprint sowie →Sprint Planning für den neuen Sprint.

Stage-Gate-Prozess
Auch Wasserfall-Prozess genannt. Ein Vorhaben/Projekt wird in verschiedene Phasen (Stages) unterteilt, die durch Entscheidungspunkte (Gates) abgegrenzt werden. An jedem Gate wird eine Entscheidung über die Fortsetzung getroffen.

STAGILE
Ein hybrides Framework, das traditionelle und agile Entwicklung zusammenführt. Kann auch für die Strategieumsetzung und für das agile Organisations- und Teammanagement genutzt werden.

Standup
Meeting, das im Stehen durchgeführt wird. Meist das tägliche Meeting eines agilen Teams. →Daily

Startup
Ein neu gegründetes Unternehmen mit einer innovativen Geschäftsidee, das erst ein funktionierendes, skalierbares Geschäftsmodell finden muss.

Statuswechsel

Wenn ein Produkt von einem Arbeitsschritt in einen nächsten wechselt, wird dies oft als Statuswechsel bezeichnet.

Sternenflottenvorschrift

Vorschrift der Sternenflotten in Star Trek. Paragraf 619 besagt, dass der Captain eines Raumschiffs sein Kommando niederlegen muss, wenn er durch seine Mission emotional bloßgestellt wurde.

Story

→User Story

Sutherland, Jeff

Autor und Erfinder von →Scrum, zusammen mit Ken Schwaber.

Task-Force

Militärischer Ausdruck, der im Unternehmensumfeld eine Arbeitsgruppe bezeichnet, die für begrenzte Zeit für die Lösung akuter, komplexer Probleme gebildet wird.

Taskboard

Elektronisches oder physisches Brett für das visuelle Management von Aufgaben.

TED Talk

Ein Vortrag von maximal 18 Minuten im Rahmen einer TED Konferenz (ted.com).

Test Driven Development (TDD)

Testgetriebene Entwicklung – dabei werden Software-Tests stets vor der Programmierung der Komponenten erstellt.

Thruster

Übung, bei der man aus der Kniebeuge heraus aufsteht und eine Langhantel nach oben streckt.

Timebox

Ein fester Zeitrahmen für eine Aufgabe, ein Event oder einen Vorgang, der zwar unterschritten, aber nicht überschritten werden darf. Dadurch werden Fokus und Effizienz erhöht.

Todesmarsch-Projekt
Bezeichnung für ein Projekt, das nicht mehr gelingen kann, nach dem Buch »Death March« von Ed Yourdon.

Transition Team
Ein Team aus Experten und Betroffenen, die sich dafür einsetzen (häufig mit Mandat), dass die agile Transformation strukturiert und zielgerichtet verläuft.

User Story
Format zur Beschreibung einer Anforderung an ein technisches System aus Benutzersicht.

Velocity
Velocity ist ein Maß für den Arbeitsaufwand, den ein Team während eines einzelnen Sprints bewältigen kann und ist die Schlüsselgröße in →Scrum. Die Geschwindigkeit wird am Ende des →Sprints berechnet, indem die Punkte für alle vollständig umgesetzten →User Storys summiert werden.

Vorderbühne
Mit »Vorderbühne« bezeichnet Gerhard Wohland das sichtbare Verhalten in einer Organisation.

VR-Brille
Darstellung einer computergenerierten Wirklichkeit (Virtual Reality, VR) über eine Brille.

VUCA
Akronym für »Volatility, Uncertainty, Complexity, Ambiguity«. Beschreibt die schwierigen Rahmenbedingungen in der Unternehmensführung.

Wartezeit
Im Lean Management gehören Wartezeiten zu den sieben Verschwendungsarten. Wartezeit entsteht, wenn Produkte oder Aufgaben nicht weiterbearbeitet oder fertiggestellt werden können, weil z. B. Genehmigungen fehlen oder Leistungen von Externen erbracht werden müssen.

Wertstrom
Die Summe aller Geschäftsprozesse, die notwendig sind,

um ein Produkt oder eine Dienstleistung herzustellen und dem Kunden zu liefern.

Wertstromanalyse

Value Stream Mapping. Eine Methode, um den Wertstrom eines Produkts oder einer Dienstleistung als Ablauf mit Schnittstellen darzustellen und diesen zu optimieren.

DANKE!

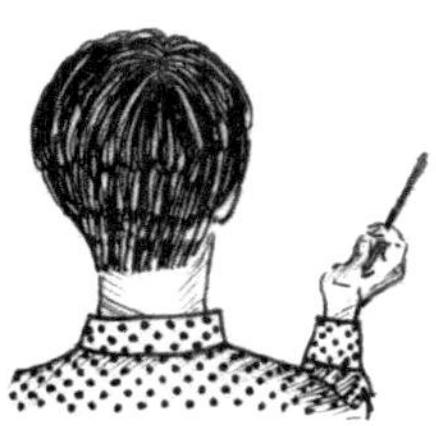

Agile Short Stories